[제3판]

창업을 대비하는

INTELLECTUAL PROPERTY

지식재산입문

김대익 · 김민용 · 김영철 · 박주현 · 송요순 · 조재신 공저

maronie

■ 제3판 머리말

전남대학교에서 지식재산 강좌가 양적으로 급격히 늘어난 것은 2012년 지식재산 교육 선도사업단을 유치한 이후로, 2020년 지금까지 8년이 되었고 아울러서 전남대학교에서 강좌를 담당한 교수들이 지식재산입문 교재를 공동 집필한 지도 8년이 되었다. 8년 동안 이 교재를 이용하여 학생 교육을 담당하였기 때문에 이 교재가 매년 좋은 쪽으로 수정될 수 있었다.

이 교재의 특징은 입문서적으로는 비교적 내용이 풍부해서 산업재산권, 저작권, 영업비밀 등의 내용이 비교적 자세하고, 아울러 창업을 대비하는 내용(발명, 지식재산평가, 라이선싱 등)으로 구성되어 있다는 점이다.

또한 FTA를 기점으로 지식재산권이 많이 변경되었고 그 이후로도 후속 법령이 바뀌어 왔기 때문에 그동안 꾸준히 내용을 보완하고 개정해 온 점이다. 특히 저작권법은 2020년 5월 27일 개정 예고된 내용도 교재에 반영하였다.

전국의 많은 대학생들이 "과학기술과 지식재산"이라는 과목으로 지식재산 강좌를 수강하고 있어서 이 교재는 지식재산 입문과정 뿐만 아니라 기술과 창업 관련 수업에 매우 적당한 교재라고 생각한다.

한편 지식재산을 배우는 학생과 일반인이 지식재산 능력을 측정해 보는 국가공인 자격시험인 지식재산능력시험(IPAT; Intellectual Property Ability Test)을 응시하는 학생 및 일반인이 꾸준히 늘어 이에 대한 준비에도 도움이 되도록 하였다.

그 동안의 대한민국이 세계적으로 보여준 압축 성장은 세계 유수 기업과의 지식재산권 전쟁에 뒤지지 않을 정도로 지식재산권 확보를 바탕으로 이루어졌으며, 지식재산권으로 무장한다는 것은 그 만큼 창의성이 기본이 되는 것을 말한다. 이에 학생들은 이 교재를 이용한 수업으로 지식재산권 지식과 선행기술조사 및 창업에 필요한 능력을 확보함으로써 기업체에 필요한 일꾼이 되는 데에 준비할 수 있고, 필요하면 창업을 시도할 때에도 도움이 되도록 기초 내용을 담았다.

그 동안 앞선 교재의 머리말에서도 언급한 바 있으나, 제4차 산업혁명시대에서 세계 경제 전쟁이 커질수록 지식재산은 공격과 방어가 되는 것이 더 고착화되고, 우리나라가 선진국의 반열로 올라가는 이 시점에 우리나라를 포함한 미국, 유럽, 일본 및 중국의 지식재산 5국가의 기술과 지식재산권 경쟁은 시간이 갈수록 심화되고 있다. 이런 점에서 대학에서 지식재산 교육은 점점 더 중요해지고 있다.

한편 대학 학부에서 지식재산 교육이 활발해진 것이 8년 전이라고 볼 때 앞으로 지식재산을 배우고 졸업한 학생들이 사회에서 중진으로 활약할 시점에 우리나라의 지식재산권 활용과 경영에 필요한 무기화가 더 활발해질 것이라 생각한다. 그 시기는 지식재산을 배우고 졸업한 학생들이 중간관리자로서 자리 잡을 수 있는 시기이며, 앞으로 약 8년 정도 걸릴 것으로 생각한다. 시급한 경제 전쟁을 생각하면 시간이 좀 더 필요하다는 것에 마음이 조급하지만 그 동안에도 우리 강좌 담당 교수들은 더 많은 대학생들에게 지식재산 지식을 확산하고자 노력할 것이며, 수업 내용도 기초를 마친 학생은 고급 지식재산 내용을 접할 수 있는 환경을 만들려고 한다.

아울러 이제는 대학 울타리를 넘어 일반인들도 지식재산에 대한 기초 습득과 창의성을 배양을 해야 할 시기라고 본다. 그런 점에서도 이 교재는 적절한 내용을 담았다고 본다.

아무쪼록 이 교재를 통해서 개인의 지식재산 능력 배양 및 국가 경제에 보탬이 되기를 간절히 바라는 바이다.

2020년 3월

저자 일동

■ 개정판 머리말

지난 60년간 민주화와 경제발전 이 두 가지 모두를 큰 폭으로 이룬 나라는 대학민국뿐이다. 그 동안 우리나라 경제를 이끌어 왔던 반도체, 석유화학, 자동차와 조선업을 필두로 한 중공업 등의 기술발전과 전문 인력의 확보로 이런 기적이 가능하게 되었고, 이는 우리도 놀라고 세계도 놀라고 있다.

그러나 안타깝게도 1인당 연간 소득 2~3만불 수준에 갇혀 있는 기간은 선진국에서 유래가 없는 정도로 길어 아직도 중진국에 머물고 있다, 설상가상으로 그동안 우리나라의 산업 기술을 배워 가던 중국의 기술수준이 우리와 같거나, 많은 부분에서 넘보고 있고, 선진국은 선진국대로 많은 기술을 지식재산으로 보호하고 있어서 우리의 돌파구는 쉽지 않다.

근일에 세계 최대 강대국의 두 축이 여러 가지 이유로 충돌이 있었고, 급기야 미국 대통령은 중국에 향해 미무역법 301조를 근거로 중국의 지식재산권 침해 등 부당한 무역 관행에 대해서 조사하도록 행정명령에 서명한 바 있다. 이를 보듯이 현재는 국기 간에 충돌이 많은 부분에서 지식재산을 이용한 공격과 방어이고 이는 기업 간의 충돌뿐만 아니라, 국가도 개입하고 있다. 한편 중국 전자회사 샤오미는 최근 삼성전자에게 특허 침해 소송을 낸 바 있는데, 이는 중국이 기술뿐만 아니라, 특허권도 이제는 우리나라에 끌려가지 않겠다는 신호라고 볼 수 있다.

21세기에 들어와서 우리나라 특허청은 대학교육에 남다른 열정과 우수한 프로그램을 많이 시도했다. 대학에서 특허 교육에 관심이 있는 교수들을 찾아 대학에서 특허교육을 시작하였고, 준비된 대학에서 한 두 과목 개설과 여러 명의 교수들이 선구자적으로 교육을 시작했다. 이는 우리나라 산업발달이 한국인의 특유의 부지런함과, 높은 교육열로 이룬 점도 있지만, 삼성, LG, 현대 등이 외국에 많은 수출을 시작함에 따라 부딪치는 지식재산권 침해 소송에서 처음에는 속수무책으로 당하다가, 우수한 특허권 확보를 바탕으로 회사의 경영과 이익이 안정적이 되면서 세계적으로 강해지는 것을 파악했기 때문이다.

이런 이유로 특허청은 대학 교수들에게 특허 교육을 시작함은 물론 대학에서 특허 강좌의 개설과 교육을 적극 지원하기 시작하였다. 이런 취지에 발맞추어 전남대학교 지식재산 강좌를 담당하고 있는 교수들은 학생들이 지식재산 지식을 습득하는데 도움이 되도록 입문 책을 발간했었다. 이 책의 특징으로는 입문 중에서는 비교적 풍부한 내용을 담고 있어, 첫걸음 하는 학생들에게 소형 핸드북 같은 역할을 하도록 하였다. 한편 지식재산 관련법은 미국과 FTA 비준을 앞두고 많은 변경이 있었고, 그러기에 개정판을 내야하는 책임감을 느끼게 되었다.

한편 지식재산권법이 많은 부분에서 합법적인 독점을 강조한 바가 보이지만, 지식재산 관련법의 취지는 산업발달에 기여하는 것이 더 큰 이유다. 그런 점에 강조해서 학생들의 교육은 창의성 및 창업 등의 교육에도 많은 할애를 하고 있다. 이런 교육의 장점은 산업이 발전하며 생산성이 높아져 생산규모는 늘어나는데, 취업률은 생산규모에 비해 늘지 않아 대학을 졸업하는 젊은이들이 사회 진출의 어려움에 조금이라도 도움이 되도록 하였다. 그러므로 이 교재를 활용한 학생들이 창의성에 바탕을 둔 창업능력 배양뿐만 아니라 기업에 필요한 지식재산 창출 및 활용에 능숙한 인력으로 성장하기를 바라고 있다.

2017년 8월

저자 일동

PREFACE

■ 머리말

현재 우리는 완제품 기기에 들어가는 부품의 개수보다 더 많은 지식재산권이 걸려 있는 세상에 살고 있는 것을 보통사람은 아직 잘 모른다. 지식재산을 배운 학생은 literature survey와 prior art가 어디에서 구별되어 사용됐던가를 구별할 줄 안다. 그리고 kipris나 wips도 잘 안다. 또한 창조경제를 뒷받침 하는 것 중에 중요한 것이 지식재산권이라는 것도 무엇인지 잘 안다. 한편 특허가 창업이나 그 제품이나 회사에 큰 도움이 되는 것도 알지만, 그 도움이 절대적이지 않고, 항상 더 보강해야 하는 이유도 안다. 이렇듯 지식재산을 가르치며 학생들이 많은 것을 이해하며 깨우쳐 나가는 것에 큰 보람을 느낀다.

우리나라 삼성이 일본 Sony를 앞지를 줄은 21세 초만 해도 아무도 몰랐다. 그러나 2004년부터 삼성이 Sony의 매출액이 앞서고, 브랜드 가치도 높아지기 시작했다. 1970년대 워크맨을 앞세운 Sony는 세계인들에게 인식되기에 기업의 혁신과 아무도 생각하지 못했던 새로운 기술을 실현하는 회사로 전 세계 모든 사람들에게 찬사를 받았다. 그러나 1990년대 들어와서 삼성과 비교해서 질적인 특허가 떨어지게 됐고, 그 후 몇 년 뒤 양적인 특허에서도 뒤떨어지더니 결국 삼성이 Sony를 넘게 되었다. 삼성이 우리 대한민국에게 국가적인 자존심을 세워 주었고, 우리나라의 위상과 희망을 준 이 사건은 특허의 중요성을 말할 때 자주 이용되고 있다.

예로부터 역사적으로 강한 나라가 약한 나라를 상대로 전쟁과, 국토 침략을 통해서 부를 쌓아 왔다. 근래에 와서는 무역전쟁과, 기술전쟁으로 우위를 점하다가, 이제는 선진국과 중진국 사이에 기술 격차와 경제 격차가 커지지 않자, 지식재산권으로 그 우위를 계속 유지하려고 하고 있다. 한편 지식재산권은 독점을 하는 대신에 기술 공개를 바탕으로 인류 발전에 이바지 하는 것이기 때문에 이 패러다임은 계속 지속할 수 밖에 없어 전 세계 모든 나라가 이 (특허) 전쟁에는 참여하게 될 것이다.

우리나라는 세계 약 10위권인 부국으로 짧은 시간에 국가가 비약적으로 발전하였다. 발전하는 만큼 대학, 기업, 정부의 시스템이 예전보다 더 잘 갖추어지고 있다. 특허청은 특허에 관한 여러 가지 제도와 행정 및 심사 품질에 대해서도 일찍부터 꽤

짜임새 있게 노력을 했고, 대학 특허 교육에 많은 투자를 하여 많은 대학에서 지식재산 교육이 활발하게 이루어지고 있다. 덕분에 전남대학교는 지식재산선도사업단을 원년인 2012년부터 유치하고, 지식재산 강좌를 직접 가르치는 교수를 활발히 발굴하였다. 이 교재는 지식재산 강좌를 직접 담당하는 교수들이 집필하였다. 2년 전에 "창업을 대비하는 지식재산" 초판을 발간하였고, 그 후 미국과 FTA 조약이 이루어짐으로써 지식재산권은 더 강화되고 우리나라 지식재산권법 등은 수정이 불가피하게 되어 "창조경제, FTA, 지식재산입문" 이라는 책으로 새 책을 내게 되었다. 이 책의 특징은 대학 입문서로서는 가장 많은 지식과 최신 개정된 지식재산권을 포함한 것이라 하겠다. 독자들의 깊은 비판과 격려를 통해서 더 좋은 교재로 거듭나기를 바라고 있다.

2016년 1월

저자 일동

2020년 제3판

창업을 대비하는 지식재산입문

CONTENTS

제 1 장 지식재산권 개요

제 2 장 특허권·실용신안권

제 4 장 디자인권

제 5 장 상 표 권

제6장 저 작 권

제7장 부정경쟁 및 영업비밀

제8장 창업을 대비하는 지식재산

CHAPTER 1

제1장 지식재산권 개요

제1절 지식재산의 의의

핵심내용

- 선진국들은 지식집약기술 선점을 통한 국제경쟁력 강화를 위해 특허중시(Pro-Patent)정책을 채택하고 있고 특허제도도 국제적으로 통일화되는 추세에 있다. 우리나라도 특허를 중심으로 한 지식재산(Intellectual Property) 중시제도를 추진하고 있다.

- 지식재산 보호 필요성으로는 지식재산의 경제적 역할과 기능, 상품구매 선택에 보이지 않는 요소로 작용, 지식재산제도의 산업 정책적 기여도 등을 들 수 있다. 지식재산을 보호함으로써 산업구조의 개편과 경쟁력 강화, 빠른 투자자본 회수를 통한 산업발전에 기여, 새로운 연구 개발 주제 확립 등 많은 효과를 볼 수 있다.

- 지식재산제도 중 대표적인 특허제도는 발명의 공개에 대한 보상적 대가로 당해 발명에 대한 특허권을 부여하여 독점배타적으로 실시할 수 있도록 한 인센티브 시스템이다. 이러한 특허에 의한 발명 보호는 발명의 창출과 이용을 촉진시켜 과학기술의 혁신적 진보를 가능하게 한다.

- 컴퓨터와 정보통신기술의 혁신적 발달에 힘입어 멀티미디어와 인터넷 디지털 환경을 제공함으로써 새로운 시장과 영업방식의 혁신을 요구하고 있다. 기술과 정보가 디지털화됨으로써 세계는 지식정보화사회 또는 지식기반경제 시대를 맞이하고 있다.

1. 지식재산의 중요성

(1) 지식재산 중요성 환경변화

세계는 '기술전쟁 시대'라는 인식이 확산되어 가고 있다. 또한 기술만이 국가의 생존과 번영을 가져올 수 있는 원천임을 깨닫고 각국마다 연구개발에 박차를 가하고 있다. 그러나 연구개발의 성과를 경제적으로 완성하기 위해서는 법적인 보호가 매우 필요하다. 왜냐하면 국가 간의 기술 격차가 줄어들었기 때문에 어떤 기술이 먼저 개발되었다 해도 법적인 보호 없이는 타인이나 다른 나라에 권리를 침해당할 우려가 있기 때문이다. 바야흐로 아무런 조치 없이는 새로운 기술 개발에 들어가는 고통과 투자가 쓸모없는 취급을 받는 세상이 왔다.

따라서 기술 개발에 대한 법적인 보호와 보상 없이는 과학기술 발전이 어렵게 되었고, 선진국일수록 과학기술의 우위를 유지하기 위해서 지식재산권법을 더 강화할 수 밖에 없다. 과거 부의 원천이 동산·부동산 등 유형적 재산의 소유에 있었고, 국가 간 경제전쟁도 상품시장과 원료의 통제권을 얻기 위한 전쟁이었다면 이제는 새로운 아이디어와 특허를 얻기 위한 전쟁을 하게 되었다.

이에 따라 발명의 독점권, 고객에 의한 브랜드 신용 등 무형적 재산이 개인과 기업의 부의 원천을 이룰 수 있을 뿐만 아니라, 국가 간 경쟁 양상도 무형재산을 먼저 확보하기 위한 특허전쟁의 양상을 보여주고 있다. 이러한 지식기반경제를 이끌어 가는 소프트웨어가 바로 지식재산이며 이를 제대로 규율하여 끊임없는 기술혁신을 유도하고 사회적 유용성을 배가시키기 위한 법이 바로 지식재산권법이다. 특허법은 그 중심적 지위에 놓여 있다.

(2) 주요국 지식재산 드라이브 정책

1) 특허중시정책 시대

현재 세계적인 조류인 특허중시 정책은 1980년 전후에 미국에서 발단하였고 일본 등 주요 선진국들도 이보다 약 10년 정도 늦게 특허중시 정책을 추진하였다. 미국의 특허중시 정책은 베트남 전쟁으로 인하여 피폐된 미국의 산업경쟁력을 회복하기 위한 정책의 일환으로 발생되었다. 당시 미국은 무역수지 면에서 세계제일의 적자국이었으나 기술무역 수지면에서는 세계제일의 흑자국이었다. 이것은 미국이 제조업 자체는 약하지만 그의 기초가 되는 기술은 세계에서 제일 강한다는 것을 의미한다. 따라서 기술 자체로부터 수입을 얻는 방법을 생각해내는 것이 큰 과제였으며 이에 대한 해답이 지식재산권 강화였다.

특허중시정책을 중요시하는 경향은 단순히 경쟁력 회복을 필요로 하는 미국의 특수성에 의해서만 유래된 것은 아니고 현 지식정보화시대의 요청에 부응하는 것이기도 하다. 디지털 정보는 복제나 변경에 대하여 지극히 약한 존재이기 때문에 정보산업의 중요성이 증가됨에 따라 정보침해에 대한 규제강화, 즉 지식재산권 강화가 필요하게 된다. 요컨대, 정보화시대에 지식재산권 강화는 필연이라고 볼 수 있다.

미국은 독점금지법이 매우 강력한 것이 특색이며 미국 특허중시 정책은 항상 독점금지법과 관련하여 논해져 왔다. 종래 특허중시 정책은 독점금지법을 약화시키는 것 같이 생각되어 왔으나 특허권 등 지식재산권을 강화하면 할수록, 역으로 독점금지법도 강화되었다. 이것은 지식재산권의 강화가 산업발달에 기여하고 있음에도 불구하고 한편으로는 그에 따른 폐해이기도 하다. 이러한 전형적인 예를 미국의 마이크로소프트사의 독점금지법 위반사건에서 볼 수 있다.

2) WTO/TRIPs 협정과 국제통상 문제화된 지식재산보호

지식재산권은 국가산업발전 및 경쟁력을 결정짓는 산업자본인 무형 재산으로서 국경이동이 수월하여 국제적으로 쉽게 전파되며, 국가 간의 교역, 기술투자, 기술이전 등 본질적으로 국제적인 성격을 띤다. 이러한 제도의 성격상 미국이 1985년 신통상정책을 발표한 이래 지식재산권은 국제 통상교역의 핵심수단이자 경쟁력의 척도로 부상하여 왔다. 이에 따라 미국은 지식재산권보호가 미흡한 국가를 우선협상대상국으로 지정하여 통상압력의 수단으로 이용하였으며 지식재산의 보호문제를 국제통상마찰의 '핫이슈'로 등장시켰다. 그리고 마침내 지식재산권 무역관련 측면을 세계무역기구(WTO)의 다자간 협상 의제로 끌어들였다. 이로써 1995년 WTO체제의 출범과 더불어 발효된 무역관련 지식재산권협정(Agreement on Trade-Related Aspects of Intellectual Property Rights (TRIPs))은 지식재산권의 국제적 보호를 규율하는 헌법적 규정이 되었다. WTO회원국들은 TRIPs 협정에 따라 선진국수준의 지식재산보호 의무를 부담하며 선진기술을 유치하기 위해서라도 지식재산 보호수준을 선진국과 조화시키는 작업이 불가피하게 되었다.

3) 주요 국가들 지식재산전략

2002년 일본 정부는 '지식재산 입국'을 국가의 정책목표로 채택했다. 총리 직속의 '지적재산전략본부'를 설치하고 범국가적 계획인 '지적재산전략대강(知的財産戰略大綱)'을 내놓았다. 일본이 지적재산의 확보와 보호 문제를 국시로까지 격상시킨 것은 지식재산권을 바탕으로 날로 국제경쟁력을 가속화하는 미국을 견제하고 또 따라잡기 위해서이다.

유럽연합(EU)도 2000년 포르투칼 리스본 EU정상회담에서 '지식기반경제 구축'을 역내 국가들의 최우선 공통목표로 선언했으며 2010년까지 이를 뒷받침해 줄 전략적 육성 분야를 지정하고 지식재산권제도와 연구개발비 투자시스템의 정비를 추진한다는 계획을 세웠다.

이같이 세계 각국이 앞 다투어 지식재산을 강조하고 있는 것은 기술경쟁력이 국가경쟁력의 가장 중요한 요소라고 보기 때문이다. 그 구체적인 예로 각국은 첨단부문인 정보기술(IT), 생명공학7기술(BT), 나노기술(NT)부문에서 제품생산뿐 아니라 경쟁력

우위를 확보하기 위한 무형의 지식재산권 확보와 보호에 나서고 있다.

4) 우리나라 위상과 나아갈 길

우리나라에서도 지식재산권에 대한 관심이 증대하였고 1990년대에 접어들면서 출원건수가 급증하여 산업재산권 출원 4,5위의 출원강국의 위상을 지니고 있다. 그러나 해외 특허출원의 순위는 선진국에 비해 뒤지고 있는 실정이다. 이에 따라 1992년부터 특허행정업무에 대한 정보화를 추진, 특허넷이라는 정보시스템구축을 비롯하여 지식재산 비전정책을 수립하였다. 또 특허청은 지식재산 강국을 위한 특허행정의 7대과제와 40개 실천과제를 선정하고 올해부터 중점 추진할 예정이다. 향후 신(新)산업분야의 지식재산권을 조기에 확실하게 선점하는 국가와 기업이 기술경쟁에서 승리하고 21세기에 번영과 성장을 달성할 수 있을 것으로 예상되기 때문이다.

CHAPTER 1

2. 지식재산의 경제성

(1) 지식재산의 경제적 역할과 기능

특허 등 지식재산권제도는 발명자에게 특허권이라는 독점배타권을 부여하여 제3자의 침해로부터 보호하고 침해 발생시 막대한 손해배상을 받을 수 있으며 양도(기술이전), 실시허락(License), 담보권설정 등을 통하여 재산권으로 활용할 수 있도록 한다.

발명의 완성과 동시에 발명자는 '특허를 받을 수 있는 권리'를 원시적으로 취득한다. 이 권리는 특허권처럼 확고한 권리는 아니지만 양도 또는 상속 등을 통하여 타인에게 이전할 수 있다(특허법 제37조 1항). 따라서 발명가가 발명을 상용화 할 재력이나 여건이 마련되지 않은 경우에는 특허출원선후를 불문하고 제3자에게 양도하는 것이 가능하며, 권리의 전부 뿐만 아니라 일부도 이전이 가능하다.[1)]

특허 등 무형의 지식재산은 자신이 실시 중이라고 하더라도 얼마든지 여러 사람에게 동시에 실시하게 할 수 있다. 특허권자는 특허발명을 제3자에게 실시허락(License)을 해주고 그 대가로 기술사용료(royalty)를 받게 된다. 이러한 제품생산을 위한 라이센스 관계는 국내 기업 간에만 국한되는 것이 아니고 국제적 차원에서 기술공여 또는 기술도입계약 등을 통해서 이루어지고 있다.[2)]

'특허를 받을 수 있는 권리'는 여전히 질권[3)] 설정이 금지되고 있지만 특허권,

1) 발명자는 아니지만 타인으로부터 특허를 받을 수 있는 권리를 양도받은 자가 '승계인'이며, 정당한 승계인은 자신의 명의로 특허를 출원할 수 있다(특허법 제38조). 특허출원 전에 있어서 특허를 받을 수 있는 권리의 승계는 그 승계인이 특허출원을 하지 아니하면 제3자에게 대항(對抗)할 수 없다.

2) 예컨대 휴대전화기는 지난 2004년 1분기에 우리나라 전체 수출의 10%를 차지한 1등 제품이다. 그러나 원천기술 도입으로 인해 엄청난 특허로열티를 외국에 물고 있어 실제 벌어들이는 외화는 생각보다 많지 않다. 미국의 퀄컴사가 코드분할 다중접속(CDMA)방식의 휴대전화 칩 원천기술을 갖고 있어 국내 휴대전화기 제조업체들은 전화기 값이 5%대에 달하는 돈을 특허로열티로 내기 때문이다.

상표권[4] 등 지식재산권은 질권 등 담보의 대상이 될 수 있다. 따라서 자금력이 부족한 기업이 특허발명의 상품화를 위해 지식재산을 담보로 활용하고 이에 대한 금융지원을 받을 수 있다. 또 미래 성장가치를 자본으로 활용가능하게 하는 특허권 증권화도 가능해진다. 특허권 증권화란 특허권을 유동화 전문회사(SPC)에 담보로 제공하고 이 회사가 특허자산을 담보로 증권을 발행해 사업화 자금을 확보할 수 있도록 하는 제도이다.

제3자가 정당한 권리 없이 특허발명의 보호범위에 속하는 실시를 하게 되면 특허권침해가 된다. 특허권자는 특허권침해로 인하여 발생한 손해를 배상받을 수 있는 권리가 있다. 특허권침해는 국제적으로 발생하고 있는데 손해배상액이 상상을 초월하기도 한다.

(2) 상품구매선택에 보이지 않는 요소로 작용

만약 상품가격에 큰 차이가 없다고 가정하고 소비자들이 기준으로 삼아 상품을 구입하게 되는 유인(誘因)을 들자면 상품의 품질이나 성능, 디자인, 브랜드(지명도) 등을 상정해 볼 수 있을 것이다. 바로 상품의 제조, 판매과정에 내재되어 있는 이러한 무형의 이익창출 요소들이 바로 특허권, 실용신안권, 디자인권, 상표권 등 지식재산의(intellectual property) 내용을 이루는 실체인 것이다. 여기서 지식재산이란 그 보호객체가 물건과 같은 유형물(有形物)이 아니라 무형(無形)의 발명과 고안, 사상과 감정 표현, 물품 외적 디자인 또는 고객흡인력이라는 무체물이며, 지식 활동의 성과라고 볼 수 있다. 그런 의미에서 지식적 재산을 규율하는 지식재산권법은 무체재산권법으로도 불리고 있다.

(3) 지식재산제도 산업 정책적 기여도

1) 산업구조 개편과 경쟁력 강화

특허는 경제적 관점에서 볼 때 벤처캐피탈(venture capital)과 같은 발명의 상품화에 필요한 금융지원을 받기 위해 지식재산을 담보로 활용하고 미래 성장가치를 자본으로 활용가능하게 한다. 이로써 기업 혁신적 경영을 유도하여 기술 진보를 가져오게 한다. 나아가 기술집약적 산업, 고부가가치 산업구조로 개편을 지향하게 하며 제품생산의 국제적 분업 관계 확산에도 기여한다. 투자자본 회수로 생명공학, 인공지능, 나노기술 등 신기술분야의 지속적 개척이 가능해짐으로써 국가 경제의 경쟁력 강화를 가져올 수 있는 원동력과 활력을 제공하고 국가경쟁력의 핵심적 툴(tool)로 작용할 수 있는 것이다.

---

3) 채권자가 채권의 담보로서 채무자에게 받은 담보물권을 의미한다.

4) 한때 상표권에 대해서는 상표권 사용주체의 변경으로 소비자 혼동이 초래 될 수 있다는 이유로 질권 설정을 금지한 적이 있었으나 지금은 가능한 것으로 법 개정이 이루어졌다.

2) 투자자본회수와 이용도모를 통한 산업발전에 기여

특허법 제1조에서는 특허제도의 목적을 "발명을 보호·장려하고 그 이용을 도모함으로써 기술의 발전을 촉진하여 산업발전에 이바지함을 목적으로 한다"고 규정하고 있다. 이 규정은 특허제도의 근간을 단적으로 보여준다. 특허제도는 발명자로 하여금 발명을 공개시키고 공개 대가로 발명자에게 일정기간 특허권이라는 독점배타적인 재산권을 부여한다. 또한 그에 따른 권리를 보호함으로써 개발의욕을 자극하고 투자자본을 회수하는 강력한 무기가 되기도 한다. 한편, 공개된 특허는 중복투자를 막고 개량기술개발(Patent Map의 활용)을 가능하게 함으로써 발명이용을 통한 산업발전에 혁신적으로 기여한다. 이에 특허제도를 신기술보호제도, 발명 장려제도, 또는 사적독점 보장제도라고 부르기도 한다.

한편 발명의 원활한 이용도모를 위해 특허권자에게 그 발명을 공개할 의무, 실시할 의무 등을 부여함으로써 발명기술 공개, 이용, 확산을 통하여 산업발전에 파급효과를 미칠 수 있다. 특허법은 이러한 양대 목적을 달성하기 위해 여러 가지 효율적 제도적 장치를 마련하고 있다.

3) 인적자원 효율적 배분에 기여

특허제도를 경제학적 측면에서 보면 발명에 대한 경제적 인센티브가 적절할 때 발명을 가능하게 하는 인적자원이 모방이라는 비효율적인 분야에 투입되지 않고 신기술 발명에 효율적으로 활용되도록 유도한다.

3. 지식재산과 기업 경쟁력

(1) 지식경영 시대 무형자산

지식기반경제에서는 기업 경쟁력을 창출하는 원천으로 지식재산의 중요성이 커지고 있다. 따라서 기업들은 지식경영을 통해 기업 가치를 창출하고자 노력을 경주하고 있다. 높은 굴뚝과 대규모 기계장치가 경쟁력을 창출하는 원동력이 되었던 시절도 있었다. 그러나 조직의 노하우, 인적자원의 창의력과 역량, 고객만족도와 같은 보이지 않는 무형 자산이 더 많은 기업가치를 창출하는 시대가 된 것이다. 산업 경쟁력을 근본적으로 개선하고 수출증대를 위해서는 단순한 제품이나 서비스를 수출하는 것이 아니라 지식집약형 산업을 육성시켜야 한다는 주장도 이를 뒷받침해 준다. 그러므로 이러한 무형자산이 어떻게 기업 가치제고에 기여하게 만드느냐 또는 무형의 지식재산을 어떻게 창출하고 운영하느냐에 따라 기업 성장잠재력과 경쟁력이 결정되게 된다.

(2) 기업가치에 있어 지식재산 가치 비중 및 평가 필요성 증가

지식재산 가치에 대한 평가는 기업평가의 주요한 요소가 되고 있고 지식경영 차원에서도 필수적인 것으로 인식되고 있다. 이러한 필요성으로 최근 지식재산 가치 측정에 대해 많은 관심이 집중되고 있다. 지난 10년간 장기호황의 원동력으로 지식경영과 e-business의 중요성을 인식했던 유럽 및 미국 학계나 업계에서 무형자산의 측정과 평가에 관심을 기울여 왔다. 지식재산 중요성이 크게 인식될수록 지식재산 가치 측정 필요성이 더 커지고 있다.

특히, 특허나 상표가치 평가는 여러 가지 목적에 의해 다양하게 행해지고 있다. 정기적으로 가치평가기관과 언론사 등에서 수행하는 가치평가는 선정된 브랜드나 기술을 국내외에 적극 홍보하고, 기업으로 하여금 지식재산의 중요성과 전략적 관리의 필요성을 인식시켜 지식경영을 유도해 낸다. 한편 지식재산 가치평가는 현실적인 거래목적으로 이루어지기도 하는데, 예컨대 담보제공을 전제한 담보가치로서 평가, 로열티를 산정하기 위한 평가, 채무에 대한 담보로 압류된 특허권이나 상표권 가치 등인 경우가 있다.

(3) 지식재산은 기업 주요자산이며 동시에 사업수단

1) 기술개발과 특허제도 재산적 부가가치 창출구도

해당 특허권 기술사용의 독점배타적 효과는 경쟁기업보다 강력한 경쟁력을 확보해 줌으로써 시장을 석권하게 하고, 기술적 우월성은 보다 높은 가격을 매길 수 있어 기업의 이윤증대에도 기여한다. 특허권자는 타인에 대해 실시권을 설정하거나 권리자체의 양도를 통해 거액의 로열티나 판매수입을 얻을 수 있다. 특허권에 의한 기술 개발성과 보호는 투자자본의 조기 회수를 가능케 하여 첨단기술개발의 기폭제 역할을 한다. 특허권은 국가산업발전 및 경쟁력을 결정짓는 산업자본으로서 국경이동이 수월하여 국제적으로 쉽게 전파되며 국가간의 교역, 기술투자 및 기술이전을 촉진시켜 국제적 분업을 유도한다.

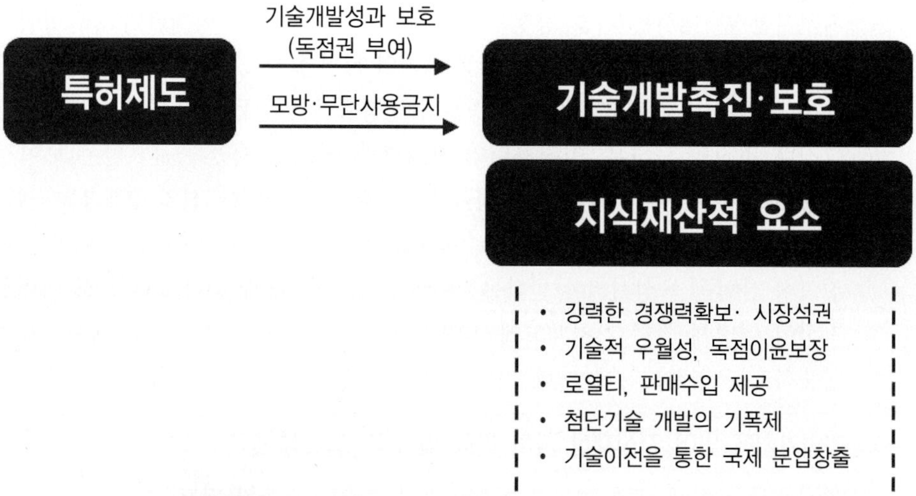

그림 1-1. 특허제도의 재산적 부가가치 창출

2) 상표권 경제적 가치 일반

확립된 상표권(브랜드)은 상표의 기능적 측면에서 다음과 같은 큰 경제적 가치를 가질 수 있다. 첫째, 시장 내에서 높은 인지도를 누리고 있기 때문에 경쟁자에 비해 훨씬 적은 마케팅 비용만으로도 더 높은 효과를 거둘 수 있고 브랜드 확장도 훨씬 용이하다. 둘째, 고객이 그 브랜드가 구비되어 있기를 기대하므로 유통 채널이나 소매상들에 대해서 협상 우위를 누릴 수 있어 마케팅이 수월하다. 셋째, 상품 가격 책정시 브랜드 인지도 만큼 경쟁사에 비해 높은 가격을 부과할 수 있다. 넷째, 특허권이나 저작권과 달리 갱신등록에 의해 존속기간(시효)이 반영구적이므로 기업 활동이 계속되는 동안 항상 경제적 효과를 가지며 신용가치도 사용할수록 증대된다.

4. 발명과 특허, 과학기술과 상호관계

(1) 발명의 의의

과학과 기술의 결합을 단적으로 보여주는 것이 발명(invention)의 등장이라고 볼 수 있다.[5] 오늘날 발명은 특허제도라는 법체계 속에 위치가 정해져 발명자의 권리가 사회적으로 널리 인정되고 있다. 그러나 각국의 특허법을 살펴보면 발명의 정의규정을 두고 있는 예는 많지 않다. 우리나라의 특허법에서는 발명이란 '자연법칙을 이용한 기술적 사상의 창작으로서 고도한 것'이라는 규정을 둠으로써 발명개념을 과학과 기술의 결합 선상에서 명확히 정의하고 있다. 그러나 날로 변화해 가는 발명의 실체에 부합되도록 이 정의규정은 보다 탄력적으로 해석되어져야 할 필요가 있다.

(2) 특허제도

오늘날 발명은 특허제도라는 법체계 속에서 비로소 의의를 가진다. 특허제도는 발명 공개에 대한 보상적 대가로 당해 발명에 대한 특허권을 부여하여 독점배타적으로 실시할 수 있도록 한 인센티브 시스템이다. 이러한 특허에 의한 발명 보호는 발명의 창출과 이용을 촉진시켜 과학기술의 혁신적 진보를 가능하게 하였다. 그러나 발명을 완성한 경우에도 특허를 출원하지 아니하면 그 발명에 대한 독점배타권을 행사할 수 없다. ① 특허출원 된 발명으로서 성립여부 ② 산업상 이용가능성 ③ 신규성 ④ 진보성 ⑤ 공익적 불특허 사유에 해당하지 않을 것 등 소정의 특허요건을 충족하여야 특허가 부여되고 있다.

---

5) 발명은 '전에 없었던 것을 처음 생각해 내거나 만들어 내는 일' 또는 '인류사회에 가치가 있는, 아직까지 없던 새로운 기계나 물건을 생각해 만들어 내는 기술적 창작' 등으로 이해할 수 있다.

(3) 발명특허와 과학기술 상호관계

1) 발명은 자연법칙을 이용한 것

발명은 과학을 통하여 규명된 원리인 자연법칙을 기술적으로 이용한 것이다. 우리 법제는 결국 과학의 원리를 응용한 구체적인 기술적 아이디어를 발명으로 보고 있다. 이에 과학적 발견인 자연법칙 그 자체는 물론 자연법칙을 이용하지 않는 기술도 특허 대상인 발명이라 할 수 없다.

자연법칙이란 인간이 자연계에서 인식과 경험을 통하여 찾아낸 원리를 말한다. 이는 뉴턴의 운동의 법칙 등과 같이 자연과학상 명명된 법칙에만 한정되지 아니하며, 물은 높은 곳에서 낮은 곳으로 흐른다는 것과 같이 인간의 경험에 의하여 터득하게 된 경험도 여기에 포함한다. 그러나 인간의 추리력이나 순수한 정신적 활동에 의해서만 도출된 법칙, 인위적인 결정, 경제법칙, 인간의 심리상태에 관한 심리법칙 등은 자연법칙에 해당되지 아니한다. 특허법상의 발명은 상술한 자연법칙을 이용한 것에 한정되기 때문에 자연법칙을 이용하지 아니 하였거나 자연법칙에 반하는 것은 특허법상 발명으로 인정받지 못한다.

과학의 성과인 자연법칙 자체는 특허법상 발명으로 인정될 수 없으며, 자연법칙을 이용한 것이어야 한다. 예컨대, 번개의 전기적 특성을 처음으로 인식한 것은 자연법칙 자체의 인식에 해당되어 특허법상의 발명이 될 수 없으나, 이를 이용하여 낙뢰를 피하기 위한 피뢰침을 만든 것은 발명에 해당한다.

발명은 자연법칙을 이용하되 그 이용이 '전체적인' 이용이어야 한다. 일부는 자연법칙을 이용하였으나, 일부는 경제법칙 등을 이용한 것이거나 자연법칙에 위배된 경우에는 원칙적으로 발명으로 인정될 수 없다.[6)]

2) 발명은 기술적 사상

특허법상 발명은 자연법칙을 이용한 기술에 관한 것이나 반드시 기술 그 자체일 필요는 없으며 기술적 사상이면 족하다. 여기서 말하는 '사상'이란 추상적인 관념(idea)을 말하는 것으로, 구체적인 '형체'와 대립되는 의미이다. 즉 특허보호의 객체는 물건으로서의 발명품이 아니라 발명의 목적을 달성하기 위하여 구체적으로 동원한 기술적 아이디어 자체이다. 그러므로 특허출원시에 명세서에 이러한 아이디어와 동원수단을 기술하면 족하고 시제품으로 발명품을 제작하여 제출할 필요가 없다. 그러나 발명은 추상적이기는 하나 동시에 일정한 목적을 달성하기 위한 구체적인 수단(즉, 기술)에 관한 사상이므로 그에 상응하는 정도의 구체성은 필요하다. 구체성이 결여된 발명은 미완성

6) [발명으로 볼 수 없는 예] ① 자연법칙 자체의 단순한 발견(發見)(예: 질량불변의 법칙의 발견, 할로겐화은(AgCl) 분해반응의 발견; 단순한 과학원리의 발견에 불과하며 창작이 아님), ② 자연법칙에 위반(예: 무한동력장치 영구기관; 열효율이 100%인 기관은 만들 수 없다는 열역학 제2법칙에 위배됨), ③ 자연법칙을 이용하지 않거나 자연법칙 이외의 법칙이용 (예: 새로운 작도법(作圖法), 암호작성방법, 게임방법, 과세방법, 광고기법 등 영업방법에 대한 창안)

발명으로 보아 특허를 받을 수 없다. 발명의 완성 및 미완성 여부는 관련 분야에서 자주 문제가 된다.

(4) 과학적 원리 발견과 발명

발명은 종전에 없었던 새로운 것을 만들어 내는 것이고, 발견은 이전부터 존재하고 있었으나 잘 알려지지 아니한 것을 새롭게 인식하는 것이라는 점에 있어서 양자는 뚜렷하게 구별된다. 예컨대, 번개에 전기적 성질이 있다는 과학적 원리에 대하여 새롭게 인식하는 것은 발견(發見)이며, 이를 기초로 하여 피뢰침을 만들어 내는 것이 발명(發明)이다.

허블망원경이나 전자현미경의 발명은 천체의 물리법칙과 미생물을 발견하는데 기여하고, 이와 같은 과학적 원리의 발견은 새로운 발명의 기초가 된다. 새로운 발명은 또 다시 새로운 발견을 촉진시키는 경우가 많기 때문에 양자 관계는 극히 밀접한 상승작용을 하여 과학기술혁신에 기여해 왔다고 할 수 있다. 기존의 물질에 대한 새롭고 실용적인 용도의 발견과 같은 소위 용도발명의 경우에는, 개념상 발견에 가까우나 통상 발명으로 취급해 주고 있다.

(5) 과학기술 발전에 따른 지식재산제도 영향

과학기술의 진보는 특허법 체제는 물론 저작권법의 체제 변화에도 큰 영향을 미치고 있다. 정보화 시대에 접어든 이후 인터넷 기술의 비약적 발전은 전자상거래라는 새로운 형태의 인프라 형성과 함께 지식재산권 분야에서도 많은 변화를 가져오고 있다. 디지털 기술과 인터넷의 발전은 도메인이름이라는 새로운 영업표지를 탄생시켜 상표권과 도메인 이름간의 분쟁을 야기하였다.

저작권 보호 권리의 유형도 종이제품으로부터 복제권, 배포권, 2차적 저작물 작성권 등이 태어나게 되었고, 이어 음악 연극 및 예술을 보호하기 위하여 공연권과 전시권이 추가되었다. 음향이 유영의 매개체에 담겨지게 되고 공중파를 타는 것에 대응하여 방송권 등 저작권이 확대되었고, 최근 인터넷의 등장에 따라 전송권으로까지 이어지고 있다.

과학기술 발전이 특허법 영역에 미친 영향으로는 그 근본체제의 변화보다는 대상 확대를 요구하는 측면이 강하다. 인터넷상에서 새로운 기술이 이용됨으로써 특허법 분야에는 소프트웨어의 특허법적 보호를 촉진시키는 계기제공과 비즈니스 환경변화와 이에 따른 새로운 비즈니스모델의 특허 인정문제, 인터넷 공지를 신규성 상실사유에 포함한 것 등을 들 수 있다.

제2절 지식재산권 종류, 조약, FTA, 지식재산기본법

핵심내용

- 지식재산권은 크게 전통적 지식재산권과 신지식재산권으로 구분할 수 있으며 전통적 지식재산권은 다시 산업재산권과 저작권으로 구분된다. 21세기 지식기반사회로 진입하면서 등장한 신지식재산권은 전통적인 산업재산권, 저작권의 범주에 속하지 않으면서 산업발전에 따라 그 중요성이 강조되고 있다.
- 산업재산권은 특허청에 출원하여 등록받음으로써 부여된 독점배타적인 권리로 특허권, 실용신안권, 디자인권, 상표권을 말하며, 산업경제와 관계가 깊은 지식재산권으로, 특허법, 실용신안법, 디자인보호법 및 상표법 등 서로 다른 법률에 의하여 각각의 권리를 보호받고 있다.
- 저작권은 인간 지적능력을 발휘하여 달성한 미술, 음악 등의 예술분야와 시, 소설 등과 같은 문학분야의 창작물에 대한 독점권이 인정되는 권리이다. 저작자 권리는 산업재산권과 달리, 별도의 출원 및 등록에 의하여 권리가 발생하는 것이 아니라, 저작권 등록과 무관하게 저작물을 창작한 시점에 발생한다.
- 신지식재산권은 유전공학기술, IT 기술의 발달에 따라 등장한 반도체배치설계권, 인터넷 도메인, 컴퓨터프로그램, 식물신품종, 데이터베이스 등을 들 수 있으며 종류와 범위가 다양해지고 있다.
- WIPO가 관장하고 있는 지식재산권 관련 국제조약 중 지식재산권보호(IP protection)와 관련된 조약은 국제적 보호에 관한 규범을 정하는 조약으로서 지식재산권 보호의 실체 규정을 담고 있다. 국제적 보호를 촉진하는 글로벌보호제도에 관한 조약, 분류체계에 관한 조약으로 구분된다. 이 외에 WIPO가 관장하지 않는 지식재산권 관련 조약은 WTO/TRIPs협정, 세계저작권협약(UCC) 등이 있다.
- 산업재산권 관련 조약 가운데 대표적인 조약인 파리협약(Paris Convention)은 속지주의에 입각하여 각국의 산업재산권제도상의 차이를 인정하며, 그 바탕 위에 3대 원칙인 내국민대우의 원칙, 우선권주장의 인정, 특허독립의 원칙을 중심으로 산업재산권을 국제적으로 보호하는 것을 목표로 한다.
- 특허협력조약(PCT: Patent Cooperation Treaty)은 특허 또는 실용신안을 해외에 출원할 경우 절차를 간소화하고 비용을 절약하며 기술교류협력을 하기 위하여 체결된 다자간 조약이다.
- 우리 국회는 2011년 11월 22일 한미 FTA를 비준동의하였다. 이후 한미 FTA 협정을 이행하기 위하여 후속조치로 14개의 법률안이 개정되었다. 그 중에서 특허법, 실용신안법, 디자인보호법, 상표법, 저작권법, 부정경쟁방지법 등 지식재산 관련 법률이 일부 개정되어 2011년 12월 2일 개정법이 공포되었다.
- 지식재산기본법은 지식재산의 창출·보호 및 활용을 촉진하고 그 기반을 조성하기 위한 정부의 기본 정책과 추진 체계를 마련하여 우리 사회에서 지식재산의 가치가 최대한 발휘될 수 있도록 함으로써 국가의 경제·사회 및 문화 등의 발전과 국민의 삶의 질 향상과 이바지하는 것을 목적으로 한다.

아이디어를 보호하는 제도는 특허가 대표적이나, 특허 이외에도 여러 제도를 통해 아이디어의 보호가 가능하다.[7] 일반적으로 지식재산권은 창작보호여부, 법 목적, 규제 형식 등 여러 가지 기준에 의해 다양하게 분류할 수 있다. 지식재산권은 크게 전통적 지식재산권과 신지식재산권으로 구분할 수 있다. 전통적 지식재산권은 다시 산업재산권과 저작권으로 구분된다. 신지식재산권은 유전공학기술, IT 기술의 발달에 따라 등장한 반도체 배치설계권, 인터넷 도메인, 컴퓨터프로그램, 식물신품종, 데이터베이스 등을 들 수 있으며 종류와 범위가 다양해지고 있다.

CHAPTER 1

1. 지식재산권 종류

(1) 산업재산권

산업재산권은 특허권, 실용신안권, 디자인권, 상표권을 말하며, 산업경제와 관계가 깊은 지식재산권을 의미한다.[8] 이 4가지의 산업재산권은 각각 보호대상이 다르며, 특허법, 실용신안법, 디자인보호법 및 상표법 등 서로 다른 법률에 의하여 각각의 권리를 보호하고 있다. 산업재산권은 특허청에 출원하여 등록받음으로써 부여된 독점배타적인 권리를 부여받는다.

1) 특허권

산업재산권의 핵심이라 할 수 있는 특허권(特許權, Patent Right)은 자연법칙을 이용한 기술적 사상의 창작으로서 발명수준이 고도한 발명에 대하여 부여되는 권리이다(특허법 제2조). 특허를 받은 발명은 존속기간동안 독점적으로 이용하거나 타인의 이용을 배제할 수 있다. 특허권의 권리는 설정등록[9]한 날부터 발생하며 특허출원일 후 20년이 되는 날까지 존속한다.[10] 특허권자는 특허발명을 직접 이용(사용)하여 수익을 올리거나 타인에게 처분(양도)할 수도 있다.

2) 실용신안권

실용신안권(實用新案權, Utility Model Right)은 산업상 이용할 수 있는 물품의 형상·구조 또

7) 사실 특허는 지식재산권이라고 부르는 무형 재산권의 일부일 뿐이다. 혹자는 지식재산권이라는 용어 대신 '지적재산권', '무체재산권' 등의 용어를 사용하기도 한다.

8) 산업재산권(Industrial Property)이란 용어는 파리협약의 명칭 중 'Industrial Property'를 번역한 것으로 1960년대 공업소유권이란 법률용어가 사용한 적이 있으나 1990년 말부터 산업재산권으로 통일하였다.

9) 특허출원이 특허청 심사를 통과하여 출원인이 특허결정등본을 송달받은 후 특허권을 받기 위해 설정등록료를 납부하면, 특허청장은 직권으로 특허등록원부에 특허권을 설정등록하게 된다. 설정등록료는 특허결정등본을 송달받은 날부터 3개월 이내에 최초 3년분의 특허료를 일시에 납부하여야 한다. 특허설정등록이 되어야 특허권이 발생하며, 출원발명은 특허발명으로, 출원인은 특허권자로 변경된다.

10) 예를 들면, 2020년 3월 1일에 특허출원하여 2022년 11월 2일에 특허등록된 경우, 특허권은 원칙적으로 2040년 3월 1일까지 보호받을 수 있다.

는 조합에 관한 고안(창작의 고도성 정도에 비추어 고안을 '소발명'이라고도 함)에 대하여 부여되는 권리이다(실용신안법 제2조). 실용신안권의 권리는 설정등록한 날부터 발생하며, 실용신안등록출원일 후 10년이 되는 날까지 존속한다. 실용신안권은 특허권과 마찬가지로 기술에 관한 아이디어를 보호하는 권리이다. 등록요건은 특허와 유사하나 진보성의 요건이 특허에 비해 판단수준이 낮다는 차이가 있다.

3) 디자인권

디자인권(Design Right)은 물품의 외관인 디자인을 보호하는 권리이다. 즉, 디자인권은 독특한 형상·모양·색채가 있는 물품의 외관에 부여되는 권리이다(디자인보호법 제2조). 디자인권의 존속기간은 설정등록한 날부터 발생하여 디자인등록출원일 후 20년이 되는 날까지이다.

4) 상표권

상표권(商標權, Trade Mark Right)은 식별력[11]있는 상표에 부여되는 권리이다(상표법 제2조). 상표란 자기의 상품(지리적 표시가 사용되는 상품의 경우를 제외하고는 서비스 또는 서비스의 제공에 관련된 물건을 포함)과 타인의 상품을 식별하기 위하여 사용하는 표장(標章)[12]을 말한다. 상표권의 존속기간은 설정등록이 있는 날부터 10년이지만, 다른 산업재산권과 달리 존속기간갱신등록신청을 통해 10년씩 존속기간을 계속적으로 갱신할 수 있다.

표 1-1. 산업재산권의 보호대상 및 존속기간

구분	특허권	실용신안권	디자인권	상표권
적용 법률	특허법	실용신안법	디자인보호법	상표법
보호 대상	• 발명 • 자연법칙을 이용한 기술적 사상의 창작으로서 고도한 것(대발명)	• 고안 • 자연법칙을 이용한 기술적 사상의 창작(소발명)으로서 물품의 형상·구조 또는 조합	• 디자인 • 물품의 형상·모양·색채 또는 이들을 결합한 것으로서 시각을 통하여 미감을 일으키게 하는 것	• 상표 • 자기의 상품과 타인의 상품을 식별하기 위하여 사용하는 표장(기호, 문자, 도형, 소리, 냄새, 입체적 형상, 홀로그램·동작 또는 색채 등으로서 그 구성이나 표현방식에 상관없이 상품의 출처를 나타내기 위하여 사용하는 모든 표시)

11) 식별력(Distinctiveness)은 상표 사용자의 상품 또는 서비스를 다른 사람의 상품이나 서비스와 식별하는 성질을 말한다.

12) 표장(標章)이란 기호, 문자, 도형, 소리, 냄새, 입체적 형상, 홀로그램· 동작 또는 색채 등으로서 그 구성이나 표현방식에 상관없이 상품의 출처(出處)를 나타내기 위하여 사용하는 모든 표시를 말한다.

구분	특허권	실용신안권	디자인권	상표권
사례	전자를 응용하여 처음으로 전화기를 발명한 경우	송화기와 수화기가 분리되어 있던 것을 일체로 하여 편리하게 변경한 경우	탁상전화기를 반구형이나 네모꼴로 전화기 모양을 변경한 경우	전화기 제조회사가 자사 제품이나 포장 등에 자사의 상호나 마크를 표시한 경우
존속기간	설정등록한 날부터 특허출원일 후 20년	설정등록한 날부터 실용신안등록출원일 후 10년	설정등록한 날부터 디자인등록출원일 후 20년	설정등록이 있는 날부터 10년 (갱신 가능)

(2) 저작권

저작권(著作權, Copyright)은 인간의 지적능력을 발휘하여 달성한 미술, 음악 등의 예술분야와 시, 소설 등과 같은 문학분야의 창작물에 대하여 일정기간 독점권이 인정되는 권리이다. 저작자의 권리는 산업재산권과 달리, 별도의 출원 및 등록에 의하여 권리가 발생하는 것이 아니라, 저작권 등록과 무관하게 저작물을 창작한 때부터 발생하며, 원칙적으로 저작자가 생존하는 동안과 사망한 후 70년간 존속한다.

저작권은 저작자가 자신의 저작물에 대해 가지는 인격적 권리인 '저작인격권'과 저작물을 일정한 방식으로 이용하는 것으로부터 발생하는 경제적인 이익을 보호하기 위한 권리인 '저작재산권'으로 구성된다. 저작인격권은 저작물을 발표할 권리인 '공표권', 이름을 표시할 권리인 '성명표시권', 저작물의 내용과 형식의 동일성을 유지하도록 요구할 수 있는 '동일성 유지권'을 포함한다. 또한, 저작재산권은 복제권, 공연권, 공중송신권, 전시권, 배포권, 대여권, 2차적 저작물 작성권 등을 포함한다. 저작권은 저작물과 관련한 다수의 권리의 집합이라는 점에서도 산업재산권과 구별된다.

표 1-2. 산업재산권과 저작권

구 분	산업재산권	저작권
공통점	• 인간의 창의적인 아이디어를 배타적으로 지배하는 권리 • 권리존속기간 존재	
목 적	• 산업발전에 이바지 • 경제적 이용을 적극적으로 보호	• 문화 및 관련산업의 향상발전 • 저작물의 공정한 이용 도모
보호대상	• 자연법칙을 이용한 기술적 사상 그 자체를 보호	• 인간의 사상 또는 감정을 표현한 정신적 창작물을 보호
법적보호	• 1발명 1출원주의에 의해 1발명당 하나의 특허권이 부여 • 차단효과가 강한 독점배타적 권리	• 독자적으로 창작된 것인 이상 모두가 보호를 받음 • 차단효과가 약한 단순한 배타적 권리
권리발생	• 방식주의 • 권리발생에 일정한 요건과 방식, 절차 등이 필요	• 무방식주의 • 창작과 동시에 권리가 발생하며, 등록 등의 기타 형식적인 절차가 불필요

(3) 신지식재산권

신지식재산권[13]은 과학기술의 급속한 발전과 사회여건의 변화에 따라 종래의 지식재산법규의 보호범주(산업재산권, 저작권)에 포함되지 않으나 경제적 가치를 지닌 지적창작물을 의미한다. 신지식재산권의 구체적 내용에는 컴퓨터 프로그램, 반도체 배치설계, 데이터베이스, 인공지능, 생명공학, 영업비밀, 식물신품종, 퍼블리시티권, 유전자원, 전통지식 등이 있다.

선진국에서는 신지식재산권 보호문제를 국제경쟁에서 생존하기 위한 필수 전략 수단으로 인식하고 있다. WTO의 출범으로 모든 분야에서 국제교역이 자유무역화 되고 있으나 지식재산권분야는 보호주의가 강화되는 추세이다. 새로운 분야가 지속적으로 등장하고 있는 신지식재산권 분야에서 영업비밀, 컴퓨터 프로그램, 반도체 배치설계, 식물신품종, 유전자조작기술 등은 멀지 않아 국제무대에서 지식재산권으로서 확고한 위치를 차지할 것으로 전망된다. 현재 속지주의의 한계를 벗어나 범세계적인 지식재산권 보호체계 마련을 위한 방안이 심도 있게 논의 중이고, 다자간 국제기구를 통한 논의가 본격화되고 있다.

신지식재산권은 표 1-3과 같이 산업저작권, 첨단산업 재산권, 정보 재산권 등으로 분류할 수 있다.

표 1-3. 신지식재산권 종류

종 류	주 요 내 용
산업저작권	컴퓨터 프로그램, 데이터베이스, 디지털콘텐츠 등
첨단산업 재산권	반도체 배치설계, 생명공학, 인공지능, 인터넷 사업방법 등
정보 재산권	영업비밀, 멀티미디어 등
기 타	캐릭터, 트레이드 드레스(Trade dress), 프랜차이징, 퍼블리시티권(Right of Publicity), 지리적 표시, 인터넷 도메인 네임 등

1) 컴퓨터 프로그램

컴퓨터 프로그램은 어문저작물 성격인 소스 프로그램 및 오브젝트 프로그램과 첨단산업기술 성격인 소프트웨어의 가치적 특성을 동시에 지니고 있다. 저작권법 제2조 제16호에서는 특정한 결과를 얻기 위하여 컴퓨터 등 정보처리능력을 가진 장치 내에서

13) '신지식재산권'이라는 용어는 현재까지 법률적으로 규정된 것은 없고 강학상 분류되고 있으며, 그 형태에 따라 이중적으로 보호되는 경우도 발생한다. 예를 들어 현행법상 '컴퓨터 프로그램'의 그 자체는 '저작권법'으로, 프로그램의 기술적 사상은 '특허법'으로 보호가 가능하다.

직접 또는 간접으로 사용되는 일련의 지시·명령으로 표현된 창작물을 '컴퓨터프로그램 저작물'로서 정의하여 무단 복제를 금지시키고 있다. 또한 컴퓨터 프로그램이 하드웨어와의 유기적 결합으로 인하여 외부에서의 물리적 변환이 실제적 이용가능성이 있는 경우 특허권으로 보호가 가능하다.

2) 반도체 배치설계

반도체집적회로의 배치설계에 관한 법률(약칭: 반도체설계법)은 반도체집적회로(半導體集積回路)의 배치설계(配置設計)에 관한 창작자의 권리를 보호하고 배치설계를 공정하게 이용하도록 하여 반도체 관련 산업과 기술을 진흥함으로써 국민경제의 건전한 발전에 이바지함을 목적으로 하고 있다.

'반도체집적회로'는 반도체 재료 또는 절연재료의 표면이나 반도체 재료의 내부에 한 개 이상의 능동소자를 포함한 회로소자들과 그들을 연결하는 도선이 분리될 수 없는 상태로 동시에 형성되어 전자회로의 기능을 가지도록 제조된 중간 및 최종 단계의 제품을 말하고, '배치설계'란 반도체집적회로를 제조하기 위하여 여러 가지 회로소자 및 그들을 연결하는 도선을 평면적 또는 입체적으로 배치한 설계를 의미한다.

'배치설계권'의 존속기간은 설정등록일로부터 10년이며, 영리를 목적으로 그 배치설계를 최초로 이용한 날부터 10년 또는 그 배치설계의 창작일부터 15년을 초과할 수 없다.

3) 식물신품종

식물신품종 보호제도는 식물의 품종을 육성하거나 이를 발견하여 개발한 자에게 특허권, 상표권과 유사하게 배타적인 상업적 독점권을 부여하는 제도이다. 식물신품종 보호법(약칭: 식물신품종법)은 식물의 신품종에 대한 육성자의 권리 보호에 관한 사항을 규정함으로써 농림수산업의 발전에 이바지함을 목적으로 하고 있다. '품종보호권'의 존속기간은 품종보호권이 설정등록된 날부터 20년(과수와 임목의 경우에는 25년)이다.

대내적으로 종자주권의 확보와 국내 종자산업의 국제 경쟁력 확보를 위해 농업분야의 선진국들이 수십 년 전부터 도입하여 시행하고 있는 품종보호제도를 도입하여 국내의 품종개발을 활성화하고 이를 통해 종자산업을 발전시키는 것이 중요과제로 대두되었다. 한편 대외적으로 WTO 회원국은 특허나 특별법 또는 두 제도의 결합에 의하여 식물 품종을 보호하도록 의무화하고 있다.

육성자의 권리를 보호함으로써 우수품종 육성 및 우량종자의 보급을 촉진하여 농업 생산성 증가와 농가소득의 증대를 기할 수 있으며 이 제도의 도입에 따라 앞으로 민간 육종부문의 획기적인 발전과 함께 해외우수품종의 이용 및 유전자원의 교류가 활성화될 것으로 기대되고 있어 식물신품종 육성자의 권리를 보호하는 것은 매우 중요한 의미를 지닌다.

4) 데이터베이스

데이터베이스는 여러 분야에서의 지적 결과를 정리하고 축적한 자료로 일반 대중의 이용에 따라 기술 및 문화 발전에 기여함으로써 그 보호 필요성이 대두되고 있다. 정보화 사회로 대변되는 현대에는 빅데이터를 기반으로 하는 인공지능기술 등이 중요한 사업으로 부상함에 따라 다양한 형태의 데이터베이스가 등장하고 그 활용 중요성이 더욱 강조되고 있다. 이에 따라, 데이터베이스산업의 발전은 괄목할만한 성장을 거듭하며 정보 산업의 중요 위치를 차지하고 있다. 종전에는 편집저작물(편집물로서 소재의 선택, 배열 또는 체계적 구성에 창작성이 있는 것)이 아닌 단순한 편집물은 저작권법 보호대상에서 제외되었으나, 2001년 개정 저작권법부터는 창작성이 없는 데이터베이스라 하더라도 이를 제작하는데 인적 또는 물적으로 상당한 투자를 한 제작자(데이터베이스제작자)에게 일정한 권리를 인정하고 있다. 즉, 데이터베이스제작자는 저작권법 제93조에 따라 그의 데이터베이스 전부 또는 상당한 부분을 복제, 배포, 방송 또는 전송할 권리를 가진다.

전통적 지식재산권제도의 시각으로 보면 데이터베이스의 기술적 사상은 특허로 보호하고, 그 내용에 관한 것은 저작권으로 보호하는 것이 일반적인 접근방법이다. 그러나 멀티미디어 데이터베이스의 경우처럼 데이터베이스의 '내용(저작권)'과 '기술적 사상(특허권)'에 관한 경계가 모호해지는 상황이 발생한다. 또한, 최근 EU를 중심으로 저작권의 핵심요건 중 하나라고 할 수 있는 '창작성' 요건을 완화하려는 시도가 나타나고 있고, 저작권 기본 이념인 표현방법에 대한 보호가 아닌 데이터베이스 구조 등 기능에 대한 보호가 시도되고 있다.

5) 캐릭터

캐릭터는 일반적으로 소설, 만화, 영화 등에 등장하는 주인공이나 그 역할을 의미하는데 주로 특정인의 작품이나 상품을 표시하는 심벌로 사용된다. 대개 광고에 등장하는 특수한 일러스트의 인물, 동물, 식물 등을 의미하기도 한다. 우리나라에서는 1980년대 중반 이후 상품이나 서비스에 캐릭터를 사용하여 시장에서 경쟁력 우위를 확보하기 위한 움직임이 두드러지기 시작했다. 즉, 캐릭터를 하나의 투자대상으로 삼고 캐릭터 개발에 주력하면서 이를 이용한 상품화가 하나의 산업으로 자리 잡게 된 것이다.

이렇게 만화나 광고 등에 등장하는 인물이나 동물, 마크나 명칭처럼 고객의 관심을 끌어 판매를 증진시킬 수 있는 힘, 즉 선전, 광고의 힘과 고객 흡입력을 지닌 소재를 상품에 이용하거나 그 자체를 인형 등으로 만들어 파는 등 캐릭터를 이용하여 경제적 이득을 얻는 권리가 '상품화권'이다. 상품화권이라는 개념을 창출한 것으로는 미국의 월트디즈니 프로덕션이 미키마우스, 도널드덕, 백설공주 등을 어린이용품이나 패스트푸드 등에 사용한 것이 있다.

우리나라 법제상 상품화권이라는 독립적 권리는 아직 인정되지 않았고 외국의 경우에도 상품화에 대한 규정을 지닌 나라는 없는 실정이다. 그러나 간접적으로 저작재산권법의 인접권으로 보호하는 경향이 크다. 캐릭터가 시각적으로 구체화된 창작물인 경우 그 성격상 저작권의 보호대상이 되는 것은 당연하다.

6) 퍼블리시티권

퍼블리시티권(Right of Publicity)은 자신의 성명, 초상, 목소리, 서명, 이미지 등을 상업적으로 이용하거나 그 이용을 허락할 수 있는 권리를 말한다. 성명과 초상은 인격권 보호대상으로 본인의 허락이 없이 촬영, 방송하는 것은 인격권 침해로 인정되어 그에 대한 침해정지 및 손해배상이 인정된다.

저명인의 실명, 예명, 별명 등은 커다란 관심 대상이 되고 상당한 고객흡입력을 지니기 때문에 이러한 퍼블리시티권자는 자신의 성명에 대한 배타적 이용을 할 수도 있고 그 무단이용에 대한 구제를 청구할 권리를 가진다.

상표법 및 부정경쟁방지법에서와 마찬가지로 퍼블리시티권의 효력도 표현의 자유나 언론의 자유에 의해서 일정한 제한을 받을 수 있다. 즉, 패러디나 논평 또는 시사보도를 위해서 저명인의 성명이나 초상을 이용하는 것이 영리를 목적으로 하지 않기 때문에 퍼블리시티권 침해에 해당하지 않는 것으로 볼 수 있다.

7) 유전자원

식물신품종과 관련하여 유전자원(Genetic Resources)은 신품종 개발, 신약개발 등 생명산업 소재로서의 경제적 가치뿐만 아니라 그 외 생태적, 생물자원적, 사회적 가치 등 그 중요성이 증대되고 있다.

이러한 이유로 국제사회에서도 유전자원과 관련된 다양한 논의를 전개하고 있다. 생물다양성협약(CBD, Convention on Biological Diversity)과 식물유전자원국제조약(ITPGRFA)에서는 다른 나라 자원에 대한 접근 및 이용에 대한 규제를 마련하고자 노력하고 있다. 세계지식재산권기구(WIPO)는 유전자원, 전통지식, 민간전승물에 대한 지식재산권 보호 주장에 대한 정부간 의견 수렴과 합의도출을 모색하고 있지만, 아직까지 견해의 차이를 좁히고 있지 못한 실정이다.

우리나라는 그 동안 유전자원의 보존·관리 및 기반구축을 위해 꾸준히 노력한 결과, 농업유전자원 경우 세계 6위의 자원보유 및 보존시설을 확보하게 되었다. 하지만 보존자원의 다양성 측면에서 보면 식량작물(약 65%)에 편중되어 있으며 원예·특용작물 등에 대해서는 다양성이 부족한 편이다. 뿐만 아니라 식물종자 보유자원 중에서도 재래종 유전자원은 20%에 불과하여 앞으로 다양한 유전자원 확보에 더 많은 노력을 해야 할 것으로 보인다.

8) 전통지식

전통지식(Traditional Knowledge)은 '전통적인(Traditional)'이라는 형용사와 '지식(Knowledge)'이라는 명사의 결합으로, 각 나라에서 전통적으로 구두, 문서, 관습 등으로 전해져 내려온 모든 지식을 의미한다. '전통적'이라는 말 속에는 그러한 지식이 하나의 세대로부터 다른 세대로 계승되어지고, 특정 장소나 풍경 또는 생태계에서 오랜 경험 과정을 통해 단체들에 의해서 축적되어진 것을 함축하고 있다. 또한 대부분의 경우 전통지식은 단체성을 가지며 공동체 전체의 공유로 간주되어진다. 따라서 전통지식은 공동체내 어느 특정 개인의 것이 아니며, 특정한 문화적·전통적 정보 교환 메카니즘을 통해서 전달되어지는 것을 말한다.

아직까지 전통에 기반을 둔 지적활동의 산물로서 파생되는 산업·문학·예술·과학 분야의 결과물 전체를 의미하는 전통지식 개념에 대한 사회적 또는 국제적 합의 규정은 없으며, WIPO에서는 민간전승물의 표현을 포함하는 광의의 전통지식에 대하여 논의하고 있다.

2. 지식재산권 국제적 보호

(1) 지식재산권 관련 조약

세계지식재산권기구(WIPO)가 관장하고 있는 지식재산권 관련 국제조약을 3가지로 분류하여 살펴보면, 첫째, 지식재산권보호(IP Protection)와 관련된 조약으로 이들 조약은 국제적 보호에 관한 규범을 정하는 조약으로서 지식재산권 보호의 실체 규정을 담고 있다. 여기에는 파리협약, 베른협약, 브뤼셀협약, 마드리드협정, 나이로비조약, 특허법조약, 음반협약, 로마협약, 싱가포르조약(상표법), 상표법조약, 워싱턴조약, WIPO저작권조약(WCT), WIPO실연·음반조약(WPPT) 등이 있다.

둘째, 국제적 보호를 촉진하는 글로벌보호제도(Global Protection System)에 관한 조약이다. 이 조약들은 국제출원제도나 등록제도 또는 국제기탁제도를 운영하기 위한 조약으로서, 부다페스트조약, 헤이그협정, 리스본협정, 마드리드협정(상표), 마드리드의정서, 특허협력조약(PCT)과 국제식물신품종보호조약(UPOV) 등이 있다.

셋째, 분류체계(Classfication)에 관한 조약으로서 니스협정, 스트라스부르그협정, 로카르노협정, 비엔나협정 등이 여기에 속한다. 이 외에 WIPO가 관장하지 않는 지식재산권 관련 조약은 WTO/TRIPs협정, 세계저작권협약(UCC) 등이 있다.

1) 파리협약(Paris Convention)

가) 파리협약 탄생

산업재산권 관련 조약 가운데 대표적인 조약은 1883년 파리에서 체결된 파리협약(Paris Convention)이다. 이 조약안은 1880년 파리에서 개최된 국제회의에서 프랑스의 제안을 중심으로 토론을 거쳐 조약안이 마련되었으며, 1883년 3월 20일 정식으로 채택되었다[14]. 파리협약은 1884년 7월 7일 효력이 발생되었고, 1900년 브뤼셀, 1911년 워싱턴, 1925년 헤이그, 1934년 런던, 1958년 리스본, 1967년 스톡홀름 개정회의 등에서 의정서를 통해 여러 차례 개정되었다.

나) 파리협약 기본원칙

산업재산권의 국제적 성격에도 불구하고 각국의 산업재산권은 자국 산업보호의 정신에 기한 속지주의(territoriality)를 확립된 원칙으로 받아들여 왔다. 따라서 파리협약은 속지주의에 입각하여 각국의 산업재산권제도상의 차이를 그대로 시인하고, 그 바탕 위에 3대 원칙인 국민대우의 원칙, 우선권주장의 인정, 특허독립의 원칙을 기둥으로 하여 산업재산권을 국제적으로 보호하는 것을 목표로 한다.

■ 내국민대우(Nation Treatment) 원칙

파리협약의 기본원칙 중 하나는 내국민대우의 원칙이다. 이 원칙에 의하여 각 회원국 국민은 산업재산권 보호에 관하여 다른 모든 회원국에서 현재 또는 장래에 부여되는 내국민의 이익과 동등한 이익을 얻는다. 회원국 국민은 자국민에게 주어지는 조건 및 절차에 따르는 한 자국민과 동일한 보호를 받으며, 또한 자기 권리의 침해에 대하여 내국민과 동일한 법률상의 구제를 받을 수 있다(파리협약 제2조 제1항).

■ 우선권(Right of Priority)주장 인정

'우선권'이란 특정 출원인이 어느 한 회원국에서 행한 특허 등의 정식출원에 기초하여 다른 회원국에서 일정 기간 내에 보호를 요청할 수 있는 권리를 말한다. 동일한 출원과 대응하는 출원을 다른 동맹국에 우선기간 내에 출원한 경우, 후출원은 최초 출원 당시에 출원한 것으로 간주한다. 파리협약 우선권주장은 특허의 국제성을 상징하는 것으로서, 기본적으로 다수 국가 출원에 따르는 시간적인 차이를 극복하기 위하여 고안된 것이다. 우선권주장을 수반하는 출원은 제2국에 있어서는 산업재산권의 출원순위, 신규성, 선원 등을 판단함에 있어서 제1국에 출원한 날에 출원이 있었던 것과 똑같은 이익을 부여함으로써 최초 출원 이후의 행위로 인하여 신규성을 상실하는 일이 발생하지 않도록 하는 것이다.

■ 특허독립(Independence of Patents) 원칙

'특허독립의 원칙'이란 회원국의 국민이 각 회원국에 출원한 특허는 그 권리의 발생·변경·소멸 및 효력과 관련하여 타국에서 취득한 특허에 종속되게 하여서는 안된다는 원칙이다(파리협약 제4조의2). 따라서 회원국 국민에 의하여 여러 회원국에 출원된 특허발명은 회원국이든 비회원국이든 관계없이 타 국가에서 취득한 특허와 독립된 지위를

14) 파리협약의 체약국은 2019년 7월 기준 175개 국가이다. 우리나라는 1980년 5월 4일 파리협약에 가입하였다. https://www.wipo.int/treaties/en/ShowResults.jsp?lang=en&search_what=B&bo_id=5

갖는다 (파리협약 제2조의2 제1항)15).

■ 강제실시권

실시의무는 특허권자의 권리남용에 대응하여 공중의 이익을 고려한 제도라고 할 수 있다. 각 회원국은 불실시와 같은 특허에 의하여 부여되는 배타적인 권리 행사로부터 발생할 수 있는 문제를 예방하기 위하여 강제실시권 부여를 규정하는 입법 조치를 취할 수 있다. 파리협약에서는 특허권 남용에 따르는 제재로서 강제실시권과 몰수만을 다루고 이를 각 회원국에 위임하고 있다. 따라서 각국은 조약에서 정한 불실시 등 특허권 남용 이외의 사유로 인한 강제실시권이나 몰수에 관하여 자율적으로 국내법에 입법할 수 있다.

2) 특허협력조약(PCT)

특허협력조약(PCT: Patent Cooperation Treaty)은 특허 또는 실용신안을 해외에 출원할 경우 절차를 간소화하고 비용을 절약하며 기술교류협력을 하기 위하여 체결된 다자간 조약으로, 1970년 6월 19일 워싱턴외교회의에서 조약이 체결되었다. 우리나라는 1984년 5월 10일 가입하여 8월 10일부터 국제출원업무를 개시하였으며, 2020년 2월 기준 PCT 회원국은 153개국이다.16)

우리나라 특허법 제10장에서는 특허협력조약(PCT: Patent Cooperation Treaty)에 의한 국제특허출원에 관하여 규정하고 있다. 특허법 제10장 제1절은 국제출원의 국제단계의 절차에 관한 것으로 PCT를 이용하여 외국에서 권리를 취득할 경우 적용되는 절차를 규정하고 있으며, 특허법 제10장 제2절은 국제출원의 국내단계에서 우리나라를 지정한 국제출원에 대하여 국내법의 적용에 대해서 규정하고 있다.17)

3) 특허법조약(PLT)

가) 의의

1980년대 초부터 세계 각국은 특허제도의 국제적 조화(Harmonization)가 중요한 과제라는 인식이 급속하게 확산되어 왔다. 1995년 9월 WIPO정기총회의 결정으로 특허법조약(PLT: Patent Law Treaty) 검토가 개시되었다. 그 후 수차례의 전문가회의를 개최한 결과 2000년 6월 1일에 조약이 채택되었고,18) 2005년 4월 28일부터 조약이 발효되

---

15) 동일발명에 대하여 특허권을 부여한 나라의 수만큼 별개 독립의 특허권이 성립하며 (1국 1특허의 원칙)이들 특허권은 상호 무관하게 병존한다는 원칙이다.

16) https://www.wipo.int/pct/ko/pct_contracting_states.html

17) 국제출원은 번역문 제출시기를 중심으로 번역문 제출 이전단계를 국제단계(international phase)라 하고, 이 이후의 절차를 국내단계(national phase)라 한다. 국제출원은 국내단계에 진입한 후에는 각국의 국내법에 따라서 각국 특허청에서 일정한 절차를 밟아야 등록이 된다.

18) 스위스 제네바 소재 WIPO에서 2000년 5월 11일부터 6월 2일까지 WIPO 148개 회원국이 참석하여 "특허법조약 채택을 위한 외교회의"(The Diplomatic Conference for the Adoption of the Patent Law Treaty)가 개최되었고, 이 외교회의에서 PLT가

었다. 2020년 2월 기준 PLT가입국은 42개국이며, 우리나라는 미가입한 상태이다.[19]

나) 주요 내용

PLT는 27개 조문, 21개 규칙 및 6개 합의 선언문으로 구성되어 있다. PLT의 목표는 국내지역 출원절차 및 방식요건 통일화, 출원인 편의도모를 위한 출원방식요건 완화, 특허방식 요건에 상이한 국제표준 도입의 배제, 국내 및 지역특허청에서 정하는 요건 통일화 및 간소화이다. 조약의 주요 내용은 명세서를 대신하는 도면의 제출만으로 출원일 인정이 가능하고, 출원서 양식 및 요건에 관해서는 개정될 PCT 국제단계 요구조건을 준용하고, 재외자에 대한 강제대리 예외 사항의 채택 여부를 규정하고, 2005년 6월 2일 후 희망하는 회원국은 100% 전자출원제도 시행이 가능하게 한다.

출원인 및 대리인 입장에서 볼 때 PLT의 장점은 예측가능하고 일관되며 절차가 간소하고, 실수의 가능성이 적고, 권리 상실 없이 실수를 정정하는 기회를 제공하고, 특허청에 효과적인 업무를 가능하게 하여 행정비용이 절약되고 신속 정확한 행정처리가 가능해진다는 것이다.

4) 상표법조약 (TLT)

가) 의의

1989년부터 WIPO전문가회의에서 상표제도의 국제적인 조화(Harmonization)와 통일화를 위해 회의를 진행하였다. 그러나 각국의 의견이 상이하여 먼저 절차적 측면에서 국제적인 조화를 실현하는 데에 인식을 같이하고, 상표제도의 절차를 간소화하는 데에 목표를 두고 조약을 추진하였다. 1994년 10월 27일 스위스 제네바 WIPO외교회의에서 상표법조약(TLT: Trademark Law Treaty)이 채택되었다. TLT는 1996년 8월 1일 발효되었으며, 우리나라는 2003년 2월 25일 가입하였다. 2020년 2월 기준 TLT에 가입한 체약국은 54개국이다.[20]

나) 주요내용

■ 조약의 적용 상표

TLT에서 적용하는 상표는 시각으로 인식할 수 있는 상표에만 적용한다. 다만 입체상표 등록을 허용하는 체약국은 입체상표에도 적용한다(TLT 제2조 제1항 (a)). 홀로그램·소리상표나 냄새상표과 같이 시각적으로 인식할 수 없는 상표는 이 조약에 적용하지 아니한다. 서비스표 또는 상품 및 서비스업에 관한 표장은 이 조약에 적용하나, 단체표장·증명표장 및 보증표장은 적용하지 아니한다(TLT 제2조 제2항(b)). 다만, 연합상표· 방호상

정식으로 채택되었다.

19) https://www.wipo.int/treaties/en/ShowResults.jsp?lang=en&treaty_id=4

20) https://www.wipo.int/treaties/en/ShowResults.jsp?lang=en&treaty_id=5

표 또는 파생상표에는 적용하지 않는다는 취지의 선언을 할 수 있다(TLT 제21조 제1항).

■ 니스(Nice)분류의 사용

상표출원 및 등록에 있어서 상품 및 서비스업을 표시한 공고에서 상표의 국제분류인 니스분류[21]상의 류별로 분류하여 사용하여야 한다(TTL 제9조). 니스분류는 34개 상품류와 11개 서비스류로 구성되는데 2017년 1월 1일부터 니스분류 제 11판이 사용되고 있다.

■ 다류 1등록제도

니스분류상 2 이상의 종류에 속하는 상품 및 서비스업이 하나의 동일한 출원서에 기재된 경우 그 출원은 하나의 동일한 등록이 된다(TLT 제6조). 니스분류상 하나의 류 또는 다류에 속하는가에 관계없이 여러 상품 또는 서비스를 하나의 동일한 출원에 포함된 경우 그 출원은 하나의 동일한 등록이 된다. 우리나라는 1998년 개정법에서 1998년 3월 1일부터 다류 1출원을 할 수 있게 제도를 개선하였다.

■ 상표권 이전 시 절차간소화

상표권 이전 시 등록권리자만의 단독으로 신청할 수 있고, 이전공고를 요구할 수 없다(TLT 제11조 제1항). 1997년 상표법에서 상표권 이전 시 일간신문에 이전사실을 공고하고 난 후 이전등록신청을 하도록 하는 규정을 폐지하였다.

■ 상표등록 갱신출원 시 견본제출 금지 및 실체심사금지

등록상표의 갱신출원 시 그 상표의 견본제출요구를 금지한다 (TLT 제13조 제4항). 또 체약국 관청은 등록의 갱신을 위하여 당해 등록에 대한 실체심사를 행할 수 없다 (TLT 제13조 제6항). 1997년 개정 상표법에서 갱신출원에 대한 실체심사제도·상표견본제출제도를 폐지하고, 갱신출원 시 다류에 속한 상품의 출원서 제출이 가능하도록 하였다.

5) 마드리드 의정서(Madrid Protocol)

가) 의의

마드리드 의정서는 마드리드 협정이 지니고 있는 문제점을 극복하고 탄력적으로 국제등록제도(Global Protection System)를 창설할 목적으로 '표장의 국제등록에 관한 마드리드협정에 대한 의정서(Protocol Relating to the Madrid Agreement Concerning the International Registration of Marks)'라는 명칭으로 1995년 12월 1일 발효되어 1996년 4월 1일 시행된 조약이다. 2020년 2월 기준 106개국이 가입하고 있으며, 우리나라는

---

21) '표장의 등록을 위한 상품 및 서비스업의 국제분류에 관한 니스(NICE)협정'은 1957년 니스외교회의에서 채택되었다. 니스분류란 상표나 서비스표의 등록을 위한 상품 및 서비스업을 국제적으로 통일된 기준에 의해 분류하기 위한 니스협정에 따른 국제분류를 의미한다. 니스협정에 가입한 체약국은 2020년 2월 기준 88개국이다. 우리나라는 1998년 10월에 기탁하여 1999년 1월 8일부터 발효되었다.(https://www.wipo.int/treaties/en/ShowResults.jsp?lang=en&treaty_id=12)

2003년 4월 10일에 가입하였다.[22] 2001년 상표법에 반영된 마드리드 의정서에 근거하여 마드리드 의정서 체약국에 대해서는 국내 특허청을 통해 하나의 국제출원서를 영어로 작성하여 출원하면 출원인이 국제출원서에 지정한 국가에 동일한 날짜에 출원한 것으로 간주되기 때문에 국내 기업의 해외 상표등록절차가 매우 간소화 되는 한편 비용도 매우 저렴하다[23].

6) WTO/TRIPs

가) 의의

1995년 1월 1일 세계무역기구(WTO)의 출범은 세계 각국의 시장개방 경제 구조조정 및 산업경쟁력을 가속화하는 계기가 되었다. TRIPs는 저작권과 산업재산권을 통합해 규정한 최초의 다자간 조약이다. 지식재산권은 속지주의와 특허독립의 원칙 등을 기본적인 성격으로 지니고 있어 권리자는 원칙적으로 국내법에서 부여한 권리만을 행사한다. 반면에 창작물은 국경의 장애를 받지 않는다. 창작물을 어느 한 국가에서만 보호해서는 창작물의 원활한 재생산이 어렵기 때문이다. TRIPs는 이를 극복하기 위하여 각 국가간의 법률과 관행을 조화하고 통일하는 국제적인 규범이라 할 수 있다.

TRIPs는 지금까지 전통적으로 보호해 온 특허·디자인·상표 등 산업재산권과 저작권 분야의 국제보호를 강화하고 영업비밀·반도체집적회로 배치설계권, 컴퓨터프로그램, 데이터베이스 등 신지식재산권의 보호수준을 확대하였다.[24]

또한 TRIPs는 기술혁신의 촉진, 기술이전과 전파, 기술·지식의 생산자와 이용자간 상호이익의 증진을 기본이념으로 한다. TRIPs는 국제무역의 왜곡과 장애를 줄이고 지식재산권의 유효하고 적절한 보호를 촉진하며, 지식재산권 보호가 자유무역의 장벽이 되지 않도록 지식재산권법의 시행을 위한 수단과 절차를 확보하는 것을 목표로 한다.

나) 기본원칙

- 최소보호의 원칙

최소보호의 원칙은 회원국이 자신들의 국내법으로 이 협정을 위배하지 않는 범위 내에서 TRIPs에서 요구하는 보호 수준보다 더욱 강화된 보호를 할 수는 있으나 반드시 그렇게 할 의무는 없다는 원칙이다. 회원국은 회원국 법과 제도의 관행에서 이 협정의 모든 규정을 이행하는 적절한 방법을 자유롭게 결정할 수 있다.

---

22) https://www.wipo.int/treaties/en/ShowResults.jsp?lang=en&treaty_id=8

23) 마드리드 의정서 제2조(국제등록을 통한 보호)의 규정에 따라 특허에 관한 국제등록제도인 PCT처럼 WIPO의 국제사무국 등록원부에 상표를 등록함으로써 체약국의 영역 내에서 자신의 상표를 보호받을 수 있다.

24) TRIPs는 지식재산권의 국제적인 보호를 강화하고 침해에 대한 구제수단을 명문화했다. TRIPs는 지식재산권에 대한 정의 규정을 두지 않고, 다만, 저작권 및 저작인접권, 상표권, 지리적 표시권, 산업디자인, 특허권, 반도체 설계 배치권, 영업비밀권을 지식재산권의 예로 들고 있다. TRIPs는 WTO회원국 모두에게 전용된다는 점에서 종전의 개별적인 협약과 다르다. 이 규범은 기존의 지식재산권 관련 협약이 속지주의에 따른 내국민대우만을 보호대상으로 삼은 것과는 대조적으로 최혜국대우를 원칙의 하나로 포함하고 있다.

■ 내국민대우의 원칙

내국민대우(National Treatment)의 원칙은 각 회원국은 지식재산권 보호에 관해 자국민에 대하여 부여하는 것과 똑같은 대우를 다른 회원국의 국민에게 보장하여야 한다는 것을 의미한다(TRIPs 제3조). TRIPs의 내국민대우의 원칙은 파리협약과 베른협약에서 규정하는 원칙과 내용이 동일하다.

■ 최혜국대우의 원칙

TRIPs에서 최혜국(MFN: Most-Favored-Nation Treatment)대우의 원칙을 최초로 도입하였다. 최혜국대우의 원칙은 WTO회원국은 다른 회원국의 국민에 대해 제공하는 모든 이익·혜택·특전 또는 면제를 즉시 조건 없이 다른 모든 회원국의 국민에게 제공하어야 하는 것을 말한다(TRIPs 제4조). 이는 대부분의 지식재산권조약이나 협정이 속지주의 원칙을 준수하여 내국인대우보다 상위수준으로 보호해 줄 수 있다는 것을 의미한다.

■ 권리소진의 원칙

권리소진의 원칙(Exhaustion Doctrine)은 'First-Sale Doctrine'이라고도 하는데 특허권자(상표권자)에 의해 일단 사용이나 실시된 제품(상품)에 대해서는 특허권자(상표권자)의 허락없이 사용이나 실시하더라도 특허권(상표권)의 침해가 되지 않는다는 것을 말한다(TRIPs 제6조). 권리소진론 중에서 국내소진론은 인정되는 것이 통설이며, 국제소진론은 학설이 대립되어 있다.(EU공동체 내의 국제소진론은 인정받고 있음)

3. 자유무역협정(FTA)

자유무역협정(FTA: Free Trade Agreement)이란 경제통합(Economic integration)의 한 형태로 당사국간 상품 및 서비스교역에 있어서 관세와 기타 무역장벽을 제거할 것을 목적으로 체결하는 협정이다. 특정국가간 상호 무역증진을 위하여 상품 또는 서비스 교역을 자유화시키는 FTA는 체약국가간 무역장벽을 완화하거나 무역자유화를 실현하기 위하여 양국간 또는 지역간에 체결하는 무역에 관한 특혜협정이라 할 수 있다. 일반적으로 상품과 서비스가 국제적으로 이동하게 되면, 지식재산권도 함께 이동되기 때문에 이러한 FTA협정문에 지식재산권은 당연히 포함될 수밖에 없다. 특히 선진국과 FTA를 체결할 때 지식재산권에 대한 협상은 주요 쟁점이 된다. 최근 WTO 체제의 출범 이후 FTA의 적용 범위가 크게 확대되어 대상범위가 점차 넓어지고 있다. 상품의 관세 철폐이외에도 서비스 및 투자 자유화까지 포괄하는 것이 일반적인 추세라고 하겠다. 그 밖에 지식재산권, 정부조달, 경쟁정책, 무역구제제도 등 정책의 조화부문으로까지 협정의 대상범위가 점차 확대되고 있다.

우리 국회는 2011년 11월 22일 한미 FTA를 비준동의하였으며, 이후 한미FTA 협정을 이행하기 위하여 후속조치로 14개의 법률안이 개정되었다. 그 중에서 특허법, 실용신안법, 디자인보호법, 상표법, 저작권법, 부정경쟁방지법 등 지식재산 관련 법률이 일부 개정되어 2011년 12월 2일 개정법이 공포되었다.

(1) 특허법 개정 내용

1) 공지예외 적용시기를 연장

특허출원을 하기 전에 공개된 발명은 특허를 받을 수 없다. 그러나 출원인이 출원발명을 학술대회 발표 등으로 자발적으로 공개한 경우 일정기간 이내에 출원하면 특허를 받을 수 있는 공지예외 적용기간(Grace Period)을 현행 6개월에서 12개월로 연장하였다. 공지예외 적용기간 연장은 출원인에게 자신의 발명을 공개한 후에도 특허출원할 수 있는 기회를 확대하였다.

2) 등록지연에 따른 특허권 존속기간 연장제도 도입

특허출원에 대한 심사처리기간 지연 등 출원인의 책임이 아닌 사유로, 특허출원일로부터 4년 또는 출원심사 청구일로부터 3년 중 늦은 날보다 지연되어 특허권이 설정등록된 경우 그 지연기간만큼 특허권 존속기간을 연장하였다.

3) 비밀유지명령제도 도입

한미 FTA 협정문 제18.10조 제11항의 지식재산권 집행을 국내법에 반영하기 특허권 침해에 관한 소송에서 법원이 당사자가 보유한 영업비밀에 대해서 비밀유지명령[25]을 내릴 수 있도록 하고 이를 위반하면 형사법을 적용할 수 있도록 하는 근거 규정을 신설하였다. 개정법의 비밀유지명령은 해당 영업비밀에 관계된 이 항에 따른 명령을 받은 자 이외의 자에게 공개하는 것 등을 금지하고 있다. 특허법 제224조의3 내지 제224조의5까지의 개정규정은 이 법 시행 후 최초로 특허권 또는 전용실시권 침해에 관한 소송이 제기된 것부터 적용한다.

4) 특허권 취소제도 폐지

강제실시권 허여 후 2년간 불실시된 경우 특허를 취소할 수 있는 특허법 제116조의 특허권 취소를 폐지하였다. 특허권 취소제도는 그동안 동 제도를 이용하여 특허권이 취소된 사례가 전무할 뿐만 아니라, 특허권자 권리를 부당하게 제한하므로 과잉금지의 원칙을 위배할 가능성을 고려하여 제도를 폐지하였다.

25) '비밀유지명령'이란 소송절차에서 생성되거나 교환된 영업비밀을 보호하기 위해 소송당사자, 대리인 등에게 소송 중 알게 된 비밀을 소송 수행 외의 목적으로 사용하지 못하게 하거나 공개하지 못하게 하는 법원의 명령을 말한다.

(2) 상표법 관련 개정 내용

1) 소리·냄새 등 비시각적 표지를 상표법상의 상표로 인정

구(舊)상표법은 상표를 '시각을 통해 인식될 수 있는 표장'으로 한정하고 있으므로 소리[26]·냄새[27] 등 비시각적인 상표는 보호대상이 아니었다. 그러나 소리·냄새 상표는 미국 뿐만 아니라 유럽, 호주 등에서도 인정되고 있어서 이를 인정하였다. 2012년 개정 상표법 제2조 제1항에 소리·냄새 등 비시각적 상표에 대한 정의규정을 신설하여 보호대상에 포함시켰다.

2) 증명표장제도 도입

증명표장(Certification Mark)은 우리의 단체표장과 유사하며 상품이나 서비스업의 품질을 증명하기 위하여 사용하는 표장이다. 이 제도의 도입으로 상표 품질보증 기능을 강화하고 소비자에게 올바른 상품 정보를 제공함으로써 최적의 선택을 유도한다. 주요내용은 증명표장의 정의, 출원인적격, 출원시 제출서류, 등록거절이유, 무효·취소 사유 등을 신설하였다.

이 제도는 정부·지자체·민간단체 등에서 시행하고 있는 인증마크제를 활성화시키고 소비촉진에 기여하였으며, 지리적 표시 단체 표장권자 및 상표권자에게 선출원주의에 근거한 배타적 권리를 부여하였다.

3) 전용사용권 등록을 효력발생요건에서 제3자 대항요건으로 변경

등록하지 않은 전용사용권자도 상표권 침해로부터 손해배상 등을 통해 구제받을 수 있도록 등록을 제3자 대항요건으로 변경하였다. 종전에는 전용사용권을 등록함으로써 효력이 발생토록 하던 것을 앞으로는 등록하지 않더라도 그 효력이 발생되도록 하였다. 다만, 등록을 제3자 대항요건으로 변경하여 상표사용권자 및 선의의 제3자를 보호하고 있다.

4) 법정손해배상제도 도입

상표위조에 의한 침해행위에 대하여 법정손해배상제도를 신설하여 권리자가 실손해액과 법정손해액을 선택적으로 청구할 수 있도록 하였다. '법정손해배상제도'란 민사소송에서 원고가 실제 손해를 입증하지 않은 경우에도 사전에 법령에서 정한 일정한 금액(또는 일정한 범위의 금액)을 원고의 선택에 따라 법원이 손해액으로 인정할 수 있는 제도를 말한다.

손해발생 및 실손해액을 증명하기 어려운 경우, 침해사실만 입증하면 5천만원 범위 내에서 상당한 금액을 배상받을 수 있도록 하였다. 청구권자는 상표권자 또는

---

26) 소리상표. 예: MGM사의 사자 울음소리, 인텔 컴퓨터의 효과음, 코카콜라 병 따는 소리.

27) 냄새상표. 예: 레이저 프린터 토너의 레몬향

전용사용권자이고, 실손해액과 법정손해액을 선택적으로 청구할 수 있으며, 청구시기는 법원의 변론 종결시까지 가능하다. 손해배상범위는 5천만원 범위 내에서 법원이 변론 취지와 증거조사 결과를 고려하여 상당한 손해액을 인정할 수 있다.

5) 소송절차에서 비밀유지명령제도 도입

비밀유지명령제도를 도입하여 소송절차에 제출된 영업비밀 관련 자료를 소송당사자 등에게 계속 비밀로 유지할 수 있도록 하였다. '비밀유지명령'이란 소송절차에서 생성되거나 교환된 비밀정보(영업비밀 등)를 보호하기 위해 소송당사자, 대리인 등에게 소송 중 지득한 비밀을 소송 수행외의 목적으로 사용하지 못하게 하거나 공개하지 못하게 하는 법원의 명령을 말한다. 소송과정에서의 준비서면, 증거조사에서 영업비밀이 공개될 경우, 소송당사자의 신청에 의해 법원은 당해 영업비밀이 소송 수행외의 목적으로 사용 금지 및 공개 금지를 명할 수 있다. 국내외에서 정당한 사유 없이 비밀유지명령을 위반한 자는 5년 이하의 징역 또는 5천만원 이하의 벌금에 처하도록 규정하였다.

(3) 저작권법 관련 개정 내용

1) 저작권 보호기간 연장

2011년 7월 1일 한 EU FTA발효 후 저작권 보호기간을 저작자 생존기간 및 사후 70년으로 연장하는 것으로 저작권법을 개정하였다. 그러나 저작권 보호기간의 연장은 사회에 미치는 영향을 최소화하기 위해 발효 후 2년이 되는 날부터 시행하기로 유예기간을 설정하였다.

2) 일시적 복제권 인정

일시적 저장에 대한 복제권을 인정하였다. 디지털 환경에서 저작권자 권리를 균형되게 보호하기 위하여 일시적 저장을 복제의 범위에 명시하고 이에 대한 예외를 규정하였다. 일시적 복제권은 인터넷서핑, 이메일송수신, 인터넷상에서의 음악감상 등 컴퓨터를 사용하는 과정에서 컴퓨터의 기억장치인 램(RAM)이나 버퍼에서 일시적으로 저장되는 복제 등에 대한 권리이다. 이를 '일시적 저장권'이라고도 한다. 일시적이라는 단어가 사용된 것은 컴퓨터 전원을 끄면 순식간에 복제물이 사라지기 때문이다.

3) 법정손해배상제도 도입

저작권에 대한 침해행위에 대하여 법정손해배상제도를 신설하여 권리자가 실손해액과 법정손해액을 선택적으로 청구할 수 있도록 하였다. 손해발생 및 실손해액을 증명하기 어려운 경우, 침해사실만 입증하면 5천만원 범위 내에서 상당한 금액을 배상받을 수 있도록 하였다. 손해배상범위는 5천만원 범위 내에서 법원이 변론 취지와 증거조사 결과를 고려하여 상당한 손해액을 인정한다.

4) 접근통제 기술적 보호조치 무력화 금지

공중의 접근이 가능한 장소에서 방송의 시청과 관련하여 입장료를 받는 경우에 한해 방송사업자의 공연권을 인정하고, 이용통제 기술적 보호조치에 더하여 접근통제 기술적 보호조치를 도입하였다. 기술적 보호조치는 저작자에게 허락받지 않고 저작물을 도용하거나 저작물에 접근하는 것을 제한하기 위해 사용하는 일련의 조치들을 말한다. 현행법에서 권리침해 행위로 간주되고 있는 기술적 보호조치 무력화 행위를 금지행위로 규정하되, 암호연구, 미성년 보호, 국가의 법집행을 위해 필요한 경우 등 기술적 보호조치 무력화 행위 금지의 예외가 허용될 수 있도록 하였다. 일반적으로 암호화와 SCMS(Serial Copy Management Systems), 디지털 워터마크, 디지털 서명, 비밀번호 등을 이용한다. 기술적 보호조치에 대한 보호방식으로는 저작물 자체에 접근하는 것을 통제하되 그 방식으로는 접근 통제형 조치와 저작권의 복제·전송·배포 등을 통제하는 이용 통제형 조치가 있다. 또한 저작권 허락 없이 접근 통제적 기술적 보호조치를 우회하는 행위를 금지하되, 추가 예외 규정 논의를 위한 근거를 마련하였다.

5) 저작물 공정한 이용제도 도입

저작물 공정한 이용제도를 도입하여 저작물의 통상적인 이용방법과 충돌하지 아니하고 저작자의 정당한 이익을 부당하게 해치지 아니하는 경우에는 저작재산권자 허락을 받지 아니하고 저작물을 이용할 수 있도록 하고, 그 판단의 기준을 규정하였다.

6) 배타적발행권과 출판권의 관계를 명확히 함

출판권과 프로그램의 배타적 발행권의 경우에만 인정되고 있는 배타적 권리를 모든 저작물 등의 발행 및 복제·전송에 설정할 수 있도록 하고, 배타적 발행권 설정에서 출판권 설정을 제외하여 배타적 발행권과 출판권의 관계를 명확히 하였다.

7) 영상저작물을 녹화·공중 송신하는 행위 금지

저작권자 권리침해를 방지하기 위하여 위조라벨의 유통, 영화상영관 등에서 저작재산권자의 허락 없이 영상저작물을 녹화, 공중 송신하는 행위 및 방송 전 신호를 제3자에게 송신하는 행위 등 금지행위를 규정하였다.

8) 저작인접권 보호기간 특례

저작인접권 보호의 공평성을 회복하고, 관련 국제조약 규정을 충실하게 이행하기 위하여 1987년 7월 1일부터 1994년 6월 30일 사이에 발생한 저작인접권의 보호기간은 발생한 때의 다음 해부터 기산하여 70년간(방송의 경우에는 50년간) 존속하도록 하였다.

4. 지식재산 기본법

(1) 목적 및 기본이념

1) 목적

지식재산의 창출·보호 및 활용을 촉진하고 그 기반을 조성하기 위한 정부의 기본 정책과 추진 체계를 마련하여 우리 사회에서 지식재산의 가치가 최대한 발휘될 수 있도록 함으로써 국가의 경제·사회 및 문화 등의 발전과 국민의 삶의 질 향상에 이바지하는 것을 목적(지식재산 기본법 제1조)으로 '지식재산 기본법'이 2011년 5월 19일 제정되어 7월 20일부터 시행되었다. 여기서 '지식재산(知識財産)'[28]이란 인간의 창조적 활동 또는 경험 등에 의하여 창출되거나 발견된 지식·정보·기술, 사상이나 감정의 표현, 영업이나 물건의 표시, 생물의 품종이나 유전자원(遺傳資源), 그 밖에 무형적인 것으로서 재산적 가치가 실현될 수 있는 것을 말한다.

2) 기본이념

지식재산 관련 정책은 다음과 같이 추진하는 것을 기본이념(지식재산 기본법 제2조)으로 하고 있다. ① 저작자, 발명가, 과학기술자 및 예술가 등 지식재산 창출자가 창의적이고 안정적으로 활동할 수 있도록 함으로써 우수한 지식재산의 창출을 촉진한다. ② 지식재산을 효과적이고 안정적으로 보호하고, 그 활용을 촉진하는 동시에 합리적이고 공정한 이용을 도모한다. ③ 지식재산이 존중되는 사회환경을 조성하고 전문인력과 관련 산업을 육성함으로써 지식재산의 창출·보호 및 활용을 촉진하기 위한 기반을 마련한다. ④ 지식재산에 관한 국내규범과 국제규범간의 조화를 도모하고 개발도상국의 지식재산 역량강화를 지원함으로써 국제사회의 공동 발전에 기여한다.

(2) 주요 내용

1) 지식재산 창출의 지원과 보상

정부는 지식재산 및 신지식재산의 창출을 지원하고, 연구개발의 결과가 우수한 지식재산의 창출로 이어질 수 있도록 지원하여야 하며, 지식재산 창출자가 정당한 보상을 받을 수 있도록 하여야 한다. 정부는 연구개발 결과가 우수한 지식재산의 창출로 이어질 수 있도록 지원하여야 한다(지식재산 기본법 제17조 제1항). 신지식재산의 창출·보호 및 활용을 촉진하여야 하고(지식재산 기본법 제18조 제1항), 신지식재산의 창출·보호 및 활용 촉진을 위하여 신지식재산의 현황을 조사·분석하여야 한다. 정부는 지식재산을 창출한 개인이 정당한 보상을 받을 수 있는 사회적 환경과 기반을 마련하고, 이에 필요

28) 그동안 일반적으로 사용하였던 '지적재산(知的財産)'이라는 용어를 타법 개정을 통해 '지식재산(知識財産)'으로 변경함으로써, 법률 용어를 통일하였다.(지식재산 기본법 부칙 제1조 및 제2조).

한 시책을 수립하여야 한다(지식재산 기본법 제19조).

2) 지식재산 관련 분쟁 제도 정비

정부는 지식재산이 신속·정확하게 권리로 확정되고 효과적으로 보호될 수 있도록 하여야 하고, 지식재산 관련 분쟁이 신속·공정하게 해결 될 수 있도록 관련 제도를 정비하며, 외국에서 우리 국민의 지식재산이 보호될 수 있도록 노력하여야 한다. 정부는 지식재산이 신속·정확하게 권리로 확정되고 효과적으로 보호될 수 있도록 시책을 마련하여 추진하여야 한다(지식재산 기본법 제20조).[29]

. 정부는 지식재산 관련 분쟁이 신속하고 공정하게 해결되어 권리 구제가 충실히 이루어질 수 있도록 소송 절차를 간소화하는 등 제도개선에 노력하여야 한다(지식재산 기본법 제21조 제1항). 정부는 지식재산 관련 분쟁해결의 전문성을 확보하기 위하여 소송 체계를 정비하고 관련 인력의 전문성을 강화하여야 한다. 정부는 지식재산 관련 분쟁이 신속하고 원만하게 해결될 수 있도록 조정·중재 등 재판 외의 간단하고 편리한 분쟁 해결 절차를 활성화하고, 전문성을 제고하며, 쉽게 이용될 수 있도록 안내와 홍보를 강화하는 등 필요한 조치를 하여야 한다(지식재산 기본법 제20조).

3) 지식재산 활용 촉진

정부는 이전, 거래, 사업화 등 지식재산의 활용이 촉진될 수 있도록 하여야 하고, 지식재산서비스산업을 육성하여야 하며, 공동연구에 따른 지식재산의 공정한 배분 및 대기업과 중소기업의 동반성장 추진 등 지식재산이 합리적이고 공정하게 활용될 수 있도록 하기 위하여 노력하여야 한다. 정부는 지식재산의 이전(移轉), 거래, 사업화 등 지식재산의 활용을 촉진하기 위하여 시책을 마련하여 추진하여야 한다 (지식재산 기본법 제25조 제1항).[30]

정부는 공동의 노력으로 창출된 지식재산이 당사자 간에 공정하게 배분될 수 있도록 필요한 조치를 하여야 한다. 정부는 대기업과 중소기업 간의 불공정한 지식재산의 거래를 방지하고 서로간의 협력을 촉진하여야 한다.

4) 지식재산 창출·보호 및 활용 촉진을 위한 기반 조성

정부는 지식재산이 존중되는 사회 환경 조성, 지식재산의 국제표준화 지원, 지식재산에

---

29) (i) 지식재산의 심사·심판·등록 체계 등의 정비 방안, (ii) 지식재산의 보호를 위한 법적·행정적 조치 강화 방안, (iii) 지식재산의 보호를 위한 보안 체계와 정보시스템 구축 등 기술적 조치 강화 방안, (iv) 국내외 지식재산 보호 관계 기관· 단체와의 협력방안, (v) 지식재산의 권리화 및 보호 관련 전문 인력 확보 방안, (vi) 그 밖에 지식재산의 권리화 및 보호 촉진을 위하여 필요한 사항 등이다.

30) (i) 지식재산을 활용한 창업 활성화 방안, (ii) 지식재산의 수요자와 공급자간의 연계활성화 방안, (iii) 지식재산의 발굴, 수집, 융합, 추가개발, 권리화 등 지식재산의 가치 증대 및 그에 필요한 자본 조성 방안, (iv) 지식재산의 유동화(流動化) 촉진을 위한 제도 정비 방안, (v) 지식재산에 대한 투자, 융자, 신탁, 보증, 보험 등의 활성화방안, (vi) 그 밖에 지식재산활용 촉진을 위하여 필요한 사항 등이다. 정부는 국가, 지방자치단체 또는 공공연구기관이 보유·관리하는 지식재산의 활용을 촉진하기 위하여 노력하고, 지식재산의 공정한 이용을 촉진하고, 지식재산권의 남용을 방지하기 위하여 노력하여야 한다(지식재산 기본법 제28조 제1항).

관한 정보의 원활한 유통, 지식재산 전문 인력과 연구기관 육성 등 지식재산의 창출·보호 및 활용 촉진을 위한 기반 조성시책을 추진하도록 한다. 정부는 지식재산이 존중되는 사회 환경을 조성하기 위하여 교육, 홍보, 문화행사 등 지식재산에 대한 국민의 인식 제고를 위한 시책을 마련하여 추진하여야 한다(지식재산 기본법 제29조 제1항). 정부는 각 지역의 지식재산 경쟁력을 높이기 위하여 지역별 지식재산의 창출·보호 및 활용 촉진을 위한 시책을 마련하여 추진하여야 한다.

정부는 지식재산의 창출·보호 및 활용과 그 기반 조성에 필요한 전문 인력을 양성하여야 하고(지식재산 기본법 제34조 제1항), 여성 지식재산 전문 인력의 양성 및 활용방안을 마련하고 여성이 지식재산 부문에서 그 자질과 능력을 충분히 발휘할 수 있도록 하여야 한다. 정부는 지식재산 전문 인력을 양성하기 위하여 산업계, 학계, 연구계 및 문화예술계 등과 협력하여야 한다.

정부는 개발도상국의 빈곤퇴치, 경제성장 및 문화발전에 기여하기 위하여 개발도상국의 지식재산 창출·활용 역량을 높이는 데 필요한 지원을 할 수 있다(지식재산 기본법 제37조). 정부는 북한의 지식재산 관련제도·정책이나 현황 등에 대한 조사·연구 활동을 추진함으로써 남북 간 지식재산 분야의 상호교류와 협력을 증진할 수 있도록 노력하여야 한다(지식재산 기본법 제38조).

참고문헌

- 특허청·한국발명진흥회, 지식재산권 입문, 2007.
- 고정식, 지식재산 경영의 미래, 한국경제신문, 2011.
- 폴 골드스타인, 보이지 않는 힘, 지식재산, 비즈니스맵, 2007 (오연희 옮김).
- 특허청·한국발명진흥회, 이공계를 위한 특허의 이해(1), 박문각, 2016.
- 특허청·한국발명진흥회, 이공계를 위한 특허의 이해(2), 박문각, 2012.
- 특허청·한국발명진흥회, 지식재산의 이해, 박문각, 2018.
- 김정완·김원준, 지식재산권법, 전남대학교출판부, 2013.
- 김원준, 산업재산권법, 마로니에, 2017.
- https://www.wipo.int/pct/ko/pct_contracting_states.html
- https://www.wipo.int/treaties/en/ShowResults.jsp?lang=en&treaty_id=4
- https://www.wipo.int/treaties/en/ShowResults.jsp?lang=en&treaty_id=5
- https://www.wipo.int/treaties/en/ShowResults.jsp?lang=en&search_what=B&bo_id=5
- https://www.wipo.int/treaties/en/ShowResults.jsp?lang=en&treaty_id=8
- https://www.wipo.int/treaties/en/ShowResults.jsp?lang=en&treaty_id=12

CHAPTER 2

제2장 특허권·실용신안권

제1절 특허받을 수 있는 발명

핵심내용

- '발명'이란 자연법칙을 이용한 기술적 사상의 창작으로서 고도한 것을 말한다.
- 특허제도는 발명을 보호·장려하고 그 이용을 도모함으로써 기술발전을 촉진하여 산업발전에 이바지함을 목적으로 한다.
- 특허를 받을 수 없는 발명은 자연법칙 자체, 자연법칙을 이용한 것이 아닌 경제법칙, 수학법칙, 인간의 정신활동, 개인의 숙련도에 달성되는 인간의 기능 등이다.
- 특허를 받기 위해서는 산업상 이용가능성이 있어야 하고, 신규성·진보성 등을 갖추어야 한다.

1. 발명이란?

발명이란 '자연법칙'을 이용한 기술적 사상의 창작으로서 '고도한 것'을 말한다.

(1) 자연법칙의 이용

'자연법칙'이란 자연계에 존재하는 물리적·화학적·생물학적 원리원칙을 말한다. 발명은 자연법칙을 이용하여 주어진 과제를 해결하기 위한 기술적 사상의 창작이므로 '자연법칙 자체'와 '자연법칙을 위배한 것', '자연법칙을 이용하지 않은 것'은 발명에 해당되지 않는다.

> **예**
>
> **자연법칙**
> ① 자연과학상의 학문적 법칙: 뉴턴의 운동법칙, 에너지 보존법칙 등
> ② 경험칙: 물은 높은 곳에서 낮은곳으로 흐름 ③ 생리학상의 법칙
>
> **자연법칙을 위배한 것**
> 영구기관 등
>
> **자연법칙이 아닌 것**
> ① 인간의 정신적 활동으로 안출된 법칙: 암호작성법, 작도법, 계산법칙 등
> ② 경제학상의 법칙 ③ 심리법칙: 최면방법 등
> ④ 인간의 판단: 레크레이션 방법, 상품의 판매방식, 광고방법 등

(2) 자연법칙을 이용하지 않은 유형

- 기능 : 악기연주방법, 야구공을 손가락으로 잡는 방법, 개인 숙련에 의해 달성되는 인간 기능
- 단순한 정보 제시 : 녹음된 음악에만 특징이 있는 CD, 카메라에 저장된 데이터 등
- 컴퓨터 프로그램/컴퓨터프로그램 언어 자체(저작권으로 보호 가능)
- 반복하여 동일한 효과를 얻을 수 없는 것(100% 확률로 효과를 얻을 수 있는 것만을 의미하는 것이 아니고, 100% 보다 적은 확률이라도 효과를 얻을 수 있는 것이 확실하다면 반복재현성이 있음)
- 자연법칙 이외의 법칙 : 경제법칙, 수학공식, 논리학적 법칙, 작도법 등
- 인위적인 약속 : 게임 규칙 그 자체, 암호작성 법 등
- 인간의 정신활동 : 영업계획·교수방법·금융보험제도·과세제도 그 자체 등(컴퓨터와 결합되어 온라인상에서 이루어진 경우는 특허대상이 됨)
- 미완성 발명

(3) 발견

광석과 같은 '천연물 발견', '새로운 자연현상의 발견' 등은 발명이 아니다. 다만, 어떤

CHAPTER 2

물질의 속성을 발견하고 새로운 용도로 사용하는 '용도발명'은 단순한 발견과는 구분하여 통상의 기술자가 용이하게 발견할 수 없는 노력을 한 것이므로 발명으로 인정된다. 용도발명의 예로, 제초제로만 사용하던 DDT에 살충효과가 있다는 것을 발견하여 살충제 DDT에 용도발명을 인정한 것이 있다.

(4) 창작의 고도

"발명이란 '자연법칙'을 이용한 기술적 사상의 창작으로서 '고도한 것'을 말한다." 에서 '고도한 것'이라는 의미는 일반적으로 실용신안법 상의 '고안'과 특허법상 '발명'을 구분하기 위한 상대적인 개념이다. 이와 같은 의미에서 실용신안 대상인 고안을 '소발명', 특허 대상인 발명을 '대발명'이라고 하기도 한다.

2. 특허를 받기 위한 요건

특허를 받기 위한 적극적 요건으로 산업상 이용가능성, 신규성, 진보성, 선출원주의가 있으며 이를 갖추어야 특허를 받을 수 있다(특허법 제29조). 그러나 이러한 적극적 요건을 갖추었어도 소극적 요건인 공공의 질서 또는 선량한 풍속에 어긋나거나 공중의 위생을 해칠 우려가 있는 발명에 대해서는 특허를 받을 수 없다(특허법 제32조).

(1) 산업상 이용가능성

1) 산업상 이용가능성이 있는 것

'산업'이란 넓은 의미로 해석하여 공업, 상업, 농업, 채취산업, 천연의 모든 산품(곡물, 담뱃잎, 과실, 가축, 광물, 광천수, 포도주, 꽃, 밀가루 등)을 포함한다. 의료업에 있어서는 인간을 수술·치료·진단에 사용하기 위한 의료 기기 그 자체, 의약품 그 자체 등은 산업상 이용할 수 있는 발명에 해당한다. 또한, 인간으로부터 배출되거나 채취한 것(소변, 태반, 손톱, 혈액, 세포 등)을 처리하는 방법이 의료행위와는 별개이거나 통계를 수집하는 것인 경우는 산업상 이용가능한 것으로 인정한다.

2) 산업상 이용가능성이 없는 것

인간을 치료하는 의료행위는 산업으로 인정하지 않기 때문에 특허를 받을 수 없다. 또한 업(業[1])으로 이용할 수 없거나 이용하지 않는 발명(예: 실험적, 학술적으로만 이용한 것), 현실적으로 명백하게 실시할 수 없는 발명(예: 지구전체를 자외선 흡수 필름으로 감싸는 방법)은 산업상 이용가능성이 없어서 특허를 받을 수 없다.

---

1) 업(業)이란 일반적으로 사업을 의미하지만 반드시 경제적 이익을 수반해야 하는 것은 아니다.

(2) 신규성

발명의 '신규성'이란 지구상에서 새로운 신규한 발명이어야 특허를 받을 수 있다는 것을 의미한다. 다시 말하면, 특허출원된 발명이 그 특허출원한 날 이전에 공개된 다른 선행기술이 없어야 함을 의미한다. 신규성이 없는 발명이란, 특허출원 전에 국내 또는 국외에서 ① 공지된 발명, ② 공연히 실시된 발명, ③ 반포된 간행물에 게재된 발명, ④ 모든 전기통신회선(인터넷 등)을 통하여 공중이 이용가능하게 된 발명을 의미한다. 국내 뿐만 아니라 국외에서도 실시되고 있는 발명에 대하여 특허를 받을 수 없도록 하는 '국제주의'를 채택하고 있다.

1) 공지된 발명

'공지(公知)된 발명'이란 특허출원 전에 국내 또는 국외에서 발명의 내용이 불특정인에게 알려지거나 알려질 수 있는 상태에 있는 발명을 의미한다.

2) 공연히 실시된 발명

공공연하게 제품으로 출시되어 실시되고 있는 발명을 말한다. 출원된 발명이 그 출원일 이전에 실시되고 있는 발명이라면 그 발명은 특허를 받을 수 없다.

3) 간행물에 게재된 발명

'간행물'이란 일반 공중에게 공개할 목적으로 인쇄, 전자적 방법 등에 의하여 복제된 문서, 도면, 기타 정보전달 매체 등을 의미한다. 간행물 반포시기는 발행년도만이 기재되어 있을 때에는 그 연도의 말일, 발행년월이 기재되어 있을 때에는 그 연월의 말일, 발행년월일까지 기재되어 있을 때에는 그 연월일을 반포된 시기로 본다.

4) 신규성 판단(동일성 판단)

특허를 받기 위해서는 특허출원한 발명이 특허출원한 날 이전에 공개된 선행기술(또는 발명)과 비교하여 '신규성'이 있어야 특허를 받을 수 있다.

가) 신규성 판단 기준

- 신규성 판단은 특허출원서에 첨부된 명세서 청구항에 기재된 발명[2]을 대상으로 동일성 여부를 판단하며, 발명의 설명이나 도면에 기재되어 있는 내용을 대상으로 판단해서는 안 된다. 청구항이 2 이상인 경우 청구항마다 신규성(동일성)을 판단한다. 다만, 청구항에 기재되어 있는 발명의 내용이 불명확한 경우는 발명의 설명이나 도면을 참작하여 해석하되, 어디까지나 참조만 해야 하고 발명의 설명이나 도면에 의해 청구항에 기재된 청구범위를 제한해석하거나 확대해석해서는 안 된다.
- 출원된 발명과 선행기술(또는 발명)의 동일성을 판단하는 세 가지 요소는 두 발명의

2) 청구항에 기재된 발명은 제3절 참조.

'구성', '목적', '효과'를 비교하는 것이다. 기본적으로 두 발명의 기술적 '구성'이 동일한가 여부를 판단하되 발명의 '효과'도 참작하여야 한다. 기술적 구성에 차이가 있더라도 그 차이가 과제해결을 위한 구체적 수단에서 주지·관용기술의 부가·삭제·변경 등으로 새로운 효과 발생이 없는 정도에 불과하다면 두 발명은 서로 실질적으로 동일한 것이다.

나) 물건이 제조방법으로 특정되어 있는 경우

청구범위에 제조방법으로 물건이 특정된 경우, 그 '제조방법' 자체는 고려할 필요없이 그 청구범위 기재에 의하여 '물건으로 특정되는 발명'만을 선행기술과 동일성 비교를 한다.3)

예

【청구범위】

청구항 1

해수에 용해되지 않는 냉각제를 해수 중에 불어넣어, 해수 중 수분을 분리하여 얻은 천연소금.

청구항 2

해수에 용해되지 않는 냉각제를 해수 중에 불어넣어, 해수 중 수분을 분리하여 천연소금을 추출하는 방법.

* 설명: 새로운 방법으로 천연소금을 추출한 방법이더라도 천연소금은 새로운 물건이 아니므로 청구항 1은 특허를 받을 수 없다. 제조방법으로 물건이 특정되어 있다하더라도 물건(천연소금)을 권리로서 청구하고 있는 이상 이미 알려져 신규한 물질이 아닌 물건에 대하여 특허받을 수 없다.

청구항 2는 천연소금을 추출하는 '새로운 방법'으로서 이에 대하여는 특허가 가능하다.

다) 단순한 표현에만 차이가 있는 경우

청구범위에 기재된 표현은 다르지만 실질적으로 기술내용이 동일하면 동일발명이다.

예

「해수를 담수화하는 방법」과 「해수를 농축화하는 방법」은 두 발명 모두 해수에 용해되지 않는 냉각제를 해수 중에 불어 넣어 해수 중 수분을 분리하는 기술이기 때문에 단순한 표현에만 차이가 있을 뿐 실질적으로 동일한 발명이다.

3) 대법원 2015.1.22. 2011후927 전원합의체 판결.

라) 단순한 목적, 효과에 대한 인식 차이

두 발명의 '구성'이 동일하다면 '목적', '작용효과'도 동일하므로 단지 주관적인 목적·작용효과 인식에 있어서 차이가 있는 정도에 불과한 것은 동일발명이다.

마) 단순한 구성 변경

'구성'을 변경하는 것이 단순한 치환, 부가 또는 삭제 등에 해당하여 그 변경에 의하여 발명의 '목적 및 효과'에 특별한 차이가 생기지 않는 경우 양 발명은 동일발명이다. 단순한 관용수단의 전환·부가·삭제, 단순한 재료변환 또는 균등물 치환, 단순한 균등수단의 전환, 단순한 수치의 한정 또는 변경 등이 이에 해당한다.

예

단순한 재료변환 또는 균등물 치환: '콘크리트제 말뚝 외주에 날을 만든 기초말뚝'과 '철근제 말뚝외주에 날을 만든 기초말뚝'은 단순한 재료 변경으로 실질적으로 동일한 발명이다.

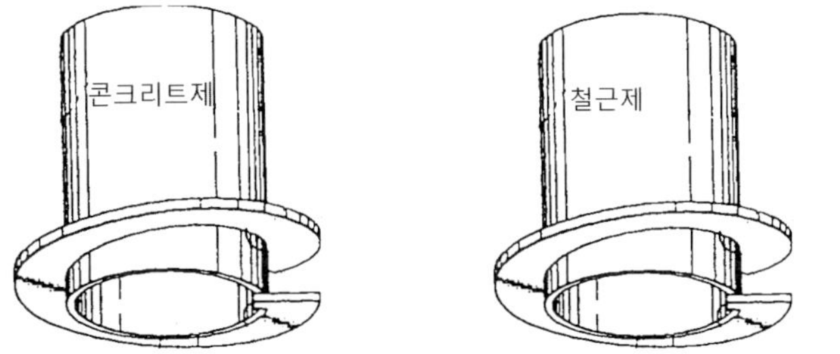

그림 2-1. 동일발명 사례

예

단순한 용도 차이:

'화합물 A를 산과 들에 살포하는 들 토끼 기피제 A'와 '화합물 A를 산과 들에 살포하는 사슴 기피제 A'는 단순한 용도 차이로 서로 동일한 발명이다.

4) 공지 등이 되지 아니한 발명으로 보는 경우 ('공지예외' 또는 '신규성 상실 예외'라고 함)

특허법의 기본 취지는 발명을 공개한 대가로 국가가 특허권을 부여해 주는 것이기 때문에 출원 전에 이미 공개된 발명에 대해서는 어떤 형태로 공개되었든지간에 그 공개된 발명에 대해서 권리를 부여해 주지 않는 것이 기본원칙이다. 그러나 본인 발명을 본인이 공개하고 12개월 이내에 그 발명을 특허출원하면 본인이 공개한 발명은 공지된 선행기술로 보지 않는다.

이 규정은 어디까지나 예외규정으로서 본인 발명의 출원 전에 다른 사람이 동일한 발명을 출원한 경우 거절될 수 있으므로 주의해야 한다. 신규성 상실 예외 인정 기간은 국가별로 다르다. 한국·미국·일본은 12개월 이내, 중국·유럽은 6개월이다.

예

우리나라에서 본인 발명을 논문으로 발표한 후, 출원하려면 12개월 이내에 출원해야 하고, 이 기간 내에 출원하지 않으면 본인이 발표한 논문에 의해 거절된다.

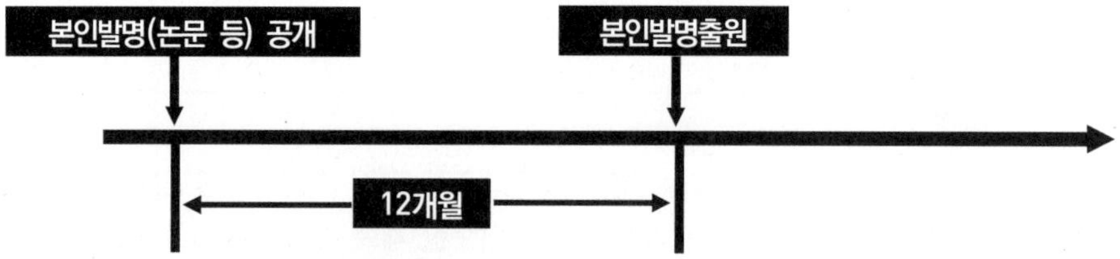

그림 2-2. 신규성 상실 예외 규정

본인 발명이 공개된 경우는 다음과 같이 본인이 직접 공개한 경우와 본인 의사에 반(反)하여 공개된 경우가 있다.

가) 출원인이 특허출원전에 본인 발명을 공개한 경우

공지 등이 된 날로부터 12개월 이내에 특허를 받을 수 있는 권리를 가진 자가 출원하여야 한다. 출원시 '최초 출원서에 공지예외 규정을 적용받고자 하는 취지를 기재'하고, 출원일로부터 30일 이내에 증명서류를 제출하여야 한다.

만약 출원시 그 취지를 기재하지 못했거나, 30일 이내에 서류제출을 하지 못했다면 명세서를 보정할 수 있는 기간, 특허결정 또는 특허거절결정 취소심결의 등본을 송달받은 날로부터 3개월 이내에 그 취지를 주장하면서 증명서류를 제출할 수 있다.

예

신규성 상실 예외규정 인정 사례

'동물의 세포보호제'에 관한 본인 논문이 게재된 논문집의 대학교 도서관 입고일이 1989.7.29일이고, 특허출원을 1989.8.30일에 하여 등록결정됨.

신규성 상실 예외규정 불인정 사례

'송전선로의 전자파 장해' 관련 본인 발명이 전기학회 춘계학술연구발표회 논문집(2001.4.27.~28.)에 게재되었으나, 특허출원을 2003.9.23일에 하여 본인 논문에 의해 거절결정됨.

나) 출원인 의사에 반하여 발명이 공개된 경우

출원인 의사에 반하여 특허출원 전에 본인 발명이 공개된 경우는 협박, 산업스파이 등에 의해 공개된 경우가 많다. 이와 같은 경우는 출원인이 본인 발명이 언제 공개되었는지 모르는 경우가 많으므로 최초 출원서에 공지예외주장 취지를 기재하지 않아도 된다.

이와 같은 경우에도 본인발명이 공개된 날로부터 12개월 이내에 특허출원하여야 한다.

(3) 진보성

발명의 '진보성'이란 출원발명의 기술분야에서 출원발명 선행기술(또는 발명)보다 진보된 발명이어야 특허를 받을 수 있음을 의미한다.

진보성이 없는 발명이란, 특허출원 전에 국내 또는 국외에서 ① 공지된 발명, ② 공연히 실시된 발명, ③ 반포된 간행물에 게재된 발명, ④ 모든 전기통신회선(주로 인터넷 등)을 통하여 공중이 이용가능하게 된 발명으로부터 '통상의 지식을 가진 자'(이하 '당업자'라 한다)가 용이하게 발명할 수 있는 것일 때 그 출원된 발명을 진보성이 없는 발명이라 한다. 즉, 종래기술과 출원된 발명이 '구성'에 있어서는 동일하지 않지만(신규성은 있지만) 출원된 발명이 '목적', '효과' 등에 있어서 종래기술에 비하여 개선된 것이 없거나 미미한 경우 발명의 진보성이 없어 특허를 받을 수 없다.

1) 진보성 판단

출원발명의 기술적 구성의 곤란성을 중심으로 목적의 특이성 및 효과의 현저성을 참작하여 종합적으로 진보성이 있는지 여부를 판단한다.

가) 발명에 이를 수 있는 동기가 있는지 여부

인용발명 내용 중에 기술적인 암시, 과제의 공통성, 기능·작용의 공통성, 기술분야 관련성 여부를 고려하여 진보성을 판단한다.

기술분야 관련성의 예로, 본원발명은 양말에 대한 발명이고, 인용발명에 양말의 구성과 흡사한 장갑이 기재된 경우, 장갑과 양말은 극히 '근접한 기술분야'에 속하고 서로 관련성이 크므로 본원발명은 진보성이 없는 것으로 본다.

나) 당업자의 통상적인 창작능력 발휘에 해당하는 것인지 여부

균등물의 치환, 단순한 설계변경, 일부구성요소 생략, 단순한 용도 변경이나 한정, 공지기술의 일반적인 적용과 같은 발명은 진보성이 없는 것으로 본다.

다) 더 나은 효과가 있는지 여부

특허출원된 발명의 효과가 인용발명의 효과에 비하여 더 나은 효과가 있으면 발명의

진보성을 인정할 수 있다. 예로, 조성물의 진보성은 그 조성물 자체의 작용효과 유무에 따라 판단하고, 조성물을 구성하는 각각의 성분이 공지의 범주에 속하는 화합물이라 할지라도 소정비율로 배합한 결과 종전에 예측할 수 없었던 작용효과가 창출되었다면 진보성이 있는 발명이다.

라) 수치한정 발명 진보성 판단

수치한정 발명에서 효과는 수치한정범위 전체에서 충족되는 현저히 향상된 효과를 말하며, 수치한정의 임계적 의의(臨界的 意義)에 대하여 진보성 여부를 판단한다.

예

본원발명이 온도 60~100℃이고, 선행기술이 59℃인 경우 본원발명 효과는 60~100℃ 전체에서 충족되는 향상되는 효과이지만, 진보성 판단은 선행기술이 59℃이므로 59℃와 60℃의 임계적 의의, 즉, 59℃와 60℃에서 효과에 있어서 미미한 차이만 있다면 진보성이 없는 것으로 본다.

마) 결합발명 진보성 판단

청구항에 기재된 발명은 전체 구성요소로 고려되어야 하므로, 결합발명(A구성 + B구성 + C구성이 결합된 발명)의 진보성 판단시 청구항에 기재된 발명의 구성요소 각각(A, B, C구성)이 공지 또는 인용발명으로부터 자명하다고 하여 청구항에 기재된 발명의 진보성을 부정해서는 안 된다.

바) 상업적 성공

발명의 제품이 상업적으로 성공하였거나 업계로부터 호평을 받았다는 사정 또는 출원 전에 오랫동안 실시했던 사람이 없었던 점 등의 사정은 진보성을 인정하는 하나의 보조적 자료로서 참고할 수 있다. 다만, 이러한 사정만으로 진보성이 인정된다고 할 수는 없고 진보성은 우선적으로 명세서에 기재된 내용 즉, 발명의 목적, 구성 및 효과를 토대로 판단되어야 한다. 따라서 상업적 성공이 발명의 기술적 특징으로부터 비롯된 것이 아니라 다른 요인, 예를 들어 판매기술 개선이나 광고 선전 등에 의해 얻어진 것이라면 진보성 판단의 참고자료로 삼을 수 없다(대법원 2006후3472 판결 참조).[4)]

사) 기타 진보성 판단 고려 사항

① 청구범위에 기재된 독립항의 진보성이 인정되는 경우에는 그 독립항을 인용하는 종속항도 진보성이 인정된다. 그러나 독립항의 진보성이 인정되지 않는 경우에는 그 독립항의 종속항에 대하여는 별도로 진보성을 판단하여야 한다.

---

4) **상업적 성공 관련 사례:** 휴대용 영상가요반주기가 비록 일본에서 선풍적 인기를 끌어 2년간 8천4백만달러 수출계약을 체결하였다 하더라도 그것이 출원발명 기술적 구성의 우월성에만 기초한 것이라 단정할 수 없고,(중략) **상업적 성공의 사정**만으로 진보성을 인정할 수 없다(대법원 2002후14 판결 참조).

예

제1항. 핸드폰에 수신신호가 들어오는 경우 발신자 표기를 하는 방법
제2항. 제1항에 있어서, 발신자 표기는 사진으로 표기하는 방법
[설명] 위의 제1항(독립항)이 진보성이 있으면 제2항(종속항)은 제1항의 발신자 표기를 더욱 한정하여 사진으로 표기하는 방법이므로 당연히 진보성이 있지만, 제1항이 진보성이 없는 경우 제2항은 발신자 표기를 사진으로 표기하는 선행기술 유무에 따라 진보성 유무가 달라진다.

② 물건에 관한 발명이 진보성이 인정되는 경우에는 그 물건의 제조방법에 관한 발명 및 그 물건의 용도 발명은 원칙적으로 진보성이 인정된다.
③ 퇴보발명은 진보성이 없다.

(4) 선출원주의(선원주의)

'선출원주의(先出願主義)'는 동일한 발명에 대하여 가장 먼저 출원한 자에게 권리를 부여하는 제도로서 '선원주의(先願主義)'라고도 한다. 하나의 발명에 이중으로 독점권을 부여하는 것은 특허제도의 본질에 반하므로 청구항이 동일한 발명은 출원인 또는 발명자의 동일여부와는 상관없이 거절된다. 특허출원된 발명과 실용신안등록출원된 고안이 서로 동일한 경우에도 마찬가지이다.

1) 발명의 선후원 판단

발명의 선후원(선출원과 후출원)을 판단할 때는 청구항을 기준으로 판단하고, 동일한 발명에 대하여 다른 날에 2 이상의 특허출원이 있는 때에는 먼저 특허출원한 자만이 특허를 받을 수 있다. 만약, 선출원(실용신안등록출원 포함)이 공개[5]되기 전에 무효·취하·포기·거절결정등이 확정되었을 때는 그 선출원이 선출원의 지위[6]를 상실하므로 후출원은 특허받을 수 있게 된다.

2) 동일발명 경합출원

동일한 발명에 대하여 같은 날에 2 이상의 특허출원이 있는 때에는 특허출원인의 협의에 의하여 정하여진 한 명의 특허출원인만이 그 발명에 대하여 특허를 받을 수 있다. 협의가 성립하지 아니하거나 협의를 할 수 없을 때에는 어느 특허출원인도

5) 특허 공개의 형태는 두 가지가 있다. 하나는 '공개공보'에 의한 것이고, 또 다른 하나는 '공고공보(또는 특허공보)'에 의한 것이다.
- 공개: 모든 특허출원(조기공개의 경우는 예외)은 1년6개월이 지나야 비로소 공개공보 발행으로 공개되어 제3자가 알 수 있는 상태로 된다. 따라서 공개되기 전에는 어떤 발명이 출원되었는지 알 수 없다.
- 공고: 특허청에서 심사를 거쳐 특허요건을 충족한 특허출원만 공고공보에 게재하여 공고하게 된다.

6) '선출원의 지위'란 먼저 출원한 특허출원에 의해 나중에 출원된 특허가 거절되는 것을 의미한다. 예로, 선출원 A와 후출원 B가 동일한 발명인 경우, 선출원 A에 의해 후출원 B가 거절되는 것이다. 그러나 선출원 A가 공개되기 전에 무효·취하·포기·거절결정등이 확정되었을 경우 선출원의 지위를 갖지 못하게 되므로 후출원B가 특허를 받을 수 있게 된다.

그 발명에 대하여 특허를 받을 수 없다.

(5) 확대된 선출원주의(확대된 선원(先願))

A특허출원(실용신안등록출원 포함)이 있은 후, A특허출원이 공개 또는 공고되기 전에 B특허출원이 있을 경우, A특허출원의 출원서에 최초로 첨부된 명세서 또는 도면에 기재된 발명과 동일한 B출원 발명은 특허를 받을 수 없다.

다만, A특허출원과 B특허출원의 발명자(또는 고안자) 또는 출원인이 동일한 경우에는 특허를 받을 수 있다. 이 경우 발명자가 2인 이상인 경우 A특허출원과 B특허출원 발명자 전원이 일치하거나 또는 출원인 전원이 일치하여야 한다. A특허출원의 출원일과 B특허출원의 출원일 사이에 출원인의 개칭·상속합병 등에 의하여 출원인의 기재가 외형상 완전히 일치하지 않을 경우에도 실질적으로 동일한 경우에는 일치하는 것으로 인정된다.

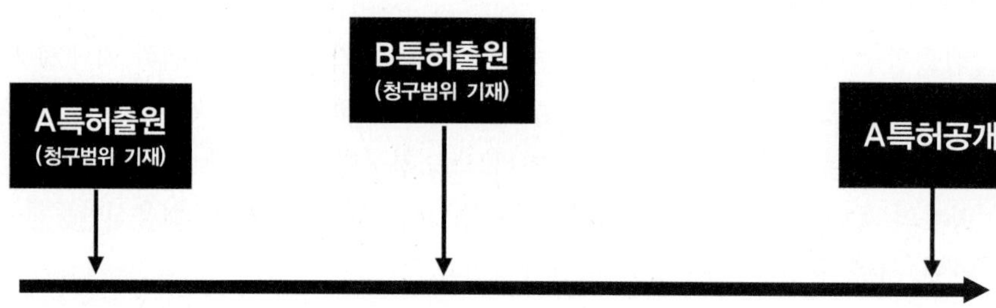

선출원주의: A특허출원 청구범위 기재와 B특허출원 청구범위에 기재된 발명이 동일한 경우 B특허출원은 선출원(先出願)에 의하여 특허를 받을 수 없다. 발명자 또는 출원인이 동일하더라도 특허받을 수 없다.(특허법 제36조 제1항 적용)

확대된 선출원주의: B특허출원 청구범위에 기재된 발명이 A특허출원 명세서 또는 도면에 기재된 발명과 동일한 경우, B특허출원은 확대된 선출원(先出願)에 의하여 특허 받을 수 없다. 다만, 발명자 또는 출원인이 동일하면 특허를 받을 수 있다.(특허법 제29조 제3항 적용)

그림 2-3. 선출원주의와 확대된 선출원주의

선출원주의와 확대된 선출원주의 차이점은 아래 표와 같다.

표 2-1. 선출원주의와 확대된 선출원주의 비교

구분	선출원주의 (선원주의)	확대된 선출원주의 (확대된 선원주의)
취지	발명의 조기공개, 중복특허의 금지, 권리의 안정성	선출원주의의 단점 보완, 출원공개제도와 심사청구제도의 효율적 운영, 방어출원의 감소
주체	선·후출원 발명자 또는 출원인이 동일하더라도 선후발명이 동일하면 거절됨.	선·후출원 발명자 또는 출원인이 동일한 경우에는 거절 안 됨.
판단 대상	선출원의 청구범위와 후출원의 청구범위	선출원의 최초 명세서·도면에 기재된 발명과 후출원의 청구범위
관련 규정	특허법 제36조	특허법 제29조 제3항
판단 범위	선출원과 후출원 간 동일성 판단(진보성은 판단하지 않음)	

(6) 특허를 받을 수 없는 발명

공공의 질서 또는 선량한 풍속(공서양속(公序良俗))을 문란하게 하거나 공중의 위생을 해할 염려가 있는 발명에 대하여는 특허를 받을 수 없다.

예

빙고가 순수한 오락용으로 제공되는 것을 목적으로 한 것이고, 도박행위 그 밖의 부정행위용으로 제공하는 것을 목적으로 한 것이 아니라는 것이 분명하면 특허를 받을 수 있다.

제2절 특허출원에 관한 일반절차

핵심내용

- 특허를 받을 수 있는 자는 발명을 한 자 또는 그 승계인이다.
- 특허를 받을 수 있는 권리를 가지지 아니한 자가 출원하거나 공동으로 발명한 자가 공동으로 출원을 하지 않은 경우에는 거절이유 및 무효사유가 된다. 특허를 받을 수 있는 권리가 공유인 경우에는 각 공유자는 다른 공유자의 동의를 얻지 아니하면 그 지분을 양도할 수 없다.
- 무권리자 특허출원 후에 한 정당한 권리자 특허출원은 무권리자가 특허출원한 때에 특허출원한 것으로 본다.
- 특허를 받을 수 있는 권리는 질권의 목적으로 할 수 없으나, 특허권이 설정되면 질권의 목적으로 할 수 있다.

1. 출원인[7)]

특허를 받을 수 있는 자는 발명을 한 사람 또는 그 승계인이다. 다만, 특허청 직원 및 특허심판원 직원은 상속이나 유증의 경우를 제외하고는 재직 중 특허를 받을 수 없다 (특허법 제33조).

2. 발명자

- 발명자는 특허를 받을 수 있는 권리를 가지며, 발명을 함과 동시에 발명자에게 귀속된다. 2인 이상이 공동으로 발명을 한 때에는 특허 받을 수 있는 권리는 공유로 된다.
- 특허를 받을 수 있는 권리를 가지지 아니한 자가 출원하거나 공동으로 발명한 자가 공동으로 출원을 하지 않은 경우에는 거절이유 및 무효사유가 된다.
- 특허를 받을 수 있는 권리가 공유인 경우에는 각 공유자는 다른 공유자 동의를 얻지 아니하면 그 지분을 양도할 수 없다. 공동발명자는 아니지만 지분양도 등에 따라 특허를 받을 수 있는 권리를 공유하게 된 경우 승계인도 공동으로 특허출원하여야 한다.
- 출원시 착오로 발명자 중 일부 기재를 누락하거나 잘못 적은 때에는 특허여부를 결정하기 전까지 필요에 따라 추가 또는 정정할 수 있다. 특허여부결정이 있은 후에는 발명자 기재가 오기임이 명백한 경우 또는 출원과정을 통해 출원서에 기재한 바 있던 발명자를 누락했음이 명백한 경우 외에 새로 발명자를 추가하는 등의 정정은 불가하다.

3. 정당한 권리자 보호

(1) 정당한 권리자 특허출원 인정

특허를 받을 수 있는 권리의 정당한 승계인이 아닌 자가 한 특허출원은 특허를 받을 수 없다. 무권리자라는 사유로 특허를 받지 못하게 된 경우 그 무권리자가 특허출원한 후에 정당한 권리자의 특허출원은 무권리자가 특허출원한 때에 특허출원한 것으로 본다.

(2) 정당한 권리자 특허출원 기간

- 심결이 확정된 날부터 30일이 지난 후에 정당한 권리자가 특허출원을 한 경우에는

---

7) 특허출원인과 발명자는 법률상 커다란 차이가 있다. 출원인은 특허에 대한 권리를 가질 수 있으나, 발명자는 단순히 명예권만을 가지므로 발명자는 본인 발명에 대하여 특허권을 행사하거나 이전할 권한이 없다.

정당한 권리자가 특허받을 수 없다. 이는 정당한 권리자의 권익보호를 위해서 충분히 출원할 수 있는 기간이 이미 주어졌음에도 불구하고 출원하지 않고 있다가 제3자가 무효심판을 청구하여 무효로 된 이후 30일이 지나서야 정당한 권리자가 출원한 것을 인정해 주는 것은 제3자와의 형평성이 맞지 않기 때문이다.

- 정당한 권리자가 보호를 받기 위해서는 정당한 권리자가 특허출원과 함께 정당한 권리자임을 증명하는 서류를 첨부하여 출원을 하여야 한다.

(3) 정당한 권리자 특허출원에 대한 기간 적용

- 정당한 권리자 출원은 특허요건 판단, 기간 계산, 관련 규정 적용 등에 있어 무권리자가 출원한 날을 기준으로 한다. 무권리자가 한 출원은 선출원 지위가 없다.
- 정당한 권리자 특허출원일이 무권리자가 출원한 날부터 3년이 경과한 경우에도, 정당한 권리자 출원에 대하여 출원과 동시(또는 같은 날)에 심사청구한 경우에는 그 심사청구[8]는 유효한 것으로 인정한다.
- 정당한 권리자 출원에 대하여 특허된 경우, 정당한 권리자 특허권존속기간은 정당한 권리자 특허권이 설정된 날부터 무권리자 출원일 후 20년이 되는 날까지이다.

(4) 무권리자가 획득한 특허권의 정당한 권리자에 대한 권리이전청구제도

- 과거에는 무권리자가 특허출원을 하여 특허를 받은 경우 정당한 권리자는 무권리자의 특허를 무효로 한다는 심결을 받은 후 별도로 특허출원을 하여 특허권을 취득할 수 있었으나, 정당한 권리자가 무권리자의 특허권 이전을 법원에 청구하고 법원의 판결을 받아 무권리자의 명의로 설정등록된 특허권을 이전등록하는 방법으로도 특허권을 취득할 수 있게 되었다.

4. 특허를 받을 수 있는 권리 이전 및 승계인

- 특허를 '받을 수 있는 권리'[9]는 이전할 수 있으며, 특허를 받을 수 있는 권리를 출원 전에 양도하는 경우에는 특별한 절차를 필요로 하지 않으나, 특허출원 후 양도는 포괄승계를 제외하고는 출원인변경신고를 하여야 그 효력이 발생한다.
- 출원 전에 특허를 받을 수 있는 권리를 양도받은 승계인이 제3자에게 대항하기 위해서는 '출원을 하여야' 한다.
- 특허를 받을 수 있는 권리는 질권[10]의 목적으로 할 수 없다. 따라서 특허를 받을

---

8) 특허출원은 출원만으로 심사에 착수되는 것이 아니고, 출원과 동시에 또는 출원 후 3년 이내에 심사를 청구해야만 심사에 착수하게 된다.

9) 특허를 받은 것이 아니라, 특허를 받을 수 있는 권리임에 주의

수 있는 권리를 목적으로 질권을 설정한 경우 그 질권은 무효이다. 그러나 특허권이 설정되면 질권의 목적으로 할 수 있다.

5. 제한능력자 출원

법적 제한능력자는 미성년자(만 19세 미만), 피한정후견인, 피성년후견인 등이다. 이들 제한능력자의 법적 보호를 위하여 특허에 관한 절차를 밟을 수 없도록 하고 있으므로 법정대리인에 의해서 법률 행위를 할 수 있다. 다만, 19세에 달하지 않았으나 혼인하여 성년으로 의제된 자의 행위 등 예외가 있다.

6. 국가 또는 지방자치단체 출원

국가(대한민국)는 법인으로 보아 권리주체가 된다. 입법부, 사법부 및 행정 각부는 물론, 그 산하기관과 소속기관, 국립연구기관, 대학 등은 법인격이 없으므로 특허에 관한 권리 주체가 될 수 없다. 따라서 이들이 특허출원할 경우 출원인을 '대한민국'으로 출원해야 한다. 다만 각 국립대학교는 '산학협력단'이라는 별도의 법인격을 가진 조직이 있으므로 산학협력단을 통해서 특허출원하면 된다.

지방자치단체는 법인이므로 지방자치단체도 권리의 주체가 될 수 있다. 지방자치단체 종류에는 특별시, 광역시, 도, 시, 군 및 자치구(自治區)[11]가 있다.

7. 재외자, 외국인 출원

- 국내에 주소 또는 영업소를 가지지 아니한 자(이하 '재외자'라 한다.)는 국내에 체류하는 경우를 제외하고 특허관리인에 의하지 아니하면 특허에 관한 절차를 밟거나 특허법에 의한 처분에 대하여 소를 제기할 수 없다.
- 내외국인을 불문하고 국내에 주소 또는 영업소를 가지지 아니한 경우에는 특허관리인에 의하여 특허에 관한 절차를 밟아야 한다. 국내에 주소나 영업소를 가지고 있는 외국인·무국적자는 그가 속한 나라에서 우리나라 국민에 대한 특허에 관한 권리의 향유 인정 여부와 관계없이 우리나라에서 특허에 관한 권리를 향유할 수 있다.
- 재외자 중 외국인은 상호호혜평등의 원칙을 적용한다. 즉, 상대국에서 우리나라 국

10) 채권자가 특허권을 담보물권으로 하는 것을 의미한다.

11) 자치구(自治區): 광역시의 구는 자치구이지만, 그이외의 일반 시는 자치구가 아니라 그냥 구(區)이다. 일반시의 구는 권리의무 주체가 아니다.

민을 자국민과 동일하게 권리를 인정하여 주는 경우 우리나라에서도 동일하게 상대국 국민에 대하여 자국민 대우를 해주며, 또한 조약으로 인정하는 경우에 한하여 특허에 관한 권리능력을 향유할 수 있다.

8. 국제조약 효력

헌법 제6조에서 "헌법에 의하여 체결·공포된 조약과 일반적으로 승인된 국제 법규는 국내법과 같은 효력을 가진다."고 규정하여 조약이 국내법과 동일한 효력을 가지는 것으로 규정하고 있다. 현재 우리나라가 특허제도와 관련하여 가입한 조약은 WIPO 설립협약(1979.3.1.), 파리조약[12](1980.5.4.), 특허협력조약(PCT) (1984.8.10.), 미생물 기탁에 관한 부다페스트조약(1988.3.28.), 스트라스부르그(Strasbourg) 협정[13](1999.10.8.)이 있으며, 특허법조약(PLT) 가입은 검토 중에 있다.

9. 대리인

특허절차에 관한 대리인으로는 일반적으로 변리사를 선임한다. 변리사가 아닌 자가 업으로서 변리 업무를 행한 자는 처벌 대상이 되며, 업으로 하지 않으면 누구라도 대리할 수 있다. 변리사가 쌍방대리(상대방이 있는 사건에서 양쪽 모두를 대리하는 경우)를 하면 대리권에 흠결이 있는 것으로 된다.

(1) 법정대리인

법정대리인은 법률규정에 의하여 대리인이 된 자로서 스스로 소송을 수행할 능력이 없는 자의 소송상 권익을 보호하기 위한 것이며, 임의대리인과는 달리 특별수권사항에 대한 대리행위를 할 수 있도록 하고 있다.

(2) 임의대리인

1) 위임에 의한 대리권 발생 및 소멸

임의대리권은 본인이 타인에게 대리권을 수여한 경우에 발생하고, 임의대리인의 대리권은 본인(의뢰인) 사망 등으로는 소멸하지 않는다. 본인(의뢰인) 사망 등의 경우에도 대리권이 소멸되지 않도록 한 것은 소송 또는 특허절차에 관한 대리권 범위가 서면에 의하여 명확하게 정해져 있기 때문이다. 또한 대리인이 불이익행위를 할 경우 특별한 수권을 받아야만 하는 등 본인 또는 승계인의 이익을 해칠 우려가 적기 때문에 절차

12) 우선권 주장에 관한 협정

13) 국제특허분류(IPC)에 관한 협정

진행이 될 수 있는 한 방해받지 않도록 하기 위함이기도 하다.

2) 위임에 의한 대리권 범위

위임에 의한 대리인(특허관리인 제외)은 특별한 수권을 얻지 아니하면 의뢰인에게 불리한 행위, 즉, 출원의 변경·포기·취하, 특허권의 포기, 신청의 취하, 청구의 취하 등과 같은 특별수권사항이 필요한 행위를 할 수 없다. 대리권을 위임하는 난에 대리권 범위를 '출원에 관한 일체의 건' 등으로 기재한 경우에도 특별수권사항은 대리권에 포함되지 않는다.

(3) 특허관리인

1) 재외자의 특허관리인 선임

재외자[14]는 재외자(법인의 경우에는 그 대표자)가 국내에 체류하는 경우를 제외하고는 그 재외자의 특허에 관한 대리인으로서 국내에 주소 또는 영업소가 있는 '특허관리인'에 의해서만 특허에 관한 절차를 밟거나 행정청이 한 처분에 대하여 소(訴)를 제기할 수 있다(특허법 제5조).

2) 재내자와 재외자의 공동 출원

재내자와 재외자가 공동으로 출원한 경우 재내자는 단독으로 특허에 관한 절차를 밟을 수 있으나, 재외자는 특허관리인을 선임하지 않고는 특허에 관한 절차를 밟을 수 없으므로 재내자는 재외자가 선정한 특허관리인과 공동으로 그 절차를 밟아야 한다. 물론 재내자와 재외자는 동일인을 대리인 또는 특허관리인으로 선임할 수 있다.

3) 특허관리인 대리 범위

특허관리인도 통상의 위임에 의한 대리인과 같이 수여된 범위 안에서 포괄적인 권한을 가지며, 특별한 수권이 없으면 출원의 취하, 포기 등 출원인에 대한 불리한 행위를 할 수 없다.

(4) 대리인 포괄위임

대리인을 선임(選任) 또는 변경한 경우 포괄하여 위임할 수 있다. 특허청장 또는 심판장은 특허에 관한 절차를 밟는 자 또는 그의 대리인이 그 절차를 원활히 수행할 수 없는 경우 대리인을 선임 또는 다른 대리인에 의하여 그 절차를 밟도록 명할 수 있으며, 변리사로 하여금 대리하게 할 것을 명할 수 있다.

---

14) '재외자'란 국내에 주소 또는 영업소가 없는 자를 의미한다.

(5) 복대리인 선임

A대리인이 B대리인에게 자신의 대리권을 부여한 경우 B대리인을 복대리인이라 한다. 법정대리인과 특허관리인은 항상 복대리인을 선임할 수 있으나, 임의대리인은 특별수권을 얻어야 복대리인을 선임할 수 있다.

(6) 국선대리인

특허심판원장은 산업통상자원부령으로 정하는 아래의 요건을 갖춘 심판 당사자의 신청에 따라 '국선대리인'을 선임하여 줄 수 있다. 국선대리인이 선임된 당사자에 대하여는 심판절차와 관련된 수수료를 감면할 수 있다(특허법 제139조의2 신설).

특허심판원 국선대리인의 선임 및 운영에 관한 규칙

[시행 2019. 7. 9.] [산업통상자원부령 제340호, 2019. 7. 2., 제정]

제2조(선임기준 및 절차) ① 특허심판원장은 다음 각 호의 어느 하나에 해당하는 심판 당사자(이하 "신청인"이라 한다)의 신청에 따라 국선대리인을 선임하여 줄 수 있다.

1. 「국민기초생활 보장법」 제12조의3에 따른 의료급여 수급자
2. 다음 각 목의 어느 하나에 해당하는 자
   가. 「국가유공자 등 예우 및 지원에 관한 법률」 제4조 및 제5조에 따른 국가유공자와 그 유족 또는 가족
   나. 「5·18민주유공자예우에 관한 법률」 제4조 및 제5조에 따른 5·18민주유공자와 그 유족 또는 가족
   다. 「고엽제후유의증 등 환자지원 및 단체설립에 관한 법률」 제3조에 따른 고엽제후유증환자·고엽제후유의증환자 및 고엽제후유증 2세환자
   라. 「특수임무유공자 예우 및 단체설립에 관한 법률」 제3조 및 제4조에 따른 특수임무유공자와 그 유족 또는 가족
   마. 「독립유공자예우에 관한 법률」 제6조에 따라 등록된 독립유공자와 그 유족 또는 가족
   바. 「참전유공자 예우 및 단체설립에 관한 법률」 제5조에 따라 등록된 참전유공자
3. 「장애인복지법」 제32조제1항에 따라 등록된 장애인
4. 「초·중등교육법」 제2조에 따른 학교의 재학생
5. 6세 이상 19세 미만인 사람
6. 「병역법」 제5조제1항제1호 및 제3호에 따른 병(兵) 또는 사회복무요원으로 복무하거나 같은 법 제25조에 따른 전환복무를 수행하는 사람
7. 「중소기업기본법」 제2조에 따른 소기업
8. 「중소기업기본법」 제2조에 따른 중기업으로서 대기업(「대·중소기업 상생협력 촉진에 관한 법률」 제2조제2호에 따른 대기업을 말한다)과 산업재산권에 관련된 분쟁 중에 있는 기업
9. 「중소기업창업 지원법」 제4조의2제2항에 따른 청년창업자
10. 그 밖에 특허심판원장이 특별히 지원이 필요하다고 인정하는 자

10. 기간

특허에 관한 절차에는 법정기간과 지정기간이 있다[15]. 법정기간이란 특허법 또는 특허법에 의한 명령에 규정된 기간이고, 지정기간이란 특허청장 또는 심사관이 지정하는 기간을 말한다.

(1) 기간 계산(특허법 제14조)

- 기간 계산에 있어서 기간의 초일은 산입하지 아니한다(초일불산입의 원칙). 다만, 그 기간이 오전 0시부터 시작하는 때에는 초일도 산입한다.
- 기간을 월 또는 연으로 정한 때에는 월 또는 연의 장단에 관계없이 역(歷)에 의해 계산한다.
- 기간을 월 또는 연의 처음부터 기산하지 않은 때에는 최후의 월 또는 연에서 그 기산일에 해당하는 날의 전일로 기간이 만료한다. 다만, 월 또는 연으로 정한 경우에 최종의 월에 해당일이 없는 때에는 그 월의 말일로 기간이 만료한다.
- 특허에 관한 절차에 있어서 기간의 말일이 공휴일인 경우 기간은 그 다음 날로 만료한다. 기간이 연장되는 경우 기간의 말일이 공휴일인 경우에도 당초 기간은 공휴일로 만료되고 연장기간은 지정기간이 만료된 날의 다음 날부터 기산한다.
- 전자문서를 제출하려는 자가 기한 전에 정보통신망을 이용하여 전자문서를 발송하였으나 전산장애로 인하여 기한 내에 제출되지 않은 경우, 기간은 그 장애가 제거된 날의 다음날로 만료한다. 다만, 특허청장이 사전에 공지한 경우에는 장애로 보지 않는다.

예

7월 3일부터 1개월일 경우, 기산일은 초일불산입의 원칙에 의해 7월 4일이다.
다만, 7월 3일 0시부터 1개월일 경우, 초일을 산입하므로 7월 3일이 기산일이 된다.

예

거절이유통지에 따른 지정기간 만료일이 1월 27일인 경우 1월 27일이 설날 연휴이고 그 다음날인 1월 28일이 일요일이었다면 보정기간은 1월 29일에 만료된다. 따라서 1월 29일자로 보정서를 제출하였다면 적법한 기간 내에 제출한 것이다.

---

15) 법정기간은 '신규성 상실 예외 기간', '분할출원기간', '변경출원기간', '우선권주장 관련 기간', '심사청구기간', '출원공개 시기', '특허거절결정 등에 대한 심판의 청구기간', '재심사청구기간' 등이 있고, 지정기간은 '거절이유를 통지하여 의견서를 제출할 기회를 주는 경우' 등이 있다.

예

최종 월에 해당일이 없는 경우

12.30 ▼ 통지서송달일 — 12.31 ▼ 기산일 — (지정기간 2개월) — 2.28(29) ▼ 지정기간만료일

예

지정기간 만료일이 공휴일인 경우 기간연장

7.22 ▼ 통지서 송달일 — 7.23 ▼ 지정기간 기산일 — (2개월지정) — 9.22 ▼ (추석) — 9.23 ▼ 1회연장 기산일 — 9.24 ▼ (일요일) — 9.25 ▼ 지정기간 만료일 — (기간연장1개월) — 10.22 ▼ 연장기간 만료일

(2) 기간 연장

- 기간 연장제도는 출원인이 교통이 불편하거나 상당한 준비기간이 소요되는 경우 그 기간을 연장할 수 있는 제도이다.
- 법정기간은 심판 청구기간에 한하여 연장할 수 있으나, 지정기간은 연장 대상에 제한이 없다.
- 법정기간 중 특허거절결정에 관한 불복심판 청구기간에는 누구나 1회에 한하여 30일 이내에서 연장할 수 있고, 교통이 불편한 지역에 있는 자의 경우 추가로 연장이 가능하다.
- 지정기간 연장신청은 매회 1월씩 1회 또는 2회 이상 일괄하여 신청할 수 있고, 연장희망기간이 1월 미만인 경우에는 그 연장희망기간은 1월로 본다.

(3) 기간 단축

- 기간 연장과는 반대로 부여된 지정기간을 단축할 수 있는 것이 기간단축 제도이다. 법정기간은 단축할 수 없으나 지정기간은 출원인 등의 청구에 따라 단축[16]할 수 있다.
- 심사관이 의견제출통지서 제출기간을 2개월로 지정하여 발송했을 때 출원인이 의견제출통지서를 받은 날로부터 의견제출을 1개월째에 제출했을 경우 심사관은 당초 지정기간이 2개월이므로 최소 2개월 후 심사하게 된다. 이때 출원인이 의견제출을

16) 기간단축신청서가 제출되거나 보정서에 기간 단축 취지를 기재하여 제출하면 해당 지정기간은 그 신청서 또는 보정서 제출일에 만료된다.

하고 난 후 더 이상 의견제출을 하지 않을 경우는 불필요하게 1개월을 기다려야 한다. 이러한 불합리함을 해소하기 위하여 도입한 제도가 기간 단축 제도이다.

11. 절차 무효

특허청장은 특허에 관한 절차(심판청구기간, 재심사청구기간)가 무효로 된 경우에도 그 기간을 지키지 못한 원인이 출원인이 책임질 수 없는 사유, 즉, 천재·지변 기타 불가피한 사유에 의한 것으로 인정될 때에는 그 사유가 소멸한 날부터 2개월 이내에 청구가 있으면, 그 무효처분를 취소할 수 있다. 다만 기간 만료일부터 1년이 경과한 후에는 무효처분을 취소할 수 없다(특허법 제17조).

12. 절차 정지

절차 정지에는 중단과 중지가 있다. 특허에 관한 절차가 중단 또는 중지된 경우에는 그 기간 진행은 정지되고 그 절차의 수계통지를 하거나 그 절차를 속행한 때부터 다시 모든 기간이 진행된다.

(1) 절차 중단

특허에 관한 절차의 중단[17]은 당사자의 의사와 관계없이 법정사유에 의해서 발생한다. 절차가 중단된 경우 적법한 수계자는 수계신청을 하여야 한다. 한편, 중단 사유가 있는 경우라도 절차를 밟을 것을 위임받은 대리인이 있는 경우에는 절차는 중단되지 않는다.

(2) 절차 중지

절차 중지는 천재·지변 기타 불가피한 사유로 인하여 특허청에서 직무를 행할 수 없는 때에 중지된다.

13. 서류 제출 및 송달

(1) 서류 송달 종류

서류를 송달하는 방법에는 교부에 의한 송달, 우편에 의한 송달, 공시송달이 있으며,

---

17) 중단사유는 당사자의 사망, 당사자인 법인이 합병에 의하여 소멸한 경우, 당사자가 절차를 밟을 능력을 상실한 경우, 당사자의 법정대리인이 사망하거나 그 대리권을 상실한 경우, 당사자의 신탁에 의한 수탁자의 임무가 종료한 경우 등이 있다.

교부에 의한 송달은 직접 교부하는 방법이다. 우편에 의한 송달은 등기우편으로 발송하는 방법이고, 정보통신망을 이용하는 경우도 있다.

(2) 우편에 의한 송달

특허청에 서류를 우편으로 제출하였을 경우, 우편물 통신일부인에 표시된 날이 분명한 경우에는 그 표시된 날, 우편물 통신일부인에 표시된 날이 불분명한 경우에는 우체국에 우편물을 접수한 수령증에 의하여 증명한 날, 우편물 통신일부인이 불분명하거나 우편물 수령증이 없는 경우에는 특허청에 도달한 날에 도달된 것으로 본다.

(3) 국제출원 서류 송달

국제출원에 관한 서류를 우편으로 제출하는 경우에는 특허청에 도달한 날부터 그 효력이 발생한다. 이는 국제출원에 대해서만 적용하며 국제출원 후 국내단계에 진입하기 위해 번역문을 제출하거나 심사과정에서 의견서 등을 제출하는 경우에는 상기 (2)와 같이 일반우편물규정에 따른다.

(4) 심결문 등의 특별 송달

심판·재심·통상실시권 설정의 재정 및 특허권의 취소에 관한 심결문 또는 결정문을 송달할 경우에는 우편법령에 의한 특별송달방법에 의하여야 한다. 전자문서이용 신고를 한 자에게는 정보통신망을 이용할 수 있다.

(5) 전자문서에 의한 송달

특허에 관한 절차를 전자문서를 이용하여 수행할 수 있으며, 전산망을 이용하여 행한 서류 통지 등은 서면으로 행한 것과 동일한 효력을 가진다. 전자문서를 이용하여 특허에 관한 절차를 수행하고자 하는 자는 미리 전자문서 이용신고를 하여야 한다. 다만, 국방관련 비밀출원을 하는 출원인은 서류를 전자문서로 제출할 수 없다.

(6) 재외자에 대한 서류 송달

재외자로서 특허관리인이 있는 때에 재외자에게 송달할 서류는 특허관리인에게 송달하고, 특허관리인이 없는 때에 재외자에게 송달할 서류는 항공등기우편으로 발송되며, 서류를 항공등기우편으로 발송한 때에는 발송을 한 날에 송달된 것으로 본다. 즉, 재외자에 대한 우편송달에는 발신주의가 채택되고 있다.

(7) 공시송달

공시송달은 송달 받을 자의 주소나 영업소가 불분명한 경우에 하고, 송달할 서류를 받을 자에게 어느 때라도 교부한다는 뜻을 특허공보에 게재함으로써 행한다. 최초 공시송달은 특허공보에 게재한 날부터 2주일 경과하면 그 효력이 발생한다.

14. 각종 수수료

- 특허에 관한 절차를 밟는 자는 수수료를 납부하여야 하고, 특허를 받은 경우 특허료(연차료)를 납부하여야 한다(특허법 제82조).
- 심사청구료 산정시 청구항 수는 독립항과 종속항을 불문하고 1항마다 산정한다. 2 이상의 항을 인용하는 청구항의 경우에도 1개항으로 계산한다. 심사청구항이 보정에 의하여 삭제된 경우에도 이미 납부된 심사청구료는 반환되지 않는다.
- 수수료를 감면받기 위해서는 반드시 출원, 심사청구 등 해당 절차를 밟을 때에 면제·감면사유를 기재하고 해당 증명서류를 제출하여야 하며, 출원 또는 심사청구할 때에 감면 신청을 하지 않았다가 나중에 감면대상자이었음을 이유로 추후감면 신청하는 것은 인정되지 않는다.
- 수수료의 면제·감면 대상 수수료[18]는 출원료, 심사청구료, 최초 3년분의 특허(등록)료, 4~6년분의 특허(등록)료(개인, 소기업, 중기업, 공공연구기관, 전담조직, 중견기업에 한함) 등이며 상표는 감면대상에서 제외된다(특허법 제83조).

(1) 수수료 100% 면제: 출원료, 심사청구료, 최초 3년분의 특허(등록)료

국민기초생활보장법상 수급자, 국가유공자와 그 유족, 등록 장애인, 학생(초중고 학생에 한하며, 대학생은 별도의 수수료 면제 구분 없음), 만 6세 이상 만 19세 미만인 자, 군 복무 중인 일반사병, 공익근무요원, 전환복무수행자이다. 발명자와 출원인이 완전히 동일한 경우에만 면제된다.

(2) 수수료 85% 감면: 출원료, 심사청구료, 최초 3년분의 특허(등록)료

만 19세 이상 만30세 미만인 자, 만 65세 이상인 자

(3) 수수료 70% 감면: 출원료, 심사청구료, 최초 3년분의 특허(등록)료

개인, 소기업, 중기업

(4) 수수료 50% 감면: 출원료, 심사청구료, 최초 3년분의 특허(등록)료

대기업과 중소기업 공동연구, 공공연구기관, 전담조직, 지방자치단체

(5) 수수료 30% 감면: 출원료, 심사청구료, 최초 3년분의 특허(등록)료

중견기업

18) 수수료 관련 사이트 http://www.patent.go.kr/jsp/ka/menu/fee/main/FeeMain01.jsp#con01.

(6) 수수료 반환

납부된 특허료 및 수수료는 반환되지 않지만, 잘못 납부된 수수료, 특허취소결정 또는 특허무효심결이 확정된 연도의 다음 연도부터의 특허료, 특허출원 후 1월 이내에 그 특허출원을 취하하거나 포기한 경우 이미 낸 수수료 중 특허출원료 및 우선권주장 신청료, 특허권을 포기한 해의 다음 해부터의 특허료 해당분은 반환 받을 수 있다.

특허청장 또는 특허심판원장은 납부된 특허료 및 수수료가 반환대상에 해당하는 경우에는 그 사실을 납부한 자에게 통지하여야 하며, 특허료 및 수수료의 반환청구는 반환통지를 받은 날부터 3년이 지나면 할 수 없다(특허법 제84조).

제3절 출원, 명세서 및 보정

핵심내용

- 특허출원에 필요한 서류(출원서류)는 특허출원서, 명세서, 도면(필요시만) 및 요약서이다.
- 명세서에는 발명의 명칭, 도면의 간단한 설명, 발명의 설명, 청구범위를 기재하여야 한다.
- 청구범위는 출원시 출원서와 함께 제출하지 않아도 되며 나중에 보정해도 된다.
- 발명의 설명에는 배경기술, 기술분야, 해결하고자 하는 과제, 과제의 해결수단, 그 밖에 그 발명이 속하는 기술분야에서 통상의 지식을 가진 자가 그 발명의 내용을 쉽게 이해하기 위하여 필요한 사항을 기재하여야 한다.
- 청구범위는 보호받고자 하는 사항을 기재한 항이 1 또는 2 이상 있어야 하며, 발명의 설명에 의하여 뒷받침되고, 발명이 명확하고 간결하게 기재되어야 한다. 특허권의 보호범위는 청구범위의 기재에 의하여 결정되기 때문에 가장 중요하다.
- 우선권주장출원에는 조약(파리조약)에 의한 해외우선권주장출원과, 국내우선권주장출원이 있다.

1. 출원서

출원서 기재사항으로는 ① 특허출원인 성명 및 주소(법인인 경우에는 그 명칭 및 영업소 소재지), ② 대리인이 있는 경우에는 그 대리인 성명 및 주소나 영업소 소재지, ③ 발명의 명칭, ④ 발명자의 성명 및 주소 등이 있으며 그 외에도 출원인코드, 우선권주장여부, 공지예외주장여부, 심사청구여부 등을 기재하여야 한다(특허법 제42조).

출원서 예

(19) 대한민국특허청(KR)
(12) 공개특허공보(A)

(11) 공개번호 10-2014-0104519
(43) 공개일자 2014년08월29일

(51) 국제특허분류(Int. Cl.)
B62K 5/023 (2013.01) *A61G 5/02* (2006.01)
B62K 5/06 (2006.01) *B62M 3/00* (2006.01)
(21) 출원번호 10-2013-0016783
(22) 출원일자 2013년02월18일
심사청구일자 2013년02월18일

(71) 출원인
(사)대한장애인체육회
서울 송파구 올림픽로 424, (방이동)
(72) 발명자
전OO
서울시 송파구 오금동 67번지
김OO
서울 서초구 남부순환로297다길

(뒷면에 계속)
(74) 대리인
유병욱, 한승범, 심경식, 홍성욱

전체 청구항 수 : 총 5 항

(54) 발명의 명칭 휠체어 자전거

2. 명세서

명세서는 발명의 보호 및 이용시 발명의 보호범위를 명시하는 권리서로서 역할과, 발명의 기술적 내용을 공개하는 기술문헌으로서의 역할을 한다. 출원시 출원서에 첨부되는 명세서에는 발명의 명칭, 도면의 간단한 설명, 발명의 설명 및 청구범위를 기재하여야 한다.

명세서 예

【명세서】

【발명의 명칭】
건축용 금속재 장식판의 보호피막 형성방법

【기술분야】
본 발명은 건축용 금속재 장식판의 피막 형성방법에 관한 것으로,…(중략)

【배경기술】

일반적으로 엘리베이터 케이지의 내부나 도어 또는 건축물을 미려하게 장식할 목적으로 스텐레스판이나 동판 등의 금속판(이하 "금속판"이라 통칭함)에 각종 아름다운 무늬모양을 형성 및 도금하거나 부식, 스크레치(scratch)등의 작업으로 무늬를 형성하여 각종 건축물의 장식재로 사용하고 있다.

그러나 이와 같은 공정에 의해 제조되는 건축용 금속재 장식판의 외관은 …(중략), 이로 인해 수명이 단축되는 문제점이 발생하게 된다.

【발명의 내용】

【해결하려는 과제】

본 발명은 우레탄아크릴 물질과 전리활성화 물질이 혼합되어 있는 수지원액을 이용하여 수지전착(樹脂電着)방법으로 금속재 장식판의 금 증착부와 같은 특정 부분의 표면에 보호층의 피막을 형성시킴으로서 먼지와 같은 이물질이 묻을 경우 제거가 용이함은 물론, 금 증착부가 손상을 입게 되거나 금속판으로 부터 분리되는 현상을 방지하여 반 영구적인 수명을 가질 수 있도록 하는 건축용 금속재 장식판의 보호피막 형성방법을 제공하는데 그 목적이 있다.

【과제의 해결 수단】

본 발명은 금속판의 다수 부분을 에칭시켜 특정 무늬모양을 형성하는 건축용 금속재 장식판에 있어서, 상기 금속판의 보호피막을 형성하고자 하는 특정부분을 제외한 나머지 부분에 마스킹 잉크를 도포하는 단계, 상기 마스킹 잉크가 도포된 금속판을 코팅원액이 내장된 피막 형성장치에 유입시켜 코팅원액과 금속판에 서로 다른 전극을 각각 인가하여 전리현상에 의해 마스킹 잉크가 개방된 부분에 수지전착시켜 보호피막을 형성하는 단계, 상기 단계 후 금속판을 피막 형성장치로 부터 분리시켜 세척하고 150℃에서 약 2시간 동안 열처리하는 단계, 상기 단계 후 금속판의 전 표면을 희석재로 용해시켜 금속판에 도포된 마스킹 잉크를 제거하는 단계로 이루어진 것에 특징이 있다.

【발명의 효과】

본 발명은 우레탄아크릴 물질과 전리활성화 물질이 혼합되어 있는 수지원액을 이용하여 수지전착(樹脂電着)방법으로 금속재 장식판의 금 층작부와 같은 특정 부분의 표면에 보호층의 피막을 형성시킴으로서 먼지와 같은 이물질이 묻을 경우 제거가 용이함은 물론, 금 증착부가 손상을 입게 되거나 금속판으로 부터 분리되는 현상을 방지하여 반 영구적인 수명을 가질 수 있다.

【도면의 간단한 설명】

도 1은 일반적인 건축용 금속재 장식판의 제조공정과정을 나타낸 단면도. 도 2는 본 발명에 사용되는 보호피막 형성장치의 구조도.

도 3 내지 도 6은 본 발명에 따른 건축용 금속재 장식판의 보호피막 형성 공정도.

【발명을 실시하기 위한 구체적인 내용】

본 발명을 첨부된 도면을 참조하여 상세히 설명하면 다음과 같다.

CHAPTER 2

…(중략)유색처리는 물론 건축용 금속재 장식판의 청결유지가 이루어질 수 있는 것이다.

【청구범위】

【청구항 1】

금속판의 다수 부분을 에칭시켜 특정 무늬모양을 형성하는 건축용 금속재 장식판에 있어서, 상기 금속판의 보호피막을 형성하고자 하는 특정부분을 제외한 나머지 부분에 마스킹 잉크를 도포하는 단계,

상기 마스킹 잉크가 도포된 금속판을 코팅원액이 내장된 보호피막 형성장치에 유입시켜 코팅원액과 금속판에 서로 다른 전극을 각각 인가하여 전리현상에 의해 마스킹 잉크가 개방된 부분에 수지전착시켜 보호피막을 형성하는 단계,

상기 단계 후 금속판을 보호피막 형성장치로 부터 분리시켜 세척하고 150℃에서 약 2시간 동안 열처리하는 단계,

상기 단계 후 금속판의 전 표면을 희석재로 용해시켜 금속판에 도포된 마스킹 잉크를 제거하는 단계로 이루어진 것을 특징으로 하는 건축용 금속재 장식판의 보호피막 형성방법.

(1) 발명의 명칭

발명의 명칭은 출원에 관계된 발명의 내용에 따라 간단하고 명료하게 기재하되, 명세서에 기재된 발명의 명칭과 동일하게 하여야 한다.

① 막연하거나 장황한 기재를 피하고 발명의 내용에 따라 간결하고 명료하게 기재하여야 한다.

② 인명, 상표, 상품 별칭, 극히 추상적인 성능만을 나타내는 표현 또는 '특허'라는 용어 등을 발명의 명칭에 포함하여서는 안 된다.

> **예**
>
> OO(주), 개량된, 개선된, 최신식, 문명식, 특허받은… 등

③ 청구범위에 2 이상의 카테고리[19]의 청구항(물건, 제조방법, 제조장치, 사용방법 등)이 있는 경우에는 이들 복수 카테고리를 모두 포함하는 간단하고 명료한 명칭으로 기재하여야 한다.

> **예**
>
> '종이와 그 제조방법 및 제조장치'

19) 발명의 카테고리(범주)란 크게 3가지로 나뉜다. 즉, '물건의 발명', '방법의 발명', '물건을 생산하는 방법의 발명'이다.

④ 발명의 명칭은 그 발명이 무엇을 청구하는지 명확히 알 수 있도록 기재하여야 한다.

⑤ 보정에 의하여 청구범위에 기재된 발명이 변경되는 경우에는 발명의 명칭도 이에 부합하도록 보정하여야 한다. 또한 발명의 명칭은 출원서에 기재한 발명의 명칭과 동일하게 기재하여야 한다.

(2) 발명의 설명

발명의 설명에는 그 발명이 속하는 기술분야에서 통상의 지식을 가진 자(평균적 기술자, 이하 '당업자'라 한다)가 그 발명을 쉽게 실시할 수 있도록 명확하고 상세하게 기재하여야 한다. 기재 내용에는 기술분야, 해결하고자 하는 과제, 과제의 해결 수단, 그 밖에 당업자가 그 발명의 내용을 쉽게 이해하기 위하여 필요한 사항을 기재하여야 한다. 다만, 상기 해당하는 사항이 없는 경우에는 그 사항을 생략할 수 있다.

1) 물질발명

화학분야 물질발명의 경우, 쉽게 실시할 수 있게 하기 위해서는 발명의 설명에 특정 출발물질, 온도, 압력, 유입 및 유출량 등 그 물질발명을 제조하는 데 필요한 구체적인 반응조건과 그 조건하에서 직접 실시한 결과를 실시예로 기재한다.

2) 용도(의약)발명

화학분야 용도발명의 경우 실험데이터가 제시된 실험예가 기재되지 않으면 평균적 기술자가 그 발명의 효과를 명확하게 이해하고 쉽게 재현할 수 있다고 보기 어렵다. 따라서 화학물질의 용도발명은 발명의 설명에 발명의 효과를 기재하여야한다.

3) 파라미터발명

파라미터발명은 물리적·화학적 특성 값에 대하여 파라미터화 한 후, 그 파라미터를 발명의 구성요소의 일부로 하는 발명을 말한다. 파라미터의 정의 또는 기술적 의미에 대한 설명, 파라미터의 수치한정 사항이 포함된 경우 수치범위와 수치범위를 한정한 이유 등을 기재하여야 한다.

4) 발명의 설명 기재불비[20] 유형

가) 청구범위가 발명의 설명에 의하여 뒷받침되고 있지 않은 경우

청구범위에 기재된 발명의 내용이 발명의 설명에 기재되어 있지 않은 경우 그 청구범위는 발명의 설명에 의하여 뒷받침된다고 볼 수 없다. 예로, 발명의 설명에는 a가 기재되어 있으나, 청구범위에는 b가 기재된 경우이다.

---

20) 기재가 완비되지 않아 명확하지 않다는 의미임.

나) 발명의 설명에는 하위개념만이 기재되어 있으나 청구항에는 상위개념을 청구하고 있는 경우

청구항에 상위개념[21]의 발명이 기재되어 있고, 발명의 설명에는 하위개념 발명에 대한 기재만 있을 때, 발명의 설명의 하위개념 발명으로부터 청구항 상위개념에 대한 발명이 명확하게 파악되지 않는 경우에는 기재불비이다. 즉, 발명의 설명에는 연필만이 기재되어 있으나, 권리가 되는 청구항에는 필기도구를 청구하고 있는 경우, 발명자가 발명한 것은 연필이지만 권리범위는 필기도구인 만년필까지 확장해석 되므로 발명의 설명의 기재불비가 된다.

예

발명의 설명에는 '어닐링한 산화철'로 기재되어 있으나, 청구범위에는 '산화철'로 기재된 경우, 산화철은 어닐링한 산화철의 상위개념으로서 청구범위가 발명의 설명에 기재된 내용보다 상위개념으로 기재되어 있으므로 청구범위가 발명의 설명에 의하여 뒷받침되지 않는 것으로 되어 기재불비이다.

다) 발명의 설명에 청구항의 일부 구성요소 만을 설명하고 있는 경우

발명의 설명에 청구항에 기재된 구성요소 중 일부의 구성요소에 관한 실시예만 기재되어 있고, 다른 구성요소에 대하여는 실시예가 기재되어 있지 않아 평균적 기술자가 쉽게 실시할 수 없는 정도라면 기재불비이다.

예

청구항 1

'치환기(X)로서 CH_3, OH, COOH 중 하나를 택일하여 니트로치환벤젠을 제조하는 방법'으로 청구범위가 기재되어 있는 경우

발명의 설명에는 그 실시예로 톨루엔(X가 CH_3)인 경우에 대해서만 기재되어 있는 경우 기재불비에 해당한다.

라) 신규사항 추가

- 보정시 신규사항을 추가하면 안 된다.[22]
- 외국어 출원을 기초로 한 경우, 당초 외국어로 된 명세서에는 기재되어 있으나

---

21) 상위개념과 하위개념 예: 필기도구(상위개념)와 연필·만년필·볼펜·샤프…(하위개념).

22) 참고로, 과거 신규사항 추가제도를 도입하기 이전에 요지변경이라는 용어를 사용하였다. 그러나 요지변경이라는 표현이 너무 모호하고 광범위하게 보정을 인정하는 경우가 많아 새로운 사항을 추가하면 안 된다는 의미로 "신규사항 추가" 제도를 도입하였다.

번역이 잘못되어 국내 명세서에는 기재가 되어 있지 않은 경우 과거에는 번역문을 다시 원문에 충실히 하여 보정한 하는 것은 부적법하였다. 그러나 법이 개정되어 외국어 원문에 기초하여 보정할 경우 적법한 것으로 본다.

마) 명세서에 상표 또는 제품명을 기재하는 경우

명세서에 상표 또는 제품명을 기재하는 것은 원칙적으로 허용하지 않는다. 다만, 상표 또는 제품명을 기재하더라도 그 상표 또는 제품명의 물건을 쉽게 입수할 수 있는 경우에는 예외적으로 상표 또는 제품명을 기재할 수 있다.

5) 명세서 기재방법

【기술분야】 발명의 기술분야를 1개 이상 기재하여야 하지만 명시적인 기재가 없더라도 당업자가 그 발명이 속하는 기술분야를 이해할 수 있을 때는 기재하지 않아도 된다.

【배경기술】 **발명의 배경이 되는 기술을 기재하지 않으면 거절이유가 되므로 반드시 기재하여야 한다.** 선행기술정보 등을 기재하여 배경기술을 구체적으로 기재하지 않더라도 배경기술을 기재한 것으로 본다. 신규한 발명의 경우는 인접 기술분야를 기재하거나 적절한 배경기술을 알 수 없다는 취지를 기재하여야 한다. 구체적인 기술분야를 기재하지 않고 포괄적인 기술분야만을 기재한 경우에는 거절이유가 된다. 배경기술 미비는 거절이유는 되지만 무효사유는 되지 않는다.

예

출원발명이 '유압식 드릴 장치'를 출원하면서 【배경기술】 란에 본인이 과거에 유사한 출원을 한 공개공보를 기재하지 않았다든지, 또는 '드릴'에 관한 일반적인 배경기술만을 기재하는 경우 거절이유가 된다.

【해결하고자 하는 과제】 기술상 과제로 하고 있는 종래기술 문제점 등을 기재한다.

【과제의 해결수단】 어떤 해결수단에 의해서 해당 과제가 해결되었는지를 기재한다.

【발명의 효과】 특허를 받고자 하는 발명이 종래기술과 대비하여 우수하다고 인정되는 특유의 효과를 기재한다. 효과는 발명의 진보성을 인정할 수 있는 요소가 되므로 충분히 기재한다.

【도면의 간단한 설명】 첨부한 도면에 대하여 간단하게 설명한다. 방법발명인 경우 도면이 없으면 기재하지 않는다.

【발명을 실시하기 위한 구체적인 내용】 첨부한 도면을 기초로 하여 발명의 구성 자체만이 아니라 그 기능에 관해서도 기재한다. 필요시 **【실시예】** 란을 만들어 그 발명이 실제로 어떻게 구체화되는가를 나타내는 실시예를 기재한다. 실시 예는 가능한 한 여러 가지로 기재한다. 기술적 수단에 대하여 수치를 한정하고 있을 때에는 그 한정

이유를 기재한다. 발명을 실시하기 위해 입수가 곤란한 재료 등을 사용하는 경우에는 제조방법 또는 입수처를 기재하여야 한다. 기술용어는 해당 기술분야에서 일반적으로 인정되고 있는 표준용어 또는 학술용어를 사용하여야 한다.

【산업상 이용가능성】 산업상 이용방법, 생산방법 또는 사용방법 등을 기재한다. 산업상 이용가능성은 명세서의 다른 기재로부터 충분히 유추 가능하므로 별도 기재가 필요하지 않은 경우가 많다.

(3) 청구범위 : 기재방법

특허권 보호범위는 청구범위 기재에 의하여 결정되기 때문에 매우 중요하다. 청구범위 기재요건을 충족시키지 못하는 경우 특허권이 무효로 되거나 권리범위가 제한되는 등 불이익을 받을 수 있다. 청구범위 기재가 불명료하거나 기술용어의 의미, 내용이 불명확한 경우에 한해 발명의 설명 또는 도면의 기재를 참작하여야 하며, 청구범위 기재를 벗어나 발명의 설명에 개시된 발명의 내용으로부터 발명이 파악되어서는 안 된다. 청구범위는 다음과 같은 요건을 갖추어야 한다.

1) 발명의 설명에 의하여 뒷받침 될 것

'발명의 설명'이란 명세서에 기재된 사항 중 발명의 명칭, 도면의 간단한 설명 및 청구범위를 제외한 나머지 기재사항을 의미한다. 청구범위에 기재된 발명은 반드시 발명의 설명에 기재되어 있어야 한다.

청구범위에 기재된 발명이 발명의 설명에 의하여 뒷받침 되지 않는 유형으로는 다음과 같은 것들이 있다.

① 청구항에 기재된 사항과 대응되는 사항이 발명의 설명에 직접적으로 기재되어 있지 않고 암시도 되어 있지 않는 경우

예

- 청구범위에서 구체적인 수치한정을 하고 있으나 발명의 설명에는 그 수치에 대하여 전혀 기재되어 있지 않는 경우
- 청구범위에는 초음파모터를 이용한 발명에 대해서 기재하고 있으나 발명의 설명에는 초음파모터를 이용한 발명에 대해서는 전혀 기재되어 있지 않고 직류모터를 이용한 발명만 기재하고 있는 경우

② 발명의 설명과 청구범위에 기재된 발명 상호간에 용어가 통일되어 있지 않아 양자 대응관계가 불명료한 경우

③ 청구범위에 기재된 사항은 특정 기능을 수행하기 위한 '수단(means)' 또는 '공정

(step)'으로 기재되어 있으나, 이들 수단 또는 공정에 대응하는 구체적인 구성이 발명의 설명에 기재되어 있지 않는 경우

④ 출원 시 해당 기술분야의 기술상식에 비추어 보아 청구된 발명의 범위까지 발명의 설명에 기재된 내용을 확장하거나 일반화할 수 없는 경우

> **예**
>
> 청구범위에는 어떤 화합물을 유효성분으로 하는 특정 용도 치료제로서 청구되어 있지만, 발명의 설명에는 청구범위에 포함된 일부 구체적인 화합물에 대해서만 해당 치료제로서 유용성이 기재되어 있는 경우

⑤ 발명의 설명에 과제를 해결하기 위한 수단이 기재되어 있지 않아 발명의 설명에 기재된 범위를 벗어난 발명을 청구하는 경우

> **예**
>
> 자전거의 전달력 증가를 위한 기구가 발명의 설명에 기재되어 있으나, 청구범위에는 전달력 가변기구를 기재하고 있어 전달력이 감소되는 것까지를 포함함으로써 발명의 설명을 벗어난 발명을 청구하는 경우

2) 발명이 명확하고 간결하게 기재될 것

청구범위에 기재된 청구항은 발명이 명확하고 간결하게 적혀 있어야 한다. 청구항의 기재가 불명확하거나 그 기재내용이 간결하지 않은 발명은 특허요건 판단 등이 불가능하며, 특허권이 부여된 후에도 발명의 보호범위가 불명확하여 특허발명의 보호범위를 결정하는 권리서로서 역할을 다할 수 없다.

발명이 명확하고 간결하게 기재되지 않는 유형으로는 다음과 같은 것들이 있다.

① 청구범위 기재내용이 불명확한 경우. 다만, 불명확한 부분이 경미한 기재상 하자로서 발명의 설명이나 도면, 출원 시의 기술상식 등에 의하여 발명이 명확하게 파악될 수 있는 경우에는 발명이 불명확한 것이라고 하지 않는다.

② 발명을 이루는 각 구성요소가 단순히 나열되어 있을 뿐, 구성요소들 간 결합관계가 기재되지 않은 경우

③ 청구범위에 기재된 발명의 카테고리가 불명확한 경우(청구범위 말미는 반드시 '~물건', '~방법'으로 끝맺어야 한다.)

④ 동일한 내용이 중복으로 기재되어 있는 등 청구항 기재가 너무 장황하여 보호를 받고자 하는 사항이 불명확하거나 간결하지 않은 경우

⑤ 청구범위에 발명의 구성을 불명확하게 하는 표현이 포함되어 있는 경우

예

- '소망에 따라', '필요에 따라', '특히', '예를 들어' 등의 표현과 함께 임의 부가적 사항 또는 선택적 사항이 기재된 경우
- '주로', '주성분으로', '주 공정으로', '적합한', '적량의', '많은', '높은', '대부분의', '거의', '대략', '약' 등 비교의 기준이나 정도가 불명확한 표현이 사용된 경우
- '… 을 제외하고', '… 이 아닌'과 같은 부정적 표현이 사용되어 불명확해진 경우
- 수치한정발명에서 '… 이상', '… 이하', '0~10'과 같이 상한이나 하한의 기재가 없는 수치한정이나 0을 포함하는 수치한정(0을 포함하는 성분이 필수성분이 아니라 임의성분인 경우는 제외)을 한 경우. 또는, '120~200℃, 바람직하게는 150~180℃'와 같이 하나의 청구항 내에서 이중으로 수치한정을 한 경우

⑥ 지시 대상이 불명확하여 발명의 구성이 불명확한 경우

예

청구범위에 여러 종류 기어가 기재되어 있고, 그 중 어느 특정기어를 지시할 때 '상기 평기어', '전기 베벨기어' 등과 같이 지시 대상을 명확히 기재하지 않고 '상기 기어', '전기 기어' 등과 같이 기재한 결과 어느 기어를 지시하는지가 불명확한 경우

⑦ 청구범위에 서로 다른 기능을 수행하는 복수의 동일한 용어가 있을 경우에 각각의 기능을 한정하여 기재하고 있지 않거나 또는, 도면에 사용된 부호에 의하여 명확하게 구별되도록 기재되어 있지 않아 보호를 받고자 하는 발명의 구성이 불명확한 경우

⑧ 청구범위에 상업상 이점이나 판매지역, 판매처 등 발명의 기술적 구성과 관계가 없는 사항을 기재하여 발명이 명확하고 간결하지 않은 경우

⑨ 발명의 구성을 기재하지 않고 발명의 설명 또는 도면의 기재를 대용하고 있는 경우. 다만, 발명의 설명 또는 도면의 기재를 대용하지 않으면 적절하게 기재할 수 없는 경우에는 대체에 의한 기재가 가능하다.

예

통상 설명할 수 있는 도면을 '도면 제1도와 같이' 청구항에 기재하는 경우는 기재불비에 해당한다.

(4) 청구범위 : 독립항과 종속항

청구범위는 청구항을 1 또는 2 이상(다항제)으로 기재하여야 한다. 청구범위에 기재된 청구항은 '독립항'과 다른 청구항(독립항 또는 종속항)을 한정하거나 부가하여 구체화

하는 '종속항'으로 구분할 수 있다. '다른 청구항을 한정하거나 부가하여 구체화'한다는 의미는 기술구성을 '부가'하거나 상위개념을 하위개념으로 '한정'함으로써 발명을 구체화하는 것을 말한다. 종속항이란 발명의 내용이 다른 항에 종속되어 다른 항의 내용변경에 따라 해당 청구항 발명의 내용이 변경되는 청구항을 말한다.

발명의 내용 측면에서는 독립항을 부가하거나 한정하고 있다 하더라도 형식적으로 인용하고 있지 않으면 종속항이라 할 수 없다. 다른 청구항을 형식적으로는 인용하고 있다 하더라도 다른 청구항을 한정하거나 부가하지 않는 경우(예: 청구항 O에 있어서, A 구성 요소를 B로 치환하는 물건)는 종속항이라고 할 수 없다.

독립항과 종속항은 다음과 같이 기재한다.

1) 독립항은 다른 청구항을 인용하지 않는 형식 즉, 독립 형식으로 기재한다. 다만, 독립항이라도 동일한 사항의 중복 기재를 피하기 위하여 발명이 명확하게 파악될 수 있는 범위 내에서 다른 청구항을 인용하는 형식으로 기재할 수 있다.

예

- 청구항 ○의 방법으로 제조된 … 물건
- 청구항 ○의 장치로 제조된 물건
- 청구항 ○의 물건을 제조하는 … 방법
- 청구항 ○의 방법으로 제조된 물건을 이용하여 …하는 방법

2) 종속항은 독립항 또는 다른 종속항을 인용하는 형식으로 기재한다. 종속항은 인용되는 청구항 특징을 모두 포함한다.

예

- 청구항 ○의 …에 있어서, … 물건
- 청구항 ○ 또는 청구항 ○의 … 방법에 있어서, …를 특징으로 하는 방법

다음과 같은 청구항은 종속항으로 보지 않고 독립항으로 취급된다.

① 인용되는 항의 구성요소를 감소시키는 형식으로 기재하는 경우
② 인용되는 항에 기재된 구성을 다른 구성으로 치환하는 형식으로 기재하는 경우

예

【청구항 1】 기어 전동기구를 구비한 … 구조의 동력전달장치
【청구항 2】 청구항 1에 있어서, 기어 전동기구 대신 벨트전동기구를 구비한 동력전달 장치

3) 청구항은 발명의 성질에 따라 적정한 수로 기재하여야 한다. 청구항이 적정한 수로 기재되지 않은 경우로는 ① 하나의 청구항에 카테고리가 다른 2 이상의 발명이 기재된 경우, ② 청구하는 대상이 2 이상인 경우, ③ 동일한 청구항을 중복하여 기재(문언적으로 동일한 경우를 말하며 실질적으로 동일할 뿐 표현을 달리한 경우는 제외한다)하는 경우, ④ 하나의 청구항 내에서 다수의 청구항을 다중으로 인용하는 경우 등이 있다.

예

- 하나의 청구항에 2 이상의 대상이 기재되어 있는 경우: '… 고분자 화합물 및 그 고분자 화합물을 이용한 콘택트렌즈'
- 청구항 내에서 2 이상의 항을 인용하고 그 인용한 청구항 내에서 다시 다수의 항을 인용하는 경우: 예, '청구항 ○ 또는 청구항 ○의 방법으로 제조되는 청구항 ○ 또는 청구항 ○의 물건'

4) 종속항은 1 또는 2 이상의 청구항을 인용하여야 하며, 이 경우 인용되는 항의 번호는 아래 예와 같이 기재하여야 한다.

예

- 청구항 ○ 에 있어서, …하는 방법
- 청구항 ○ 내지 청구항 ○ 중 어느 하나의 항에 있어서, …장치

5) 2 이상의 항을 인용하는 항은 '하나의 항이 선택'되도록 항의 번호를 기재하여야 한다.

① 인용되는 청구항을 택일적으로 기재한 예

예

- 청구항 1 또는 청구항 2에 있어서, … 장치
- 청구항 1 내지 청구항 3중 어느 하나의 항에 있어서, … 장치
- 청구항 1, 청구항 2 또는 청구항 3중 어느 한 항에 있어서, … 장치
- 청구항 1, 청구항 2 또는 청구항 3에 있어서, … 장치
- 청구항 1 내지 청구항 7 및 청구항 9 내지 청구항 11중 어느 한 항에 있어서, … 장치
- 청구항 1, 청구항 2 및 청구항 4 내지 청구항 7중 어느 한 항에 있어서, … 장치

위의 예에서 '~ 중 어느 한 항에 있어서'가 '및' 전후에 열거된 청구항 전체를 한정한 것으로 보아 인용되는 항 번호를 택일적으로 기재한 것으로 인정한다.

② 인용되는 항 번호를 택일적으로 기재하지 않은 예

예

- 청구항 1, 청구항 2에 있어서, … 장치
- 청구항 1 및 청구항 2 또는 청구항 3에 있어서, … 장치
- 청구항 1 및 청구항 2 또는 청구항 3중 어느 한 항에 있어서, … 장치
- 청구항 1, 2에 있어서, … 장치

6) 2 이상의 항을 인용하는 청구항은 2 이상의 항을 인용한 다른 청구항을 인용할 수 없다. 이는 하나의 청구항을 해석함에 있어서 다수의 다른 청구항을 참조하여야 하는 어려움을 방지하기 위한 것이다.

① 2 이상의 항을 인용하는 청구항이 2 이상의 항을 인용한 다른 청구항을 인용한 경우

예

아래 청구항 4는 2 이상의 항을 인용하는 종속항으로서 2 이상의 항을 인용한 다른 청구항(청구항 3)을 인용하고 있어 청구범위 기재방법에 위배된다.
【청구항 1】 … 장치
【청구항 2】 청구항 1에 있어서, … 장치
【청구항 3】 청구항 1 또는 청구항 2에 있어서, … 장치
【청구항 4】 청구항 2 또는 청구항 3에 있어서, … 장치(X)

② 2 이상의 항을 인용한 청구항에서 그 청구항이 인용된 항이 다시 하나의 항을 인용한 후에 그 하나의 항이 결과적으로 2 이상의 항을 인용한 경우

예

아래 청구항 5는 2 이상의 항을 인용하는 종속항으로서, 2 이상의 항을 인용하고 있는 청구항 3을 인용한 청구항 4를 인용하고 있어 청구범위 기재방법에 위배된다.
【청구항 1】 … 장치
【청구항 2】 청구항 1에 있어서, … 장치
【청구항 3】 청구항 1 또는 청구항 2에 있어서, … 장치
【청구항 4】 청구항 3에 있어서, … 장치
【청구항 5】 청구항 2 또는 청구항 4에 있어서, … 장치(X)
【청구항 6】 청구항 5에 있어서, … 장치

상기 예와 같은 경우 청구항 4는 청구항 3 한 항만 인용하고 있다 하더라도 제3항이

2 이상의 청구항을 인용하고 있어 실질적으로 2 이상의 항을 인용하는 경우와 같으므로 제5항은 거절이유가 된다.

7) 인용되는 청구항은 인용하는 청구항보다 먼저 기재하여야 한다. 각 청구항은 항마다 행을 바꾸어 기재하고, 그 기재하는 순서에 따라 아라비아 숫자로 일련번호를 붙여야 한다. 개조식으로 청구항을 기재하는 것이 발명의 이해에 도움이 되는 경우에는 다음 예와 같이 기재할 수 있다.

예

【청구항 1】 다음 각 공정으로 이루어지는 금속재료 가공방법
(가) 금속재료를 800~850℃로 가열하는 제1공정
(나) 가열된 재료를 단조하는 제2공정
(다) 단조된 재료를 600℃로 재가열하는 제3공정
(라) 재 가열된 재료를 소입 처리하는 제4공정

(5) 청구범위: 제조방법 형태로 기재된 물건발명(PBP; Product By Process)

제조방법이 기재된 물건발명(PBP: Product By Process)의 특허요건을 판단함에 있어서 그 기술적 구성을 제조방법 자체로 한정하여 파악할 것이 아니라 제조방법의 기재를 포함하여 청구범위의 모든 기재에 의하여 특정되는 구조나 성질 등을 가지는 물건으로 파악하여 출원 전에 공지된 선행기술과 비교하여 신규성, 진보성 등이 있는지 여부를 살펴야 한다.

과거에는 물건의 구성을 표현함에 있어 제조방법 형태로 기재하는 것이 물건의 성질이나 구조 등을 간결하게 표현할 수 있는 경우와 같이 예외적으로 제조방법 형태로 물건을 특정하는 청구범위 기재를 인정했다. 그러나 최근 대법원의 전원합의체 판결[23]에 따라 물건발명은 물건의 구조나 성질 등을 나타내는 형태로 기재하여야 특허를 받을 수 있다.

예로, 청구범위가 '해수에 용해되지 않는 냉각제를 해수 중에 불어넣어, 해수 중

23) 【판결요지】
특허법 제2조 제3호는 발명을 '물건의 발명', '방법의 발명', '물건을 생산하는 방법의 발명'으로 구분하고 있는바, 특허청구범위가 전체적으로 물건으로 기재되어 있으면서 그 제조방법의 기재를 포함하고 있는 발명(이하 '제조방법이 기재된 물건발명'이라고 한다)의 경우 제조방법이 기재되어 있다고 하더라도 발명의 대상은 그 제조방법이 아니라 최종적으로 얻어지는 물건 자체이므로 위와 같은 발명의 유형 중 '물건의 발명'에 해당한다. 물건의 발명에 관한 특허청구범위는 발명의 대상인 물건의 구성을 특정하는 방식으로 기재되어야 하는 것이므로, 물건의 발명의 특허청구범위에 기재된 제조방법은 최종 생산물인 물건의 구조나 성질 등을 특정하는 하나의 수단으로서 그 의미를 가질 뿐이다.
따라서 제조방법이 기재된 물건발명의 특허요건을 판단함에 있어서 그 기술적 구성을 제조방법 자체로 한정하여 파악할 것이 아니라 제조방법의 기재를 포함하여 특허청구범위의 모든 기재에 의하여 특정되는 구조나 성질 등을 가지는 물건으로 파악하여 출원 전에 공지된 선행기술과 비교하여 신규성, 진보성 등이 있는지 여부를 살펴야 한다.

수분을 분리(A방법)하여 얻은 천연소금'로 기재되어 있는 경우 천연소금을 그 성분으로 표현하지 않고 제조방법형태로 표현한 천연소금에 대하여 과거에는 그 제조방법이 새로운 방법이면, 그 제조방법에 의하여 제조된 천연소금에 대하여 특허를 부여하였다. 그러나 이제는 천연소금은 이미 알려진 물건에 해당하므로 A방법이 신규할지라도 천연소금에 대하여는 신규성이 없으므로 특허를 받을 수 없다. 여기서, 신규한 A방법에 대하여 특허를 받을 수 있음은 당연하다.

(6) 청구범위 제출 유예제도

1) 출원인은 출원시 청구범위가 기재되지 않은 명세서를 출원할 수 있다. 이는 청구범위 없이 신속한 출원을 가능하게 하고 특허 이용전략을 충분히 검토하여 효과적으로 청구범위를 작성할 시간적 여유를 제공함으로써 출원인 권리보호를 도모하기 위함이다. 다만, 심사 및 제3자 기술이용 측면에서 청구범위를 기재할 필요가 있으므로, 일정한 시점까지는 보정을 통해 청구범위를 제출하여야 한다.

2) 청구범위를 기재하지 않은 명세서는 일정 기한 내에 청구범위를 기재하는 보정을 하지 않으면 해당 출원은 그 기한이 되는 다음날에 취하된 것으로 본다.
   ① 출원일(우선권주장이 있는 경우 가장 빠른 우선권 주장일)로부터 1년 2개월이 되는 날까지
   ② 제3자가 심사청구한 경우, 그 심사청구 취지를 통지받은 날부터 3개월이 되는 날까지

3) 출원인은 청구범위가 기재된 명세서가 제출된 때에 한하여 심사청구를 할 수 있다.

4) 제한된 기한 내에 청구범위가 기재되지 않은 출원은 출원공개 대상에서 제외된다.

(7) 외국어 특허출원

특허출원시 명세서 및 도면을 외국어(현재는 영어만 가능)로 기재하여 특허출원을 할 수 있다. 다만, 출원일부터 1년 2개월이 되는 날까지 국어번역문을 제출하여야 한다. 국어번역문이 잘못된 경우 새로운 국어번역문을 제출할 수 있다.

3. 도면

• 출원발명을 설명하는데 필요한 경우 명세서에 기재된 발명의 구성을 보다 잘 이해할 수 있도록 보충하기 위해 도면을 첨부할 수 있다. 결정구조, 금속조직, 섬유의 형상, 입자의 구조, 생물의 형태, 오실로스코프의 그래프 등과 같이 제도법에 따라 작도하기가 곤란한 경우, 발명의 내용을 표현하기 위해 불가피한 경우 또는 사진으로 실시예를 보다 명확하게 표현할 수 있는 경우에는 이들을 표현하는 사진

으로 도면을 대신할 수 있다.

- 특허출원에서는 '필요한 경우'에만 도면을 첨부하도록 규정하고 있으나, 실용신안 등록출원의 경우에는 '반드시' 도면을 첨부하여야 한다. 도면이 잘못 첨부된 출원에 대하여 도면을 새로 제출하는 보정을 하는 경우, 신규사항을 추가하는 보정에 해당될 가능성이 높으므로 유의하여야 한다.

4. 요약서

요약서는 기술정보 용도로 사용되며, 특허발명 보호범위를 정하는 데에는 절대 사용될 수 없다. 특허발명 보호범위는 청구범위에 기재된 사항에 의하여 정하여진다고 규정하고 있을 뿐만 아니라, 요약서는 발명의 보호범위를 정할 때 참작하는 명세서와는 달리 발명의 개요를 나타내는 기술정보로만 제출되기 때문이다.

요약서에만 기재된 사항은 선출원 지위도 가질 수 없으며[24], 명세서를 보정할 경우 요약서에 있는 내용을 근거로 명세서에 추가하는 것도 허용되지 않는다.

5. 보정

- 보정으로 최초 명세서 등에 기재되어 있지 않았던 발명이 추가되는 경우 그 보정 내용은 출원일로 소급하여 효과가 발생하므로 선출원주의에 위배될 뿐 아니라, 제3자에게 불측의 손해를 줄 우려가 있어 보정 범위를 엄격히 제한하고 있다.
- 명세서 등 보정 범위는 보정기간에 따라 달리 규정하고 있다. 심사가 착수되기 전 자진보정할 수 있는 기간 및 최초거절이유통지에 대한 의견서 제출기간 이내에 하는 보정은 신규사항을 추가하는 것이 금지되나, 최후거절이유통지에 대한 의견서 제출기간 이내의 보정 및 재심사를 청구하면서 하는 보정 경우에는 신규사항 추가 금지뿐만 아니라 청구범위를 감축하여야 하는 등 보정 범위가 더욱 제한된다. 출원이 무효, 취하 또는 포기되거나 거절결정이 확정된 경우는 보정할 수 없다.

(1) 보정할 수 있는 기간

1) 자진보정기간

자진보정기간은 특허출원시부터 특허결정 등본을 송달하기 전까지 보정할 수 있는 기간이다. 다만, 심사관이 거절이유통지서를 발송하면 그 이후에는 자진보정 기간이

24) 특허법 제43조. 제42조제2항(첨부서류)에 따른 요약서는 기술정보로서의 용도로 사용하여야 하며, 특허발명의 보호범위를 정하는 데에는 사용할 수 없다.

종료되며 심사관이 지정한 기간 내에서만 보정을 할 수 있게 된다.

2) 거절이유통지에 따른 의견서 제출기간

출원인은 거절이유통지를 최초로 받거나 최후거절이유통지가 아닌 거절이유통지를 받은 경우에는 그 거절이유통지에 의한 의견서 제출기간 내에만 명세서 등에 관한 보정서를 제출할 수 있다. 의견서 제출기간은 통상 2개월 이내로 지정하고, 출원인 지정기간연장신청이 있는 경우 연장이 가능하다. 최후거절이유통지가 있는 경우 의견서를 제출할 수 있는 기간 이내에 명세서 등의 보정이 가능하지만, 이 기간 중의 보정은 보정할 수 있는 범위가 매우 제한된다.

3) 재심사를 청구할 때

출원인은 거절결정등본을 송달받은 날부터 30일 이내에 특허출원서에 첨부된 명세서 또는 도면을 보정하면서 재심사를 청구할 수 있다. 거절결정에 대한 불복심판청구 기간이 연장된 경우 연장기간 내에 재심사 청구와 동시에 보정할 수 있다.

CHAPTER 2

(2) 보정 범위

1) 신규사항 추가

- 출원서에 '최초로' 첨부된 명세서 또는 도면에 기재된 사항 범위를 벗어나는 사항을 '신규사항'이라 한다. '요약서'는 신규사항 추가 여부를 판단하는 기준이 되는 최초 명세서 등에 포함되지 않는다.
- 수치한정 범위를 변경하는 보정, 발명의 구성요소를 상위개념 또는 하위개념으로 변경하는 보정, 도면의 보정, 실시 예를 추가하는 보정, 발명의 목적이나 효과를 추가하거나 변경하는 보정 등으로서 그 보정된 사항이 최초 명세서 등의 기재로부터 자명하지 않은 경우에는 신규사항 추가이다.
- 선행기술 문헌 명을 명세서에 단순히 추가하는 보정은 신규사항 추가로 보지 않는다. 다만, 그 선행기술문헌에 포함된 사항에 근거한 보정이나, 당초 인용되어 있지만 그 문헌 중에만 기재되어 있고 최초 명세서에는 기재되어 있지 않았던 사항을 추가하는 보정은 그 보정된 사항이 최초 명세서 등의 기재로부터 자명하게 도출할 수 없는 사항인 경우에는 신규사항 추가에 해당한다.

예

'포유동물 치료방법'을 '사람 이외의 포유동물 치료방법' 또는 '가축 치료방법'으로 보정한 경우는 신규사항 추가가 아니다.

2) 최후거절이유통지 및 재심사 청구시 보정 범위

최후거절이유통지에 대응한 보정 또는 재심사를 청구하면서 하는 보정 중 청구범위에 대한 보정은 청구항을 한정하는 등에 의한 청구범위를 감축하는 것이거나, 오기를 정정하는 것이거나, 불명료한 기재를 명확히 하는 것이거나, 신규사항을 삭제하기 위해 하는 보정 중 어느 하나에 해당하여야 한다.

청구범위를 감축하는 경우는 다음과 같이 청구항을 한정, 삭제, 부가하는 경우로 제한된다.

가) 청구항을 한정하는 경우는 청구항에 기재된 발명의 범위를 내적으로 제한하는 것으로서 ① 수치범위 축소, ② 상위개념으로부터 하위개념으로 변경(필기구를 만년필로 보정하는 경우), ③ 택일적으로 기재된 요소 삭제, ④ 다수항을 인용하는 청구항에서 인용항 수 감소 등이 있다.

나) 명세서의 발명의 설명 또는 청구범위에 기재되어 있던 기술적 사항을 직렬적으로 부가함으로써 발명의 범위가 축소되는 경우로서, 'A에 B를 부착시킨 병따개'라는 기재를 'A에 B를 부착시키고 다시 B에 C를 부착시킨 병따개'로 하는 것과 같은 경우이다.

다) 청구항을 신설하였다고 하더라도 청구항을 정리하면서 발생하는 불가피한 경우로서, 의견서 등에서 명백히 밝힌 경우에는 적법한 보정이다.

예

【보정 전】

청구항 1: 구성요소 A, B로 이루어진 장치
청구항 2: 청구항 1에 있어서, 구성요소 C를 부가한 장치
청구항 3: 청구항 1 또는 청구항 2에 있어서 D, E를 부가한 장치

【보정 후】

청구항 1: 삭제
청구항 2(정정): 구성요소 A, B, C로 이루어진 장치
청구항 3(정정): 구성요소 A, B, D, E로 이루어진 장치
청구항 4(신설): 구성요소 A, B, C, D, E로 이루어진 장치
※ 위 예에서 각 청구항 단일성 여부는 논외로 함

라) 다음 예와 같은 보정은 당초의 청구범위를 벗어난 경우이다.

예

- 하위개념 기재를 상위개념 기재로 변경
  스프링으로 지지되는 장치 → 탄성체로 지지되는 장치
- 직렬적 구성요소 삭제
  A, B, C, D로 구성된 자동차 → A, B, C로 구성된 자동차
- 직렬적 구성요소 가감
  A, B, C로 구성된 장치 → B, C, D, E로 구성된 장치
- 구성요소 치환
  볼트로 결합시킨 장치 → 리벳으로 결합시킨 장치
- 수치범위 확장 또는 변경
  10~50℃ 온도에서… → 10~70℃ 온도에서…
  10~20℃ 온도에서… → 30~50℃ 온도에서…

표 2-2. 보정기간 및 보정 범위

보정기간	보정 범위		부적법한 보정 취급
	발명의 설명, 도면	청구범위	
① 특허결정 등본 송달 전 ② 최초거절이유통지에 따른 의견서 제출기간 이내	신규사항 추가금지		심사 중: 거절이유 등록 후: 무효사유
① 최후거절이유통지에 따른 의견서 제출기간 이내 ② 재심사를 청구할 때	신규사항 추가금지	신규사항 추가금지 + 청구범위감축 요건 등 추가	심사 중: 보정각하 등록 후: 무효사유

(3) 보정각하

명세서 보정에 따라 새로운 거절이유가 발생하는 등 부적법한 보정은 각하되고, 각하 결정에 대하여는 불복할 수 없다. 다만, 특허거절결정에 대한 심판에서 그 각하 결정에 대하여 다툴 수 있다.

(4) 직권보정

직권보정이란 명세서에 경미한 하자가 있는 경우 거절이유를 통지하지 않고 심사관이 직접 보정하는 것을 말한다. 이는 경미한 오류를 심사관이 직접 보정하여 심사절차가 지연되는 것을 방지하기 위한 것이다. 등록결정시 직권보정 내용을 출원인에게 특허결정서와 같이 송부하며 적법한 직권보정이 아닌 경우 심사관은 언제든지 직권보정 사항을 취소할 수 있다.

6. 하나의 특허출원의 범위(발명의 단일성)

특허출원은 1발명을 1특허출원으로 하여야 하지만, 하나의 총괄적 발명의 개념을 형성하는 1군(群)의 발명에 대하여 1특허출원으로 할 수 있다. 1군의 발명에 대하여 1특허출원으로 하기 위하여 청구된 발명 간에 '기술적 상호관련성'이 있어야 하고, 청구된 발명들이 '동일하거나 상응하는 기술적 특징'을 가지고 있어야 한다. 여기서 기술적 특징은 발명 전체로 보아 선행기술에 비하여 개선된 것이어야 한다.

예

볼트와 너트는 각각의 별개의 물건이고, 별개의 발명이므로 따로따로 특허출원을 해야 하지만 볼트와 너트는 기술적 상호 관련성이 있으므로 1군(群)의 발명에 해당하여 하나의 특허출원으로 가능하다.

예

단일성이 있는 경우

【청구항 1】 불안정한 화학물질 A

【청구항 2】 화학물질 A의 저장장치

[설명] 청구항 2의 저장장치는 청구항 1의 화학물질 A가 그 기능을 유지할 수 있도록 하는 것으로 화학물질 A를 취급하는 물건에 해당한다.

단일성이 없는 경우

【청구항 1】 특징 A를 갖는 컨베이어 벨트

【청구항 2】 특징 B를 갖는 컨베이어 벨트

【청구항 3】 특징 A 및 특징 B를 갖는 컨베이어 벨트

[설명] '특징 A'가 하나의 「특별한 기술적 특징」이고, '특징 B'는 또 다른 하나의 「특별한 기술적 특징」인 경우, 청구항 1과 청구항 3사이 또는 청구항 2와 청구항 3 사이에는 서로 단일성이 있으나, 청구항 1과 청구항 2사이에는 단일성이 없다.

7. 분할출원

분할출원이란 2 이상의 발명을 포함하는 특허출원 일부를 1 또는 2 이상의 새로운 특허출원으로 분할하는 것을 말한다. 특허출원이 1특허출원 범위(발명의 단일성)에 관한 요건을 만족하지 않는 발명을 포함하는 경우에는 특허받을 수 없으므로 출원일이 소급되면서도 심사관의 거절이유를 해소할 수 있는 방안으로 분할출원제도를 이용한다. 분할출원에 대해서는 출원일 소급 효과가 부여된다.

예로, 원출원일이 2020.2.1.이고, 분할출원한 날이 2021.9.1.인 경우 그 분할출원은 2020.2.1. 출원한 것으로 인정한다.

(1) 분할출원 시기

분할출원을 할 수 있는 기간은 ① 보정할 수 있는 기간, ② 거절결정등본을 송달받은 후 그 거절결정불복심판을 청구할 수 있는 기간, ③ 특허결정 또는 특허거절결정 취소 심결의 등본을 송달받은 날로부터 30일 이내, 다만, 거절이유통지 후에는 의견서제출 기간 이내 또는 재심사를 청구할 경우는 재심사청구와 동시에 하는 경우에 한한다.

분할출원 기초가 되는 원출원은 분할출원할 당시에 적법하게 출원계속 중에 있어야 한다. 따라서 원출원이 무효, 취하 또는 포기되거나 거절결정이 확정된 때에는 분할출원할 수 없다.

(2) 분할출원 범위

분할출원 발명은 원출원 출원서에 최초로 첨부된 명세서 또는 도면에 기재된 사항의 범위 내이다.

분할출원할 때 분할출원 청구범위에 기재된 발명이 원출원 청구범위에 기재된 발명과 동일하면 두 개의 동일한 발명이 존재하게 되므로, 반드시 원출원을 보정하여 원출원과 분할출원 청구범위를 다르게 해야 한다. 다만, 분할출원 청구범위에 기재된 발명이 원출원 발명의 설명이나 도면에만 기재되어 있고 청구범위에 기재되어 있지 않은 경우에는 원출원을 보정하지 않아도 된다.

예로, 아래 그림과 같이 원출원의 발명의 설명에 기재된 발명 A,B,C와 청구범위에 기재된 발명 A,B,C를 출원 [A,B,C(발명의 설명)/A,B,C(청구범위)]하였다. 이를 분할출원하여 청구범위 B,C로 출원 [A,B,C(발명의 설명)/B,C(청구범위)]하고, 원출원은 청구범위를 A로 보정 [A,B,C(발명의 설명)/A(청구범위)]한다.

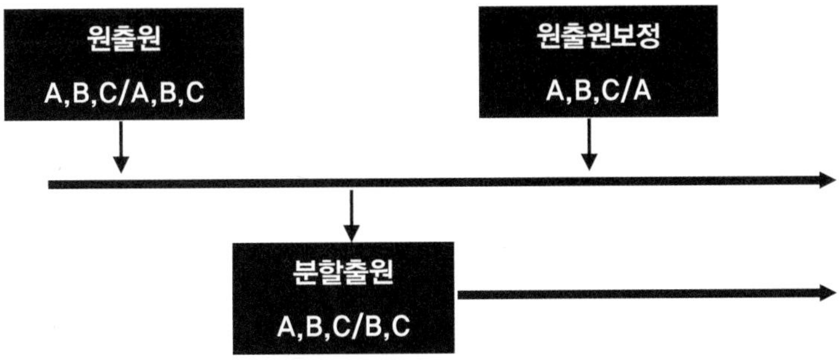

그림 2-4. 분할출원

8. 변경출원

변경출원은 출원인이 출원 형식(특허, 실용신안등록)을 잘못 선택한 경우 다른 형식으로 변경하는 제도이다. 즉, 특허출원을 실용신안등록출원으로, 실용신안등록출원을 특허출원으로 변경출원할 수 있는 제도이다. 특허출원(또는 실용신안등록출원)과 디자인등록출원 간에는 변경출원할 수 없다.

그림 2-5. 변경출원

특허출원인은 그 특허출원 출원서에 최초로 첨부된 명세서 또는 도면에 기재된 사항 범위 안에서 그 특허출원을 실용신안등록출원으로 변경할 수 있다. 다만, 그 특허출원에 관하여 최초 거절결정등본을 송달받은 날부터 30일이 경과한 때에는 실용신안등록출원으로 변경할 수 없다. 실용신안등록출원을 특허로 변경출원하는 경우도 마찬가지이다. 변경출원은 원출원의 출원일자에 출원한 것으로 본다. 즉, 출원일이 소급 적용된다.

9. 조약우선권주장출원 (파리조약)

1) 파리조약에 의하여, 우리나라에서 출원 후 파리조약에 가입한(대부분의 국가) 다른 나라에 1년 이내에 우선권 주장을 하여 특허출원하면 신규성 및 진보성 판단시 우리나라에 출원한 날로 인정이 되는 제도이다.

   조약에 의한 우선권주장제도는 조약에 의하여 대한민국 국민에게 우선권을 인정하는 당사국(파리조약 동맹국, TRIPS 협정 회원국, 양자간 조약 당사국) 국민이 그 당사국 또는 다른 당사국에 특허출원을 한 후, 동일발명에 대하여 우리나라에 출원하여 우선권을 주장하는 때에는 그 당사국에 출원한 날을 대한민국에 출원한 날로 인정해 주는 제도이다. 디자인등록출원을 기초로 하여 조약우선권을 주장하는 경우에는 제1국 출원일부터 6개월이다.

예

우리나라(제1국) 출원일이 2016.6.1일인 경우, 미국(제2국)에 2017.6.1.일까지 우선권주장을 하면서 특허출원을 하면 신규성 및 진보성 판단시 우리나라(제1국)에 출원한 날짜로 인정한다. 만약, 2017.6.1.일이 공휴일(노동절 포함) 등 특허청이 휴무인 경우에는 그 다음날까지 우선권주장출원을 할 수 있다.

※ 가장 먼저 특허출원한 국가를 제1국이라 한다.

예

독일(제1국)에 2012.3.1일 한 출원을 기초로 조약우선권주장하여 미국(제2국)에 2012.6.1일 출원하고, 한국(제3국)에 2013.4.1일 출원하는 경우, 한국출원은 독일출원일로부터 12개월이 경과하였으므로 독일출원을 기초로 우선권주장을 할 수는 없고, 미국출원으로부터 12개월이 경과되지 않았지만 미국출원은 동일한 발명에 대한 최초출원이 아니므로 미국출원을 기초로 우선권주장을 할 수는 없다. 만약, 최초출원한 국가(제1국)가 조약우선권주장을 할 수 없는 국가라면(조약당사국이 아닌 경우) 그 국가에 출원은 최초출원 의미에 포함되지 않으므로 제2국에서 출원한 날짜로 우선권 주장이 인정된다.

제1국 출원은 최초출원이거나 최초출원으로 인정될 수 있는 출원이어야 한다.

2) 우선권주장 기간은 제1국 출원일로부터 1년이고, 그 후 관련 서류 제출은 1년 4월 이내에 제출하여야 한다.

조약우선권주장서류 제출은 국가 간 전자적 서류 교환 등에 의하여 간소화하기로 체결함에 따라 간소화 체결 국가(미국, EPO, 일본 등)에 해당하는 경우는 우선권주장 서류를 제출하지 않아도 되고, 제1국 출원의 출원번호를 기재한 서면을 제출하거나 제1국 출원의 출원번호를 특허출원서에 기재함으로써 우선권증명서류 제출을 갈음할 수 있다.

3) 제1국 출원의 출원 계속 여부는 조약우선권 효력에 영향을 미치지 않는다. 즉, 제1국 출원이 취하, 포기, 무효 또는 거절되어도 우선권은 유효하고, 제1국 출원이 이루어지는 국가로부터 특허를 받을 수 없는 발명과 관계된 출원이라도 우선권은 유효하다.

4) 조약우선권주장 효과는 제1국 출원에 기재된 발명과 동일한 발명에 대하여는 신규성, 진보성 및 선원 규정 적용에 있어 제1국 출원일로 소급된다. 제1국 출원에 포함되지 않은 발명은 제1국 출원일에 출원된 것으로 인정되지 않고 우리나라에 출원한 날을 기준으로 특허요건 심사를 받게 된다. 제1국 출원과 제2국 출원 발명은 동일한 발명이라야 우선권주장을 인정받을 수 있다.

5) 공지예외주장에 관한 규정을 적용함에 있어, 제1국에서 논문 등에 의한 공지가 있은 후 12개월 이내에 우리나라에 출원을 하지 않았다면 비록 제1국 출원일부터 1년 내에 우선권주장출원을 하였다 하더라도 자신이 공지한 발명에 의하여 신규성이 상실될 수 있다.

우선권주장을 인정받지 못하면 우리나라에 출원한 날이 출원일이 되므로 우리나라 출원일을 기준으로 신규성, 진보성 등을 판단하여 심사를 진행하게 된다. 따라서 우선권주장기간을 놓쳐서 출원하는 경우는 제1국에 출원한 발명에 의하여 신규성 위반으로 거절될 것이다.

예

미국에서 논문발표에 의한 최초 공개일이 2011.4.1일이고, 이 발명을 미국특허청에 2012.4.1일 출원하고, 이를 기초로 우리나라에 2013.4.1일 우선권주장출원을 하였을 경우, 우선권주장에는 문제가 없으나, 본인논문에 의해 거절된다. 따라서 미국에서 최초공개일로부터 1년 이내(2012.4.1.)에 공지예외주장을 하면서 우리나라에 출원하여야 한다. 한국에서 미국으로 출원하는 경우도 동일하다. 한국에서 중국, 일본, EPO 출원시는 본인 논문 등 공개일로부터 6개월 이내에 출원해야 한다.

그림 2-6은 조약우선권주장(해외우선권주장) 출원을 설명한 그림이다.

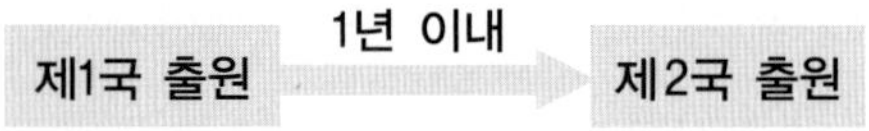

그림 2-6. 조약우선권주장(해외우선권주장) 출원

10. 국내우선권주장출원

1) 선출원을 구체화 또는 개량·추가하는 발명에 대하여 통상의 출원절차로 출원할 경우에는 자신 선출원과 동일 발명이라는 이유로 거절결정될 수 있다. 선출원 명세서 또는 도면을 보정하여 개량된 발명을 추가하는 경우에도 신규사항 추가를 이유로 거절결정 될 수 있다. 따라서 개량·추가하는 발명을 보호할 수 있도록 하기 위하여 선출원에 기재된 발명과 동일한 발명은 선출원일에, 새롭게 추가된 발명은 국내우선권주장출원('후출원') 출원일에 출원한 것으로 인정하여 주는 제도이다.

2) 후출원은 선출원의 출원일부터 1년 이내에 출원하여야 한다. 국내우선권주장은 선출원의 출원서에 최초로 첨부된 명세서 또는 도면에 기재된 발명을 기초로 한다.

3) 국내우선권주장출원에 관한 발명 중 해당 우선권주장 기초가 된 선출원 최초 명세서 또는 도면에 기재되어 있는 발명과 동일한 후출원 발명에 대해서는 신규성, 진보성 등에 있어서 선출원시에 출원된 것으로 취급된다.[25]

4) 국내우선권주장 기초가 된 선출원은 그 출원일부터 1년 3월을 경과한 때에 취하된 것으로 본다.

25) 조약우선권주장 경우는 특허법 제30조(공지예외규정) 적용에 있어 출원일이 소급되지 않으나, 국내우선권주장은 출원일이 소급된다.

11. 영업방법(BM)관련 발명 출원

영업방법(BM: Business Method 또는 Business Model)특허는 컴퓨터 및 네트워크 등 통신기술과 사업 아이디어가 결합된 영업 방법 발명에 대해 허락된 특허를 말한다. BM특허 출원서류가 따로 있는 것은 아니며, 일반적인 특허출원 절차를 따라서 출원한다. 기존에 없던 새로운 영업방법 그 자체만으로는 특허로 등록 받을 수 없고, 컴퓨터상에서 소프트웨어에 의한 정보처리가 하드웨어를 이용하여 구체적으로 실현되어야 한다.

대표적으로 전자상거래관련 출원이 있으며, 전자상거래 관련발명은 우선심사 대상이 되므로 일반출원보다 우선적으로 심사를 받아 조기에 권리화를 할 수 있다. 예로, 미국 프라이스 라인의 '역경매'와 아마존의 '원 클릭 서비스' 특허가 있다.

예

BM 발명(청구범위)

인터넷상의 광고방법에 있어서, 광고정보 제공자 컴퓨터와 사용자컴퓨터를 네트워크 상에서 연결하는 단계;
광고를 포함한 정보를 사용자컴퓨터에 전송하는 단계;
광고를 포함한 정보를 사용자컴퓨터에서 디스플레이하는 단계;
사용자가 회원인 경우에 로그인하고 비회원인 경우에는 회원가입을 하고 로그인 하는 단계;
사용자가 광고를 클릭하는 단계;
광고 정보 제공자 컴퓨터가 광고를 클릭한 사용자와 클릭된 광고를 인식하는 단계;
그 광고에 주의를 기울인 대가로 정해놓은 만큼 금액을 사용자계좌에 입금하여 보상하는 단계를;
포함하는 인터넷상에서 광고를 보는 대가를 지불하는 방법

[설명] 효율적인 광고를 위하여 광고를 클릭한 사람에게 보상을 해주는 영업방법 상 아이디어와 이를 인터넷상에서 구현하는 기술이 결합된 발명이다.

12. 컴퓨터관련 발명 출원

1) 컴퓨터 관련 발명은 컴퓨터프로그램 관련 발명, 이와 관련된 영업방법 발명, 데이터를 처리하는 기술과 데이터베이스, 인터넷 보안 기술, 멀티미디어 기술분야 등의 IT관련 기술에 관한 발명을 말한다.

컴퓨터 관련 발명은 ① 시계열적 처리 또는 조작, 즉, 단계로서 표현하는 방법

발명과, ② 기능으로 특정된 물건 발명, ③ 프로그램을 설치하고 실행하거나 유통하기 위해 사용되는 '프로그램을 기록한 컴퓨터로 읽을 수 있는 매체', 또는 '프로그램' 형태로 청구범위에 기재한다. 과거에는 프로그램 그 자체는 물건발명인지, 방법발명인지 카테고리가 불분명하다는 이유로 거절하였으나, 최근 심사기준이 개정되어 '프로그램'을 물건으로 간주하여 프로그램으로 청구하여도 기재불비가 아니다.

표 2-3. 컴퓨터 관련 발명의 범주

방법 발명	컴퓨터를 사용한 발명이 시계열적으로 연결된 일련의 처리 또는 조작, 즉, 단계로 표현할 수 있을 때 그 단계로 특정된 방법	
물건 발명	물건	· 컴퓨터를 사용한 발명이 복수의 기능 요소로 표현할 수 있을 때 그 기능 요소로 특정된 물건
	매체	· 프로그램을 설치하고 실행하거나 유통하기 위해 사용되는 '프로그램을 기록한 컴퓨터로 읽을 수 있는 매체' · 기록된 데이터 구조로부터 컴퓨터가 수행하는 처리 내용이 특정되는 '구조를 가진 데이터를 기록한 기록 매체'

예

- 컴퓨터에 단계 A, 단계 B, 단계 C, …를 실행시키기 위한 프로그램을 기록한 컴퓨터로 읽을 수 있는 매체(○)
- 컴퓨터를 수단 A, 수단 B, 수단 C, …로 기능시키기 위한 프로그램을 기록한 컴퓨터로 읽을 수 있는 매체(○)
- 컴퓨터에 단계 A, 단계 B, 단계 C, …를 실행시키기 위한 프로그램[26](○)

2) 사람이 수행하고 있는 업무를 단지 시스템화하여 컴퓨터에 의해 실현하는 것만으로는 발명의 진보성이 없다.

예

- 전화나 FAX로 주문받던 것을 단순히 인터넷 홈페이지로 주문받도록 시스템화하는 것은 진보성이 없다.
- 테니스 게임 장치에 있어서, 단순히 하드 코트에서 바운드된 테니스볼 속도를 점토 코트에서 바운드된 테니스볼 속도보다 빠르게 설정하는 것은 진보성이 없다.

26) 과거에는 '프로그램' 자체를 청구하는 것은 프로그램이 '물건 발명'인지 '방법 발명'인지 특정할 수 없다는 이유로 거절되었다.

13. 미생물관련 발명 출원

- 미생물[27]에 관련된 발명에 대하여 특허출원을 하려면 특허청장이 정하는 기탁기관[28] 또는 「특허절차상 미생물기탁의 국제적 승인에 관한 부다페스트조약」[29]에 의하여 국제기탁기관에 그 미생물을 기탁하고 특허출원서에 그 사실을 증명하는 서류, 즉, 수탁증 사본을 첨부하여야 한다. 다만, 당해 발명이 속하는 기술분야에서 통상의 지식을 가진 자가 그 미생물을 용이하게 입수할 수 있는 경우에는 이를 기탁하지 않을 수 있다.
- 미생물을 기탁한 경우에는 그 기탁기관 또는 국제기탁기관에서 부여받은 수탁번호를 기재하고, 미생물을 기탁하지 않은 경우에는 그 미생물 입수방법을 기재하여야 한다.
- 미생물을 기탁한 경우 명세서에 부가적으로 기탁기관 명칭, 수탁연월일을 기재하여야 한다. 출원인은 미생물 기탁에 대하여 특허출원 후 새로운 수탁번호가 부여된 때에는 지체 없이 그 사실을 특허청장에게 신고하여야 한다. 미생물 기탁이 필요한 출원에서 출원서에 최초로 첨부된 명세서에 수탁번호가 기재되어 있지 않던 것을 보정에 의하여 새로이 기재하는 것은 신규사항 추가로 본다.
- 식물관련 발명의 경우에도 그 발명이 속하는 기술분야에서 통상의 지식을 가진 자가 그 발명을 쉽게 실시할 수 있도록 하기 위해 필요한 때에는 친식물(親植物, 부모 식물) 또는 해당 식물을 생산할 수 있는 종자, 세포 등을 기탁할 수 있다.

14. 염기서열 등 생명공학관련 발명 출원

핵산염기 서열 또는 아미노산 서열을 포함한 특허출원을 하고자 하는 자는 출원서에 서열목록을 첨부한 명세서와 서열목록을 컴퓨터 판독이 가능한 형태로 작성한 전자파일을 첨부하여 제출하여야 한다. 전자파일은 이미지에 의해 작성되거나 스캐닝된 서열목록으로 제출해서는 안 되고, KS 2바이트 완성형으로 전자화하여야 한다.

생명공학관련 특허로는 다음과 같은 발명들이 있다.

---

27) 미생물이란 유전자, 벡터, 세균, 곰팡이, 동물세포, 수정란, 식물세포, 종자 등 생물학적 물질(biological material) 전체를 의미한다.

28) 한국생명공학연구원 생물자원센터(KCTC), 사단법인 한국종균협회 부설 한국미생물보존센터(KCCM)와 국립농업과학원 농업유전자원센터(KACC)가 지정되어 있다.

29) 부다페스트 조약은 체약국 상호간에는 특허출원 미생물을 하나의 국제 기탁기관에만 기탁하도록 하여, 각 국에 따로 기탁해야 하는 부담을 해소하기 위한 국제조약으로서, 1977년에 조약이 체결되어 1988년 3월 28일 우리나라도 가입하였다.

예

- 'PCR(Polymerase Chain Reaction) 기술'(미국특허 제4683202호): 영화 쥬라기 공원에서 모기 뱃속에 들어있는 공룡혈액을 채취하여 공룡을 복원하는 것과 같은 기술로서 DNA양이 극히 적기 때문에 이를 수백 만 배로 증폭시키는 기술
- '동물 복제 기술'(국제특허출원 제1997/07668호): 최초 복제 동물로서 영국 로슬린 연구소의 '복제양 돌리'가 있다.

표 2-4. 생명공학분야 특허 보호대상

구분	대 상	특허여부	비 고
물질	유전자(DNA서열)	특허가능	유용성이 밝혀진 경우만 가능
	단백질(아미노산서열)	특허가능	
	단세포 생명체 (virus, bacteria)	특허가능	관련 미생물 기탁의무
	동물	특허가능. 단, 공서양속에 반하지 않는 것	동물 발명에 대한 심사기준
	인간 신체 부분	특허불가	인간 존엄성을 해치는 발명은 특허대상에서 배제
방법	수술, 치료방법	사람불가, 동물가능	사람 치료 진단방법은 의료행위에 해당하므로 산업상 이용가능성이 없는 것으로 봄
	유전자 치료법	사람불가, 동물가능	
	진단방법	사람불가, 동물가능	

15. 국방관련 발명 출원

국방상 필요한 경우 국내 특허출원에 대해 외국으로 특허출원을 금지하거나 발명자·출원인 등에게 그 발명을 비밀로 취급하도록 할 수 있다. 다만, 정부 허가를 받은 때에는 외국에 특허출원을 할 수 있다. 또한, 특허를 부여하지 않을 수 있으며, 전시·사변 또는 이에 준하는 비상시에 있어서 국방상 필요한 경우에는 특허를 받을 수 있는 권리를 수용할 수 있다. 이에 따른 손실에 대하여는 정부는 정당한 보상금을 지급한다.

16. 직무발명 출원

(1) 직무발명 정의

직무발명이란 종업원, 법인 임원 또는 공무원(이하 '종업원 등')이 그 직무에 관하여 발명한 것이 성질상 사용자·법인 또는 국가나 지방자치단체(이하 '사용자 등') 업무 범위에 속하고, 발명을 하게 된 행위가 종업원 등의 현재 또는 과거 직무에 속하는 발명(발명진흥법 제2조 제2호)을 말하며, '개인발명가'란 직무발명 외의 발명을 한 자를 말한다(발명진흥법 제2조 제3호).

(2) 직무발명 귀속

1) 직무발명에 대한 통상실시권

직무발명에 대하여 종업원 등이 특허 등(실용신안등록, 디자인등록 포함)을 받았거나 특허 등을 받을 수 있는 권리를 승계한 자가 특허 등을 받으면 사용자 등은 그 특허권 등(실용신안권, 디자인권 포함)에 대하여 통상실시권을 가진다.

2) 대학교 등 교직원 직무발명 귀속

「고등교육법」에 따른 국·공립학교 교직원 직무발명에 대한 권리는 「기술의 이전 및 사업화 촉진에 관한 법률」에 따른 전담조직이 승계하며, 전담조직이 승계한 국·공립학교 교직원의 직무발명에 대한 특허권 등은 그 전담조직의 소유로 한다.

3) 공무원 직무발명 귀속

공무원 직무발명에 대한 권리는 국가나 지방자치단체가 승계하며, 국가나 지방자치단체가 승계한 공무원 직무발명에 대한 특허권 등은 국유나 공유로 한다. 국유로 된 특허권 등의 처분과 관리는 특허청장이 관장한다.

4) 종업원 등에 대한 강제규정

종업원 등으로 하여금 직무발명 외의 발명에 대하여 미리 사용자 등에게 특허 등을 받을 수 있는 권리나 특허권 등을 승계시키거나 전용실시권을 설정하도록 하는 계약이나 근무규정 조항은 무효이다.

(3) 직무발명 완성사실 통지

종업원 등이 직무발명을 완성한 경우에는 지체 없이 그 사실을 사용자 등에게 문서로 알려야 하며, 2명 이상 종업원 등이 공동으로 직무발명을 완성한 경우에는 공동으로 알려야 한다.

(4) 직무발명 승계여부 통지

1) 사용자 등의 권리 승계

직무발명 완성사실 통지를 받은 사용자 등은 통지를 받은 날부터 4개월 이내에 그 발명에 대한 권리의 승계 여부를 종업원 등에게 문서로 알려야 한다. 다만, 미리 사용자 등에게 특허 등을 받을 수 있는 권리나 특허권 등을 승계시키거나 전용실시권을 설정하도록 하는 계약이나 근무규정이 없는 경우에는 사용자 등이 종업원 등의 의사와 다르게 그 발명에 대한 권리 승계를 주장할 수 없다.

4개월 이내에 사용자 등이 그 발명에 대한 권리 승계 의사를 알린 때에는 그때부터 그 발명에 대한 권리는 사용자 등에게 승계된 것으로 본다.

2) 사용자 등의 권리 승계 포기

사용자 등이 4개월 이내에 승계 여부를 알리지 아니한 경우 사용자 등은 그 발명에 대한 권리 승계를 포기한 것으로 본다. 이 경우 사용자 등은 그 발명을 한 종업원 등의 동의를 받지 아니하고는 통상실시권을 가질 수 없다.

(5) 공동발명에 대한 권리 승계

종업원 등의 직무발명이 제3자와 공동으로 행하여진 경우 계약이나 근무규정에 따라 사용자 등이 그 발명에 대한 권리를 승계하면 사용자 등은 그 발명에 대하여 종업원 등이 가지는 권리 지분을 갖는다.

(6) 직무발명에 대한 보상

1) 정당한 보상을 받을 권리

종업원 등은 직무발명에 대하여 특허 등을 받을 수 있는 권리나 특허권 등을 사용자 등에게 승계하게 하거나 전용실시권을 설정한 경우에는 정당한 보상을 받을 권리를 가진다.

2) 직무발명에 대한 보상액

보상액은 보상형태와 보상액을 결정하기 위한 기준을 정할 때 사용자 등과 종업원 등 사이에 행하여진 협의의 상황, 보상기준 제시 상황, 종업원 등으로부터 의견 청취 상황 등을 고려하여 합리적인 것으로 인정되면 정당한 보상으로 본다.

정당한 보상으로 볼 수 없는 경우에 있어서 보상액을 결정할 때에는 그 발명에 의하여 사용자 등이 얻을 이익과 발명의 완성에 사용자 등과 종업원 등이 공헌한 정도를 고려하여 결정한다.

3) 출원 유보시 보상

사용자 등은 직무발명에 대한 권리를 승계한 후 출원하지 아니하거나 출원을 포기 또는 취하하는 경우에도 정당한 보상을 하여야 한다. 이 경우 발명에 대한 보상액을 결정할 때에는 그 발명이 산업재산권으로 보호되었더라면 종업원 등이 받을 수 있었던 경제적 이익을 고려하여 보상하여야 한다.

(7) 직무발명 심의기구

사용자 등은 종업원 등의 직무발명에 관한 규정의 제정·개정 및 운용에 관한 사항, 직무발명 보상에 관한 종업원 등과 사용자 등의 이견 조정에 관한 사항, 그 밖에 직무발명과 관련하여 필요한 사항을 심의하기 위하여 직무발명 심의기구를 설치·운영할 수 있다.

(8) 직무발명 관련 분쟁

직무발명과 관련하여 분쟁이 발생하는 경우 사용자 등이나 종업원 등은 산업재산권 분쟁조정위원회에 조정신청 또는 사법부에 소제기를 할 수 있다.

(9) 비밀유지 의무

종업원 등은 사용자 등이 직무발명을 출원할 때까지 그 발명의 내용에 관한 비밀을 유지하여야 한다. 다만, 사용자 등이 승계하지 아니하기로 확정된 경우에는 그러하지 아니하다.

(10) 직무발명에 관한 벌칙

비밀유지 의무를 위반하여 부정한 이익을 얻거나 사용자 등에 손해를 가할 목적으로 직무발명의 내용을 공개한 자에 대하여는 3년 이하의 징역 또는 3천만 원 이하의 벌금에 처한다. 상기 벌칙은 사용자 등의 고소가 있어야 공소를 제기할 수 있는 친고죄이다.

제4절 특허심사

핵심내용

- 특허출원은 다른 사정이 없는 한 출원 후 1년 6개월이 되면 공개된다.
- 심사는 심사청구가 있는 때에 심사청구순위에 따라 심사하며, 심사청구는 누구든지 할 수 있고, 심사청구 기간은 출원일로부터 3년(실용신안도 3년) 이내이다.
- 우선심사신청이 있는 경우에는 우선심사 신청에 따라 심사한다.
- 출원인은 지정한 의견서 제출기간 이내에 보정서를 제출하여 명세서 또는 도면을 보정할 수 있다.
- 특허거절결정시 명세서 등을 보정하여 재심사를 청구하거나, 명세서 등을 보정하지 않고 거절결정불복심판을 청구할 수 있다.

1. 특허심사절차

(1) 방식심사

방식심사란 출원인, 신청인 또는 대리인 등이 행한 특허에 관한 절차에 대한 행위능력 또는 수수료 납부 여부 등을 심사하는 것을 말한다.

(2) 출원공개

국방관련출원 등 비밀로 유지될 필요가 있는 출원 또는 이미 공개된 출원을 제외하고 모든 특허출원은 출원일(조약우선권이나 국내우선권이 주장된 경우 그 우선일)로부터 1년 6개월이 경과한 때 공보형태(인터넷공보 등)로 공개된다.

(3) 심사청구

특허출원은 심사청구가 있는 때에 한하여 심사한다. 심사청구는 누구든지 할 수 있고, 심사청구기간은 출원일로부터 3년(실용신안도 3년) 이내이다.

(4) 심사착수

심사착수는 심사청구순서에 따라 심사에 착수하고, 우선심사신청이 있는 경우에는 일반심사보다 우선심사 신청에 따라 먼저 심사한다.

(5) 의견제출통지(거절이유통지)

심사관이 특허출원을 거절결정 하고자 할 때에는 거절결정에 앞서 출원인에게 의견서를 제출할 수 있는 기회를 반드시 부여하도록 되어 있다.

(6) 의견서/보정서

출원인은 심사관의 거절이유통지에 대응하여 의견서를 제출할 수 있고, 지정한 의견서 제출기간 이내에 보정서를 제출하여 명세서 또는 도면을 보정할 수 있다.

(7) 심사

심사관은 제출된 의견서·보정서를 반영하여 거절이유가 해소되었는지 여부를 다시 심사한다.

(8) 외국의 심사결과 제출명령

파리조약 우선권 주장을 수반한 특허출원의 심사에 필요한 경우에는 그 우선권 주장의 기초가 되는 출원을 한 국가의 심사결과에 대한 자료(그 심사결과가 없는 경우에는 그 취지를 적은 의견서)를 제출할 것을 특허출원인에게 명할 수 있다.

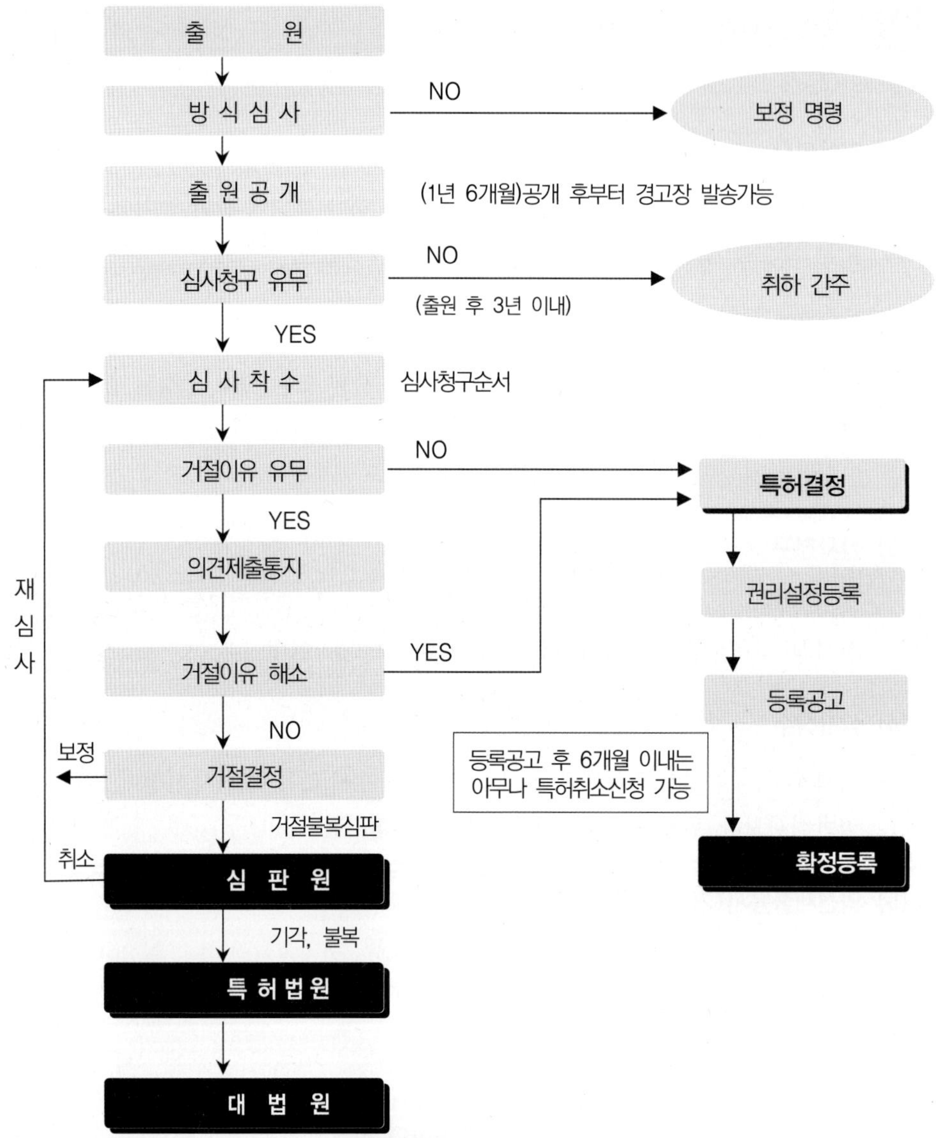

그림 2-7. 특허심사절차

(9) 특허결정

심사한 결과 거절이유가 없는 때에는 특허결정을 한다.

(10) 직권보정

특허결정을 할 때에 특허출원서에 첨부된 명세서, 도면 또는 요약서에 적힌 사항이 명백히 잘못된 경우에는 직권으로 보정할 수 있다.

(11) 특허결정 이후 직권 재심사

심사관은 특허결정된 특허출원에 관하여 명백한 거절이유를 발견한 경우에는 직권으로 특허결정을 취소하고, 그 특허출원을 다시 심사할 수 있다.

다만, 발명의 배경이 되는 기술이 미비되어 있다는 거절이유 또는, 발명의 단일성 위배에 해당한다는 거절이유로는 직권으로 직권 재심사로 특허결정을 취소할 수 없다. 권리 보호의 안정성을 위하여 특허권이 설정등록되기 전까지만 특허결정을 취소할 수 있도록 한다.

(12) 거절결정

심사관은 의견제출통지서(거절이유통지서)에 지적한 거절이유가 해소되지 않은 경우에는 거절결정을 한다.

(13) 보정/재심사청구

출원인은 거절결정등본을 송달받은 날부터 30일 이내에 명세서 또는 도면을 보정하여 재심사를 청구할 수 있다. 재심사청구는 재심사에 따라 재차 거절결정되었거나 거절결정에 관한 불복심판이 있는 경우에는 할 수 없다. 재심사청구가 있는 경우 그 전에 했던 거절결정은 취소된 것으로 본다.

(14) 재심사에 따른 거절결정

보정서를 반영하여 재심사한 후에도 거절결정 당시에 지적된 거절이유가 해소되지 않은 경우 다시 거절결정된다.

(15) 출원인 심사관 면담

출원인은 심사관과 면담이 필요한 경우 특허결정 전까지, 거절결정불복심판청구 전까지 면담을 신청할 수 있다. 반대로 심사관이 면담을 신청할 수도 있다. 면담이 필요한 경우로는 출원발명과 선행기술간 대비 설명이 필요한 경우, 거절이유를 명확히 할 필요가 있는 경우, 의견서의 내용을 명확히 이해하고자 하는 경우, 발명 내용이 복잡하고 고도하여 내용 파악이 곤란한 경우 등이 있다.

2. 출원공개 및 조기공개

- 출원공개는 특허출원일로부터 1년 6개월이 경과된 때이다. 다만, 조약우선권주장출원이나 국내우선권주장출원은 최초출원일로부터 1년 6개월이다.
- 출원인이 조기공개신청을 하는 경우에는 출원일로부터 1년 6개월이 경과하기 전이라도 해당 출원을 공개한다. 조기공개 신청 제도는 출원되어 있는 본인 발명을 다른

사람이 실시하고 있는 경우 조기공개를 신청하고 출원된 본인 발명이 공개되면 경고장을 발송할 수 있으므로 이와 같은 경우 활용한다.

- 출원공개 대상이 되는 출원이라도 청구범위가 기재되지 않은 출원, 등록공고가 된 출원, 무효, 취하 또는 포기되거나 거절결정이 확정된 출원의 경우에는 예외적으로 출원공개 대상이 되지 않는다.
- 국방상 비밀을 요하는 특허출원은 출원공개 하지 않는다. 또한, 공공의 질서 또는 선량한 풍속을 문란하게 하거나 공중의 위생을 해할 염려가 있는 사항은 공개용 특허공보에 게재하지 않는다.
- 출원공개는 특허청 홈페이지에 인터넷공보를 통해 하며, 동일한 자료가 한국특허정보원 등의 홈페이지를 통해서도 공개된다.
- 출원공개 효과는 그 출원발명 내용을 서면으로 제시하여 경고한 때에는 그 발명을 업으로서 실시한 자에 대하여 경고를 받거나 공개된 발명임을 안 때부터 설정등록시까지 '합리적으로' 받을 수 있는 금액[30]에 상당하는 보상금 지급을 청구할 수 있다. 다만, 그 청구권은 당해 특허출원이 '설정등록'된 후가 아니면 행사할 수 없으며, 청구권 행사는 특허권 행사에는 아무런 영향을 미치지 않는다.

출원이 공개되는 경우 선행기술로서 지위를 가질 뿐만 아니라 확대된 선원에서 타특허출원으로 활용될 수 있게 된다.

3. 심사청구

- 심사청구는 누구든지 할 수 있고, 하나의 출원에 한 번만 인정되며 취하할 수 없다. 특허출원인이 심사청구를 하는 경우에는 청구범위가 기재된 명세서가 출원서에 첨부된 때에 한하여 출원심사 청구를 할 수 있다.
- 심사청구기간은 출원일로부터 3년(실용신안도 3년) 이내이다. 분할출원, 변경출원에 대해서는 출원일로부터 3년이 경과된 후에도 분할출원 또는 변경출원을 한 날부터 30일 이내에 심사청구를 할 수 있다. 심사청구기간 내에 심사청구가 없는 때에는 그 특허출원은 취하한 것으로 본다. 국제특허출원에 대하여 심사청구를 할 수 있는 기간은 우리나라에 번역문을 제출한 날로부터 3년이 아니라, 국제출원일로부터 3년이다.
- 분할출원 또는 변경출원은 원출원 심사청구순서에 따라 심사에 착수된다.
- 동일한 발명에 대하여 2 이상의 특허출원이 있는 때에는 선출원이 처리되거나

30) 기존의 '통상적으로' 받을 수 있는 금액에서 '합리적으로' 받을 수 있는 금액으로 개정한 이유는 등록되지 않았다는 이유로 보상금액이 부당히 낮게 책정되는 것을 방지하기 위함이다.(2019년 1월 8일 개정)

출원공개 또는 등록공고될 때까지 후출원의 심사착수가 보류된다.

- 심사청구는 취하할 수 없지만 출원 후 전문선행기술조사기관의 선행기술결과 통지, 거절이유통지, 특허결정등본 송달 등 어느 하나가 있기 전까지 특허출원을 취하 또는 포기하는 경우 심사청구료를 반환한다.[31)]

4. 우선심사

출원공개 후 특허출원인이 아닌 자가 업으로서 특허출원된 발명을 실시하고 있다고 인정되는 경우(특허법 제61조 제1호), 또는 아래 어느 하나에 해당하는 특허출원으로서 긴급하게 처리할 필요가 있다고 인정되는 경우에 대하여는 다른 특허출원에 우선하여 심사할 수 있다.(특허법 제61조 제2호)

① 방위산업분야 특허출원

② 녹색기술[온실가스 감축기술, 에너지 이용 효율화 기술, 청정생산기술, 청정에너지 기술, 자원순환 및 친환경 기술(관련 융합기술을 포함한다) 등 사회·경제활동 전 과정에 걸쳐 에너지와 자원을 절약하고 효율적으로 사용하여 온실가스 및 오염물질 배출을 최소화하는 기술을 말한다]과 직접 관련된 특허출원

③ 인공지능 또는 사물인터넷 등 4차 산업혁명과 관련된 기술을 활용한 특허출원[32)]

④ 수출촉진에 직접 관련된 특허출원

⑤ 국가 또는 지방자치단체 직무에 관한 특허출원(「고등교육법」에 따른 국·공립학교 직무에 관한 특허출원으로서 「기술의 이전 및 사업화 촉진에 관한 법률」에 따라 국·공립학교 안에 설치된 기술이전·사업화 전담조직에 의한 특허출원을 포함한다)

⑥ 「벤처기업육성에 관한 특별조치법」에 따른 벤처기업의 확인을 받은 기업의 특허출원

⑦ 「중소기업기술혁신 촉진법」에 따라 기술혁신형 중소기업으로 선정된 기업 특허출원

⑧ 「발명진흥법」에 따라 직무발명보상 우수기업으로 선정된 기업의 특허출원

⑨ 「발명진흥법」에 따라 지식재산 경영인증을 받은 중소기업의 특허출원

⑩ 「과학기술기본법」에 따른 국가연구개발사업의 결과물에 관한 특허출원

---

31) 특허출원 후 1개월 이내에 그 특허출원을 취하하거나 포기한 경우에 이미 낸 수수료 중 특허출원료, 심사청구료 및 특허출원의 우선권 주장 신청료는 반환한다.(특허법 제84조 제1항 제4호)

32) 2018년 4월 24일 특허법 시행령 제9조(우선심사의 대상)의 개정을 통하여 추가되었으며, '인공지능, 사물인터넷, 3D 프린팅, 자율주행차, 빅데이터, 클라우드컴퓨팅, 지능형로봇, 스마트시티, 가상증강현실, 혁신신약, 신재생에너지, 맞춤형 헬스케어, 드론, 차세대 통신, 지능형반도체, 첨단소재 기술관련 특허출원' 등을 예로 들 수 있다.

⑪ 조약에 의한 우선권주장의 기초가 되는 특허출원(당해 특허출원을 기초로 하는 우선권주장에 의하여 외국특허청에서 특허에 관한 절차가 진행중인 것에 한정한다)
⑫ 특허청이 「특허협력조약」에 따른 국제조사기관으로서 국제조사를 수행한 국제특허출원
⑬ 특허출원인이 특허출원된 발명을 실시하고 있거나 실시준비중인 특허출원
⑭ 특허청장이 외국특허청장과 우선심사하기로 합의한 특허출원[33](실용신안등록출원은 해당하지 않음)
⑮ 우선심사 신청을 하려는 자가 특허출원된 발명에 관하여 전문기관[34]에 선행기술조사를 의뢰한 경우 그 조사결과를 특허청장에게 통지하도록 해당 전문기관에 요청한 특허출원
⑯ 65세 이상인 사람이 한 특허출원
⑰ 건강에 중대한 이상이 있어 우선심사를 받지 아니하면 특허결정 또는 특허거절결정까지 특허에 관한 절차를 밟을 수 없을 것으로 예상되는 사람이 한 특허출원

우선심사는 심사청구가 되어 있는 경우에 신청할 수 있다. 또는 심사청구와 동시에 우선심사청구를 할 수도 있다.

우선심사신청시 제3자가 실시 중이었으나 우선심사여부결정시 실시를 중단하는 경우 또는 우선심사신청시에는 제3자가 실시하지 않았으나 우선심사신청 후 제3자가 실시한 경우 모두 우선심사 대상으로 인정된다.

제3자 실시에 따른 우선심사 신청은 출원공개가 우선심사의 필수요건이다. 즉, 공개가 되어 있지 않으면 제3자의 실시를 이유로 우선심사를 할 수 없다. 따라서 제3자가 실시하고 있는 경우 우선심사를 받기 위해서는 조기공개제도를 이용하여 조기공개된 이후에 우선심사를 신청하면 된다.

우선심사신청인이 긴급처리 필요성을 인정받기 위해서는 우선심사신청 설명서에 선행기술문헌을 검색한 방법, 그 검색결과 및 청구항에 기재된 발명과 가장 인접한 선행기술문헌 하나와의 대비설명을 반드시 기재하여야 한다.

표 2-5. 우선심사청구와 일반심사청구

구분(특허)	평균 처리기간	
	1차 심사착수	종 결
일반심사	약 11개월	약 16개월
우선심사	약 2개월	약 8개월

33) 특허심사하이웨이(PPH) 참조

34) 한국특허정보원(http://www.kipris.or.kr), 윕스(http://search.wips.co.kr/), 아이피솔루션(http://ipsolution.co.kr/).

5. 초고속심사

녹색기술 조기 권리화를 지원한 제도로서 우선심사 출원보다 더 빨리 심사에 착수하기 위해 2009년 10월에 도입되었지만 활용 빈도가 낮고 예비심사제도[35]로 대체 가능하여 2015년 8월 폐지되었다.

6. 늦은 심사(특허출원심사의 유예)

늦은 심사는 일정시점을 지나서 심사를 요구하는 제도이다. 이는 특허출원인이 출원심사의 청구를 한 경우로서 출원심사의 청구일부터 24개월이 지난 후에 특허출원에 대한 심사를 받으려면 출원심사의 청구일부터 9개월 이내에 심사를 받으려는 시점(출원일부터 5년 이내에 한정하며, 이를 '유예희망시점'이라 한다)을 적은 심사유예신청서를 특허청장에게 제출할 수 있다. 다만, 특허출원과 동시에 심사청구를 하면서 심사유예청구를 같이 하는 경우에는 출원서에 그 취지 및 유예희망시점을 적음으로써 그 신청서를 갈음할 수 있으며, 심사청구와 동시에 심사유예신청을 하는 경우에는 심사청구서에 그 취지 및 유예희망시점을 적음으로써 그 신청서를 갈음할 수 있다(특허법 시행규칙 제40조의3).

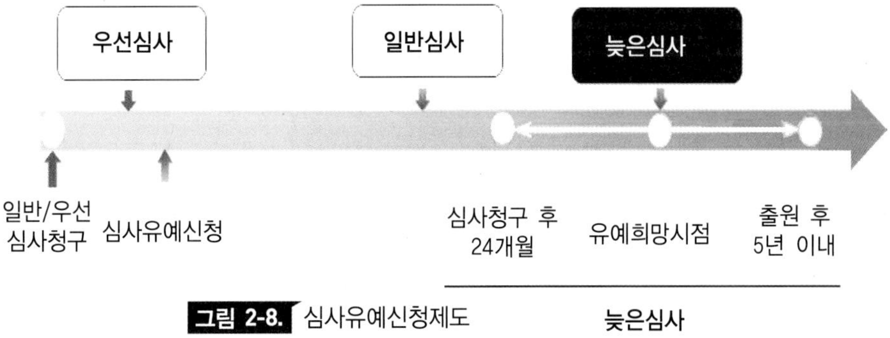

그림 2-8. 심사유예신청제도

35) 예비심사제도는 공식심사 전에 출원인과 심사관이 직접 만나 출원인에게 사전 심사 결과를 제공하고 심사의견을 교환하기 위한 제도를 말한다. 예비심사를 통해 출원인은 거절이유를 공식 심사전에 파악하여 대응할 수 있고, 심사관은 출원인과 직접 기술 및 심사의견을 교환함으로써 정확한 심사와 조속한 특허 권리화를 가능하게 할 수 있다. 예비심사의 대상은 우선심사 결정된 출원 중, 고난이도 특허분류에 해당하는 출원이 대상이 된다.

7. 특허심사하이웨이(PPH)

특허심사하이웨이(PPH: Patent Prosecution Highway)란 파리조약에 의한 우선권주장출원에서 우선심사를 받을 수 있도록 한 것이다. 제1국(예, 한국)에서 특허가능하다고 판단한 제1국 출원의 청구항과 실질적으로 동일한 청구항을 갖고 있는 제2국(예, 미국)에서의 출원이 우선심사를 받을 수 있도록 하고, 제2국이 제1국의 선행기술조사결과와 심사결과를 활용할 수 있도록 하는 제도이다.

PPH는 양자간 협약으로 시작되었으나, 최근에는 IP5(한·미·일·중·유럽) 국가 간 등 다자간 PPH를 협약하고 있는 추세이다.

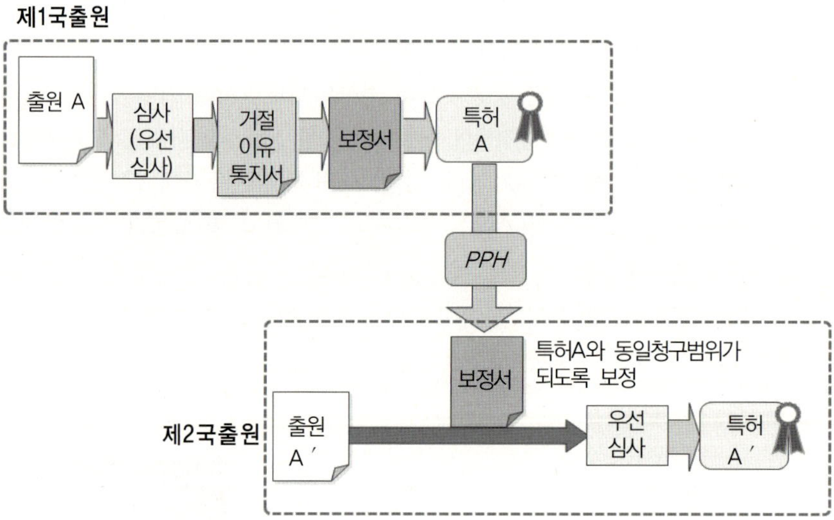

그림 2-9. 특허심사하이웨이(PPH)

(1) 특허심사하이웨이 적용 요건

① 해당 특허출원에 상응하는 상대국 특허출원에 상대국 특허청이 특허가능하다고 판단한 청구항이 있을 것

② 해당 특허출원의 모든 청구항이 상대국 특허출원의 특허가능하다고 판단한 청구항과 상응할 것(해당 특허출원의 모든 청구항이 상대국 특허출원의 특허가능하다고 판단한 청구항과 실질적으로 동일한 경우를 말하며 상기 특허가능하다고 판단한 청구항에 특정 사항을 부가하여 한정한 경우도 포함됨)

③ 특허심사하이웨이에 따른 우선심사 신청시 아래와 같은 증빙서류를 갖출 것

a. 상대국 특허청에서 특허가능하다고 판단한 청구항이 포함된 청구범위 사본

b. 상대국 특허출원에 대한 상대국 특허청 심사관련 통지서 사본

c. 심사관련 통지서에서 인용한 선행기술 사본

d. '특허출원 각 청구항'과 '특허가능하다고 판단한 청구항' 대응관계 설명표

대응관계 설명표에는 각 청구항마다 상응한다는 근거를 기재하여야 한다. 다른 증빙서류는 일정요건을 갖추면 생략할 수 있으나, 대응관계 설명표는 반드시 제출해야 한다.

(2) 국제특허출원 특허심사하이웨이(PCT-PPH)

PCT-PPH는 PCT(국제출원)의 국제조사보고서 등에서 특허를 받을 수 있다는 긍정적인 심사결과, 즉, 신규성, 진보성, 산업상 이용 가능성 등이 있다는 결과를 받은 경우 PPH 신청(우선심사 신청)을 할 수 있는 제도이다.

8. 재심사

재심사제도[36]는 거절결정된 출원에 대하여 거절결정등본을 송달받은 날부터 30일(거절결정불복심판청구기간이 연장된 경우 그 연장된 기간) 이내에 출원인이 명세서 또는 도면을 보정하여 재심사를 청구하면 원래 심사했던 심사관이 다시 심사하는 제도이다. 이 제도는 과거 심사전치제도를 재심사제도로 개정한 제도로서, 출원인의 수수료 부담을 경감하고 심사절차 복잡성을 해소하기 위해 도입되었다.

거절결정불복심판을 청구하면 재심사를 청구할 수 없고, 무효, 취하, 포기 등이 된 출원에 대하여도 재심사를 청구할 수 없다. 재심사에 의해 거절결정된 경우에도 다시 재심사 청구를 할 수 없다. 재심사를 청구하면 거절결정은 취소된 것으로 본다.

36) '재심사' 제도는 제6절 심판제도에서의 '재심'과는 다름에 주의한다.

제5절 특 허 권

핵심내용

■ 특허의 권리기간은 특허권을 설정등록한 날부터 특허출원일 후 20년이다. 약사법 등에 따른 시판 허가 기간, 특허청에서 등록지연에 따른 기간에 대하여 특허권 존속기간 연장이 가능하다.

■ 특허권은 속지주의의 원칙에 따라 대한민국 주권이 미치는 영토 내에서만 효력이 발생한다.

■ 특허권은 청구범위에 의하여 정해지고, 연구, 시험, 국내를 통과하는 선박·항공기·차량 등 일정한 조건에 해당하면 특허권은 제한될 수 있다.

■ 특허권은 양도할 수 있으며, 공유인 경우 각자 실시할 수 있지만, 다른 공유자의 동의를 얻지 않으면 그 지분을 양도 또는 질권 등을 설정할 수 없다.

■ 특허권자는 특허권에 대한 전용실시권, 통상실시권을 설정할 수 있으며, 전용실시권을 설정해주면 특허권자도 그 특허발명을 실시할 수 없다. 통상실시권 설정시는 특허권자도 실시할 수 있으며 여러 명에 대하여 통상실시권 설정이 가능하다.

1. 특허권 설정등록 및 특허권 존속기간

특허권은 특허료를 납부한 때에 특허권 설정등록[37]이 되고, 설정등록에 의하여 특허권 효력이 발생한다(등록주의). 특허권 설정등록이 있으면 특허공보에 게재하여 등록공고를 한다.

특허권 존속기간은 특허권을 설정등록한 날부터 특허출원일 후 20년이 되는 날까지이다. 무권리자에 의한 특허출원인 경우 정당한 권리자 특허권 존속기간은 무권리자 특허출원일 다음날부터 기산한다(특허법 제88조). 특허권은 속지주의 원칙으로 대한민국 주권이 미치는 영토 내에서만 그 효력이 미친다.

2. 특허권 존속기간 연장

(1) 허가 등에 따른 특허권 존속기간 연장

특허발명을 실시하기 위하여 다른 법령(약사법, 농약관리법)의 규정에 의하여 허가 또는 등록 등을 위해 필요한 활성·안전성 등 시험이 장기간 소요되는 발명인 경우 특허권을 실시할 수 없었던 기간에 대하여 '5년 기간 내에서만' 당해 특허권 존속기간을 연장할 수 있다. 다만, 특허권자에게 책임있는 사유로 소요된 기간은 존속기간에 산입되지 않는다(특허법 제89조).

(2) 등록지연에 따른 특허권 존속기간 연장

특허출원에 대하여 '특허출원일부터 4년 또는 출원심사 청구일부터 3년'이 넘어서 특허권 설정등록이 이루어지는 경우에는 앞의 두 기간 중 늦은 날보다 '지연된 기간만큼' 해당 특허권 존속기간을 연장할 수 있다. 출원인에게 책임이 있는 사유로 인하여 지연된 기간은 특허권 존속기간 연장에서 제외된다. 분할출원을 한 날, 변경출원을 한 날, 국제출원 경우 국내서면을 제출한 날 등은 해당 출원일로부터 계산한다(특허법 제92조의2).

3. 특허권 효력 제한

특허발명의 보호범위는 '청구범위'에 적혀 있는 사항에 의하여 정하여진다(특허법 제97조). 특허권자는 업으로서 그 특허발명을 실시할 권리를 독점하며, 제3자의 침해 실시를 배제할 수 있다.

다음과 같은 경우 특허권 효력이 미치지 않는다(특허법 제96조).

37) 특허등록원부는 특허권 또는 그에 관한 권리관계가 기록된 등록원부이며, 설정등록에 의하여 특허청에 특허등록원부가 생성된다.

① 연구 또는 시험(「약사법」 또는 「농약관리법」에 따른 연구 또는 시험)을 위한 특허발명 실시
② 국내를 통과하는데 불과한 선박·항공기·차량 또는 이에 사용되는 기계·기구·장치 기타 물건
③ 특허출원을 한 때부터 국내에 있는 물건
④ 2 이상의 의약(사람의 질병의 진단·경감·치료·처치 또는 예방을 위하여 사용되는 물건을 말함)을 혼합함으로써 제조되는 의약의 발명 또는 2 이상의 의약을 혼합하여 의약을 제조하는 방법

특허권자는 그 특허출원일 보다 먼저 출원된 다른 권리자(특허권·실용신안권·디자인권 또는 상표권)의 발명을 이용하거나 저촉되는 경우에는 다른 권리자의 허락을 얻지 아니하고는 자기 특허발명을 업(業)으로서 실시할 수 없다. 즉, 특허권은 특허를 받았다고 하여 자신의 발명을 마음대로 실시할 수 있는 것이 아니라, 자신의 권리를 다른 사람이 마음대로 실시할 수 없다는 것이다. 이와 같은 이유로 특허권을 독점배타권이라 한다.

심판원의 심결이 확정된 후 재심청구 등록 전에 선의로 생산·양도·대여 또는 수입하거나 양도 또는 대여의 청약을 하는 행위에는 특허권이 미치지 않는다. 예로, 어느 특허권 A가 무효로 확정된 것을 확인하고 그 특허발명 A를 실시(생산)을 하였는데, 다시 재심청구가 있어서 그 특허권 A가 다시 되살아나는 경우 특허발명 A를 실시한 자에 대하여는 특허권의 효력이 미치지 않는다.

4. 특허권 양도, 공유, 이전

특허권은 양도할 수 있다. 특허권이 공유인 경우에는 다음과 같은 특성이 있다.

① 각 공유자는 다른 공유자의 동의를 얻지 않으면 그 지분을 양도하거나 그 지분을 목적으로 하는 질권을 설정할 수 없다.
② 그 특허권에 대하여 전용실시권을 설정하거나 통상실시권을 허락할 수 없다.
③ 각 공유자는 계약으로 특별히 약정한 경우를 제외하고는 다른 공유자의 동의를 얻지 않고 그 특허발명을 자신이 실시할 수 있다.

5. 특허 실시권

(1) 전용실시권

특허권자는 그 특허권에 대하여 타인에게 전용실시권을 설정할 수 있으며, 전용실시

권자는 그 설정행위로 정한 범위 안에서 업으로서 그 특허발명을 실시할 권리를 독점한다. 특허권자가 전용실시권자에게 본인 특허에 대해 전용실시권을 설정해주면 특허권자도 실시할 수 없게 된다.

전용실시권자는 실시사업과 같이 이전하는 경우 또는 상속 기타 일반승계 경우를 제외하고는 특허권자 동의를 얻지 아니하면 그 전용실시권을 이전할 수 없다. 또한, 전용실시권자는 특허권자 동의를 얻지 아니하면 그 전용실시권을 목적으로 하는 질권을 설정하거나 통상실시권을 허락할 수 없다.

특허권 이전·포기에 의한 소멸, 전용실시권의 설정·이전·변경·소멸, 질권의 설정·이전·변경·소멸 등과 같은 사항은 등록하지 아니하면 그 효력이 발생하지 않는다.

(2) 통상실시권

특허권자는 그 특허권에 대하여 타인에게 통상실시권을 허락할 수 있으며, 통상실시권자는 법규 또는 설정행위로 정한 범위 안에서 업으로서 그 특허발명을 실시할 수 있는 권리를 가진다.

통상실시권은 실시사업과 같이 이전하는 경우 또는 상속 기타 일반승계 경우를 제외하고는 특허권자의 동의를 얻지 아니하면 이를 이전할 수 없다. 통상실시권은 특허권자의 동의를 얻지 아니하면 그 통상실시권을 목적으로 하는 질권을 설정할 수 없다.

통상실시권을 등록한 때에는 그 등록 후에 특허권 또는 전용실시권을 취득한 자에 대하여도 그 효력이 발생한다. 통상실시권 이전·변경·소멸 또는 처분의 제한, 통상실시권을 목적으로 하는 질권의 설정·이전·변경·소멸 또는 처분의 제한에 관련된 사항은 등록하지 아니하면 제3자에게 대항할 수 없다.

(3) 직무발명에 의한 통상실시권

직무발명에 대하여 종업원 등이 특허(실용신안등록, 디자인등록 포함)를 받았거나 특허 등을 받을 수 있는 권리를 승계한 자가 특허를 받으면 사용자 등은 그 특허권(실용신안권, 디자인권 포함)에 대하여 통상실시권을 가진다. 사용자 등이 직무발명에 대한 권리 승계를 포기한 경우 사용자 등은 그 발명을 한 종업원 등의 동의를 받지 않고는 통상실시권을 가질 수 없다.

(4) 선사용에 의한 통상실시권

특허출원시에 그 특허출원된 발명의 내용을 알지 못하고 그 발명을 하거나 그 발명을 한 자로부터 지득하여 국내에서 그 발명의 실시사업을 하거나 혹은 사업 준비를 하고 있는 자는 그 실시 또는 준비를 하고 있는 발명 및 사업 목적 범위 안에서 그 특허출원된 발명에 관한 특허권에 대하여 통상실시권을 가진다.

(5) 무효심판청구등록 전 실시에 의한 통상실시권

특허에 대한 무효심판청구 등록 전에 자기 특허발명이 무효사유에 해당되는 것을 알지 못하고 국내에서 그 발명을 실시하거나 그 사업 준비를 하고 있는 경우, 그 실시 또는 준비를 하고 있는 발명 및 사업 목적 범위 안에서 그 특허권에 대한 통상실시권을 가진다. 통상실시권을 가진 자는 특허권자 또는 전용실시권자에게 상당한 대가를 지급하여야 한다.

(6) 디자인권 존속기간 만료 후 통상실시권

특허출원일전 또는 같은 날에 출원된 디자인권이 그 특허권(A)과 저촉되는 경우, 그 디자인권 존속기간이 만료되는 때에는 그 디자인권자는 디자인권 범위 안에서 특허권(A)에 대하여 통상실시권을 가진다. 이때 통상실시권을 가진 자는 특허권자에게 대가를 지급하여야 한다.

(7) 재정에 의한 통상실시권

타인의 특허발명을 실시하려는 자가 아래 어느 하나에 해당하고, 특허권자(전용실시권자 포함)와 통상실시권 허락에 관한 협의를 하였으나 합의가 이루어지지 아니하는 경우 또는 협의를 할 수 없는 경우에는 특허청장에게 통상실시권 설정에 관한 재정(裁定)을 청구할 수 있다. 다만, 공공의 이익을 위하여 비상업적으로 실시하려는 경우와 ④에 해당하는 경우에는 협의 없이도 재정을 청구할 수 있다(특허법 제107조).

① 특허발명이 천재·지변 기타 불가항력 또는 대통령령이 정하는 정당한 이유 없이 계속하여 3년 이상 국내에서 실시되고 있지 아니한 경우

② 특허발명이 정당한 이유 없이 계속하여 3년 이상 국내에서 상당한 영업적 규모로 실시되지 아니하거나 적당한 정도와 조건으로 국내수요를 충족시키지 못한 경우

③ 특허발명 실시가 공공의 이익을 위하여 특히 필요한 경우

④ 사법적 절차 또는 행정적 절차에 의하여 불공정거래행위로 판정된 사항을 시정하기 위하여 특허발명을 실시할 필요가 있는 경우

⑤ 자국민 다수의 보건을 위협하는 질병을 치료하기 위하여 의약품(의약품 생산에 필요한 유효성분, 의약품 사용에 필요한 진단키트를 포함)을 수입하고자 하는 국가에 그 의약품을 수출할 수 있도록 특허발명을 실시할 필요가 있는 경우

재정에 의해 통상실시권을 받은 자가 대가를 지급하지 아니하거나 공탁[38]을 하지 아니한 때에는 그 재정은 효력을 잃는다.

---

38) 공탁이란 법령의 규정에 의하여 금전이나 기타의 물품을 은행 등에 맡기는 것을 말한다.

(8) 특허권 수용 및 강제 실시권

정부는 특허발명이 전시, 사변 또는 이에 준하는 비상시에 있어서 국방상 필요한 때에는 특허권을 수용할 수 있다. 특허권을 수용하는 경우에는 특허권자, 전용실시권자 또는 통상실시권자에 대하여 정당한 보상금을 지급하여야 한다.

정부 등에 의한 특허발명 실시로서, 특허발명이 국가 비상사태, 극도의 긴급상황 또는 공공의 이익을 위하여 비상업적으로 실시할 필요가 있다고 인정하는 경우에는 그 특허발명을 실시하거나 정부 외의 자로 하여금 실시하게 할 수 있다. 이 경우 특허권자, 전용실시권자 또는 통상실시권자에게 정당한 보상금을 지급하여야 한다.

(9) 특허권에 대한 질권 설정 및 통상실시권

특허권·전용실시권 또는 통상실시권을 목적으로 하는 질권을 설정한 때에는 질권자는 계약으로 특별히 정한 경우를 제외하고는 당해 특허발명을 실시할 수 없다.

표 2-6. 통상실시권의 종류

- **통상실시권**
  - 허락에 의한 실시권
  - 법정실시권
    - 선사용에 의한 실시
    - 직무발명에 의한 실시
    - 무효심판 전 실시
    - 디자인권 만료 후 실시
    - 재심청구 전 선의(善意)실시
  - 강제실시권
    - 국방상 필요에 의한 실시
    - 재정에 의한 실시
    - 통상실시권허락 심판에 의한 실시

6. 특허권 소멸

특허권의 소멸은 ① 존속기간 만료에 의한 소멸, ② 특허연차료 불납에 의한 소멸, ③ 특허무효심판에 의한 무효로 인한 소멸, ④ 특허권의 포기에 의한 소멸 등이 있다.

특허권·전용실시권 및 통상실시권의 포기가 있는 때에는 그때부터 소멸된다. 특허권자는 전용실시권자·질권자 또는 통상실시권자 동의를 얻지 아니하면 특허권을 포기할 수 없다. 전용실시권자는 질권자 또는 통상실시권자 동의를 얻지 아니하면 전용실시권을 포기할 수 없다. 특허권을 포기할 때는 청구항이 2 이상인 경우 청구항별로 포기할 수 있다.[39]

7. 특허권 등록

특허권 설정등록을 받으려는 자는 설정등록을 받으려는 날부터 3년분의 특허료를 납부하여야 하고, 특허권자는 그 다음 연도(4년차)분부터 특허료를 해당 권리의 설정등록일에 해당하는 날을 기준으로 매년 1년분씩 납부하거나 수 년분 또는 모든 연차분을 함께 납부할 수 있다. 특허권 설정등록을 받고자 하는 자 또는 특허권자는 특허료 납부기간이 경과한 후에도 6개월 이내에 특허료를 추가납부할 수 있다. 다만, 특허료를 추가납부할 때에는 납부하여야 할 특허료 2배 이내의 금액을 납부하여야 한다. 추가납부기간 이내에 특허료를 납부하지 아니한 때에는 특허출원을 포기한 것으로 보며, 납부된 특허료에 해당되는 기간이 만료되는 날의 다음날로 소급하여 소멸된다.

특허권자가 정해진 기간 이내에 특허료 일부를 납부하지 않은 경우 특허료 보전(補塡)[40]을 할 수 있고, 보전명령을 받은 날부터 1월 이내에 특허료를 보전할 수 있다. 다만, 특허료를 보전하는 자는 납부하지 않은 금액의 2배 금액을 납부하여야 한다.

특허권자가 책임질 수 없는 사유로 추가납부기간 또는 보전기간 이내에 보전하지 아니한 경우 그 사유가 종료한 날부터 14일 이내에 특허료를 납부하거나 보전할 수 있다. 다만, 추가납부기간 만료일 또는 보전기간 만료일중 늦은 날부터 6개월이 경과한 때에는 할 수 없다. 특허료를 납부하거나 보전한 자는 그 특허출원을 포기하지 않은 것으로 보며, 그 특허권은 계속하여 존속하고 있던 것으로 본다.

추가납부기간 또는 보전기간 이내에 보전하지 않아 실시 중에 있는 특허발명의 특허권이 소멸한 경우 그 특허권자는 추가납부기간 또는 보전기간 만료일부터 3개월 이내에 납부해야할 특허료의 3배를 납부하고 그 소멸한 권리의 회복을 신청할 수 있다.

특허원부에는 ① 특허권의 설정 또는 존속기간의 연장, ② 전용실시권 또는 통상실시권의 설정 등에 관한 사항이 기재된다. 특허권자가 특허권 설정등록을 한 때에는 특허권자에게 특허증을 교부한다.

---

39) Tip : 특허료(특허연차료)는 특허권 설정등록이후 권리존속기간이 오래될수록 비용을 많이 납부해야 하므로 독립항만 존속시키고 나머지 종속항은 포기하는 것이 특허연차료를 절감하는 방법이기도 하다.

40) 부족이나 결손을 보충하여 채우는 것을 말한다. 본문에서는 납부해야할 특허료가 부족하여 추가적으로 채우는 것을 의미한다.

8. 특허권 정당표시와 허위표시

(1) 특허권의 정당표시

특허권자·전용실시권자·통상실시권자는 물건 특허발명에 있어서는 그 물건에, 물건을 생산하는 방법 특허발명에 있어서는 그 방법에 의하여 생산된 물건에 특허표시를 할 수 있다. 물건에 특허표시를 할 수 없을 때에는 그 물건의 용기나 포장에 그 표시를 할 수 있다.

(2) 특허권의 허위표시

누구든지 다음과 같은 특허 허위 표시 행위를 하여서는 안 된다.

① 특허된 것이 아닌 물건, 특허출원 중이 아닌 물건, 특허된 것이 아닌 방법이나 특허출원 중이 아닌 방법에 의하여 생산한 물건 또는 그 물건의 용기나 포장에 특허표시 또는 특허출원표시를 하거나 이와 혼동하기 쉬운 표시를 하는 행위

② 특허허위표시를 한 것을 양도·대여 또는 전시하는 행위

③ 특허허위표시 물건을 생산·사용·양도 또는 대여하기 위하여 광고·간판 또는 표찰에 그 물건이 특허나 특허출원된 것 또는 특허된 방법이나 특허출원 중인 방법에 의하여 생산한 것으로 표시하거나 이와 혼동하기 쉬운 표시를 하는 행위

④ 특허된 것이 아닌 방법이나 특허출원 중이 아닌 방법을 사용·양도 또는 대여하기 위하여 광고·간판 또는 표찰에 그 방법이 특허 또는 특허출원된 것으로 표시하거나 이와 혼동하기 쉬운 표시를 하는 행위

제6절 특허심판 및 심결취소소송

핵심내용

- 특허심판 종류는 특허거절결정 불복심판, 특허취소신청, 무효심판, 정정심판, 권리범위확인심판, 특허권 존속기간 연장등록심판, 통상실시권 허락심판 등이 있다.

- 특허거절결정에 대한 불복심판 청구는 거절결정등본을 송달받은 날부터 30일 이내에 청구해야한다. 거절결정 이후에 명세서 등을 보정하면 재심사를 받을 수 있다.

- 특허취소신청은 등록공고일 후 6개월 이내에 아무나 특허취소신청을 할 수 있다.

- 특허심판 심결에 대해 불복할 경우 특허법원에 소(訴)를 제기하며, 특허법원 판결에 대해서는 대법원에 상고할 수 있다. 이를 심결취소소송이라 한다.

- 당사자 간 특허분쟁이 발생한 경우 ① 특허청에 무효심판, 정정심판, 권리범위확인심판 등을 통해 특허권에 대한 권리관계 분쟁을 해결하고, ② 법원에 특허침해금지청구, 손해배상청구, 가처분 신청 등을 통해 민사적인 분쟁을 해결한다.

1. 특허심판 일반절차

(1) 공동 심판

- 하나의 특허권에 관하여 무효심판 또는 권리범위확인심판을 청구하는 자가 2인 이상이 있는 때에는 그 전원이 공동으로 심판을 청구할 수 있다.
- 특허권자가 공유인 특허권에 대하여 심판을 청구하는 때에는 공유자 전원을 피청구인으로 하여 청구하여야 한다.
- 특허권 또는 특허를 받을 수 있는 권리의 공유자가 심판을 청구하는 때에는 공유자 전원이 공동으로 청구하여야 한다.

(2) 심판 청구 방식

심판을 청구하고자 하는 자는 당사자 성명 및 주소, 심판사건의 표시, 청구의 취지 및 그 이유 등을 기재한 심판청구서를 제출하여야 한다. 제출된 심판청구서 보정은 요지를 변경할 수 없다. 다만, 다음에 해당하는 경우에는 보정을 할 수 있다.

① 당사자 중 특허권자에 대한 기재를 바로잡기 위하여 보정(추가하는 것을 포함)하는 경우

② 청구의 이유를 보정하는 경우

③ 특허권자·전용실시권자가 청구인으로서 청구한 적극적 권리범위 확인심판[41]에서 확인대상 발명의 설명서 및 도면에 대하여 피청구인이 자신이 실제로 실시하고 있는 발명과 비교하여 다르다고 주장하는 경우에 청구인이 피청구인의 실시 발명과 동일하게 하기 위하여 확인대상 발명의 설명서 및 도면을 보정하는 경우

> **예**
>
> 심판청구의 요지변경이 되는 예는 '당초에 심판을 청구한 청구항을 변경하거나 추가한 경우', '특허무효심판을 정정무효심판으로 정정한 경우' 등이 있다.

(3) 심판일반

심판은 일반적으로 심판관 3인이 합의체를 구성하여 심판한다. 심판은 구술심리 또는 서면심리로 하되, 당사자가 구술심리를 신청한 때에는 서면심리만으로 결정할 수 있다고 인정되는 경우를 제외하고는 구술심리를 하여야 한다. 구술심리는 공개하되, 공공의 질서 또는 선량한 풍속을 문란하게 할 염려가 있는 때에는 공개하지 않는다.

심판의 결과에 대하여 이해관계를 가진 자는 심리가 종결될 때까지 당사자 일방을 보조하기 위하여 그 심판에 참가할 수 있다.

---

41) 적극적 권리범위 확인심판이란 권리자가 자신의 특허발명을 실시하고 있는 자를 상대로 심판을 청구하는 것을 말한다.

심판에서는 당사자 또는 참가인이 신청하지 아니한 이유에 대하여도 심리할 수 있는데 이를 직권심리라고 한다. 이 경우 당사자 및 참가인에게 기간을 정하여 그 이유에 대하여 의견을 진술할 수 있는 기회를 주어야 한다. 다만, 청구인이 신청하지 아니한 청구 취지에 대하여는 심리할 수 없다.

심판청구는 심결이 확정될 때까지 취하할 수 있으나, 답변서 제출이 있는 때에는 상대방 동의를 얻어야 한다. 2 이상의 청구항에 관하여 무효심판 또는 권리범위 확인심판을 청구한 때에는 청구항마다 취하할 수 있다.

'일사부재리 원칙'이란 심판의 심결이 확정된 때에는 그 사건에 대하여 누구든지 동일사실 및 동일증거에 의하여 다시 심판을 청구할 수 없는 것을 말한다. '중복제소금지'란 법원에 계속한 사건에 대하여 당사자는 다시 소를 제기하지 못한다는 것을 말한다. 일사부재리는 그 심결이 확정되었을 때 적용되는 규정이고, 심결이 확정되지 않았을 때는 중복제소금지 규정을 적용한다.

심판에 있어서 필요한 때에는 그 심판사건과 관련되는 다른 심판 심결이 확정되거나 소송절차가 완결될 때까지 그 절차를 중지할 수 있다. 심판비용은 패소자 부담 원칙이지만 특허거절결정 등에 대한 심판, 정정심판, 통상실시권 허락의 심판 비용은 청구인 부담으로 한다.

2. 특허심판 종류

아래 표들은 산업재산권 권리별 심판 종류를 나타낸다.

표 2-7. 특허심판 종류

특 허 심 판

결정계 심판

(심사관 처분에 불복하는 심판으로 출원인 또는 권리자가 청구)

- 거절결정불복심판
- 특허취소신청
- 정정심판
- 특허권존속기간 연장등록 거절결정 불복심판

당사자계 심판

(등록권리와 관련된 당사자 간 분쟁)

- 무효심판
- 권리범위확인심판
- 통상실시권허락심판

표 2-8. 산업재산권 심판 종류와 심판청구 주체

심판 종류	대상권리(출원)	청구할 수 있는 자
거절결정 등에 대한 불복심판	특허·실용·디자인·상표	출원인(연장등록불복 경우는 권리자)
특허취소신청	특허	누구든지 신청 가능(등록후 6개월 이내만)
무효심판	특허·실용·디자인·상표	이해관계인·심사관(권리소멸 후에도 청구가능)
존속기간연장등록 무효심판	특허	이해관계인·심사관
권리범위확인심판	특허·실용·디자인·상표	등록권리자·이해관계인
정정심판	특허·실용	등록권리자(권리소멸 후에도 청구가능)
정정 무효심판	특허·실용	이해관계인·심사관
통상실시권허락 심판	특허·실용·디자인	타 등록권리자·동 등록권리 전용·통상실시권자
존속기간갱신등록 무효심판	상표	이해관계인·심사관
상표등록 취소심판	상표	이해관계인
사용권 등록 취소심판	상표	누구든지 청구가능

CHAPTER 2

(1) 특허거절결정 등에 대한 심판

특허거절결정 또는 특허권 존속기간 연장등록거절결정을 받은 자가 불복할 때에는 그 결정등본을 송달받은 날부터 30일 이내에 심판을 청구할 수 있다.

(2) 특허취소신청

특허권 설정등록이 있는 날부터 등록공고일 후 6개월 이내에는 누구든지 특허심판원장에게 특허취소를 신청할 수 있다. 특허취소신청 사유는 신규성, 진보성, 선원관련 규정에 위배되어 특허가 부여된 경우에 한한다.

청구범위의 청구항이 2 이상인 경우에는 청구항마다 특허취소신청을 할 수 있다. 특허취소가 확정된 때에는 그 특허권은 '처음'부터 없었던 것으로 본다. 따라서 공개에 따른 보상금청구권도 없어지게 된다.

(3) 특허 무효심판

무효심판은 특허권이 소멸된 후에도 청구할 수 있고, 특허를 무효로 한다는 심결이 확정된 때에는 그 특허권은 '처음'부터 없었던 것으로 본다. 특허무효심판은 청구범위의 청구항이 2 이상인 때에는 청구항마다 청구할 수 있다. 무효심판 청구인은 '이해관계인 또는 심사관'만 청구할 수 있다.

특허의 무효사유는 신규성, 진보성, 명세서 기재불비, 공공의 질서 또는 선량한 풍속을 문란하게 하거나 공중의 위생을 해할 염려가 있는 발명, 2인 이상이 공동으로

발명한 때 공유로 하지 않은 경우, 보정의 위배 등에 해당하는 경우이다.

무효심판에 의하여 특허권이 소멸된 후 기지급된 특허기술료는 반환해야 할 의무가 없다.

[관련 판례]

"특허실시권자는 그 특허가 무효로 될 때까지 특허를 배타적으로 사용함에 따른 경제적 이익을 향유하므로 '손해'가 발생하였다 할 수 없으므로, 특허권자는 이미 지급받은 특허기술사용료를 부당이득으로 반환할 의무가 없다."고 하여, 기지급된 특허사용료에 대한 특허권자의 반환의무가 없다고 하였다(서울고등법원 2012.4.19. 선고 2011나20142(본소), 2011나20159(반소) 판결 참조).

(4) 특허취소신청 또는 무효심판절차에서 특허 정정

특허권자는 특허취소신청 또는, 무효심판 청구가 있으면 지정된 기간 이내에 특허발명 명세서 또는 도면에 대하여 정정을 청구할 수 있다. 이때 정정은 청구범위를 감축하는 경우, 잘못 기재된 것을 정정하는 경우, 분명하지 않은 기재를 명확하게 하는 경우에 한한다. 무효심판이 계속 중에 있는 경우 '특허정정' 신청만이 가능하며, 별도의 심판인 '정정심판'을 청구할 수 없다.

(5) 특허권 존속기간 연장등록 무효심판

특허권이 약사법 또는 농약관리법에 따라 특허권 존속기간 연장등록이 되었거나, 특허청에 의하여 등록이 지연되어 특허권 존속기간이 연장이 된 경우에 있어서 무효심판을 말한다. 특허권연장등록을 무효로 한다는 심결이 확정된 경우에는 그 연장등록에 따른 존속기간 연장은 처음부터 없었던 것으로 본다.

(6) 권리범위 확인심판

특허권자, 전용실시권자, 이해관계인은 특허권의 권리범위를 확인하기 위하여 특허 권리범위 확인심판을 청구할 수 있고, 청구범위 청구항이 둘 이상인 경우에는 청구항마다 청구할 수 있다(특허법 제135조). 권리범위 확인심판을 청구할 때에는 특허발명과 대비될 수 있는 확인대상발명 설명서 및 필요한 도면을 첨부하여야 한다.

권리범위확인심판 청구기간은 특허권이 소멸된 경우 청구할 수 없으므로 심판 또는 소송 중에 권리존속기간이 만료되면 권리범위확인심판은 종료된다.

1) 적극적 권리범위확인심판

특허권자 또는 전용실시권자가 본인의 특허를 실시하고 있는 사람을 상대로 하여 실시 중에 있는 발명이 자신의 특허권의 권리범위에 속한다고 주장하는 심판이다. 즉, 특허권자 또는 전용실시권자가 확인대상발명 실시자를 상대로 "확인대상발명은 특허발명의 권리범위에 속한다"라는 취지의 심결을 구하는 심판이다.

2) 소극적 권리범위확인심판

피권리자인 확인대상발명 실시자 또는 실시하려고 하는 자가 특허권자를 상대로 "확인대상발명은 특허발명의 권리범위에 속하지 아니한다"라는 취지의 심결을 구하는 심판이다. 따라서 소극적 권리범위확인심판은 피권리자가 현재 실시하고 있는 것은 물론 장래에 실시하고자 하는 것도 확인 대상으로 할 수 있다.

(7) 정정심판

특허권자는 '청구범위를 감축하는 경우', '잘못 기재된 것을 정정하는 경우', '분명하지 아니하게 기재된 것을 명확하게 하는 경우' 중 어느 하나에 해당하는 경우에는 특허발명 명세서 또는 도면에 대하여 정정심판을 청구할 수 있다. 다만, 특허취소신청 또는, 무효심판이 특허심판원에 계속되고 있는 경우에는 별도의 심판을 청구하는 정정심판이 아니라, 특허취소신청 또는 무효심판 절차 과정에서 정정을 신청한다.

명세서 또는 도면의 정정은 특허발명 명세서 또는 도면에 기재된 사항의 범위 이내에서만 할 수 있고, 명세서 또는 도면의 정정은 청구범위를 실질적으로 확장하거나 변경할 수 없다.

정정심판에서 '잘못 기재된 것을 정정하는 경우'는 출원서에 최초로 첨부된 명세서 또는 도면에 기재된 사항의 범위로 한다. '청구범위를 감축하는 경우', '잘못 기재된 것을 정정하는 경우'는 정정 후의 청구범위에 기재된 사항이 특허출원을 한 때에 특허를 받을 수 있는 것이어야 한다.

정정심판은 특허취소결정 또는 특허를 무효로 한다는 심결이 확정된 경우를 제외하고 특허권이 소멸된 후에도 청구할 수 있다. 특허발명 명세서 또는 도면에 대하여 정정을 한다는 심결이 확정된 때에는 그 정정 후의 명세서 또는 도면에 의하여 특허출원·출원공개·특허결정 또는 심결 및 특허권 설정등록이 된 것으로 본다.

(8) 정정의 무효심판

이해관계인 또는 심사관은 특허발명 명세서 또는 도면에 대한 정정(특허 무효심판절차에서 특허의 정정, 정정심판에 의한 정정)이 잘못 정정이 된 경우에는 정정의 무효심판을 청구할 수 있다. 정정을 무효로 한다는 심결이 확정된 때에는 그 정정은 처음부터 없었던 것으로 본다.

(9) 통상실시권 허락의 심판

특허권자·전용실시권자·통상실시권자는 특허발명 출원일 전에 출원된 타인 특허발명 등을 이용하거나 저촉되어 실시 허락을 받고자 하는 경우에 그 타인이 정당한 이유없이 허락하지 않거나 타인의 허락을 받을 수 없는 때에는 자기 특허발명 실시에 필요한 범위 안에서 통상실시권 허락 심판을 청구할 수 있다.

통상실시권 허락 심판 청구가 있는 경우에는 그 특허발명이 출원일전에 출원된 타인 특허발명에 비하여 상당한 경제적 가치가 있는 중요한 기술적 진보를 가져오는 것이 아니면 통상실시권 허락이 되지 않는다.

반대로, 통상실시권 허락 심판에 의하여 통상실시권을 허락한 자가 그 통상실시권 허락을 받은 자의 특허발명 실시를 필요로 하는 경우에도 통상실시권 허락 심판을 청구할 수 있다. 이와 같은 통상실시권자는 모두 그 대가를 지급하여야 한다.

3. 재심

심판원 심결이 그 이전에 행하여진 다른 확정심결과 저촉될 경우, 또는 심판 절차상에 중대한 하자가 있는 경우, 또는 심판의 당사자가 공모하여 제3자의 권리 또는 이익을 사해(詐害)할 목적으로 심결을 하게 한 때에는 제3자가 그 확정된 심결에 대하여 재심을 청구할 수 있다. 심결 확정 후 재심 사유를 안 날부터 30일 이내에 재심을 청구하여야 하며, 심결 확정 후 3년을 경과한 때에는 재심을 청구할 수 없다.

예

3인합의체로 하여야 하는 특허심판원의 심결에서, 3인의 심판관 중에 1인이 2020.1.31.일자 퇴직임에도 이를 잘못하여 2020.2.1.일자로 심리종결을 한 심결은 재심 대상이 된다.

4. 신속심판·우선심판

심판은 심판청구일 순으로 심리하는 것을 원칙으로 하지만, 심사와는 달리 반드시 심판청구일 순서로 하는 것은 아니다.

(1) 신속심판 대상

① 법원이 통보한 침해소송사건과 관련된 심판사건 중 권리범위확인심판, ② 녹색기술과 직접 관련된 특허출원 중 초고속 심사에 따른 거절결정불복심판 사건 등

(2) 우선심판 대상

① 심결취소소송에서 취소된 사건, ② 심사관이 직권으로 무효심판을 청구한 경우, ③ 특허침해소송사건과 관련된 심판 사건, ④ 지식재산권 분쟁으로 법원에 계류중이거나 경찰 또는 검찰에 입건된 사건과 관련된 사건, ⑤ 지식재산권 분쟁으로 사회적인 물의를 일으키고 있는 사건, ⑥ 국제간에 지식재산권 분쟁이 야기된 사건, ⑦ 국민경제상 긴급한 처리가 필요한 사건, ⑧ 권리범위확인심판 사건 및 그 권리범위 확인심판사건과 함께 계류중인 무효심판·정정심판 사건, ⑨ 우선심사한 출원에 대한 거절결정불복심판

5. 심결취소소송

특허청 심판원 심결(특허취소 결정 포함)에 대한 불복은 특허법원에 제기하여야 한다. 소 제기 기간은 심결 또는 결정 등본을 송달받은 날부터 30일 이내에 제기하여야 하며 이 기간은 불변기간이다. 다만, 원격 또는 교통이 불편한 지역에 있는 자를 위하여 직권으로 불변기간에 대하여 부가기간을 정할 수 있다. 특허법원 판결에 대한 불복은 대법원에 상고한다.

특허법원 판결에 대하여는 대법원에 상고할 수 있고, 상고 제기는 특허법원 판결이 송달된 날로부터 2주일 내에 상고장을 특허법원에 제출해야 한다. 특허법원은 불변기간에 대하여 주소가 원격지인 경우 등 직권으로 부가기간을 정할 수 있다.

거절결정불복심판, 정정심판 등 결정계 사건의 소제기는 특허청장을 피고로 하여야 하고, 무효심판, 특허권 존속기간 연장등록 무효심판, 권리범위확인심판, 정정 무효심판, 통상실시권 허락심판 등은 청구인 또는 피청구인을 피고로 하여야 한다.

그림 2-10. 특허심판 및 심결취소 소송 흐름

6. 산업재산권 분쟁조정 제도

(1) 의의

산업재산권(특허·실용신안·디자인·상표권)에 관한 분쟁이 있는 경우, 법원이나 심판을 통해서 해결하는데 소요되는 비용과 시간 등의 문제를 절약할 수 있도록 특허청에 '산업재산권 분쟁조정위원회'를 두고 있다. 이는 당사자가 간단한 절차를 통하여 분쟁을 해결할 수 있도록 도와주는 제도이다.

단, 산업재산권 무효 및 취소여부, 권리범위 확인 등에 대한 판단만을 요청하는 사항은 신청할 수 없다.

(2) 분쟁조정 제도의 장점

쟁송능력이 부족한 중소기업 또는 개인이 편리하게 이용할 수 있고, 수년이 걸릴 분쟁이 수개월 내에 해결될 수 있으며, 신청절차가 간편하며 조정과정에서 비용이 거의 들지 않는다. 신청인이 원하는 경우 모든 절차를 비공개로 진행하므로 기업 비밀이 공개될 염려가 없다. 합의에 도달하여 조정조서를 작성하면 재판상 화해가 성립되어 확정 판결과 동일한 효력을 가지며, 분쟁에 실패하더라도 소제기가 가능하다.

제7절 특허침해소송

핵심내용

- 특허소송은 특허심결취소소송과 특허침해소송으로 크게 분류된다.
- 특허권자 또는 전용실시권자는 자기 권리를 침해한 자 또는 침해할 우려가 있는 자에 대하여 그 침해 금지 또는 예방을 청구할 수 있다.
- 특허권 또는 전용실시권 침해소송에서 특허권자 또는 전용실시권자가 주장하는 침해행위의 구체적 행위태양을 부인하는 당사자는 자기의 구체적 행위태양을 제시하여야 한다.
- 가처분신청은 침해행위가 발생하였을 경우, 신속하게 특허권에 대한 침해를 금지시키기 위하여 침해 정지, 예방을 구하는 것이다.
- 특허권침해소송에서 민사적 구제조치로는 침해금지 및 예방청구, 손해배상·부당이득반환·신용회복 청구 등이 있고, 형사적 구제조치로는 침해죄·허위표시죄·몰수 등이 있다.
- 특허침해는 직접침해와 간접침해로 분류할 수 있고, 직접침해는 문언침해, 균등침해, 이용침해, 우회침해, 선택침해, 생략침해, 불완전이용침해 등이 있다
- 청구범위 해석의 일반원칙으로는 청구범위 기준의 원칙, 발명의 설명 및 도면 참작의 원칙, 공지기술 제외의 원칙, 구성요소 완비의 원칙, 균등론 등이 있다.

1. 특허소송의 종류

특허소송은 크게 특허심결취소소송과 특허침해소송으로 분류된다. 특허심결취소소송은 특허청 심판원에서 한 심결에 대한 취소소송이고, 심결에 대한 불복은 특허법원에 제기할 수 있다. 특허침해소송은 산업재산권과 관련된 침해금지, 손해배상소송 등에 관한 다툼이며, 소의 제기는 지방법원에 하고 그 판결에 대한 불복은 특허법원, 대법원에 할 수 있다.[42)]

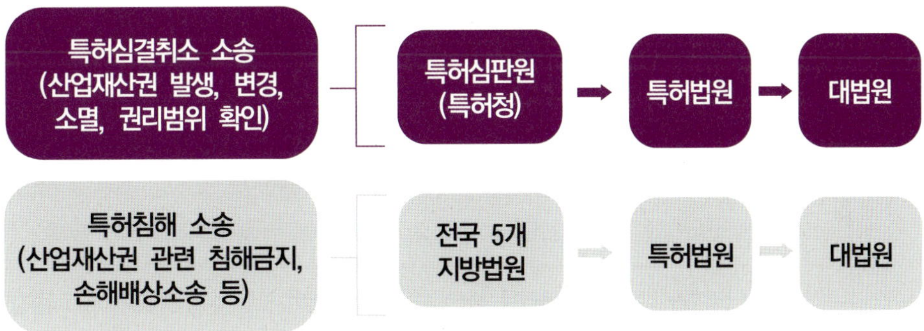

그림 2-11. 특허소송(특허심결취소소송, 특허침해소송)의 구조

2. 특허권자 보호

(1) 침해금지 및 침해예방 청구

특허권자 또는 전용실시권자[43)]는 자기 권리를 침해한 자 또는 침해할 우려가 있는 자에 대하여 침해 금지 또는 예방을 청구할 수 있다. 침해금지 또는 침해예방 청구를 할 때에는 침해행위를 조성한 물건(물건을 생산하는 방법의 발명인 경우에는 침해행위로 생긴 물건을 포함)의 폐기, 침해행위에 제공된 설비의 제거 기타 침해 예방에 필요한 행위를 청구할 수 있다(특허법 제126조).

(2) 구체적 행위태양의 제시의무(2019년 신설)

특허권 또는 전용실시권 침해소송에서 특허권자 또는 전용실시권자가 주장하는 침해

42) 민사소송법, 법원조직법 개정으로 2016.1.1.일부터 시행.

43) 통상실시권자는 침해금지 또는 침해예방 청구를 할 수 없다.

행위의 구체적 행위태양을 부인하는 당사자는 자기의 구체적 행위태양을 제시하여야 한다.(특허법 제126조의2 제1항)

만약, 당사자가 자기의 구체적 행위태양을 제시할 수 없는 정당한 이유가 있다고 주장하는 경우에는 법원은 그 주장의 당부를 판단하기 위하여 그 당사자에게 자료의 제출을 명할 수 있다. 다만, 그 자료의 소지자가 그 자료의 제출을 거절할 정당한 이유가 있으면 그러하지 아니하다.(특허법 제126조의2 제2항) 당사자가 정당한 이유 없이 자기의 구체적 행위태양을 제시하지 않는 경우에는 법원은 특허권자 또는 전용실시권자가 주장하는 침해행위의 구체적 행위태양을 진실한 것으로 인정할 수 있다.(특허법 제126조의2 제4항)

(3) 침해행위 요건

특허침해가 성립되기 위해서는 '영업'으로서 실시되어야 하므로, 개인적인 사용, 연구목적, 가정에서 사용 등은 침해행위에 해당하지 않는다.

'실시'란 다음 중 어느 하나에 해당하는 행위를 말한다(특허법 제2조 제3호).

① 물건의 발명인 경우 : 그 물건을 생산·사용·양도·대여 또는 수입[44]하거나 그 물건 양도 또는 대여의 청약(양도 또는 대여를 위한 전시를 포함)하는 행위
② 방법의 발명인 경우 : 그 방법을 사용하는 행위 또는 그 방법의 사용을 청약하는 행위
③ 물건을 생산하는 방법의 발명인 경우 : ②의 행위 외에 그 방법에 의하여 생산한 물건을 사용·양도·대여 또는 수입하거나 그 물건의 양도 또는 대여의 청약을 하는 행위

(4) 손해액 및 과실 추정

1) 손해액 추정

특허권자 또는 전용실시권자는 고의 또는 과실로 인하여 자기의 특허권 또는 전용실시권을 침해한 자에 대하여 그 침해로 인하여 자기가 입은 손해의 배상을 청구할 수 있다(특허법 제128조 제1항). 손해배상을 청구하는 경우 그 특허발명의 실시에 대하여 합리적으로 받을 수 있는 금액[45]을 특허권자 또는 전용실시권자가 입은 손해액으로 하여 손해배상을 청구할 수 있다(특허법 제128조 제5항).

권리를 침해한 자가 그 침해행위를 하게 한 물건을 양도한 때에는 그 물건의 양도수량에 특허권자 또는 전용실시권자가 침해행위가 없었다면 판매할 수 있었던 물건의

44) 수출은 불포함

45) 특허권자가 특허발명을 실시하고 있지 아니하여 매상감소에 의한 일실이익(逸失利益)이 없는 경우에도 적용된다는 점에 의의가 있다. 특허권자는 손해발생에 대하여 주장이나 입증할 필요가 없고, 권리침해사실과 합리적으로 받을 수 있는 금액을 주장하거나 입증하면 된다.

단위수량당 이익액을 곱한 금액을 손해액으로 할 수 있다(특허법 제128조 제2항). 또한, 권리를 침해한 자가 그 침해행위에 의하여 이익을 받은 때에는 그 이익의 액을 특허권자 또는 전용실시권자가 받은 손해액으로 추정한다(특허법 제128조 제4항).

2) 징벌적 손해배상[46]

법원은 타인의 특허권 또는 전용실시권을 침해한 행위가 고의적인 것으로 인정되는 경우에는 손해로 인정된 금액의 '3배'를 넘지 아니하는 범위에서 배상액을 정할 수 있다(특허법 제128조 제8항 신설).

징벌적 손해배상액을 판단할 때에는 다음 사항을 고려하여야 한다(특허법 제128조 제9항 신설).

① 침해행위를 한 자의 우월적 지위 여부
② 고의 또는 손해 발생의 우려를 인식한 정도
③ 침해행위로 인하여 특허권자 및 전용실시권자가 입은 피해규모
④ 침해행위로 인하여 침해한 자가 얻은 경제적 이익
⑤ 침해행위의 기간·횟수 등
⑥ 침해행위에 따른 벌금
⑦ 침해행위를 한 자의 재산상태
⑧ 침해행위를 한 자의 피해구제 노력의 정도

3) 과실 추정

다른 사람의 특허권 또는 전용실시권을 침해한 자는 그 침해행위에 대하여 과실이 있는 것으로 추정한다(특허법 제130조).

(5) 생산방법 추정

물건을 생산하는 방법의 발명에 관하여 특허가 된 경우, 그 물건과 동일한 물건은 그 특허된 방법발명에 의하여 생산된 것으로 추정한다. 다만, 그 물건이 특허출원 전에 국내에서 공지되었거나 공연히 실시된 물건, 특허출원 전에 국내 또는 국외에서 반포된 간행물에 게재되었거나 전기통신회선[47]을 통하여 공중이 이용할 수 있는 물건인 경우에는 그러하지 아니하다(특허법 제129조).

---

46) 징벌적 손해배상제도란 가해행위로 피해를 입은 당사자가 실제로 입은 손해의 단순한 전보를 넘어서는 금적적 불이익을 가해자에게 부담시키는 제도를 말한다. 기존에는 손해액을 산정함에 있어서 그 침해행위로 인하여 얻은 이익액 또는 특허발명의 실시에 대하여 통상적으로 받을 수 있는 금액을 근거로 하는 등 실손배상의 원칙을 따르고 있었지만, 고의적인 침해행위를 한 자에 대한 제재수단으로서의 실효성이 낮아 침해행위를 예방하기에 역부족이었다. 이에 특허권자 보호를 강화하기 위해 2019년 1월 8일에 법을 개정(2019년 7월 9일 시행)하여 손해액의 3배를 넘지 아니하는 범위 내에서 배상액을 결정하는 징벌적 손해배상제도를 도입하였다.

47) 2013.7.1. 이후 출원한 특허출원에 대하여 '대통령령이 정하는 전기통신회선을 통하여 공중이 이용할 수 있는 발명'에서 대통령령을 삭제하여 '모든 형태의' 전기통신회선을 통하여 공중이 이용할 수 있는 발명으로 개정하였다.

(6) 특허권자 신용회복

법원은 고의 또는 과실에 의하여 특허권자 또는 전용실시권자의 업무상의 신용을 실추하게 한 자에 대하여는 특허권자 또는 전용실시권자의 청구에 의하여 손해배상과 함께 특허권자 또는 전용실시권자의 업무상 신용회복을 위하여 필요한 조치를 명할 수 있다.

3. 가처분 소송

(1) 의의

지식재산권침해금지가처분이란 특허권, 실용신안권, 디자인권, 상표권, 저작권 등 지식재산권에 관한 침해행위금지를 구하는 가처분을 말한다. 특허권 침해행위가 발생하였을 경우, 신속하게 특허권에 대한 침해를 금지시키기 위하여 본안소송에 들어가기 전에 특허권에 대한 침해의 정지, 예방을 구하는 가처분 신청을 할 수 있다. 가처분 소송은 본안판결까지 많은 시간이 소요되기 때문에 본안판결 이후에는 침해물품이 없어지거나 침해자가 도피하는 경우 등 손해배상을 받기 어려운 경우에 이용한다.

가처분은 그 결과가 본안소송에 매우 중대한 영향을 미치므로 가처분 심리에서 신중하게 대응해야 한다. 가처분 신청을 통하여 침해물품의 생산, 판매 중지를 신청할 수 있고, 가압류와 함께 신청한다.

(2) 가처분소송 요건

가처분 신청 요건은 ① 특허권침해에 대한 증거(제조준비, 판매를 위한 소지, 카탈로그 반포 등)를 제출해야 하고, ② 현재의 상황이 바뀌면 당사자가 권리행사를 하지 못하거나 행사하는 것이 매우 곤란한 사정이 있어야 하고, ③ 현저한 손해 등 절박한 사정이 있어야 하며, ④ 가처분신청을 하기 위한 담보가 필요하다.[48)]

4. 특허권침해금지 소송

특허권침해금지소송은 본인 특허를 침해하고 있는 경우 침해를 금지시켜달라는 소송으로서 법원에 소를 제기한다.

① 특허권자는 자신의 특허권(A)을 확인대상발명(B)자가 침해하고 있다고 주장한다. 이에 대하여,

② 확인대상발명(B)자는 본인의 실시행위가 특허권(A)을 침해하고 있지 않다고 주장하거나,

---

48) 담보가 필요한 이유는 만약 특허권 침해가 아니라는 판결이 나왔을 경우 실시자가 실시하지 못함으로 인하여 입은 손해를 보상하기 위함이다.

③ 본인이 실시하고 있는 기술은 특허권(A)보다 먼저 알려진 선행기술(C)을 실시하고 있으므로 침해가 아니라고 주장한다. 이를 '자유기술의 항변'이라고 한다.

④ 특허권(A)의 발명이 선행기술(C)에 의해 이미 알려진 기술이므로 특허가 무효라고 주장한다. 이를 '공지기술의 항변'이라고 한다.

※ 일반적으로 특허침해소송 또는 권리범위 확인심판에서는 특허권(A)이 선행기술(C)에 의해 이미 알려진 기술이라고 주장할 경우 신규성(동일성)만을 주장해야 한다. 그 이유는 특허침해소송 또는 권리범위 확인심판에서는 권리범위에 속하는지 여부만을 판단하는 것이기 때문에 판단하기 비교적 쉬운 신규성(동일성)만을 다루고, 특허권(A)이 신규성(동일성)의 범위를 넘어 진보성까지 없다고 주장하는 것은 무효심판에서 다루라는 의미이다.

※ 무효심판에서는 특허권(A)이 선행기술(C)에 의해 이미 알려진 기술이라고 주장하면서 신규성(동일성) 뿐 아니라 진보성까지 주장한다.

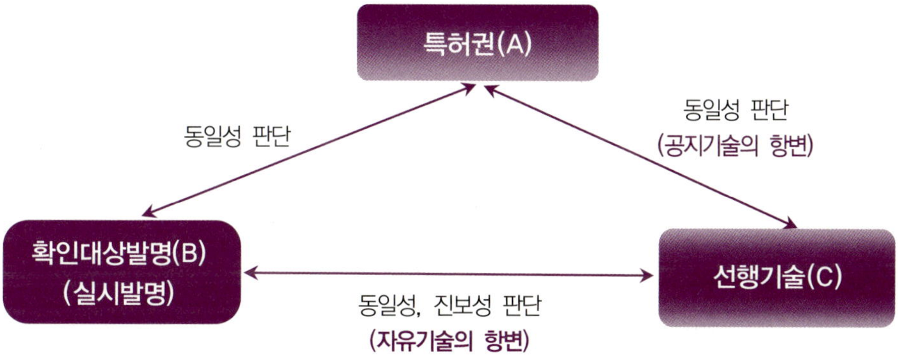

그림 2-12. 특허소송에서 특허권·확인대상발명·선행기술과의 관계 설명

5. 특허권침해 민사적·형사적 구제

민사적 구제조치로서 특허권자는 침해 금지 및 예방을 청구할 수 있고, 손해배상·부당이득반환·신용회복 등을 청구할 수 있다.

형사적 구제조치로는 특허권 침해행위에 대하여 침해죄·허위표시죄·몰수 등이 있다.

6. 비밀유지명령

특허권 침해소송에서 상대방의 영업비밀을 알게 된 당사자 등에게 법원이 비밀을 유지토록 명령하는 '비밀유지명령제도'를 한·미 FTA 결과 도입하게 되었다. 특허소송

절차에서 상대방 대리인을 포함한 당사자 등이 상대방의 영업비밀과 같은 정보를 알게 되었을 때 사법당국이 당사자 등에게 비밀을 유지하도록 명령하고, 이 명령을 위반하였을 경우 벌금, 구류, 구금할 수 있는 권한을 부여할 수 있다.

7. 벌칙

(1) 침해죄

특허권 또는 전용실시권을 침해한 자는 7년 이하의 징역 또는 1억원 이하의 벌금에 처한다. 특허침해죄는 고소가 있어야 침해죄가 성립하는 친고죄이다(특허법 제225조).

(2) 비밀누설죄 등

특허청 직원·특허심판원 직원 또는 그 직에 있었던 자가 직무상 알게 된 특허출원 중의 발명에 관하여 비밀을 누설하거나 도용한 때에는 5년 이하의 징역 또는 5천만 원 이하의 벌금에 처한다(특허법 제226조).

(3) 위증죄

선서한 증인·감정인·통역인이 특허심판원에 대하여 허위 진술·감정·통역을 한 때에는 5년 이하의 징역 또는 5천만 원 이하의 벌금에 처한다(특허법 제227조).

(4) 허위표시의 죄

특허표시를 위반한 자는 3년 이하의 징역 또는 3천만 원 이하의 벌금에 처한다(특허법 제225조).

(5) 거짓행위의 죄

거짓이나 그 밖의 부정한 행위로써 특허, 특허권 존속기간 연장등록 또는 심결을 받은 자는 3년 이하의 징역 또는 3천만 원 이하의 벌금에 처한다(특허법 제229조).

(6) 비밀유지명령 위반죄

국내외에서 정당한 사유 없이 비밀유지명령을 위반한 자는 5년 이하의 징역 또는 5천만 원 이하의 벌금에 처한다. 비밀명령 위반죄는 비밀유지명령을 신청한 자의 고소가 없으면 공소를 제기할 수 없다(특허법 제229조의2).

(7) 양벌규정

법인의 대표자나 법인 또는 개인의 대리인, 사용인, 그 밖의 종업원이 그 법인 또는 개인의 업무에 관하여 침해죄, 허위표시의 죄, 거짓행위의 죄 중 어느 하나에 해당하는 위반행위를 하면 그 행위자를 벌하는 외에 그 법인에게도 벌금형에 처한다. 다만,

법인 또는 개인이 그 위반행위를 방지하기 위하여 해당 업무에 관하여 상당한 주의와 감독을 게을리 하지 않은 경우에는 벌금형을 부과하지 않는다(특허법 제230조).

(8) 몰수

침해행위를 조성한 물건 또는 그 침해행위로부터 생긴 물건은 몰수하거나 피해자 청구에 의하여 그 물건을 피해자에게 교부한다(특허법 제231조).

8. 산업재산권 침해형태 및 구제수단

산업재산권 침해형태 및 구제수단은 다음과 같다.

표 2-9. 산업재산권 침해형태 및 구제수단

권리	침해형태	구제수단		비고
		민사	형사	
특허, 실용신안, 디자인	타인 특허 또는 실용신안, 디자인의 생산, 사용, 양도, 대여, 수입 또는 전시	권리침해 금지청구권 손해배상청구권 신용회복청구권	7년 이하 징역 또는 1억 원 이하 벌금	친고죄
상표	• 상표의 사용행위 · 상품, 포장, 광고 및 간판에 타인 상표 표시 · 타인 상표를 표시한 것을 양도, 인도, 전시, 수입, 수출 • 상표의 위조, 모조 또는 소지 • 위조, 모조를 위한 용구의 교부, 판매, 소지	권리침해 금지청구권 손해배상청구권 신용회복청구권	7년 이하 징역 또는 1억 원 이하 벌금	비친고죄[49]
부정경쟁행위	• 국내에 널리 알려진 상표 또는 영업표지를 사용한 상품을 판매, 반포 또는 수입, 수출 • 유명상표의 식별력 손상행위 • 원산지 또는 생산, 가공 지역의 허위표시 • 타인상품 사칭, 허위광고 · 사이버스쿼팅 행위 · 형태모방 행위	권리침해 금지청구권 손해배상청구권 신용회복청구권	3년 이하 징역 또는 3천 만원 이하 벌금 (사이버스쿼팅 및 형태모방 행위 제외)	비친고죄
영업비밀 침해행위	영업비밀 유출 등 침해행위	권리침해 금지청구권 손해배상청구권 신용회복청구권	5년(국내) 7년(국외) 이하 징역 또는 이득액의 2~10배 벌금	비친고죄

9. 특허침해 종류

특허침해는 크게 두 가지 유형으로 분류할 수 있다. 하나는 정당한 권한이 없는 제3자가 유효한 특허발명을 업으로서 실시하여 위법성이 인정되는 경우인 '직접침해(direct infringement)'이며, 이는 특허침해의 원칙적인 형태이다. 다른 하나는 직접적 특허침해를 유도함으로써 실질적으로 특허권을 제약하는 행위로서 위법성이 인정되는 '간접침해(indirect infringement)'이다.

직접침해는 다시 동일영역에 있어서의 침해인 '문언침해'와 실질적 동일영역(균등영역)에 있어서의 침해인 '균등침해'로 나눌 수 있다. 문언침해는 발명의 구성요건 모두를 그대로 사용하므로 고의적인 침해일 경우가 많다. 그러나 발명의 구성요건적 특징을 모두 사용하지 않지만 중요한 특징을 사용하면서 동일한 결과를 얻는 경우, 즉 청구항의 하나의 요소가 빠져 있거나 덧붙여져 있거나 변경되어 있는 경우에는 동일영역에 있어서의 침해는 부정되고 균등침해가 성립하는지를 판단하게 된다.

현실적으로 문제가 되는 것은 문언침해보다 균등침해의 여부이다. 균등론을 폭넓게 인정하면 특허발명의 보호범위는 커지는 반면 제3자에게는 불리하고 법적안정성이 위협을 받으며, 균등론을 좁게 인정하면 예측가능성과 법적안정성은 확보되지만 발명자에게는 발명에 상응하는 업적을 보호하지 못하는 불합리한 상황이 발생하게 된다.

(1) 직접침해

직접침해는 정당한 권한이 없는 자가 유효한 특허발명을 업으로서 실시하는 것이므로, 주관적 요건으로서 정당한 권한이 없는 제3자에 의하여 이루어진 것이어야 한다. 그리고 객관적 요건으로는 유효한 특허발명이 전제되어야 하는데, 특허권은 설정등록에 의하여 발생하고(특허법 제87조 제1항), 일정한 존속기간을 가지므로(특허법 제88조), 설정등록이 되지 않거나 존속기간이 지난 발명에 대하여는 제3자가 이를 실시하더라도 침해가 성립하지 않는다. 그리고 연구 또는 시험을 위한 특허발명의 실시 등 일정한 사항에 대하여는 특허권의 효력이 미치지 않으므로(특허법 제96조), 제3자의 그와 같은 실시 등은 특허침해라고 할 수 없다.

특허에 대한 직접침해의 전형적인 형태로서 문언침해와 균등침해가 있고, 직접침해의 특수한 형태로서 이용침해가 있다. 그 밖에 독립한 특허침해의 유형에 속하는지 여부가 문제되는 것으로 우회침해, 선택침해, 생략침해, 불완전이용침해 등이 있는데 대부분의 특허침해는 균등침해와 생략침해라 할 수 있다.

49) 친고죄는 피해자의 고소에 의하여만 논하게 되는 범죄이지만, 비친고죄는 피해자가 직접 고소하지 않아도 논하게 되는 범죄이다.

1) 문언침해

문언침해(literal infringement)는 특허침해의 가장 기본적인 형태로서 확인대상발명이 특허발명의 청구범위의 모든 구성요소를 문언적으로 포함한 경우에 발생한다. 확인대상발명이 특허발명의 청구범위에 적혀 있는 구성요소를 모두 가지고 있을 때에는 '구성요소 완비의 원칙'[50]에 따라 문언침해 여부를 판단하게 된다.

대법원 판례에 의하면 확인대상발명에 구성요소가 하나라도 생략되어 있거나 변형되어 있으면 문언침해는 성립하지 않는다.[51]

2) 균등침해

균등침해(equivalent infringement)란 확인대상발명이 특허발명의 구성요소의 일부를 등가관계에 있는 다른 구성요소로 변경하여 실시하는 경우에 성립하는 침해유형이다. 즉, 균등침해는 확인대상발명이 특허발명과 문언적으로 동일물은 아니지만 그것과 동등한 가치의 것, 즉 균등물로 볼 수 있을 때 침해가 성립한다.

3) 이용침해

이용침해는 이용대상이 되는 특허발명의 구성요소를 모두 그대로 가지고 있으면서 구성요소를 새로 부가하여 특허성을 취득한 경우에 발생한다. 특허법 제98조는 특허권자가 선출원 특허발명을 이용하여 특허받은 경우에는 선출원 특허권자의 동의를 얻지 않으면 업으로서 실시할 수 없다고 하여 이용발명에 대하여 규정하고 있다. 즉, 선출원 특허권자의 동의를 얻지 아니하고 이용발명을 실시하면 이용대상이 되는 특허발명을 침해하게 된다. 만약 부가된 구성요소가 단순한 주지관용기술에 해당하여 선행특허발명과 상이한 발명이라고 볼 수 없는 경우에는 이용발명이 아니고 동일발명으로서 특허침해가 된다.[52]

이용발명에서의 '이용'은 문언에 있는 그대로 이용된 경우에 한하는지 아니면 균등물을 이용한 경우도 포함하는지에 관하여 대법원과 특허법원은 모두 균등물을 이용한 경우에도 이용발명이 성립할 수 있다고 하였다.[53]

4) 우회침해

우회침해는 선행특허발명과 본래 그 기술사상이 같으면서 그 보호범위를 벗어나기

---

50) 구성요소 완비의 원칙(AER; All Element Rule)은 "청구범위에 적혀있는 모든 구성요소를 실시하면 침해가 성립한다."는 원칙을 말한다.

51) 대법원 2015. 8. 27. 선고 2014다7964 판결: 특허침해소송에 있어서, 상대방이 제조 등을 하는 제품 또는 사용하는 방법(확인대상발명)이 특허발명의 특허권을 침해한다고 하기 위해서는 특허발명의 청구범위에 적혀있는 각 구성요소와 구성요소 사이의 유기적인 결합관계가 확인대상발명에 포함되어 있어야 한다.

52) 대법원 2000. 7. 4. 선고 97후2194 판결.

53) 대법원 2011. 9. 29. 선고 2010다65818 판결.

위해 무용의 다른 물질이나 공정을 부가하여 일부러 우회의 길을 선택하고 있을 뿐, 결국 발명으로서는 동일한 결과를 얻는 관계에 있을 경우에 발생한다.[54] 우회침해는 화학발명에서 주로 문제가 된다.

우회발명이 특허발명에 대하여 침해가 된다고 보는 것이 우리나라 판례의 주류[55]이고, 학설도 우회발명은 특허발명과 등가관계에 있다거나 이를 침해로 보지 않으면 정의 및 공평의 관념 및 발명보호를 목적으로 하는 특허법의 이념에 반한다는 등의 이유로 특허발명의 보호범위에 속한다고 보고 있다. 미국의 판례는 구성요소의 치환·대체(C → C')가 자명하지 않을 경우 침해로 인정되지 않으며 또한 특허등록도 가능하다.

5) 선택침해

선택침해의 문제는 주로 화학분야에서 선행특허발명을 상위개념으로 할 때 하위개념의 관계에 있고 선행특허발명의 명세서에 구체적으로 개시되어 있지 않아 선행특허발명이 지적한 효과에 비하여 우수한 작용효과를 가져올 때 발생한다.

선택발명이란 선행특허발명에 구성요소들이 상위개념으로 기재되어 있는 경우 상위개념에 포함되는 하위개념만을 구성요소로 하는 발명으로서 그 하위개념이 선행특허발명에 구체적으로 기재되어 있지 않은 사항을 발명의 구성요소로 하는 발명을 말한다. 선행특허발명의 발명자가 예측하지 못한 새로운 작용효과를 가져오는 선택발명은 이용관계가 아닌 별개의 발명으로 본다.

선택발명이 선행특허발명에 대하여 특허침해가 되느냐의 문제는 선행특허발명의 특허권의 배타적 효력이 미치는 범위에 관한 문제로서, 선택발명이 선행특허발명의 기술사상을 그대로 이용한 것으로 평가할 수 있는지 여부에 따라 판단한다.

6) 생략침해, 불완전이용침해

생략발명은 확인대상발명이 특허발명의 구성요소 중에서 비교적 중요성이 낮은 구성요소 생략으로 인하여 특허발명의 작용효과보다 열악하거나 동일한 효과를 가져오는 발명을 말한다. 불완전이용발명은 이러한 생략발명에 일정한 구성요소를 부가한 발명이다. 생략발명이나 불완전이용발명이 특허침해를 구성하는지는 실무상 문제가 된다. 왜냐하면 특허발명의 모방을 시도하는 자는 특허발명을 그대로 실시하거나 일부 구성요소의 단순치환을 시도하는 것보다는 구성요소의 일부를 생략하는 방법으로 특허침해를 회피하려는 경향이 강하기 때문이다.

생략발명에 관한 우리나라 대법원 판례는 2000년 이전에는 주로 생략발명의 권리

54) 우회 여부는 출발물질과 목적물질과의 관계에서 판단되어야 하고, A → B의 공정을 ① A → A' → B로 하거나, ② A → B' → B로 하거나, ③ A → A' → B' → B로 하는 경우에 국한되어야 한다고 보는 견해도 있다.

55) 대법원 1997. 11. 14. 선고 96후2135 판결; 대법원 2000. 7. 4. 선고 97후2194 판결; 대법원 2000. 7. 28. 선고 97후2200 판결.

침해에 관하여 긍정하는 입장이었지만[56], 필수적 구성요소가 아닌 다른 구성요소를 생략하는 경우에는 제한적으로 생략발명의 권리침해를 긍정하는 입장단계를 거쳐, 현재는 모든 구성요소를 필수적 구성요소로 파악하여 생략발명의 권리침해를 부정하는 입장으로 점진적으로 변화되어 왔다.[57] 즉, 대법원은 청구범위에 적혀있는 구성요소를 모두 필수구성요소로 보아야 하고, 특허침해가 성립하기 위해서는 청구범위에 적혀있는 특허발명의 모든 구성요소가 갖추어야 한다는 이른바 구성요소 완비의 원칙과 동일한 입장을 견지하고 있다.

표 2-10. 특허침해 유형 및 판례 동향[58]

구 분	특허발명	확인대상발명	판례 동향	비 고
문언침해	A+B+C	A+B+C	침해로 인정	
균등침해	A+B+C	A+B+C1	침해로 인정	
이용침해	A+B+C	A+B+C+D	침해로 인정	
	A+B+C	A+B+C1+D	침해로 인정	
우회침해	A+B+C	A+B+C'	사안에 따라 다름 (한국: 침해인정 판례 많음) (미국: 침해불인정 판례 많음)	
선택침해	A+B+C	a+B+C	침해불인정	
생략침해	A+B+C	A+B+( )	침해불인정 (간접침해이면 인정)	
불완전 이용침해	A+B+C	A+B+( )+D	침해불인정	

주) A, B, C…는 발명의 구성요소

(2) 간접침해

간접침해는 넓은 의미에서 보면 특허의 직접침해에 대하여 복수의 주체가 관여하는

56) 대법원 1998. 1. 23. 97후233 판결: 해당 기술분야에서의 통상 지식을 가진 자가 용이하게 그 구성요소를 생략할 수 있거나, 그러한 생략에도 불구하고 작용효과와 별다른 차이가 없다고 보아 특허침해가 된다고 판시하였다.

57) 대법원 2005. 7. 22. 2003후1734 판결.

58) 사법연수원 특허소송실무, 216면.

일체의 특허권의 침해행위를 의미하는 것이지만, 일반적으로는 특허의 침해행위를 스스로 행하지 않으면서 이에 방조 또는 가담하는 행위를 의미한다. 즉, 간접침해는 자기 또는 제3자의 행위가 특허발명 자체의 실시는 아니지만, 직접침해의 전단계에 있어 침해행위로 간주하는 것으로, 직접침해에 위법하게 관여하는 형태의 특허침해를 말한다.

국내법상 침해간주는 특허발명의 구성요소 전부를 실시한 것이 아니므로 특허발명을 직접침해한 것으로 볼 수 없다. 예를 들어, 청구범위가 복수의 구성요소로 이루어진 경우에 그 발명에 대한 보호는 각각의 구성요소가 유기적으로 결합된 전체에 대하여 이루어져야만 하고, 제3자에 의해 구성요소의 일부가 실시되었다 하더라도 그러한 행위는 원칙적으로 특허침해가 되지 않는다. 이러한 경우를 특허침해에서 제외하게 되면 특허권자 등 권리자의 실질적인 보호목적을 달성할 수 없는 경우가 된다. 그 어떤 행위가 침해의 예비적 행위일 때 그것을 방치하면 필연적으로 침해의 결과를 가져오는 경우가 있어, 다음에 해당하는 경우에 침해로 간주하는 특허법 제127조를 두게 되었다.

> ① 특허가 물건의 발명인 경우 : 그 물건의 생산에만 사용하는 물건을 생산·양도·대여 또는 수입하거나 그 물건의 양도 또는 대여의 청약을 하는 행위
> ② 특허가 방법의 발명인 경우 : 그 방법의 실시에만 사용하는 물건을 생산·양도·대여 또는 수입하거나 그 물건의 양도 또는 대여의 청약을 하는 행위

특허법에 의하여 부여된 특허권을 부당하게 침해하는 행위에 대하여 특허권자를 보호하는 것은 당연하지만 인정범위가 지나치면 특허권의 과잉보호 또는 특허권의 남용을 유도하는 결과가 되고 이해당사자 또는 일반 공중에게까지도 불의의 손해를 끼쳐 거래의 안전을 해하거나 공정한 경쟁을 제한할 수 있다. 그러므로 간접침해는 침해행위 또는 침해대상물이 직접침해와 밀접한 관련성이 있는 경우에 한하여 인정된다.

10. 청구범위해석의 일반원칙

특허침해의 실체적 판단은 확인대상발명이 특허발명의 보호범위에 속하는지 여부를 판단하는 것이다. 청구범위해석의 일반원칙에는 청구범위 기준의 원칙, 발명의 설명 및 도면 참작의 원칙, 공지기술 제외의 원칙, 구성요소 완비의 원칙, 균등론, 출원경과 금반언 등이 있다.

우리나라 법원과 특허심판원의 실무에서는 청구범위에 적혀있는 사항을 기준으로 권리범위를 해석하고, 청구범위의 문언 내용이 불분명한 경우에 발명의 설명 및 도면 참작의 원칙, 공지기술 제외의 원칙 등을 보조적으로 이용한다.

(1) 청구범위 기준의 원칙

특허발명의 보호범위를 판단할 때에는 무엇보다도 청구범위에 적혀있는 사항을 기준으로 해석해야 한다는 원칙을 청구범위 기준의 원칙이라 하며, 문언중심의 원칙 또는 용어책임론이라고 부르기도 한다.

특허발명의 권리범위는 명세서의 청구범위에 적혀있는 사항에 의하는 것이 원칙이고, 그 기재만으로 기술적 구성을 알 수 없거나 알 수 있더라도 권리범위를 확정할 수 없는 경우에만 예외로 발명의 설명이나 도면 등 다른 기재에 의하여 보충하여 권리범위를 확정하되, 이 경우에도 그 다른 기재로 권리범위를 확장해석하거나 제한해석할 수 없다. 즉, 청구범위에 기재되지 않은 발명의 설명 또는 도면에 기재된 사항에 의하여 권리범위를 인정해서는 안 된다. 따라서 특허출원인은 출원서류, 즉 명세서를 작성함에 있어서 용어의 선택을 신중히 하여야 하며, 부적절하거나 명료하지 아니한 용어의 선택으로 말미암은 불이익은 원칙적으로 출원인에게 돌아간다.

청구범위의 기재형태에서, 젭슨타입[59]으로 기재된 경우 [전제부]를 포함한 청구범위에 기재된 구성요소는 모두 필수 구성요소이므로 [전제부]를 제외하고 실시한 발명은 특허를 침해한 것이 아니다. [전제부]는 공지기술이나 기술분야 등을 나타내는 것이기 때문에 [특징부]에 비해 낮은 비중으로 [전제부]를 실시하고 있는지의 여부를 판단한다. [전제부]를 해석할 경우 무조건 공지기술로 해석하지는 않는다. 실제 [전제부]가 공지기술이 아닌 경우도 있다.

(2) 발명의 설명 및 도면 참작의 원칙

특허발명의 특정은 청구항에 적혀있는 사항에 의해서만 해석되어야 하지만 청구항에 적혀있는 사항만으로는 특허발명을 명확히 특정하는 것이 어렵기 때문에 청구범위 기준의 원칙에 대한 보완수단으로 발명의 설명을 참작하는 것이 필요하다.

우리나라 특허법에서 청구범위를 해석할 때 발명의 설명이나 도면에 기재된 내용을 참작하여야 한다는 명문 규정은 없지만 판례에서는 이 원칙을 따르고 있다. 발명의 설명 및 도면을 참작하면 그 기술적인 의미에 대해 보다 정확하게 이해할 수 있기 때문에, 청구범위에 적혀 있는 사항은 문언의 일반적인 의미를 기초로 하면서 발명의 설명이나 도면 등을 참작하여 그 문언에 의해 표현하고자 하는 기술적인 의의를 고찰한 후, 객관적이고 합리적으로 해석하여야 한다. 주의할 점은 발명의 설명 및 도면을 참작한다 하더라도 보호범위의 판단은 청구범위를 기준해야 하므로 발명의 설명 등의 기재에 의하여 청구범위를 확장하거나 또는 제한해서는 안된다.

---

59) 청구범위를 기재할 때, [전제부(일반적으로 알려진 종래기술)]+[특징부]로 기재하는 경우가 많은데, [전제부]는 '…있어서,'와 같은 표현으로 기재하는 것이 젭슨타입 기재방법이다.

예) 청구항 1. <u>[페달에 의해 발생된 회전력을 뒤바퀴에 전달하기 위한 구동기구를 구비한 자전거에 있어서,]</u> 뒤바퀴측 지지프레임에 회전자유롭게 설치된 페달구동축과...

(3) 공지기술 제외의 원칙

청구범위에 적혀 있는 구성요소 중에서 일부가 공지기술인 경우[60]에는 그 공지기술을 제외하고 특허발명의 보호범위를 해석해야 한다는 법리를 공지기술 제외의 원칙이라 한다. 특허권은 신규 발명에 대해서 부여하는 것이므로 청구범위의 의미를 명확하게 이해하기 위해서는 출원 당시의 기술수준(공지사실)을 참작해야 하고, 권리범위 확인심판에서 권리범위를 정할 때에는 출원 당시의 기술수준이 무효심판의 유무와 관계없이 고려되어야 한다. 등록된 특허의 일부에 특허발명의 기술적 효과발생의 유기적인 결합이 아닌 공지사유가 포함된 경우에는 그 공지부분까지 권리범위가 확장되는 것은 아니다. 청구범위에서 제외되는 대상인 공지의 기술은 개개의 구성요소가 결합된 하나의 발명 단위가 공지된 공지의 발명을 의미하며, 그 발명 단위를 이루고 있는 개개의 구성요소가 공지된 경우에는 포함되지 않는다.

[관련 판례]

"특허의 일부 또는 전부가 출원 당시 공지공용의 것인 경우까지 특허청구범위에 기재되어 있다는 이유만으로 권리범위를 인정하여 독점적·배타적인 실시권을 부여할 수는 없으므로 권리범위확인심판에서도 특허무효의 심결 유무에 관계없이 그 권리범위를 부정할 수 있다." [대법원 2014. 3. 20. 선고 2012후4162 전원합의체 판결]

(4) 구성요소 완비의 원칙

구성요소 완비의 원칙(AER; All Element Rule)은 앞서 문언침해에서 살펴보았듯이 "청구범위에 적혀있는 모든 구성요소(element)를 실시해야만 침해가 성립한다."는 원칙을 말한다. 청구범위의 각 구성요소에 권리가 주어지는 것은 아니고, 청구범위의 각 구성요소의 결합에 의해 표현되는 기술적 사상에 대해서 권리가 주어진다. 구성요소 완비의 원칙을 적용하게 되면, 확인대상발명에 모든 구성요소가 포함되어야 침해를 구성한다. 따라서 특허발명 구성요소 중 하나라도 생략된 실시는 침해가 성립되지 않는다. 즉, 구성요소 'A+B+C+D'로 구성된 특허발명에서 D를 생략하고 'A+B+C'를 실시할 경우 확인대상발명은 D라는 구성요소를 생략하고 있기 때문에 침해로 인정되지 않는다.

[관련 판례]

"특허침해소송에 있어 상대방이 제조 등을 하는 제품이나 사용하는 방법이 특허권을 침해한다고 하기 위해서는 특허발명의 청구범위에 적혀 있는 구성요소 사이의 유기적인 결합관계가 침해품에 그대로 포함되어야 한다고 한다." [대법원 2014. 7. 24. 선고 2013다14361 판결]

---

60) 특허발명의 일부가 공지기술이라 함은 청구항이 예상하고 있는 발명이 여러 가지를 포함하고 있는데 그 중 일부가 공지인 경우인데, 이는 특허발명이 복수의 구성요소로 이루어진 경우에 그 중 일부가 공지된 선행특허발명에 존재하는 경우인 이른바 구성요소의 공지와는 다르다. 구성요소의 일부가 공지이더라도 당연히 당해 특허발명의 신규성이 부정되지는 않는다.

(5) 균등론

균등론이란 청구범위에 기재되어 있는 구성의 일부를 균등(또는 등가)관계 있는 다른 구성요소로 치환하여 실시한 경우에 침해라고 인정하는 이론이다. 청구범위의 문언적 의미보다 발명의 본질을 보호하려는 이론으로서 발명의 본질과 청구범위의 불일치를 조정하기 위한 것이다.

1) 우리나라의 균등론

우리나라 대법원은 특허발명의 보호범위를 판단함에 있어서 "특허발명의 요부, 핵심적 구성부분, 특징적 구성요소가 동일하므로 양 발명이 동일하다."는 취지의 중심한정주의[61]에 입각한 판시내용을 보이다가, 1990년대에 이르러 청구범위를 넘어 명세서 기재에 의한 확장해석을 허용하지 않음으로써 주변한정주의[62]적 입장을 보이게 되었다.[63] 이후 2000년 7월 28일 선고된 대법원 97후2200 사건 판결에서 최초로 균등론의 적용요건이 명시적으로 판시되었다.

확인대상발명에서 특허발명의 구성요소를 치환 내지 변경하더라도 다음의 요건을 충족하는 경우, 확인대상발명의 치환된 구성요소는 특허발명의 대응되는 구성요소와 균등관계에 있는 것으로 보아 확인대상발명은 여전히 특허발명의 권리범위에 속한다고 본다. 균등론을 적용하여 침해가 인정되기 위해서는 적극적 요건인 ①, ②, ③ 모두를 충족하여야 하지만, 소극적 요건 ④, ⑤중 어느 하나에라도 해당하면 침해로 인정하지 않는다. 균등침해가 많이 다투어지는 사건에서 특허권자의 균등침해 주장이 있는 경우, 상대방은 출원경과금반언을 들어 균등론 적용의 배제를 주장하는 경우가 많이 있다.

① 과제해결원리의 동일성

과제해결원리의 동일성이란 확인대상발명과 특허발명에 있어 과제의 해결원리가 동일하다는 것을 의미하며, 이에 대한 판단은 청구범위에 적혀있는 구성의 일부를 형식적으로 추출하는 것이 아니라 명세서의 발명에 관한 설명의 기재와 출원 당시의 공지기술 등을 참작하여 선행기술과 대비하여 볼 때 특허발명에 특유한 해결수단이 기초하고 있는 과제해결원리가 무엇인가를 실질적으로 탐구해야 한다.[64]

---

61) 중심한정주의(Central Definition)는 특허발명의 보호범위를 해석함에 있어서 청구범위의 기재사항에 구애받지 않고 그곳에 표현된 '실질적인 발명사상'을 보호하려는 것으로서, 청구범위와 명세서 전체를 일체로 하여 발명사상의 핵심을 파악한 후 이에 상응하는 범위까지 보호범위를 인정하는 해석방법을 말한다.

62) 주변한정주의(Peripheral Definition)에서 특허발명의 보호범위는 '청구범위에 적혀 있는 사항'의 문언적 의미로만 해석하여야 하고, 그 이외의 기재사항 즉, 특허발명의 설명에 의한 확장해석은 인정되지 않는다는 해석방법을 말한다.

63) 균등성립이 부정된 사례는 대법원 1985. 4. 9. 선고 83후85 판결, 대법원 1991. 11. 12. 선고 90후1451 판결, 대법원 1991. 11. 26. 선고 90후1499 판결, 대법원 1992. 10. 27. 선고 92다8330 판결, 대법원 1992. 6. 23. 선고 91후1809 판결, 대법원 1996. 2. 9. 선고 94후258 판결 등이 있고, 균등성립이 인정된 사례로는 대법원 1986. 6. 10. 선고 83후2 판결, 대법원 1990. 3. 23. 선고 89후773 판결 등이 있다.

64) 대법원 2011. 9. 29. 선고 2010다65818 판결.

② 작용효과의 동일성

작용효과의 동일성이란 확인대상발명의 치환된 구성요소가 특허발명의 구성요소와 같은 목적을 달성할 수 있고, 실질적으로 동일한 작용효과를 나타내는 것을 말한다. 여기서 '동일한 작용효과'란 완전동일한 작용효과를 말하는 것이 아니라 실질적으로 동일한 작용효과를 의미한다. 작용효과의 동일성은 목적과 작용효과라고 하는 결과에 주목하지만, 앞서 살펴본 과제해결원리의 동일성은 해결수단에 역점을 둔다는 차이가 있다.

③ 치환자명성

치환자명성[65]은 특허발명의 구성요소를 확인대상발명의 대응요소로 치환하는 것이 그 발명이 속하는 기술분야에서 통상의 지식을 가진 자라면 누구나 용이하게 생각해 낼 수 있을 정도로 자명할 것을 요건으로 한다.

④ 자유실시기술의 항변

자유실시기술의 항변이란 확인대상발명이 특허발명의 출원시에 이미 공지된 기술 내지 공지기술로부터 당업자가 용이하게 발명할 수 있었던 기술에 해당하는 경우 특허발명의 보호범위에 속하지 않는다는 것을 말한다. 즉, 확인대상발명이 특허발명의 보호범위에 속하는지를 판단함에 있어서 특허발명과 대비되는 발명이 공지의 기술만으로 이루어지거나 그 기술분야에서 통상의 기술자가 공지기술로부터 용이하게 실시할 수 있는 경우에는 특허발명과 대비할 필요 없이 특허발명의 보호범위에 속하지 않게 된다.

⑤ 출원경과금반언

출원경과금반언(출원포대금반언[66], File Wrapper Estoppel)은 침해여부판단에 있어서 균등론의 적용 여부를 참작하기 위한 수단이다. 출원시 심사과정에서 심사관의 거절이유통지에 의하여 출원인이 보정했을 때 그 보정한 사항이 침해여부판단에서 균등물에 해당하는 경우, 심사관의 거절이유를 극복하기 위하여 권리범위에서 배제한 구성요소라면, 그 구성요소에 대한 확인대상발명의 구성요소는 침해에 해당하지 않는다는 이론이다.

예로, 출원시 pH 5~9인 화합물을 청구했을 경우, 심사관이 pH 5인 선행기술을 제시했을 경우 청구범위를 pH 6~9로 보정했다면, 침해여부 판단시 균등물인 pH 5는 권리범위에 속하지 않는다. 만약 선행기술과는 상관없이 청구범위를 보정한 것이라면 균등물에 속하게 된다.

---

65) 치환자명성은 '치환용이성'이라는 용어로 사용되기도 한다. 대법원 2001. 6. 15. 선고 98후836 판결은 "원심은 이와 같은 치환용이성의 요건에 대하여 전혀 심리·판단을 하지 아니하였는바" 라고 하여 치환용이성이라는 용어를 사용하였지만, 대부분의 판결에서는 '치환하는 것이 통상의 기술자가 용이하게 생각할 수 있을 정도로 자명'한 것인지를 판단하고 있다.

66) 포대라는 말은 과거 특허출원서류가 전산화되기 이전에 특허출원관련 서류를 서류봉투의 일종인 포대에 넣어서 관리하고 보관하였기 때문에 포대라는 말이 생겼다.

2) 미국의 균등론

가) 균등론의 시작

① Winans 사건(1853년)

Winans 사건은 청구범위의 해석에 균등론의 적용을 제시한 최초의 사건으로 평가받는다. 석탄운반 차량관련 특허권자인 Winans 사는 원추형 적재에 대한 특허를 보유하고 있었고, 침해자인 Denmead 사가 팔각뿔 형태의 적재함으로 변경하여 실시한 사건에서 법원은 "단순한 형상을 변경한 발명의 도용을 허락한다면 특허권리는 공허한 권리로 전락할 것"이라고 하면서 특허권자 손을 들어주어 최초로 균등물에 대한 침해를 인정하였다.

② Graver Tank 사건(1950년)

Graver Tank 사건은 1950년 미국 연방대법원이 균등론에 대하여 내린 판결로서, 균등이론이 주변한정주의에서도 적용되는 이론으로 자리잡게 한 획기적인 판결로 평가받고 있다. 이 판결이 있기 전에도 주변한정주의하에서 균등론이 적용될 수 있다는 주장이 끊이지 않았지만, 미국 연방대법원이 균등론을 적용하는 이 사건 판결을 함으로써 주변한정주의 하에서도 균등론이 자리잡게 된 것이다.

이 사건에서는 용접할 때 사용하는 화학조성물의 화학원소 한 가지를 치환하여 특허 받은 용접물질과는 다르게 만든 화학조성물에 대해 균등침해를 인정하였다.

나) 균등론의 제한: Hilton Davis 사건(1997년)

이후 특허권을 균등론으로 지나치게 확대해석하는 경향을 보이자 이를 제한하는 판결이 나오게 되었다. Hilton Davis Chemical Co. vs Warner Jenkinson 사건에서는 식료품 등에 사용되는 염료를 pH 6-9 하에서 정화시키는 공정 특허를 취득하였다. 그런데 이 특허는 출원당시 pH를 한정하지 않았지만 심사과정에서 pH 9.0이상을 기재한 선행기술이 발견되었기 때문에 출원인 Hilton Davis 사는 이를 회피하기 위해 pH 6-9로 부가하여 한정하였다. 이때 pH의 하한을 둔 것은 특별한 이유가 없었다. 이후 침해소송에서 Warner Jenkinson 사의 pH 5는 특허권의 pH 6-9와 균등하다는 주장을 폈다. 그러나 CAFC(미국연방순회항소법원)는 특허를 등록받기 위해 청구범위를 축소한 것은 특허권자가 보정된 구성요소에 대한 모든 균등물을 포기한 것이라고 보아 비침해라고 하였다.

다) 균등론의 수정: Festo 사건(2002년)

균등론의 제한이론인 출원경과금반언의 원칙에서 균등론에 다시 수정을 가하는 사건이 발생하였다. 특허권자인 Festo 사가 미국에 특허출원하였는데 표현이 불명료하다는 이유로 미국 특허청으로부터 보정 지시를 받았다. 이에 따라 Festo 사는 불명료한 표현을 보정하면서 청구항에 '일방향 밀폐형 피스톤링과 자화성 재료로 된 외측 슬리

브를 가진 장치'라는 한정적인 표현을 별다른 의도 없이 추가하였다. 이에 대하여 법원은 Festo사의 특허보정은 선행기술을 회피하기 위한 것이 아니기 때문에 금반언원칙을 적용할 사항이 아니라고 판단하였다. 다만 특허권자가 균등론을 인정받기 위해서는 보정이 특허성과 관련이 없음을 입증할 책임을 부담하게 하였다.

Festo 사건은 균등론 제한이론으로서 중요한 위치를 차지하는 출원경과금반언의 법리에 대해 명확하게 정리하였다는 점에서 큰 의의를 갖는다.

제8절 국제조약

핵심내용

- PCT 국제출원은 다수 국가에 특허출원을 하고자 할 경우, 하나의 국제출원서를 제출하면 여러 PCT 가입 국가에 동시에 특허출원한 것과 같다. 한국어가 PCT 국제공개어로 채택되어 한국어출원이 가능하다.

- PCT 출원 후 각국에 번역문 제출시점을 기준으로 그 이전 단계를 국제단계, 그 이후 단계를 국내단계라고 한다.

- PCT는 해외로의 특허출원 절차를 단순화할 뿐, 특허 허락 여부는 각 국 특허청이 결정하며, 개별 국가로의 국내단계 진입 시기를 약 30(또는 31)개월까지 지연시킬 수 있어 특허획득 전략수립에 유리하다.

- 파리조약은 제1국 출원 후 이를 근거로 제2국에 1년 이내에 출원하면 특허요건(신규성, 진보성 등) 판단시 제1국 출원일로 소급하여 인정해 주는 조약이다.

1. PCT 국제출원 제도

(1) 개요

1) PCT(Patent Cooperation Treaty: 특허협력조약) 국제출원은 다수국가에 특허출원을 하고자 할 경우 하나의 국제출원서를 제출하면 여러 PCT 가입국가에 동시에 특허출원한 효과가 발생하는 절차로서 해외출원시 각 나라마다 일일이 출원서를 제출해야 하는 번거로움을 덜어 줄 수 있는 해외 특허출원 절차이다.

2) PCT는 특허·실용신안에 관한 해외 출원절차 통일화와 간소화를 위해 1970년 체결되었고, 현재 세계 대부분 국가들이 가입되어 있다.

1978년 발효된 다자 조약으로서 우리나라는 1984년부터 PCT 발효 및 국제출원 업무(수리관청 및 지정관청 업무)를 개시하였고, 2009년 1월 1일부터 한국어가 PCT 국제공개어로 채택되어 국어출원이 가능하게 되었다.

3) PCT 규정에 따라 1회의 국제출원으로 출원인이 모든 PCT 체약국 특허청에 직접 출원한 효과가 발생하며, PCT 국제출원 후 최초 출원일로부터 30개월(미국, 일본) 또는 31개월(우리나라, EPO) 내에 각 국에 번역문을 제출해야 한다. PCT는 해외로 특허출원 절차를 통일화·단순화할 뿐, 특허 허락 여부는 각 국 특허청이 최종적으로 결정한다. 따라서 '국제특허'라는 용어는 없고, '국제출원'만이 있다. 번역문 제출시점을 기준으로 그 이전 단계를 국제단계, 그 이후 단계를 국내단계라고 한다.

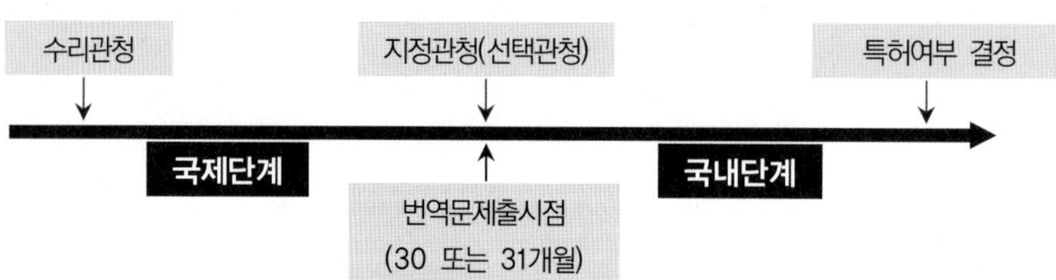

그림 2-13. PCT 국제출원

(2) PCT 국제출원 절차

1) 국제출원은 우선권 주장을 수반하는 경우에는 그 우선권주장 기초가 되는 출원일(2개 이상의 우선권을 주장하는 경우에는 우선권이 주장된 最先출원의 출원일)로부터 1년 이내 출원해야 한다. 우선권 주장 없이 바로 국제출원을 할 수도 있다. 국제출원이 접수되면 수리관청(대부분 자국 특허청, 또는 WIPO[67] 국제사무국)에서 서류작성 적정 여부 등에 대한 방식심사를 한다.

---

67) WIPO(World Intellectual Property Organization 세계지식재산권기구) 국제사무국: 국제출원의 국제공개, 통지서 송부 등 PCT 절차 업무를 담당하는 UN 국제기관으로 스위스 제네바에 본부를 두고 있다.

2) 국제조사기관에서 선행기술조사 및 특허성에 관한 검토를 하여 그 결과를 '국제조사보고서' 및 '견해서'에 작성하여 출원인 및 WIPO 국제사무국에 통보한다. 국제조사보고서, 견해서는 모두 국내단계로 진입했을 때 각국에서 심사에 참고로 하는 참고자료에 해당한다.

※ **국제조사보고서:** 국제조사기관에서 PCT 국제출원 발명에 대한 선행기술을 검색한 후 그 결과를 기재하고, 출원발명과 선행기술문헌의 관련성을 표시(신규성이 없는 경우 X, 진보성이 없는 경우 Y로 표기)

※ **견해서:** 발명의 단일성 충족 여부와 신규성, 진보성 등 특허요건 충족 여부에 대한 예비적인 의견을 기재

3) 국제사무국에서는 우선일로부터 18개월 경과 후 국제공개를 한다.

4) 선택적 절차인 국제예비심사를 청구하는 경우 국제예비심사기관은 특허성에 관한 예비적인 심사를 하여 그 결과를 "특허성에 관한 국제예비보고서"로 작성하여 출원인에게 통보한다.

5) 출원인은 상기 국제조사보고서 및 견해서를 참고로 각국에 진입하여 출원할 것인지 여부를 결정하고, 각국에 진입하고자 할 경우 특허를 획득하고자 하는 국가에 해당 국가의 언어로 번역문 및 수수료 등을 납부하는 국내단계에 진입하여 해당 국가에서 특허 심사절차를 밟는다. 해당 지정국에서는 자국 법률에 따라 특허여부를 결정하게 된다.

6) 국제출원절차는 국제출원서를 수리관청(통상 자국 특허청)에 제출하면서 시작되고, 각 지정관청(국제출원을 통해 특허획득을 원하는 국가 특허청)에 국제출원 번역문을 제출한 후 특허결정 또는 거절결정 됨으로써 종결된다. 따라서 번역문 제출 이전까지는 절차가 국제단계이므로 PCT 규정에 따라 일률적으로 진행되나, 국내단계인 번역문 제출 이후에는 각 지정국 국내법에 따라 독립적으로 진행된다.

(3) PCT 국제출원 서류

1) PCT 국제출원을 하기 위해서는 국제출원서, 명세서, 청구범위, 요약서, 도면(있는 경우에 한함), 서열목록(해당하는 경우에 한함)으로 이루어진 국제출원 관련 서류를 제출해야 하고, 명세서도 국내출원과 달리 PCT규칙에서 규정하는 기재순서에 따라 작성하여야 한다.

2) 국제특허출원을 외국어로 출원한 경우 대한민국 국내로 진입할 때 31개월 이내(1개월 연장 가능) 국어번역문을 제출하여야 하며, 번역에 오류가 있는 경우 새로운 국어번역문을 제출할 수 있다.[68]

---

68) 2015년 1월 1일 이전에는 번역이 잘못된 경우 새로운 번역문을 제출할 수 없었다. 국제특허출원의 경우 보정을 할 수 있는 기간에 국어번역문의 잘못된 번역을 정정할 수 있도록 함으로써 번역 과정상의 단순한 오기로 특허출원이 거절되는 등의 문제를 해소하였다.

3) 국제출원 시 모든 체약국이 자동 지정되므로 지정국을 추가하는 제도는 없고, 지정국 삭제만 가능하다.

(4) PCT 국제출원 특징

1) PCT 국제출원일이 각 국의 출원일자가 되므로, 출원일자 확보를 위해 개별 출원을 할 필요가 없다. 즉, 1회의 PCT 국제출원을 함으로써, PCT 국제출원한 날에 각 체약국(지정국)에 개별적으로 해외 출원한 효과가 발생하게 된다.

2) 통상 3개국 출원까지는 파리조약을 통한 우선권주장으로 개별적으로 출원하는 것이 비용측면에서 유리하고, 4개국 이상 출원시 PCT국제출원을 통해 출원하는 것이 유리하다.

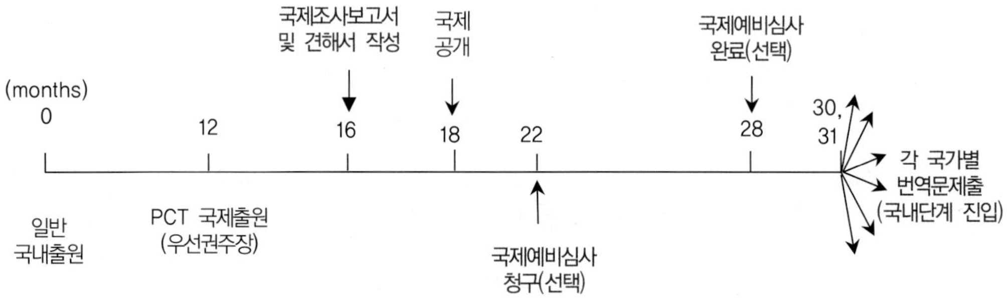

그림 2-14. PCT 국제출원 흐름

3) 개별 국가로 국내단계 진입(번역문 제출) 시기를 30(31)개월까지 지연시킬 수 있어 특허획득 전략수립에 유리하다. 즉, 다수 개별 국가에서 특허 획득에 소요되는 비용(번역료, 대리인 선임료 등) 지출을 30(31)개월까지 늦출 수 있고, 그 기간 동안 시장성 및 사업성 등을 고려하여 개별 국가 진입 여부를 결정할 수 있어 비용을 지출에 유리하다.

4) 국제조사보고서 및 견해서를 통해 국제출원된 발명과 동일·유사한 선행기술이 있는 경우 개별 국가로 특허출원을 중단하여 비용을 절감할 수 있다. 또한 국제조사보고서 및 견해서를 참고하여 보정이 가능하므로 특허 획득 가능성을 높일 수 있다.

5) 해외 출원 시 특허출원서 작성이 용이하다. 개별 국가에 직접 해외출원하는 경우 각 국의 국내법에 따라 명세서를 수정하는 것이 필요하나, PCT 국제출원을 이용할 경우 명세서를 수정하지 않고 국제출원과 동일한 명세서 내용을 그대로 번역하여 각 국 단계에 진입하여 제출해도 된다.

6) 기타 사항으로는 PCT 국제조사 비용이 추가로 필요하고[69], 행정처리 측면에서는 국제조사 심사 후 다시 국내단계로 진입했을 때 국내심사를 또 다시 해야 하는 심사

중복이 발생한다.

(5) PCT 국제조사 및 예비심사

1) PCT 국제출원을 하면 국제조사기관 및 국제예비심사기관은 PCT 조약에 따라 선행기술을 조사하고, 예비심사를 하게 된다. 출원인은 국제조사보고서와 예비심사를 통해 개별 국가에 특허절차를 진행하기 전에 특허요건 충족 여부를 파악하여, 각 개별 국가에서 특허 획득 가능성을 예측하고 향후 절차를 진행할지 여부를 결정할 수 있게 된다.
2) 국제조사업무는 출원발명과 관련된 선행기술을 검색하고 이에 대한 특허성 여부를 검토하여 그 결과를 출원인에게 제공하는 것이다. 국제조사결과는 국제출원 국제공개시 전 세계에 공개되며 각국 국내단계에서 국제출원에 대한 특허성을 판단할 때 국제조사결과를 참고로 하여 심사한다.
3) 국제예비심사업무는 국제조사로도 특허획득가능성을 판단하기가 어려운 출원에 대하여 출원인 청구에 따라 특허요건 충족 여부를 판단하는 예비적 심사업무를 수행하여 그 결과를 출원인에게 제공하는 것이다.
4) 국제조사는 국제조사기관에서 수행하고, 국제예비심사는 국제예비심사기관에서 수행한다. 모든 국제출원은 필수적으로 국제조사를 받아야 하지만, 국제예비심사는 출원인 선택사항이다.

2. 파리협약

산업재산권 국제적의 보호를 위하여 1883년 파리에서 체결한 협약이다. 각국의 특허제도상 차이를 인정하면서 중요한 사항에 대해서는 국제적으로 통일된 규범을 규정하기 위하여 체결된 조약이다. 우리나라는 1980년에 가입했으며, 2019년 7월 기준 가맹국은 총 175개국이다.

(1) 특허독립의 원칙(속지주의)

동일한 발명에 대하여 복수의 동맹국에서 특허를 부여받았다 하더라도 그 특허는 각 국가별로 독립적으로 존속, 소멸한다는 원칙이다.

(2) 내외국인 동등의 원칙

각국은 자국 산업 보호를 위하여 외국인에 대해서는 특허를 부여하지 않으려는 경향이 있으나, 동맹국 국민을 자국민 수준으로 대우해야 한다는 원칙이다.

---

69) 우리나라에서 국제조사를 받는 경우 국제조사비용은 130만 원이 소요되고, 미국에서 국제조사를 받을 경우 약 230만 원 정도 소요된다. 하지만, 국제조사 결과 특허성이 없다는 국제조사보고서 및 견해서가 나올 경우에는 각국에 진입하지 않거나, 보정하여 국내단계 진입시 필요한 경비를 줄일 수 있게 되므로 오히려 이익이 될 수 있다.

(3) 우선권주장제도

회원국에 출원(선출원)한 자가 동일한 발명을 1년 이내에 타 회원국에 우선권을 주장하면서 출원(후출원)하는 경우, 후출원 특허요건을 판단함에 있어서선출원 출원일에 출원된 것으로 취급하는 제도이다. 해외로 특허출원하는 경우에 거리, 언어, 절차상 제약으로부터 발생할 수 있는 출원인 불이익을 해소하기 위한 제도이다(제3절 9. 조약우선권주장출원(파리조약) 참조).

아래 그림에서 (a)는 조약우선권주장(또는 해외우선권주장)이고, (b)는 조약우선권주장을 이용하면서 PCT 국제출원을 한 것이고, (c)는 PCT 국제출원이다(PCT 국제출원에 대하여는 제8절 국제조약 참조).

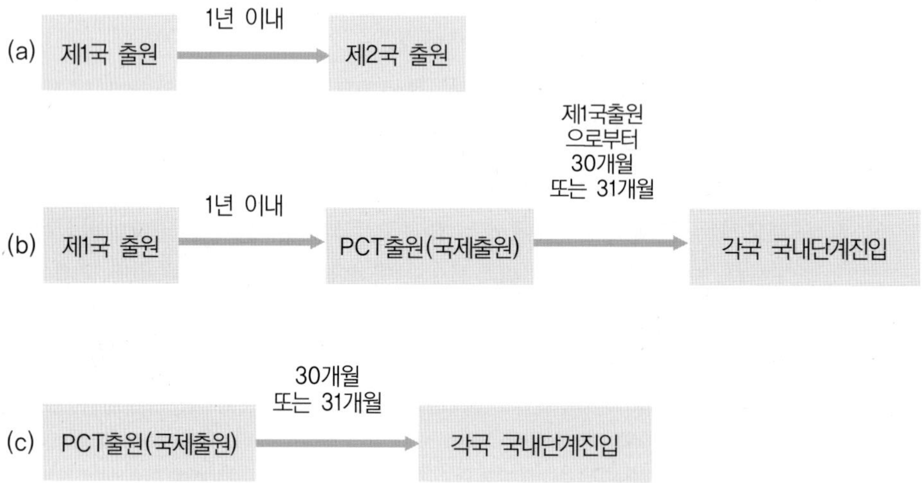

그림 2-15. 조약에 의한 우선권주장 출원과 PCT출원(국제출원)

3. 특허법조약(PLT)과 특허실체법조약(SPLT)

(1) 특허법조약

특허법조약(PLT: Patent Law Treaty)은 WIPO 주도로 특허에 관한 절차를 전 세계적으로 통일화하는 조약으로서 2000년 타결되었다. 주요 내용은 출원일 인정 요건 완화, 출원서 등 제출서류 요건 표준화, 국내 절차의 간소화(일부 절차를 대리인 선임 강제 예외 대상으로 규정), 단순한 실수로 인한 권리 상실 최소화 등 총 27개 조문으로 되어 있다. 2019년 7월 기준 PLT가입국은 41개국이며, 우리나라는 미가입한 상태이다.

(2) 특허실체법조약

특허실체법조약(SPLT: Substantive Patent Law Treaty)은 특허법조약(PLT)이 타결되고, 이후 특허의 실체적 사항을 통일화시키기 위한 조약으로 WIPO 특허법상설위원회에서 논의 중에 있다. 특허의 실체에 관한 사항으로는 특허를 받을 수 있는 권리, 명세서 기재요건, 청구범위 기재방법, 특허요건(신규성, 진보성 등), 보정 등이 있다.

제9절 실용신안

핵심내용

- 실용신안의 고안과 특허발명의 차이점은 '고도성'의 여부에 따라 차이가 있으며, 고안을 소발명이라고도 한다.
- 실용신안으로 등록을 받을 수 있는 고안은 산업상 이용할 수 있는 물품의 형상·구조 또는 조합에 관한 고안이다.
- 실용신안은 물품의 형상·구조 또는 조합에 관한 것이므로 방법, 프로그램, 시스템, BM(비즈니스 모델) 관련 기술은 실용신안 대상이 아니다.
- 실용신안 권리기간은 설정등록한 날부터 출원일 후 10년이고, 특허는 20년이다.
- 실용신안 심사청구기간은 출원일부터 3년 이내이고, 특허도 3년 이내이다.

1. 실용신안제도 개요

실용신안제도는 새로운 실용품을 고안한 사람에게 특허보다 짧은 기간동안 그 고안을 독점배타적으로 실시할 수 있는 권리를 보장함으로써 중소투자가와 기술자를 격려하여 적은 비용으로 낮은 수준의 기술개발이라도 이를 촉진, 유인할 수 있는 인센티브를 주고 중소기업간의 기술경쟁을 촉진, 조정하는 역할을 하고 있다. 또한 실용신안제도에 의한 소발명의 보호는 특허제도의 보호대상인 발명수준의 저하를 방지하는 역할도 하고 있다.

영미법계 국가들은 실용신안제도를 별도의 법률로 규정하고 있지 않으나, 대륙법계 국가들은 특허법 이외에 실용신안법을 별도로 두고 있다. 우리나라를 포함한 전 세계적으로 약 26개국에서 국가산업정책저인 측면에서 실용신안제도를 특허제도와 함께 운영하고 있다.

2. 실용신안법의 목적

실용신안법은 실용적인 고안을 보호ㆍ장려하고 그 이용을 도모함으로써 기술의 발전을 촉진하여 산업발전에 이바지함을 목적으로 한다(실용신안법 제1조). 실용신안법에서 정의하고 있는 '고안'은 자연법칙을 이용한 기술적 사상의 창작을 말하고, 특허법에서 정의하고 있는 '발명'은 자연법칙을 이용한 기술적 사상의 창작으로서 '고도한 것'을 말한다. 즉, 실용신안의 '고안'은 특허의 '발명'과 기술적 사상의 창작이라는 점에서는 본질적으로 동일하지만, 특허의 '발명'에서 요구되는 '창작의 고도성'이 필요하지 않다는 전과 구별된다.

3. 실용신안법의 보호대상

실용신안법의 보호대상은 물품의 형상·구조·조합에 관한 고안(Utility Model)이다.

(1) 물품

'물품'은 공간적으로 일정한 형태를 가진 것으로서 일반 상거래의 대상이 되는 자유롭게 운반 가능한 상품으로서 사용목적이 명확한 것을 의미한다. 따라서 물건일지라도 일정한 형태를 갖지 않는 의약, 화학물질 등은 실용신안의 보호대상이 아니다.

(2) 물품의 '형상'

'형상'이란 선이나 면 등으로 표현된 외형적 형상을 의미하며, 그것이 입체적인 것

인지 평면적인 것인지는 불문한다. 예) 공구의 날, 톱니바퀴의 치형, 캠의 형상 등

(3) 물품의 '구조'

'구조'는 공간적·입체적으로 조립된 구성으로서 물품의 외관만이 아니고 평면도와 입면도(경우에 따라서는 측면도와 단면도)에 의하여 표현되는 것을 의미한다. 시각적으로 보아 동일구조라고 인정되는 것이라도 절단하거나 물리적·화학적 분석에 의하여 구별할 수 있는 경우는 구조상의 차이가 있는 것으로 본다.

예) 가열 자성을 갖는 면도칼의 날과 자성을 갖지 않는 날, 재료가 상이한 면도칼

(4) 물품의 '조합'

물품의 '조합'은 일정한 형상 또는 구조로서의 가치와 기능을 가진 2개 이상의 물품이 결합하여 1개의 물품으로서 새로운 효과를 낳게 하는 것을 의미한다.

예) 바둑판과 바둑돌, 라이터와 담배통, 볼트와 너트

예

물품의 형상·구조·조합이 아닌 것

① 방법, 제조방법

② 기능적 표현만으로 기재된 것
예) ~ 하는 것, ~ 하는 방식

③ 조성물, 합금, 화합물 등 물질에 관한 것

④ 3차원의 것이 아닌 것
예) 모양, 마크, 선, 기호

⑤ 시퀀스(Sequence)
예) 데이터의 배열

⑥ 기능, 게임

⑦ 일정한 형상 또는 구조를 갖는 것으로 인정되지 않는 것
예) 모래, 액체, 토양, 점토

4. 실용신안제도와 특허제도 비교

다음의 표 2-11은 실용신안제도와 특허제도와 주요 차이점을 비교한 것이다.

표 2-11. 실용신안제도와 특허제도 주요 차이점 비교

구 분	실용신안	특 허
심사 청구	출원일로부터 3년 이내 누구든지 가능	
보호 대상	물품의 형상·구조 또는 조합에 관한 자연법칙을 이용한 기술적 사상의 창작 (물품성이 요구되며, 방법이나 물질에 관한 고안은 등록불가)	자연법칙을 이용한 기술적 사상의 창작으로서 고도한 것 (방법, 물질, 용도발명도 가능)
등록 요건	특허와 동일하지만 진보성 판단시 고도성 판단에 차이가 있음	신규성, 진보성 등 실체적 요건
진보성	'극히' 용이하게 고안가능한지 여부 (낮은 수준의 진보성)	용이하게 발명가능한지 여부
권리 존속 기간	설정등록한 날부터 실용신안등록출원일 후 10년	설정등록한 날부터 특허출원일 후 20년
존속 기간 연장	등록지연에 따른 연장만 가능	허가 등에 따른 연장, 등록지연에 따른 연장 가능
몰수 규정	임의적 몰수	필요적 몰수
첨부 서류	도면이 반드시 필요	도면이 필요할 경우에만 제출 (방법발명인 경우는 도면이 없어도 됨)

CHAPTER 3

제3장 특허정보 검색

제1절 특허정보

핵심내용

- 특허정보는 특허권, 실용신안권, 디자인권 및 상표권에 대한 권리정보와 최신기술 정보가 수록된 기술개발 내용과 기업경영에 필요한 매우 중요한 정보자료이다.
- 특허정보는 모든 산업분야에 대해 세계적으로 통일된 형태와 체계를 갖추고 있어 접근 및 검색이 쉽다.
- 특허정보는 연구개발, 특허권 취득, 기술동향 조사에 활용할 수 있다.

1. 특허정보

기업이 생존하기 위해서는 매년 수백만 건씩 발생하는 특허정보를 효과적으로 조사, 분석 활용하는 것이 필요하다. 연구개발을 시작하면서 가장 기본적이고 중요한 절차는 연구과제 내용이 이미 다른 연구자에 의해 연구되었고, 그 결과가 발표된 것인지를 확인하는 작업이다. 시간, 비용 및 인력을 투자해서 열심히 연구한 결과를 이미 다른 사람이 먼저 연구했다면 아무런 의미가 없기 때문이다.

특허정보는 특허제도에 의해 주기적으로 생성된다. 특허출원의 경우 특허출원일로부터 18개월이 경과한 때에 출원된 내용이 공개된다. 즉, 공개특허정보는 18개월 전에 어떠한 신기술이 개발되어 특허청에 출원되었는가를 알려주는 것으로써 기술정보의 하나이다.

(1) 특허정보 특징

1) 빠른 정보 공개

모든 국가의 특허출원 제도는 먼저 출원한 자에게 특허권을 부여하는 선출원주의이기 때문에 발명이 완성되면 가급적 빨리 특허로 출원하여 선출원권을 확보하는 경우가 대부분이다. 또한 특허출원 전에 잡지나 학술회의 등에 발표된 경우는 특허가 부여되지 못하므로 외부에 발표하기 전에 특허출원을 먼저 하는 경우가 대부분이다. 이렇게 출원된 내용은 출원공개 제도로 인하여 18개월 후 그 내용이 공개공보의 형태로 정부간행물로서 공표되어 기술공개시기가 비교적 빠르다.

2) 구체적인 내용

특허정보는 청구범위를 명확히 하기 위하여 해당 기술 분야에 종사하는 자가 용이하게 실시할 수 있을 정도로 발명의 목적, 구성 및 효과 등을 정확하고 상세하게 기재하도록 되어 있기 때문에 기재된 기술내용이 매우 구체적으로 작성되어 있다. 반면 권리를 주장하는 문서이기 때문에 독특한 용어를 사용하여 일반인에게는 난해한 경우도 있다.

3) 식별코드 사용

특허정보는 누구나 쉽게 파악할 수 있게 하기 위해서 세계 각국은 특허 정보를 표준화했다. 이를 서지적 사항 식별코드(INID, Internationally agreed Numbers for the Identification of bibliographic Data)라 하며 출원일, 출원인, 출원번호 등을 각국의 언어 및 법제도 차이 등을 초월하여 식별할 수 있도록 번호로 표시하고 있다.

4) 특허분류

특허정보에는 검색항목으로 사용하기 위한 특허분류번호가 부여되어 있으며, 현재는 거의 대부분의 국가에서 IPC(International Patent Classification, 국제특허분류)를 사용하고 있어 공통적으로 통용되고 있다. IPC는 국내외 특허문헌의 수집, 정리, 이용을 쉽게 하며, 기술개발 동향조사를 위한 기초가 될 수 있고, 특허심사 시 선행기술 조사 자료 검색 시 이용한다. IPC는 현재 2019년 1월 개정판이 사용되고 있다. IPC 분류 개수는 약 7만개이지만 융복합기술, 새로운 기술의 출현 등으로 인하여 분류개수가 부족한 실정이다.

가) IPC의 체계

IPC는 모든 기술분야를 A~H의 8개의 섹션(Section)으로 나누고, 각 섹션을 클래스(Class), 서브클래스(Subclass), 메인그룹(Maingroup), 서브그룹(Subgroup)으로 내림차순 구조에 의해 단계적으로 세분화하고 있다.

IPC의 기호체계

구분	섹션	클래스	서브클래스	메인그룹	서브그룹
표기	A~H	숫자(2자리)	알파벳 대문자(1자리)	숫자(1~3개)	숫자(2자리 이상)

IPC코드분류	내용(한글)	내용(영문)
A 섹션	생활필수품	HUMAN NECESSITIES
B 섹션	처리조작; 운수	PERFORMING OPERATIONS;TRANSPORTING
C 섹션	화학; 야금	CHEMISTRY; METALLURGY
D 섹션	섬유, 지류	TEXTILES; PAPER
E 섹션	고정구조물	FIXED CONSTRUCTIONS
F 섹션	기계공학; 조명; 가열; 무기; 폭파	MECHANICAL ENGINEERING; LIGHTING; HEATING;WEAPONS;BLASTING
G 섹션	물리학	PHYSICS
H 섹션	전기	ELECTRICITY

C01F 5/12 예

C	**섹션(최상위 단계)** - A ~ H까지의 영문 대문자 중 하나로 구성됨 - 예: C (화학, 야금)
C01	**클래스(섹션 다음 단계)** - 섹션기호+2자리 숫자 - 예: C01 (무기화학)
C01F	**서브클래스(클래스 다음 단계)** - 클래스기호+1개의 대문자 - 예: C01F (금속 베릴륨, 마그네슘, 알루미늄, 칼슘, 스트론튬, 바륨, 라듐, 토륨 화합물 또는 희토류 금속 화합물)
C01F 5/00	**메인그룹(서브클래스 다음 단계)** - 그룹은 메인그룹(Main Group)과 서브그룹(Subgroup)으로 나누어짐 - 서브클래스 기호 뒤에 메인그룹과 서브그룹을 사선(/)으로 구분함 - 서브클래스 기호 +메인그룹기호(1개 ~ 3개의 숫자) +사선(/)+00이외의 적어도 2개의 숫자 메인그룹 (서브클래스 다음 단계) - 서브클래스기호+1개 ~ 3개의 숫자 +/ +00 - 예: C01F 5/00 마그네슘 화합물
C01F 5/02	**서브그룹(메인그룹 다음 단계)** - 메인그룹의 1개 ~ 3개의 숫자, 사선(/) 및 00이외의 적어도 2개의 숫자 - 메인그룹기호 +/+00이외의 적어도 2개의 숫자 - 서브그룹 간에도 계층이 있으며, 도트 개수에 의해 구분됨 - 예: C01F 5/02 • 마그네시아 C01F 5/04 • • 금속 마그네슘의 산화에 의한 것 C01F 5/06 • • 마그네슘 화합물의 열분해에 의한 것 C01F 5/08 • • • 수산화마그네슘의 하소에 의한 것 C01F 5/14 • 수산화마그네슘

나) CPC (Cooperative Patent Classification) 특허분류

IPC의 개수가 부족하여 유럽이 주도하여 미국과 함께 개발한 분류체계로서 IP5(한국·미국·일본·중국·유럽) 국가에서 주로 사용하고 있으며 전 세계적으로 확산되고 있다. IPC의 A~H 8개 섹션에, Y 섹션을 추가하여 총9개의 섹션으로 약 26만개의 분류코드로 되어 있다. 4차 산업혁명 관련 신특허분류체계로 [Z]분류를 더 추가하였다.

CPC 표기방법은 『IPC+숫자』로 표기한다.

예) B62K 3/002, A63C 17/0033, A63C 2203/12, A63C 2203/50

다) 각국 고유의 특허분류

IPC는 세계 각국이 공통으로 사용하기 위해 작성한 분류체계이므로 공통관심 기술만 주로 다루어지고 있어서, 특정국가의 고유 기술 분야나 다른 나라보다 기술우위에 있는 분야는 더 상세히 다룰 수가 없다. 따라서 일부 IPC 항목에 많은 특허정보가 집중되어 있거나 없는 경우가 있어 자료 정리나 검색에 많은 불편을 주는 경우가 있다. 이와 같은 문제를 해결하기 위하여 각국 실정에 맞는 식별기호를 IPC와 함께 사용하거나 독자적인 분류체계를 병행하기도 한다.

미국 특허청은 IPC와 함께 독자적인 UPC를 사용하였으나, 현재는 IPC와 CPC를 사용하고 있다.

일본특허청에서는 IPC를 더욱 세분화한 FI(File Index)라는 분류기호와 기술적 관점에서 분류하는 F-Term(File Forming Term)을 사용하고 있다. 따라서 일본특허를 검색할 때 FI나 F-Term을 사용하면 유용하다. 유럽은 ECLA를 사용하였으나, 현재는 사용하고 있지 않다. 현재는 유럽, 미국 등에서는 주로 CPC를 사용하며 IPC와 함께 사용하고 있다.

(2) 특허정보 종류

특허정보 종류는 다음과 같이 1차 자료, 2차 자료, 3차 자료 및 기타 자료로 나눌 수 있다. 가장 기초적인 1차 자료는 각국 특허청에서 특허정보를 모아 특허공보, 실용신안공보, 공개특허공보, 공개실용신안공보, 특허관계 심판결례집, 등록원부 등의 형태로 발행하는 자료로서 명세서 및 도면, 심판결문 등의 모든 내용을 수록하고 있다. 2차 자료는 1차 자료를 가공한 자료로 한국특허영문초록(KPA), 일본공개특허초록(PAJ), Derwent 사의 World Patents Abstracts과 같이 특허정보를 쉽고 빠르게 이해할 수 있도록 특허기술내용을 요약한 자료이다. 명세서 전문을 요약한 초록이나 출원인, 발명자, 발명의 명칭, 특허분류 등 서지적 사항만을 나열하여 목차화시킨 자료 등이 있다. 3차 자료로는 특허목록, 공고특허분류색인, 공개특허출원인 색인과 같이 1차나 2차 자료를 가공한 것으로 가장 빠르게 확인해 볼 수 있는 특허자료이다. 출원인별 색인, 분류별 색인 등이 있다. 그리고 1~3차 자료 이외의 모든 특허관련 정보로는 특허청 연보, 국제특허분류표, 산업재산권관련 법령집, 산업재산권 관련 잡지·논문, 특허맵 등 특허정보 조사 방향 설정 및 특허제도의 이해와 관련한 자료 등이 있다.

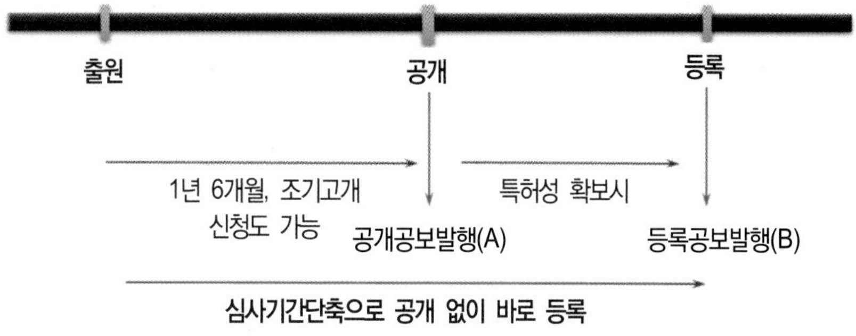

그림 3-1. 특허공보의 구분

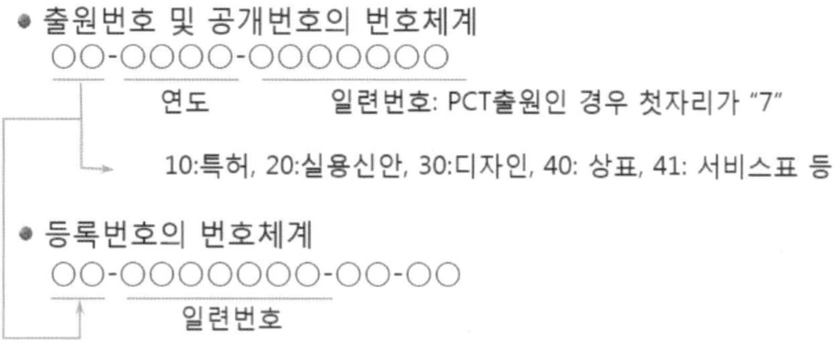

그림 3-2. 출원번호, 공개번호, 등록번호의 번호체계

2. 특허정보 활용

특허정보는 장기간에 걸쳐 광범위한 정보가 축적되어 있다. 특허정보를 잘 활용하면 새로운 프로젝트를 시작할 때 아이디어 탐색이나 프로젝트 수행 도중 아이디어 획득 또는 아이디어의 특허출원 가능성 확인 등에 유용하다. 또한 특정분야에 대한 기술동향 및 기술수준 파악이 가능하고, 프로젝트의 해결방향 모색이나 방향 수정, 새로운 기술개발이 요청되고 있는 분야 등을 예측할 수 있다. 연구개발의 각 단계에서 협력기업의 확인, 사용료(royalty) 산정뿐만 아니라 우수 연구원 영입, 기술을 판매할 회사파악, 특허 소송대리인의 선정 등 다양한 분야에 활용된다.

(1) 연구개발

연구기획단계에서 관심분야에 대한 특허조사를 통해 이를 기술개발에 활용하면 새로운 연구개발 주제 수집이 가능하고, 동종업체의 기술동향, 기술수준의 파악이 가능하여 중복연구 및 이중투자방지가 가능하다. 연구개발단계에서는 주기적으로 특허정보를 조사하여, 자기회사의 연구기술개발 방향 설정이나 프로세스의 수정이 가능하다. 또한 특허정보를 분석하여 특허맵(patent map)을 작성함으로써 타사의 특허전략, 기술개발 전략 및 기업전략의 파악이 가능하다. 그리고 연구개발이 끝나면 특허출원 직전에 선행특허를 조사함으로써 불필요한 특허비용을 절약할 수 있다.

(2) 특허권 취득 및 활용

특허권 취득을 위해 명세서를 작성할 때 타인의 권리내용과 선행기술을 고려하여 자기특허의 권리범위를 확정하거나, 심사관에게 정보제공이나 무효심판 등에 의해 타사의 특허권을 저지하거나 권리범위를 축소시키는 것이 가능하다.

자사가 보유한 특허권 정보를 활용하여 독점적으로 권리를 실시하고 타사의 실시를 방지할 수 있으며, 라이선스 계약에 의해 타사에게 실시를 허락하고 사용료 수입을 얻을 수 있다. 자사의 권리를 타사에 실시허락과 동시에 그에 대응하는 타사권리의 실시허락을 받는 크로스라이센스도 가능하다.

(3) 기술동향 조사

특허정보를 기술동향 조사에 활용하면 기술개발 방향이나 현재기술의 문제점 파악, 기술개발이 요청되고 있는 기술분야, 기술이 고도로 복잡한 기술분야 등에서 기술예측이 가능하다. 다음은 특허정보의 구성요소별 특허정보 활용의 예이다.

구성요소	활 용 가 능 범 위
출원인	특정기술보유 기업조사 (순위별, 특허비율), 경쟁사 기술 (특정회사의 기술 종류 및 비중) 동향조사
발명자	특정분야 전문가 (순위별, 특허비율) 확인, 연구조직 운영 (연구기간, 공동발명자로 발명자군) 확인
출원일	통계수치조사 (출원인, 기술별, 국가별 시계열적인 조사), 특허기간의 확인
국가	국가별 기술종류 및 비중조사, 외국인 특허 현황, 해독이 용이한 언어의 대응특허 확인, 특정국가의 기술동향 파악
명칭, 초록, 발명의 설명, 도면	선행기술조사, 제품, 제법의 변천과정, 신규 아이디어 발굴, 기술문제점 해결, 신규 주제 선정, 특허성 (신규성, 진보성) 파악, 특허 침해여부 확인, 기술과 기술의 상관관계 확인
심사경과, 등록원부	특허권리 변화 (양도, 이전) 확인, 청구범위 확인 (심사내용 확인), 특허료 불납으로 인한 특허 기간 종료 확인, 특허기간 연장사항 파악
특허번호	특정특허조사, Family 특허 조사, 우선권 출원 관련 특허 조사

제2절 특허정보 검색

핵심내용

- 특허검색의 종류에는 주제검색, 기업동향조사, 출원 후의 경과 조사 및 대응특허조사가 있다.
- 특허정보 검색을 위해서는 정확한 검색어(key word)가 필요하다. 검색어란 특허검색에 있어서 해당 기술을 대표하는 핵심 기술용어 또는 어구를 의미하며 몇 개의 검색어만으로 그 기술 전체를 표현할 수 있어야 한다.

1. 검색 종류

(1) 주제검색

주제검색은 신기술 연구개발 시 관련분야의 선행기술을 조사하여 중복연구를 방지하고, 제품판매 개시 전에 개발제품과 동일·유사제품 또는 상표를 조사하여 타인의 산업재산권 침해를 예방하기 위함이다. 또한 출원 전에 선행기술 또는 권리 존재여부를 확인하여 중복출원을 방지하고, 타 출원에 대한 정보제공, 이의신청, 무효심판청구 자료를 수집하기 위함이다. 특허조사의 중심이며 가장 빈번하게 행하는 조사로서 주제조사의 내용과 같은 특허자료를 발견했을 경우에는 그 발명자, 출원인, 권리자명을 검색키워드로 하여 다른 자료가 없는지 상호조사(cross search)를 통하여 누락되는 것을 방지한다.

주제조사를 위해서는 먼저 분류를 확정(특허와 실용신안은 IPC, 디자인은 물품분류, 상표는 상품분류)하고 기술내용이 불분명한 경우는 기술내용 색인집을 참고하여 조사기간 및 조사방법을 결정(매뉴얼 또는 전산검색)하여 검색하고, 그 조사결과를 분석, 정리한다.

(2) 기업동향조사

기업동향조사 또는 출원인 지정조사방법이다. 기업의 기술개발동향조사 목적은 타인의 연구개발 동향을 파악하기 위해 출원 및 등록여부를 조사하고 자기의 기업활동에 장애가 되는 산업재산권 취득을 방지하려는 것이다. 조사 대상기업이나 제품을 정하고, 조사기간을 정하여 출원인 색인 등으로 그 기업의 특허출원 공개, 공고 등의 모든 번호를 추출하여 해당기업의 출원 현황, 연구개발동향을 검색하고 그 결과를 분석, 정리하여 참고하는 것이다. 또한 해당기업의 해외출원 현황으로 대응특허조사를 하면 그 기업이 중요시하는 기술분야나 특허를 알 수 있다.

(3) 출원 후 경과 조사

출원 후 심사경과 조사는 정보제공, 심사청구, 이의신청, 무효심판청구를 위한 준비 목적으로 특허청에 심사·심판포대의 복사신청이나 특허기술정보센터 온라인 서비스를 통해 가능하다. 실시(사용)권 등의 등록정보 등에 대하여 등록원부를 통하여 특허권·실용신안권의 존속·소멸, 실시권의 설정, 권리의 이전 등에 관한 정보를 조사한다. 권리상황 조사방법으로 등록된 권리의 존속여부, 권리자나 권리의 변동사항, 무효심판 여부, 상속, 전용(통상)실시권 설정여부 등을 파악하기 위한 목적으로 조사한다.

(4) 대응특허조사

동일발명이 2개 이상의 나라에 출원된 경우 그 출원된 각국에서 발간된 동일발명에 대한 특허자료를 총칭하여 대응특허자료(Patent Family)라 한다. 따라서 대응특허조사란 어떤 특허가 여러 나라에 출원되었을 경우 해당 국가의 출원상황을 파악해 볼 수 있는 조사이다. 어떤 특허에 대해 다른 나라에서의 권리획득여부 확인과 외국에 제품을 수출 시 그 나라에서의 권리상황을 파악하기 위한 조사로서 IFD(Inpadoc Family Data), Derwent 검색을 통해 할 수 있다. 대응특허조사를 통하여 특정 국가에서 제품판매가 가능한지 조사, 해독가능 언어로 작성된 특허검색, 예비조사용, 특허 권리화의 예측이 가능하다.

조사대상을 파악하고 주제를 분석하여 조사방법을 결정하며 검색항목을 선정하여 검색식을 작성한다. 이 식을 기준으로 예비검색을 하여 그 결과를 평가하여 조사목적이 달성되었을 경우에는 본 검색을 하여 그 결과를 평가하고 정리하면 조사가 완료된다. 예비검색 평가 결과가 만족스럽지 않으면 검색항목을 다시 선정하여 검색식을 작성하고 예비검색을 하여 평가한 후에 본 검색을 하게 되며, 본 검색 평가결과가 만족하지 못하면 주제 분석부터 다시 시작하여 조사방법을 결정하는 등 상기의 검색절차를 반복한다.

2. 특허정보 제공 기관

세계 주요나라의 특허는 그 나라의 특허가 등록된 특허청, 또는 특허 검색엔진을 통해 특허를 검색할 수 있다.

(1) 무료검색 사이트

우리나라, 미국특허청(USPTO), 일본특허청(JPO), 유럽특허청(EPO) 등은 자국 기술보호와 정보공유 차원에서 특허정보무료검색 서비스를 운영하고 있어서 이들 나라의 웹사이트를 방문하면 특허정보를 쉽게 얻을 수 있다.

우리나라의 특허정보 데이터는 한국특허정보원(KIPI)의 특허정보 무료 검색 서비스인 '키프리스'(KIPRIS; Korea Industrial Property Rights Information Service)[1]를 통해 조사할 수 있다. 키프리스는 특허청을 대신하여 산업재산권과 관련된 모든 정보를 DB로 구축하여 일반인들이 인터넷을 통하여 무료로 검색하고, 열람할 수 있도록 한 특허정보 종합 인터넷 서비스로 무료로 특허정보를 검색할 수 있다. 1948년 이후의 국내 산업재산권 전체 정보와 1980년 이후의 해외 특허정보를 검색할 수 있고, 특허청 전자출원 데이터를 이용하여 정확한 DB를 구축해서 데이터의 신뢰도가 높다. 검색 시 검색항목 간 조합에 의한 검색이 가능하며 서지사항, 초록의 일괄보기 및 검색결과의 일괄 다운로드가 가능하다.(검색결과는 5,000건으로 제한)

키프리스에서 국내 산업재산권(특허, 실용신안, 디자인, 상표) 정보 및 미국, 일본, 유

1) http://www.kipris.or.kr

럽, 중국 등 국제특허정보를 검색하기 위해서는 웹사이트에 접속해서 '특허정보길라잡이 KIPRIS쉽게 배우기' 또는 '특허정보길라잡이 KIPRIS 실무활용가이드'를 다운받아 읽어보기 바란다.

미국특허청의 특허검색사이트는 1790년 이후에 공개된 특허 공보 및 공개특허공보에 대한 검색 및 조회가 가능하다. 1790년부터 1975년까지는 특허번호와 UPC(미국특허분류, US Class)로만 검색이 가능하고 1976년 이후는 서지사항은 물론 전문(Full-text)검색이 무료로 가능하다. 또 2001년 3월부터 발행한 미국특허 공개공보(Pre-Grant Publication of Patent Application)의 검색과 열람도 가능하다. 특허 원문은 PDF 파일로 1쪽씩 제공되지만 서지사항, 도면, 명세서, 청구항으로 개별적 접근이 가능하다. 미국은 번호체계 및 날짜표기방법이 한국이나 일본의 사용체계와는 약간 다르므로 주의해야 한다. 미국 특허검색은 특허와 상표로 구분되며, 특허는 다시 등록특허와 공개특허로 구분하여 검색할 수 있다. 미국 특허검색은 한국의 키프리스와 유사한 검색체계를 갖고 있는데 단순검색인 Quick Search, 번호검색인 Patent Number Search, 항목별 세부검색인 Advanced Search로 구성되어 있다.

일본의 특허전자도서관(J-PlatPat)[2]에서는 일본특허청에서 보유하고 있는 산업재산권 정보를 다양한 검색방법을 통해 검색할 수 있다. 특허전자도서관은 크게 9개의 서비스로 나뉘어져 있다. 인터넷 화면에서 특허·실용신안검색을 클릭하여 사용자의 목적에 맞는 검색항목을 선택하여 검색한다. J-PlatPat에서는 다양한 정보가 일본어와 영어를 기준으로 제공되나 영어는 일부 정보에만 한정되어 있다. 일본어를 모르는 사람들을 위해서 일본특허 초록부분을 영문으로 번역하여 만든 일본공개특허영문초록은 영문 키워드로 검색할 수 있다. 이 영문초록은 1976년부터 일본에 공개된 특허에 대해 초록부분을 영문으로 번역한 후 대표도면을 추가해 키워드검색이 가능하도록 했기 때문에 이용하기 편리하다.

유럽 특허청(EPO)이 제공하는 특허검색사이트에서는 유럽특허뿐 아니라 국제특허(PCT)와 일본 공개특허영문초록내용도 찾아볼 수 있다. 각국의 특허청 중에 가장 많은 데이터양을 구비하고 있다. Text, Patent Number, Company Name에 대한 신속한 단일 필드의 검색을 위한 Quick Searches 기능이 있다. 그러나 검색 대상 Data의 수록 범위는 국가마다 다르고 명확하지 않다. 따라서 검색 결과에 대한 신뢰도가 낮으므로 선행특허조사 목적에서는 사용이 가능하지만, 권리조사, 무효조사 발굴 등 특정 목적을 위한 검색에는 적당하지 않다.

2) 과거에는 IPDL(Industrial Property Digital Library)을 사용하였으나, 2015.3.20.일부터 새로운 검색시스템인 J-PlatPat을 사용하고 있다.

무료검색 사이트

구분	DB	사이트
특허문헌 검색 DB	KIPRIS	http://www.kipris.or.kr
	USPTO	http://www.uspto.gov
	J-PlatPat	https://www.j-platpat.inpit.go.jp/web/all/top/BTmTopPage
	Espacenet	http://worldwide.espacenet.com
비특허문헌 검색 DB	NAVER 전문검색	http://academic.naver.com
	Google 학술검색	http://scholar.google.co.kr
	국가과학기술정보센터NSDL	http://www.ndsl.kr

(2) 유료검색 사이트

특허를 검색할 수 있는 데이터베이스에서는 검색결과로부터 특허 원문을 다운로드 받거나 특허정보 사이트로 이동할 수 있다. 주로 이용되는 유료 데이터베이스의 특징은 다음과 같다.

1) WIPSON(http://www.wipson.com/)

한글통합검색과 영문통합검색 기능을 제공하며, 한글로 검색식을 작성하여도 일본 특허의 검색이 가능하다. 일본 특허는 원문과 번역문 모두 제공된다. 영문통합검색을 할 경우 일본 PAJ, 미국, 유럽, 독일, 영국, 프랑스, 스위스, 중국 특허의 검색이 가능하다. (단, 중국특허는 영문초록본이 있는 것만 검색되며, 독일, 영국, 프랑스, 스위스의 경우도 서지사항과 요약만 검색 가능하다.) 전세계 특허 데이터를 각국 특허청으로부터 받아 서비스하지만 실질적으로 선행기술조사의 취지에 맞춰 전문 검색이 가능한 특허 DB는 한국, 미국, 일본, 유럽특허이다. 한국 공개특허의 경우 1983년부터 현재까지, 등록특허의 경우 1979년부터 현재까지의 데이터를 검색할 수 있다. 미국, 일본, 유럽, 중국, WIPO 등의 특허정보를 검색할 수 있으며 html, PDF 형태로 특허 원문을 저장할 수 있다.

2) Delphion (http://www.delphion.com)

세계적으로 가장 널리 알려진 Delphion 데이터베이스는 특허정보, 기술정보, 기업정보를 총 망라한 통합 데이터베이스이다. Delphion은 전문 검색이 가능하고, family 특허정보를 얻을 수 있다. 또한 지식재산권과 관련된 정보를 모아놓은 사이트로 특허정보에 대한 검색, 전망, 분석을 도와준다. 미국 뿐 아니라 유럽, 일본 등의 특허정보도 제공하며 다양한 특허 검색 기능으로 편리하고 쉽게 원하는 정보에 접근할 수 있다. 1971년 이후 200만 건 이상의 미국 등록특허 정보와 140만 건 이상의 PCT 특허정보 및 400만 건 이상의 특허 원문을 보유하고 있다. 또한 Boolean Operator를 이용하여 서로 다른 검색 항목을 조합하여 검색하거나, 개별적으로 사용하여 다양한 검색이 가능하고 Hyperlink 기능을 이용하여 인용특허, IPC, UPC 등의 정보를 용이하게 참조가 가능하다.

3) PATOLIS (http://www.patolis.co.jp/)

PATOLIS는 1971년 설립된 일본특허정보센터(Japatic)가 1978년 특허청으로부터 특허정보를 제공받아 일본 최초로 개발된 특허정보 온라인 검색시스템이다. 1985년 일본특허정보센터와 발명협회(JIII)의 특허정보 서비스 부문이 통합되어 일본특허정보기구(JAPIO)가 탄생되고 2001년 민간전용 서비스를 분리하여 PATOLIS사를 설립 후 일본특허검색을 유료로 서비스하고 있다. PATOLIS는 일본 특허의 공개 및 공고, 실용신안의 공개 및 공고, 디자인 등록, 상표 등록에 대한 모든 정보를 제공하는 일본특허의 전문 데이터베이스라고 할 수 있다. 또한, 심사 결과의 진행 상태나 등록 후의 권리변동에 대한 데이터를 제공하고 있다. 특허 및 실용신안은 공개의 경우 1971년부터, 공고는 특허의 경우 1955년, 실용신안의 경우 1960년부터의 데이터를 제공하고 있으며, 디자인 및 상표의 경우 1904년 데이터부터 제공하고 있다.

4) SciFinder web (https://scifinder.cas.org)

문헌정보뿐만 아니라 특허정보도 검색할 수 있다. Document Type을 Patent로 제한하여 검색하거나, 특허번호 등 특정정보로 검색할 수 있다. 검색 후 "Full Text" 아이콘을 클릭하면, 해당 특허정보로 바로 이동하거나 다른 사이트를 통해 내가 검색한 특허를 찾는 방법을 알려준다. 캐나다, 유럽, 프랑스, 독일, 일본, 러시아, 영국, 미국 특허청, 세계지식재산권기구(WIPO)의 특허청 데이터는 등록된 후, 2일 이내에 검색이 가능하다. SciFinder web에서는 화학 관련 분류의 특허에 대해서 검색 가능하다.

3. 특허검색 방법

(1) 개요

특허정보검색은 검색하는 사람의 검색능력이나 기술적인 지식이 검색결과에 큰 영향을 미치므로 기술에 대한 기초적인 지식이 있어야 보다 좋은 결과를 얻을 수 있다. 인터넷상의 정보 검색과 달리 특허정보검색은 특정 데이터베이스로부터 필요한 정보를 검색하는 것이기 때문에 정확한 검색어(key word)가 필요하다. 필요한 정보의 주제, 기술내용, 검색어, 출원인명, 조사대상국, 미리 파악된 출원번호 또는 등록번호나 문헌 등을 알고 있으면 도움이 된다. 검색어란 특허검색에 있어서 해당 기술을 대표하는 핵심 기술용어 또는 어구를 의미하며 몇 개의 검색어만으로 그 기술 전체를 표현할 수 있어야 한다. 검색어에는 IPC(국제특허분류), CPC(협력적특허분류), UPC(미국특허분류), ECLA(유럽특허분류), FI, F-TERM(일본특허분류) 등도 포함된다. 검색어를 제대로 선정하지 못할 경우 검색결과에서 중요한 건이 누락되거나 또는 검색된 건수가 많아서 내용을 검토하는데 많은 시간이 소요된다. 따라서 검색이 이루어지기 전에 검색어를 철저하게 작성하는 것이 매우 중요하다. 검색어에 의한 검색이 편리하지만, 만일 초록

작성자가 같은 내용을 다른 검색어로 표현하고 있다면 그 자료는 검색이 안 될 수도 있다. 따라서 특허조사를 위한 검색식 작성에 있어서 검색어는 동의어-동음이의어-상위어-하위어 순으로 모두 작성하는 것이 좋다. 특허문헌은 그 내용을 정확히 표현하기 위한 신규기술용어가 확립되어 있지 않아 생소한 용어나 동의어가 많이 나오고, 또한 권리청구 범위를 넓히기 위해 상위어를 사용하는 경우도 많기 때문이다.

특허검색 결과 데이터베이스에 수록된 내용이 찾고자 하는 검색사항 모두를 포함하고 있지 않는 경우가 대부분이다. 이는 특허초록 작성자의 개인적 특성, 동의어의 존재, 분류의 주관적 부여 등 각 초록이 객관적이고 통일적으로 작성되어 있지 않기 때문이다. 미완성발명, 질이 떨어지는 결과도 다수 포함되어 있어 원하는 정보를 가려내기 어려운 경우가 있다. 이렇게 검색결과에는 불필요한 자료가 많이 포함되어 있다. 또한 발명자의 자유로운 표현에 따라 다양한 용어가 사용되고 있기 때문에 온라인 검색시 자연어를 사용하면 검색누락이 발생하기 쉽다. 그리고 일반적으로 화학, 화공 분야는 비교적 적지만, 기타 분야는 불필요한 자료가 많아서 검토하는데 많은 시간이 소요될 수 있다. 이는 한정된 검색항목으로 작성된 제한적 검색식 때문이다. 그렇다고 너무 검색식을 복잡하게 구성하면 중요 정보가 누락될 수 있다.

특허정보에는 검색항목으로 사용하기 위해서 국제적으로 공통된 국제특허분류(IPC)를 포함하고 있다. 같은 특허가 여러 나라에 동시 출원되었을 경우에는 각 나라의 분류기준이 다르기 때문에 같은 특허이지만 국가마다 다른 분류가 부여될 수 있다. 즉 특허분류에 있어서 기본적으로는 각국 특허청 기준에 따라 부여되기 때문에 국가마다 차이가 있다.

영문검색어 사용시 철자(spelling)에 유의해야 한다. 같은 색인어라도 철자법은 미국식이나 영국식을 사용할 수 있다. 예를 들면 colour, color 또는 center, centre 등이 이에 해당한다. 또한 국가에 따라 다른 검색어를 사용할 수 있다. 비정질금속의 뜻으로 Amorphous metal, Glassy metal 또는 Deformable metal이라고 다르게 사용할 수 있다.

그리고 그리스문자(α, β, γ 등), 수식, 분자식 등의 입력도 데이터베이스별로 다르므로 입력방법에 주의해야 한다. 이는 각 데이터베이스의 설명 자료를 참고하면 도움이 된다.

(2) 검색 방법(키프리스 사이트를 예로 설명)

① 핵심 키워드라고 생각한 것을 본인이 선정

예 핵심 키워드를 '아세테이트', '에탄올'로 선정

② 홈페이지 검색어 넣는 난에 입력

※ 검색식 입력하는 방법은 도움말을 클릭: and, or, not 연산자 설명

③ 아세테이트*(에탄올+에타놀) → 실행

④ 검색결과: [특허실용] 전체 73,564건 검색(검색결과 건수는 매일 달라질 수 있음)

⑤ 결과 건수가 너무 많으므로 일부 중요특허라고 생각되는 특허 몇 개만 골라서 읽어보고, 핵심키워드라고 생각되는 단어를 추가 선정 후 입력

⑥ '결과 내 검색'에 체크

예 바이오를 키워드로 선정

⑦ '바이오' 입력 → 실행

⑧ 검색결과: 3,495건(검색결과 건수는 매일 달라질 수 있음)

⑨ 검색결과 건수가 많고 노이즈(다른 기술분류이지만 키워드가 동일하여 결과 건수에 포함된 것)가 많이 들어가 있으므로 IPC를 이용 계속하여 검색

⑩ '결과 내 검색'에 체크

⑪ IPC 활용 검색(8단위이지만, 4단위까지만 검색식에 활용)

예 C12P 10/06 → 'C12P'만 입력

IPC 활용시 몇 개의 IPC를 결합하여 검색하여야 함. 하나의 IPC만을 이용하면 다른 인접 기술이 검색되지 않을 수도 있음.

⑫ 검색결과 건수가 200~300건 정도 되었을 때, 엑셀로 다운

⑬ 특허분석

(3) 키워드 검색 방법 유의 사항

유의어, 외래어 표기, 동일한 의미의 표현은 모두 'OR' 연산자로 연결하여 검색한다.

예

휴대폰과 동일한 의미를 갖는 유의어
(휴대폰+휴대전화+휴대단말기+이동전화+이동단말기+핸드폰+셀룰러폰+모바일폰+셀폰스마트폰 …)

외래어의 경우에도 유사어를 모두 'OR' 연산자로 연결하여 검색한다.

예

예 1 (텔레비전+테레비젼+티브이+티비)

예 2 '나노섬유' 검색식 예:
(나노섬유+나노파이버+나노파이바+나노화이버+나노화이바+nanofiber+nanofibre+nanofibrou+나노-섬유+나노-파이버+나노-파이바+나노-화이버+나노-화이바+nano-fiber+nano-fibre+nano-fibrou+((나노+nano)*(섬유+파이버+파이바+화이버+화이바+fiber+fibre+fibrou)))

예 3 모자에 안경을 결합한 발명 특허검색: (모자+캡)*(안경+글래스)

(4) 기타 정보에 대한 검색

1) 출원과정의 주요 절차에서 출원일, 공개일, 등록일, 우선권주장일 등으로 검색하여 기간별로 검색이 가능하다.

> **예**
>
> 공개일자: '20200101~20201231'

2) 출원인/발명자/대리인 명칭으로 검색이 가능하다.

출원인 검색시 기업 명칭이 변경된 경우(상호 변경), 계열사가 다수 존재하는 경우 모두 검색어를 넣어야 한다.

> **예**
>
> **예 1** 디스플레이 관련 기업: 삼성전자, 삼성SDI, 삼성모바일디스플레이
>
> **예 2** 미쯔비시 그룹의 경우 소재 관련 기업으로 Mitsubishi Chemicals, Mitsubishi Materials, Mitsubishi Metal, Mitsubishi Plastics, Mitsubishi Steel

제3절 특허정보 분석

핵심내용

- 특허정보 데이터 추출은 서지적 사항의 정보추출과 기술적 내용의 정보추출로 나눈다.
- 특허맵은 특허정보의 기술내용을 키워드 등으로 데이터화하여 가공, 분석하거나 특허정보가 가지고 있는 각종 서지적 사항을 조합하여 그 결과를 시각적으로 쉽게 파악할 수 있도록 시각(도표)화 한 것이다.

1. 특허정보 정리

특허정보 데이터 추출은 서지적 사항의 정보추출과 기술적 내용의 정보추출로 나눈다. 특허공보나 특허초록 또는 특허정보 DB에는 일반적인 서지사항이 일정한 형식에 맞추어 명확하게 기재되어 있으므로 이를 추출하는 데는 큰 문제가 없으나, 기술적 내용의 정보추출은 기술내용을 일일이 파악하고 이를 어떠한 관점에서 어떠한 분류로 표현해 주어야 하는가의 노력이 필요하다.

2. 특허정보 분석

(1) 서지사항 분석

특허정보 분석을 위해서는 먼저 특허정보의 분석항목을 선정해야 한다. 특허공보는 거의 세계적으로 정형화되어 있으므로 분석항목을 서지사항에 있는 내용으로 정하면 좋다. 특허정보의 서지사항 정보를 이용한 통계적 분석을 통해 다음과 같이 누가(출원인), 언제(출원일), 어디서(국가), 무엇(기술내용)을 했는지 알 수 있다.

- 특정 출원인의 특허건수 분석을 통해 특정 회사의 기술경쟁력을 알 수 있다. 검색한 특정기술에 대해서 관심을 가지고 있는 회사와 그 순위, 비중, 그 기술에 대한 최고의 발명자(권위자)를 확인할 수 있다.
- 각 연도별 시계열적인 특허건수의 변화를 분석함으로써 연구개발 활동성 및 동향을 파악하고, 특정기술의 연구개발 시점과 성장 및 쇠퇴를 확인할 수 있다.
- 특정국가의 특허건수 분석을 통해 특정국가의 기술력을 평가할 수 있다. 이는 외국이 한국에 기술적으로 관심을 가지고 있는지 비교할 수 있고, 특정기술의 경우 어느 국가가 그 기술에 역점을 두고 있는지 파악할 수 있으며. 국가별 수출관심도와 연관시켜 검토가 가능하다.
- 분류별 특허건수를 비교하여 전체 기술에서 각각의 기술분야가 차지하는 비율이나 특정기술을 이루는 세부기술 및 각각의 비중을 알 수 있다.
- 출원인 및 발명자(출원인별 총 발명자 수, 발명자의 전직, 공동발명자)를 조사하여 출원인이 2 이상의 공동출원특허의 경우 각 회사 간의 협력관계를 파악할 수 있다. 그리고 출원인 별 발명자와 그 수를 조사하여 연구 인력의 규모와 각 회사의 발명자 중 누가 핵심 기술자인지를 알 수 있다. 특정 발명자가 회사를 언제 어디로 옮겼는지와 공동 발명자 그룹으로부터 연구조직의 인력구성이나 해당 과제에 대한 각 사의 연구조직의 규모와 조직을 어느 정도 파악할 수 있다.
- 출원인별, 연도별 각 특허분류별 특허건수 분석을 통해 시계열적으로 어느 회사가

어떤 기술을 연구개발 했는지, 그 중에서 어느 기술에 집중하고 있는가를 파악할 수 있다. 기술별로는 어느 회사가 가장 기술력이 높은 회사인지 순위를 정할 수 있다. 각 회사별 기술개발동향과 특정발명자의 연구개발 분야의 변화 등을 분석하면 기술변화 예측 및 각 회사의 제품출시가 대충 언제쯤 가능할지를 예상할 수 있다.

(2) 기술내용 분석

기술내용 분석항목은 서지사항을 제외한 특허공보 전체의 내용 또는 발명의 명칭, 발명의 요약(초록), 특허청구 범위 등 기술내용으로부터 아래와 같은 사항을 분석한다.

- 사용된 기술분류, 기술용어 등의 기술분야
- 사용된 주요물질, 재료, 소재, 화합물, 첨가제 등 물질
- 물품, 생성물, 부품, 장치, 공구, 설비 등 제품
- 성능, 효율, 정도, 조작성, 자동화 등 효과
- 구조, 형상, 회로 등 구성
- 온도, 습도, 횟수, 시간, 압력, 주파수 등 처리방법
- 제조방법, 가공방법, 순서, 과정 등 공정
- 작용, 조작, 이동, 표시, 발신 등 기능
- 사용분야 등 용도
- 초기, 개발, 응용기술 등 기술발전단계
- 방법, 물질, 용도 등 발명의 종류
- 중요도, 침해가능성, 효과, 실현가능성 등 평가결과
- 클레임을 대표하는 용어 등 클레임요지
- 사용용량의 상하한 값 등 첨가물의 용량범위

(3) 특허정보 분석의 종류

1) 연도별 기술발전 동향(예시)

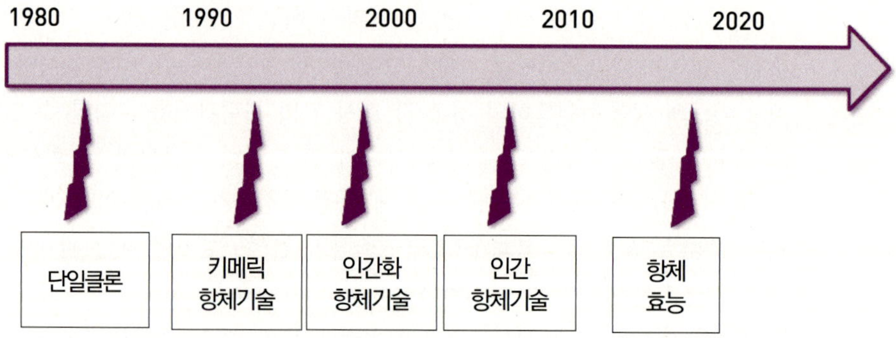

2) 연도별 인용-피인용 관계 동향(예시)

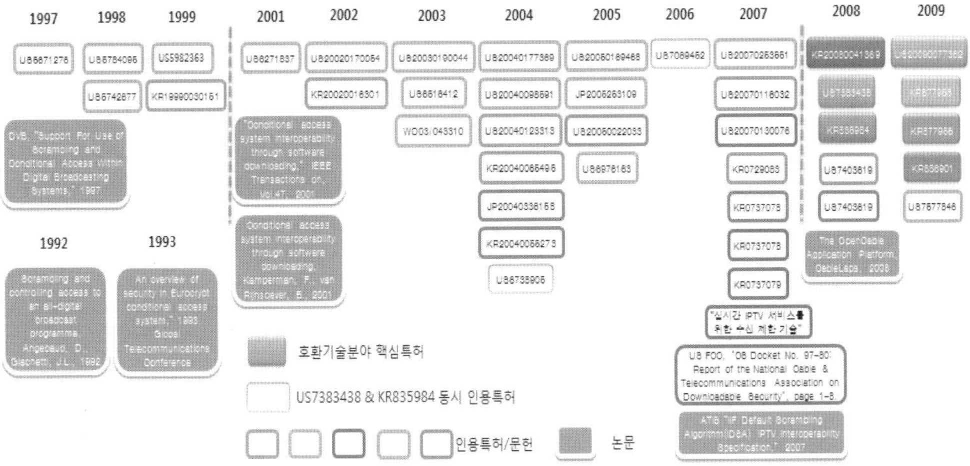

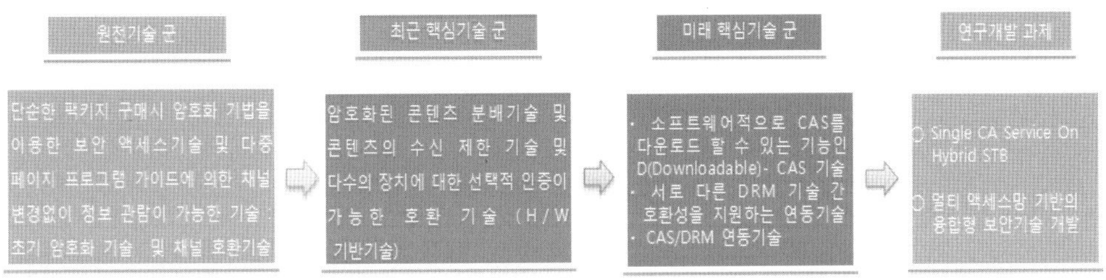

3) 전체 출원 건수 연도별 동향(예시)

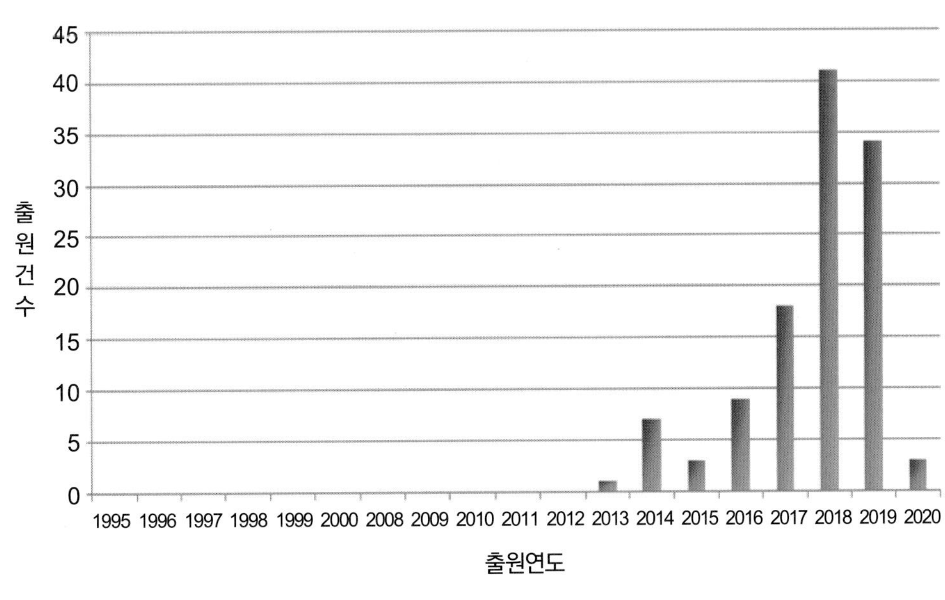

4) 국가별 출원 점유율(예시)

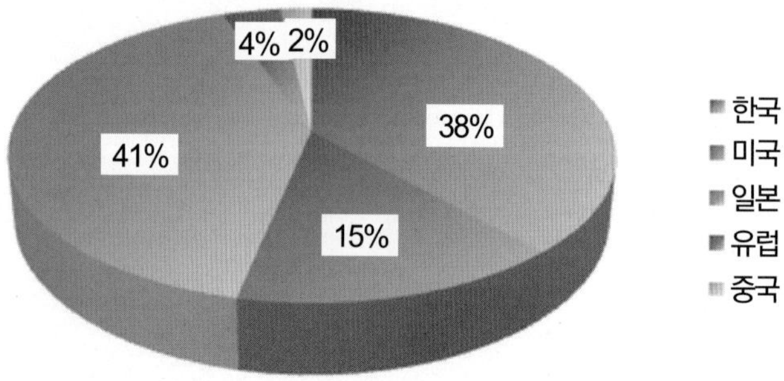

5) 기술분야별 출원 동향(예시)

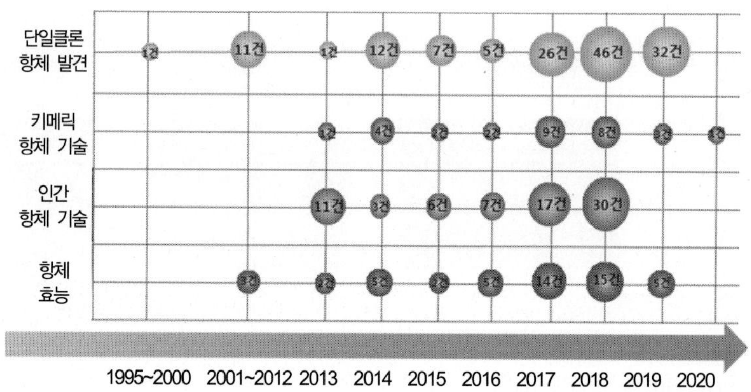

6) 출원국가별-기술분야별 출원 건수(예시)

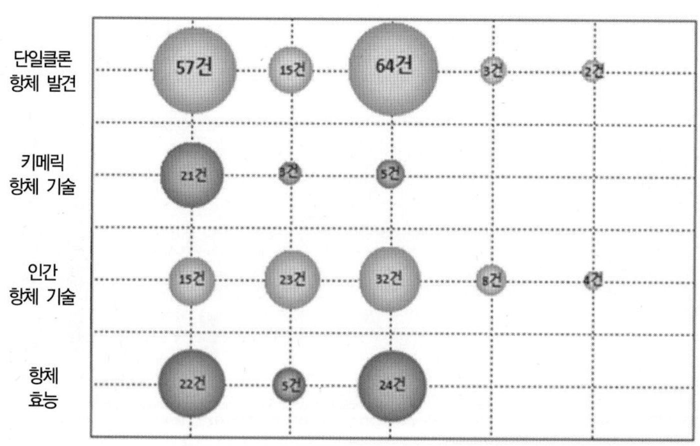

7) 출원인별 출원 동향(예시)

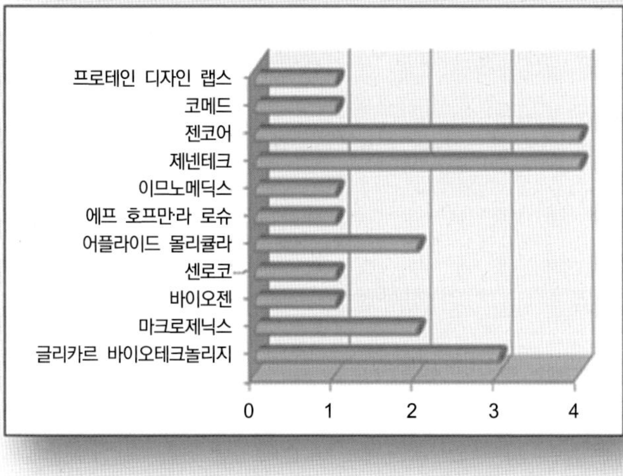

8) 출원인별 기술분야별 출원 건수(예시)

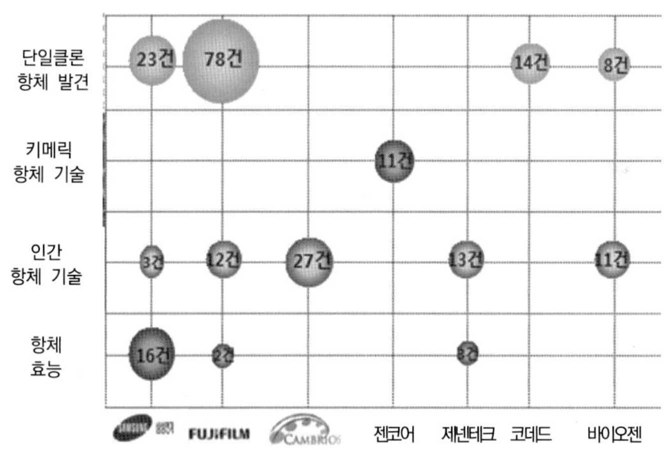

- 랭킹 분석
  - 주요 특허항목에 대해 자료건수가 많은 순서대로 배열하는 분석
- 점유율 분석
  - 주요 특허항목에 대해 자료의 개수를 비율로 나타내는 분석
- 시계열 분석
  - 자료의 시간적인 변화를 파악하는 분석(시간축과 건수로 표현)
  - 건수 분석 : 연도별 출원건수를 보는 분석
  - 국가 분석 : 연도별 각 국가에 대한 건수추이를 나타내는 분석

- 출원인 분석 : 연도별 각 출원인에 대한 건수추이를 나타내는 분석
- 발명자 분석 : 연도별 각 발명자에 대한 건수추이를 나타내는 분석
- 기술 분석 : 연도별 각 기술분류에 대한 건수추이를 나타내는 분석
- 신규 출원인 수 분석 : 연도별 신규로 나타나는 출원인 수를 나타내는 분석(누계분석 포함)
- 신규 발명자 수 분석: 연도별 신규로 나타나는 발명자 수를 나타내는 분석(누계분석 포함)

• 진입 분석

- 국가, 발명자, 출원인, 기술 등의 신규진출시기를 나타내는 분석

• 레이다 분석

- 출원인과 연도, 출원인과 국가, 출원인과 기술, 기술과 연도의 출원관계를 레이다 형태의 맵으로 분석

• 상관관계 분석

- 출원인 상관 맵 : 공동출원인을 랭킹하는 것으로, 연구개발을 공동으로 하고 있는 기업 관계 등을 파악하기 위한 맵
- 발명자 상관 맵 : 공동발명자를 랭킹하는 것으로, 연구개발 프로젝트의 존재와 그 멤버를 파악하기 위한 맵
- 기술상관 맵 : 주분류와 부분류 사이에 존재하는 관계를 파악하기 위한 맵

• 인용관계 분석

- 특정 특허에 대한 특허 인용관계 분석 : 동일 기술분야 특허들의 인용관계를 살펴 주요 특허와 연관된 특허군을 파악
- 핵심 특허 분석 : 인용된 횟수, 인용한 특허들을 리스트화 시켜 파악

• 매트릭스 분석

- 발명자 * 출원인 맵 : 발명자와 출원인을 가로/세로축에 나열하고 각 교차되는 지점에서 건수크기를 나타내는 분석
- 발명자 * 기술분류 맵 : 발명자와 기술분류를 가로/세로축에 나열하고 각 교차되는 지점에서 건수크기를 나타내는 분석
- 출원인 * 기술분류 맵 : 출원인과 기술분류를 가로/세로축에 나열하고 각 교차되는 지점에서 건수크기를 나타내는 분석
- 기술분류 * 년도 맵 : 각 기술분류에 대해 연도별로 각 교차되는 지점에 해당되는 특허리스트를 나열하는 리포트 분석
- 기술분류 * 출원인 맵 : 각 기술분류에 대해 출원인별로 각 교차되는 지점에 해당되는 특허리스트를 나열하는 리포트 분석
- 출원인 * 연도 맵 : 각 출원인에 대해 연도별로 각 교차되는 지점에 해당되는 특허리스트를 나열하는 리포트 분석

- 기술발전도 분석
  - 출원신장율 분석 : 전년대비 출원건수 신장율을 갖고 현 기술이 도입기, 성장기, 발전기, 성숙기, 쇠퇴기 등을 파악하는 분석.

    신장율 = (현재연도 출원건수 - 전년도 출원건수)/(전년도 출원건수)

    * 도입기 : 원의 크기가 극단적으로 작음
    * 성장기 : 기울기가 오른쪽 위를 향할 때
    * 발전기 : 기울기가 수평 또는 약간 아래로 향해도 원이 오른쪽으로 이동할 때
    * 성숙기 : 기울기가 확실히 아래로 향할 때
    * 쇠퇴기 : 원이 왼쪽 방향으로 이동할 때
  - 출원인 수 * 출원건수 : 연도별로 출원인수와 출원건수의 변화를 그래프로 그려 기술의 발전도를 추측하는 분석

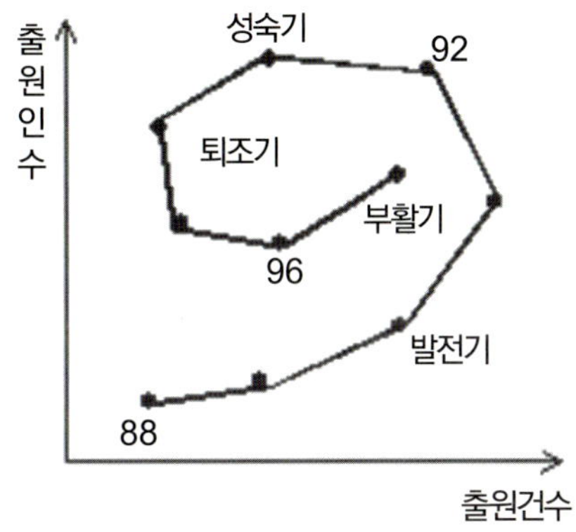

3. 특허맵 (Patent Map)

(1) 개요

특허맵은 특허정보의 기술내용을 키워드 등으로 데이터화하여 가공, 분석하거나 특허정보가 가지고 있는 각종 서지적 사항을 조합하여 그 결과를 쉽게 파악할 수 있도록 시각(도표)화 한 것이다. 특허맵은 시각화하는 것이 가장 중요하며 시각화한 특허맵에 의해 과거에서부터 현재에 이르기까지의 기술동향, 출원인 동향, 기술 분포 등을 알 수가 있다. 또한 복잡하게 얽힌 권리관계를 쉽게 이해할 수도 있다. 수집한 특허정보를 가공·분석하여 기술개발의 방향, 공백기술의 유무, 대체기술의 가능성, 타 기술 분야로의 파급력 등을 보고자 하는 것이 특허맵이다. 특허정보의 서지적 사항(출원인, 특허번호 등)을 분류·정리하고, 기술내용(청구범위, 발명의 설명, 도면 등)을 분석 및 가공하여 그 데이터를 한눈에 알기 쉽게 볼 수 있도록 도표화한 것이다.

특허맵을 직역하면 '특허지도'라고 하며, 우리가 지리적으로 익숙하지 않은 장

소를 찾아갈 때 지도가 필요한 것처럼 제품이나 기술의 연구개발을 어떠한 방향으로, 어떻게 해야 하는 지를 가르쳐 주는 구체적인 길잡이 노릇을 한다. Patent Analysis, Patent Portfolio도 같은 의미이다. 특허맵을 이용한 연구개발 주제의 탐색은 다양하게 활용할 수 있다. 시장에 대한 고객의 욕구가 어떤 것인가, 사회적으로 어떤 시장이 형성되려하고 있는가, 어떤 연구개발 주제의 아이디어를 찾는 것도 특허정보를 분석함으로써 알 수 있다. 주로 연구개발 주제는 무엇을 개발해야 할 것인가부터 어느 부분의 어떤 곳을 개량해야 하는 것까지 확인할 수 있다. 예를 들어 기술개발동향 특허맵, 신제품 개발동향 특허맵, 경쟁기업 동향 특허맵, 공백기술을 찾기 위한 기술분야 특허맵, 용도개발 상황 특허맵, 문제정보(발명의 목적에 상당하는 부분)의 분석 결과 특허맵 등이 있다.

특허청과 한국발명진흥회에서는 2000년부터 산업분야별로 중요한 주제를 선정하여 특허맵을 작성하여 CD-ROM과 Web Service를 통해 보급하고 있다. 보다 자세한 내용을 알고자 할 경우에는 Patent Map 홈페이지(http://biz.kista.re.kr/patentmap) 및 한국발명진흥회 홈페이지(http://www.kipa.org/)에서 무료 서비스를 시행하고 있으므로 열람할 수 있다.

특허맵 작성 프로그램인 PIAS(Patent Information Analysis System)를 이용하면 특허정보의 수집, 가공, 분석 등 주제선정부터 분석까지 특허맵 작성의 전 과정을 할 수 있다. 특허맵을 작성하기 위해서는 전문 인력과 많은 비용, 시간이 소요되지만 PIAS를 이용하면 일반인도 비교적 쉽게 작성이 가능하다. 특허청에서 제작하여 보급하고 있는 PIAS 프로그램은 특허기술정보센터(http://www.kipris.or.kr)에서 무료로 다운받을 수 있다.

(2) 필요성

특허맵은 그 작성의 목적과 내용에 따라서 다양한 형태를 가질 수 있다. 예를 들어 해당 기술 분야의 연구 개발 동향을 파악하기 위한 목적일 수 있는데, 이 경우 특허맵은 해당 기술 분야에서 어떤 기술이 주류인지, 어떤 기술 개발이 진행되고 있는지, 어떤 기업이 주된 개발자인지를 파악할 수 있게 해 준다. 또한 향후 어떤 기술이 주된 기술의 흐름이 될 것인지 방향을 제시해 준다. 예를 들어 기존 시장에서 판매되고 있는 제품을 생산하여 판매하려는 사업에 진입할 경우, 그 제품과 관련된 다양한 특허가 등록 또는 출원되어 있는 경우가 많다. 이 경우 아무런 준비 없이 사업에 진입을 하면 특허소송 등에 휘말리게 되어, 투자자금 뿐만 아니라 권리자로부터 손해배상 등을 요구받게 되고 엄청난 손실을 초래해 결국은 사업을 포기하게 될 수 있다. 그러므로 특허맵을 통하여 해당 기술 분야의 경쟁 기업 특허가 존재하는지, 해당 특허의 권리 범위는 어떻게 되는지, 침해 가능성은 없는지를 사전에 파악하여 대책을 마련한 후에 사업을 시작해야 한다. 신제품 개발을 통해 신사업에 착수하기 위해서는 그 제품에 대한 특허 조사 및 분석 작업이 선행되어야 한다. 특허맵 결과를 기초로 존재하는 특허권을 회피할 수 있는 방안을 모색하고, 그 결과를 대안 특허로 개발하여 권리화 함으로써 신사업의 경쟁력을 확보할 수 있다.

(3) 작성목적

특허맵 작성 목적은 업계전체의 기술동향을 파악하고 기술변화추이를 분석하여 자기회사의 입장과 비교함으로써 효과적으로 기술개발전략 수립 및 신사업 방향결정에 기초자료로 사용할 수 있다. 즉 시장동향, 상품의 변화와 흐름 파악, 경쟁회사의 기술 상품의 개발동향 및 변환 추이를 파악할 수 있다. 또한 타사의 권리를 자사가 침해하는 것을 방지하여 특허분쟁을 사전에 예방하고, 특허내용에 기재된 기술의 핵심 및 기술 상호간의 관련성을 파악하여 공백기술 탐색 및 개발이 가능하다. 더불어 기술매매(기술이전, 기술제휴 등)나 배상청구(claim) 발생시 교섭 자료로도 활용할 수 있다. 특허심사관에게 정보제공이나 무효심판 청구의 자료로도 활용할 수 있다.

(4) 기술 개발시 특허맵 활용

특허맵은 신기술 개발의 기획 단계에서 새로운 과제의 탐색이나 기술 개발 동향을 파악하기 위해 활용되고, 개발 중인 기술의 경우 개발 방향, 목표, 중점 개발 영역 등을 수정하는 데에 활용된다.

1) 중복 연구 방지 및 연구 개발 효율화

연구개발에 투자되는 예산이 기존 기술을 중복 개발하는데 낭비되는 경우가 많다. 과거에 국가 연구개발 사업을 하면서 사전에 해당 기술 분야의 특허정보를 조사하는 경우가 50%를 넘지 않았고, 그 결과 거의 절반정도가 이미 특허 등록된 기술을 연구과제로 선정한 것으로 밝혀졌다. 이처럼 연구 기획 단계에서 특허정보 조사를 하지 않을 경우 이미 개발된 연구를 중복으로 수행할 가능성이 높아 연구 개발의 효율성을 떨어뜨리고, 불필요한 인력과 예산을 낭비하므로 기업의 경쟁력이 약화된다. 특허공보를 통해서 공개된 기술 정보를 분석하여 참조한다면 예산 낭비를 줄이고, 기업의 상황에 맞는 최적의 연구 개발 방향을 설정할 수가 있다. 또한 어느 방향으로 가는 것이 장애가 가장 적고 효율적으로 개발을 수행할 수 있는지를 파악할 수 있다.

2) 기술 발전의 흐름 파악 및 예측

특허정보를 분석하면 해당 기술 분야의 과거와 현재의 흐름을 파악할 수 있다. 또한 기술이 어떤 방향으로 나아갈 것인가 하는 미래 기술의 예측도 가능해진다. 해당 기술 분야의 전 세계적인 기술 개발의 흐름이나, 주요 선진 기업의 기술 개발의 흐름을 참조하지 않고서 독자적으로 획기적인 기술을 개발해 보겠다는 것은 무리한 발상이다. 관심 기술 분야에서 어떤 기술이 주류인가, 어떤 기술의 개발이 진행되고 있고, 또 어떤 방향으로 전개가 예상되는가를 파악하여 자사의 강·약점과 상황들을 고려해 최적의 기술적 목표를 정해가는 것이 매우 중요하다.

3) 경쟁 기업의 중점 연구 분야 파악

기술 개발에 있어서는, 특히 그 분야의 선진 기업 또는 경쟁 기업의 기술 개발 상황을 파악하는 것이 중요하다. 해당 기술 분야에 어떤 선발 메이커가 있고 기존 개발은 어느 정도 진척되었는지, 신규 기술로는 어떤 기술을 개발하고 있는지 등을 파악할 수 있다. 또한 그러한 기술들이 특허인 경우 이를 회피해서 개발해야 하는 과제를 제공해 준다. 이러한 주요 기업의 연구 개발 내용을 참조하여 자사의 기술 개발의 방향을 설정하는데 참조한다.

4) 공백 및 미개척 분야 파악

특허정보를 분석하면 해당 기술 분야에서 세부적으로 공백 부분이 있는지, 상대적으로 미개척 분야는 어디인지를 파악할 수 있다. 이미 수많은 기업들이 진출하여 기술 개발이 고도로 진행되어 있는 분야에 뒤늦게 진출하기 보다는, 공백 및 미개척 분야를 파악하여 기술 개발의 역량을 집중하여 기술을 선점할 수 있고, 원천 특허 출원을 통한 강력한 특허권을 확보할 수도 있다.

5) 신규 아이디어 창출

특허정보로부터 종래 기술의 문제점과 해결 방안을 정리하여 분석하면 새로운 기술 개발의 힌트를 얻을 수 있다. 기업현장에서 연구원이나 개발자들이 봉착해 있는 문제에 대한 해결책을 찾을 수 있는 길은 다른 곳에 있지 않다. 특허정보는 전 세계의 관련 기술을 개발하는 개발자들이 유사한 문제들에 대해 어떠한 해결 방안을 도출했는지를 제공해 준다. 이에 대해 가공된 자료를 하나하나 음미하다 보면 좋은 아이디어가 떠오르게 되고, 이러한 아이디어를 보다 구체화 및 발전시키고 더 나아가 새로운 기술 개발로 이어지게 된다.

(5) 작성 순서

1) 기술 주제 및 작성 목적 명확화

특허맵을 작성하기 위한 첫 번째 단계로서 작성하려는 기술 주제에 대한 범위(Scope)와 왜 특허맵을 작성하는지를 명확히 해야 한다. 이러한 주제 및 목적의 명확화는 전체 특허맵의 방향을 결정하는 것으로 매우 중요하다.

먼저, 특허맵 작성대상인 기술 주제의 범위를 명확히 하고 특허맵을 작성하기 위해 소요되는 시간, 비용 및 효과를 고려하여 필요한 범위를 정확하게 한정할 필요가 있다. 다음으로 작성 목적을 명확히 하는 것이 중요하다. 신규 아이템 발굴, 연구 개발 방향 설정, 분쟁 예방 및 대응, 신규 특허 개발 등의 목적이 있을 수 있다. 특허맵의 목적에 따라 조사 및 분석하는 내용이 달라질 수 있다. 예를 들어서, 신규 아이템을 발굴하기 위해서는 최근 몇 년간의 특허정보만으로 조사 기간을 한정할 수 있다. 또는 경쟁 기업의 기술 개발 동향을 분석하기 위해서 출원인을 한정할 수도 있다. 이처럼 특허맵의 작성 목적에 따라서 조사 및 분석 내용이 달라지고, 정보의 가공 형태도 달라진다.

2) 기술 분류 및 검색어 선정

특허맵 작성의 기술 주제가 확정되면 해당 기술 주제를 하위 기술로 전개하여 기술 분류 체계를 작성한다. 기술 분류 체계는 해당 연구원과 특허부서가 협력하여 작성하는 것이 바람직하다. 관련 기술 자료 및 관련 특허 내용을 분석하여 작성하되, 무엇보다 특허맵의 작성 목적과 기술개발 필요에 맞게 설정하여야 하고, 기술 분류의 전개를 어느 수준까지 할 것인지도 필요에 따라 적절하게 결정해야 한다. 각 기술 분류의 기술 범위에 대한 기준을 정확하게 정의하여, 작성자가 기술 분류 시 작성자와 수요자 간에 통일된 기준을 갖도록 한다. 또한 특허맵 작성의 기술 범위를 모두 내포할 수 있도록 검색어를 선정 및 전개한다. 조사 대상의 기술 주제를 표현하는 기본 검색어를 작성한 후, 기본 검색어의 유의어, 동의어 및 동일한 기술 사상에 대한 다양한 표현 방식을 고려하여 키워드를 다양하게 전개하여 확장 검색어를 작성하여야 한다. 아래는 키워드 전개 및 검색식 작성 시 참고할 유용한 팁을 간략히 정리한 것이다.

가) 기존의 관련 특허맵 및 기술 분석 자료를 참조

발명진흥회에서 운영 중인 인터넷 사이트인 Patent Map 홈페이지에는 다양한 기술 분야에 대해 작성된 특허맵이 공개되어 있는데, 관련 기술 분야 특허맵의 검색 키워드를 참조하면 많은 도움을 얻을 수 있다.

나) 일본 특허 특이 표현을 감안한 키워드 전개

일본 특허를 한글 검색할 시에는 국내 검색 시와는 다른 특이한 표현이 많으므로 주의해야 한다. 이러한 특이한 표현들을 일일이 고려하여 키워드를 전개하기란 매우 곤란한 일이다. 유용한 팁은 국내 출원 특허 중에서 출원인이 일본 국적인 출원 건을 파악하여 그 우선권 특허(일본 특허)의 번역문을 참조하는 것이다.

다) 영문 검색으로 보완

한국 특허의 경우 최근에는 명칭에 영문 표기가 첨부되고 있으므로 한국 특허 검색 시는 영문 키워드까지 포함하는 것이 좋다. 또한 일본 특허는 영문 요약(PAJ)을 따로 제공하므로 영문 키워드에 의한 검색을 추가로 하여 한글 검색을 보완하는 것이 좋다.

라) IPC, F-term 등의 특허 분류 코드의 활용

IPC는 국제적으로 통용되는 기본적 특허 분류 코드이다. F-term은 일본 자체적으로 IPC를 보완하기 위해 개발한 분류 코드이다. 키워드의 결합에 의한 검색 시 관련 기술 범위를 벗어나는 노이즈가 많이 포함될 수 있는데, 이때 분류 코드를 활용하여 관련 기술 범위로만 검색 범위를 제한하면 노이즈를 많이 줄일 수 있다. 그러나 각국 특허청에서 특허분류 시 오류가 있을 수 있으므로, 관련 건의 누락이 없이 정밀한 검색이 요구되는 경우는 주의가 요구된다.

3) Noise Filtering 및 기술 분류

선정된 검색어를 사용한 특허 정보 검색은 다양한 전문 DB 및 각국 특허청 사이트를 이용해야 한다. 한국특허정보원이 제공하는 DB는 무료이며 미국, 일본, 유럽, PCT특허까지 검색이 가능하여 간단한 특허 조사 시에 유용하게 활용할 수 있다. 유료 DB로는 Wipson사의 DB와 미국 Delphion사의 DB를 사용한다.

선정된 검색어의 조합으로 구성된 검색식에 의해 1차 검색된 1차 특허 자료(Raw data)에는 검색 영역을 벗어나는 불필요한 자료인 노이즈(Noise)가 포함되어 있다. 이는 검색어 선정 및 검색식 작성을 잘해도 어느 정도의 노이즈는 피할 수 없기 때문에 조사 기술 범위에 해당되는 특허만을 선별하는 노이즈 필터링(Noise Filtering) 과정이 필요하다. 노이즈 필터링 방법은 다양하지만, 하나의 방법은 특허 자료의 명칭, 요약, 대표 청구항, 대표 도면 정도의 정보를 매 건마다 정리하여 보여주는 Tool을 사용하는 것이다. 관련 특허로 분류된 특허들은 다시 위에서 작성된 기술 분류 체계 중 어느 분류에 속하는 기술인지를 분석하여 분류한다. 이러한 과정은 Raw data가 방대할 경우 많은 시간이 요구되므로 특허 정보를 신속하게 파악할 수 있고, 기술 분류 작업을 편리하게 하는 Tool을 이용하는 것이 좋다.

4) 주요 특허 선별 및 기술 요약서 작성

노이즈 제거 및 기술 분류가 완료된 자료에 대하여 출원 연도별, 국가별, 기술별 및 출원인별 등으로 분류하여 각 부문별 특허 건수, 점유율 및 증가율 등의 분석을 한다. 특허 자료에 나타난 관련 기술 분야의 출원 동향을 통해서 기술의 발전 단계, 주요 출원 기업 정보, 세부 기술별 점유율, 경쟁 기업의 특허 활동 정도 등의 중요한 정보를 파악할 수 있다.

선별된 관련 특허 중에서 기업의 연구 개발 방향이나 사업에 있어서 관련도가 높고 중요한 특허들을 선별하는 과정이다. 주요 특허를 선별하는 과정은 특허 분석 담당자 및 연구원의 협력에 의해 진행하는 것이 바람직하다. 이 때 개별 특허의 원문을 일일이 분석할 수는 없으므로 분석 대상 특허의 기술 요약서를 작성한다. 기술 요약서는 전용 분석 Tool에 의해 일괄적으로 작성이 가능하다. 선별된 주요 특허의 관련도(중요도)를 평가하여 표기하므로 향후 분석에 이용할 수 있다.

5) 기술 경향 분석

관련 기술 분야의 기술 흐름을 파악하여 연구 개발 방향을 설정하기 위해서 주요 특허 자료에 게시된 기술 정보를 분석 정리하는 과정이다. 분석의 형태는 필요에 따라 다양하게 수행할 수 있다. 기본적으로는 선정된 주요 특허 기술 정보를 세부 기술별로 연도순으로 요약 정리하여 기술의 흐름을 파악할 수 있게 한다. 개별 주요 특허의 기술을 함축 정리하여 기술 발전도(흐름도)를 작성하여 전체적인 흐름을 한눈에 파악할 수 있도록 하는 경우도 있다. 필요에 따라 주요 경쟁 기업의 주요 특허 정보를 별도로 분석 정리하여 경쟁기업의 기술 개발 흐름을 파악하거나, 특정 세부 기술 분야의 주요 특허에 나타난 기술 정보를 별도로 분석 정리하기도 한다.

6) 핵심 특허 선별 및 권리 분석

당해 기술 분야에서 중요한 기술적 내용을 포함하고 있거나, 제품에 실시되거나 실시될 가능성이 높은 중요한 권리를 주장하고 있는 핵심 특허를 선별한다. 이 때 선정의 기준으로 피인용 횟수(number), 패밀리 특허 수, 청구항 수 등의 데이터를 참고할 수 있다.

권리 분석은 선정된 개별 핵심 특허 별로 주장하고 있는 권리 범위를 분석하는 과정이다. 권리 범위 분석은 기본적으로 청구항에 기록된 발명의 기술적 구성을 분석·정리하여 특허가 주장하고 있는 기술적 권리 범위를 명확히 하는 것이다. 기본적으로 분석해야 할 내용은 다음과 같다.

- 특허권자, 현재 법적 상태, 권리 존속 기간 등의 권리 기본 정보를 파악한다. 권리 이전 등에 의해 특허권자가 바뀔 수도 있으므로 각국 특허청을 통하여 이전 정보를 확인한다. 또한 등록 건으로 파악되었을지라도 연차료 불납 등에 의하여 권리가 소멸된 경우 등이 있을 수도 있다. 권리 존속 기간은 각 국가마다 설정된 기준을 참조하여 산정한다.
- 각각의 청구항을 구성 요소 및 한정 요소로 구분 정리하고, 청구항만으로는 그 기술적 의미를 명확히 할 수 없을 때는, 발명의 설명부의 해당 부분의 내용을 제시하여 그 기술의 의미를 파악할 수 있도록 클레임 차트를 작성한다.
- 분석 대상 핵심 특허의 발명이 다른 국가에 출원된 경우 패밀리 특허 출원 정보를 파악하여 각각 출원된 특허의 현재 법적 상태는 어떠한지를 파악하여 정리한다. 더 나아가 각국 출원 시 또는 심사 과정에서 거절 이유를 극복하기 위해 청구항의 내용이 달라져 있을 수 있으므로, 국가별 특허의 청구항을 비교 분석할 수 있다.

7) 문제 특허 선별 및 침해 분석

핵심 특허의 권리 분석 내용을 검토하여 향후 해당 기술 분야의 특허 분쟁과 관련될 염려가 있는 문제 특허를 선별한다. 또한 기업의 제품에 실시되고 있거나, 실시를 회피하기가 곤란하다고 판단되는 기술의 권리를 주장하고 있어서 향후 특허분쟁의 소지를 안고 있는 특허를 선별한다. 이러한 문제 특허 권리 범위에 자사 제품의 기술이 속해 있는지 침해 분석이 필요하다.

침해 분석은 기본적으로 청구항에 기재된 발명과 동일한 구성 요소를 그대로 실시하고 있는가 하는 문언 침해와 그대로 실시하고 있지는 않더라도 해당 기술 분야의 당업자가 쉽게 생각할 수 있는가를 따지는 균등 침해 분석을 실시한다. 더 나아가 문제 특허의 출원 포대(File Wrapper)를 검토하여 특허권자가 심사 과정에서 거절 이유를 극복하기 위하여 권리 범위 한정의 근거가 될 수 있는 주장을 하였는지를 분석 한다 (금반언의 원칙).

8) 문제 특허에 대한 대응 전략 수립

문제 특허에 대해서 특허문헌과 비특허 문헌을 대상으로 선행 기술 조사를 실시하여 그 권리가 유효한 지를 검증하여, 특허무효심판을 통해 무효화하거나 분쟁 시 그 권리를 축소시킬 수 있는 근거 자료를 확보하는 노력이 필요하다. 또한 권리 분석, 침해 분석, 유효성 분석 등을 토대로 수출 전략, 관련 분쟁 사건 정보, 침해 소송 제기 시 대응 방안, 회피 설계 방안 등 종합적인 대응 전략을 수립한다.

9) 특허 전략 및 연구 개발 방향 제시

특허맵 작성을 통해 기술 개발 방향과 향후 기술개발과제 제시, 특허 개발 및 핵심 특허 확보 전략, 특허 문제 예측 및 대응 전략 등이 있을 수 있다.

◆ 참고문헌

- 특허청 및 한국발명진흥회, 과학기술자를 위한 특허정보핸드북 (2005)
- 특허청 및 한국발명진흥회, 과학기술과지식재산 (2005)
- 특허청 및 한국발명진흥회, 지식재산의 이해, 박문각 (2012)
- 특허청 및 한국발명진흥회, 특허와 정보분석 (2007)
- 특허청 및 한국발명진흥회, 특허의 이해(2), 박문각 (2012)
- 한국특허정보원, 특허검색 길라잡이 KIPRIS 쉽게배우기 (2011)
- 특허청 및 한국특허정보원, 특허검색 길라잡이 KIPRIS 실무활용가이드 (2011)
- 특허청 및 한국발명진흥회, 특허정보조사와 분석 (2007)
- 특허청 및 특허정보분석활용기 (2007)
- 특허청, 국가R&D 특허전략 매뉴얼 (2005)
- 특허청 및 한국발명진흥회, 이공계대학교수 특허정보 활용 세미나 발표자료집 (2006)
- 특허청 및 한국발명진흥회, 기술분석과 특허정보분석 (2002)
- 특허청 및 한국발명진흥회, Patent Map 길라잡이 (1999)
- 특허청, IPC 분류 정의서 (2008)
- www.patentmap.or.kr
- www.wipo.int/classifications/ipc/en/about_ipc.html
- ep.espacenet.com

CHAPTER 4

제4장 디자인권

제1절 디자인권 개요 및 출원절차

핵심내용

- 디자인은 제품 및 브랜드 가치에 있어 매우 중요한 요소이다.
- 디자인은 물품의 형상, 모양, 색채 또는 이들을 결합한 것으로 시각을 통하여 미감을 일으키는 것을 말한다.
- 물품 디자인 외에 글자체디자인, 동적디자인, 화상디자인이 등이 있다.
- 디자인권을 출원하면 방식심사, 실체심사를 거쳐 등록 또는 거절의 절차를 밟는다.
- 출원시 고려사항은 공개제도, 비밀디자인제도, 우선권제도, 출원 분할, 재심사청구 등이다.

1. 디자인권과 브랜드가치

디자인은 제품을 더욱 돋보이게 하고 상품의 가치를 높여 구매력을 향상시킨다. 기술 발달은 각 제품의 성능차이를 차츰 없애고 있다. 따라서 기능도 중요하지만 이제는 외관의 아름다움이 소비자 마음을 더 붙잡을 수 있는 요소로 자리 잡게 되었다. 디자인이 좋지 않은 제품은 시장에서 퇴출되고 있다. 디자인권도 산업재산권의 하나로 권리설정이 가능하고, 독점 배타적 이용이 가능하다. 즉 디자인권은 경제적 가치가 높아지고 기술만큼이나 핵심적 요소로 자리 잡았기 때문에 시간이 갈수록 그 중요성이 증대되고 있다. 디자인권은 물품의 외관을 권리화하는 것이기 때문에 모방이 쉽지만, 디자인 개발에 비해 창출 비용이 적어 투자비 회수가 용이하다. 전 세계는 기술 전쟁과 아울러 디자인 전쟁으로 진입하고 있다. 2011년부터 현재까지 진행된 삼성과 애플의 치열한 스마트폰 관련 특허전쟁의 경우를 보면 잘 알 수 있다. 애플이 삼성을 대상으로 한 초기 소송내용은 대부분 디자인이나 트레이드 드레스(Trade dress)[1]와 관련된 것이다. 이것은 디자인의 중요성을 다시 한 번 일깨워 준다. 애플은 스마트폰을 출시하여 전 세계 제1의 브랜드가치를 창출하며 그동안 수 년 동안의 아성이었던 코카콜라, IBM 등을 제치고 최고의 위치를 차지할 수 있었다. 그리고 그 이면에는 애플사의 독특하고 세련된 디자인 역할이 매우 컸다고 볼 수 있다. 최근 세계 우수 기업은 자사 기업의 로고나 제품의 디자인을 강화하는 추세로 나가고 있다.

(1) 디자인 정의

디자인보호법에서 정의하는 '디자인'은 물품의 형상, 모양, 색채 또는 이들을 결합한 것으로서 시각을 통하여 미감을 일으키게 하는 것을 말한다.(디자인보호법 제2조 제1호) 디자인권은 물품의 외관에 나타난 미적 창작성과 디자인을 보호함으로써 산업발전에 이바지함을 목적으로 한다. 디자인보호법상의 디자인권 등록을 받으려면 구체적인 유체동산이어야 한다.

(2) 다양한 형태의 디자인권

산업 발달과 아울러 물품에 관련된 것뿐만 아니라 디자인이 가미된 것은 전통적 물품성이 아니더라도 디자인권으로 보호할 필요가 대두되어 다음과 같은 디자인을 보호하고 있다.

1) 글자체디자인

디자인보호법상 '글자체(Typeface)'라 함은 기록이나 표시 또는 인쇄 등에 사용하기 위하

1) 신지식재산권의 한 분야로, 색채·크기·모양 등 제품의 고유한 이미지를 형성하는 무형의 요소. 우리말로는 상품외장 정도로 번역된다.

여 공통적인 특징을 가진 형태로 만들어진 한 벌의 글자꼴(숫자, 문장부호 및 기호 등의 형태를 포함)을 말한다. 글자체는 형태성, 시각성 및 미감을 일으키게 하는 심미성의 요건을 구비하여야 한다.

예

한글 글자체(출원인: ㈜그룹와이, 등록번호 3007970120000(2015.05.13.))

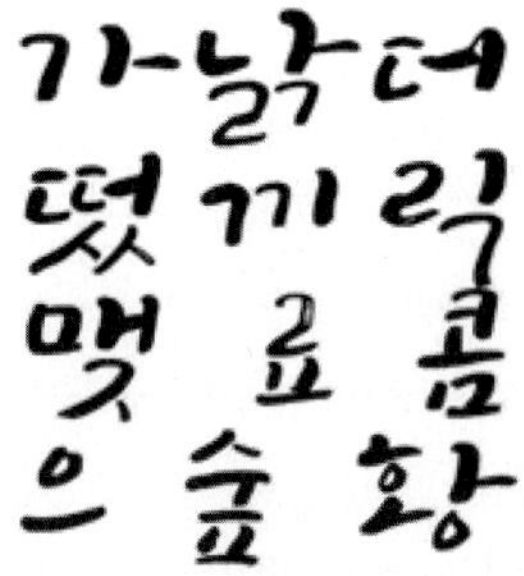

2) 동적디자인

디자인은 대부분 정지된 상태의 디자인으로 이를 정적디자인이라 한다. 이에 반하여 정지한 상태만으로는 그 변화하는 상태가 파악되지 않는 디자인을 동적디자인이라고 한다. 이것의 예는 뚜껑을 열면 동물이 스프링으로 튀어 나오거나, 완구원숭이와 같이 태엽을 감아 드럼을 치는 자태나 손발을 움직이는 형상 등을 들 수 있다. 다만, 단순한 위치변화에 불과한 디자인은 동적디자인으로 볼 수 없다.

예

화상디자인이 표시된 멀티미디어 단말기(출원인 엘지전자 주식회사, 등록번호(일자) 3006775940000(2013.01.16))

본원 화상디자인에 관한 부분디자인은 멀티미디어 단말기의 잠금화면(lock screen)에서 단말기를 위·아래로 각도를 변화시킬 때, 멀티미디어 단말기상에 동적으로 변화하여 표현되는 상태를 디자인창작 내용의 요점으로 함.

3) 화상디자인

화상디자인이란 '물리적인 표시화면상에 구현되어 일시적인 발광현상에 의해 시각을 통해서 인식되는 이차원적으로 형성되고 모양 및 색채로 구성되는 디자인'을 의미한다. 특정한 물품에 부착된 표시화면을 통하여 표현되는 그 물품의 모양을 의미한다고 정의할 수 있다. 화상디자인의 대표적 예로는 그래픽사용자인터페이스(Graphic User Interface), 아이콘 및 그래픽 이미지 등이 있다.

예

본 디자인은 사시도 및 정면도에 도시된 바와 같이 계산기 아이콘이 활성화하면, 계산기능이 가능한 화면이 디스플레이 되어 컴퓨터 모니터 상에서 편리하게 사용할 수 있는 것이 특징이며, 본 디자인의 하부의 좌우측 화살표를 클릭하여 계산기 아이콘의 위치를 변경할 수 있음.(출원인; 네이버 (주), 등록번호 3005409690000 (2009.09.21.))

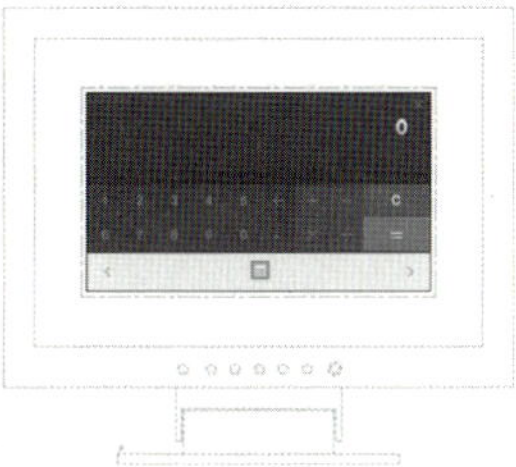

2. 디자인권 출원절차

디자인등록 출원을 위해서는 출원인코드(온라인에서 이름, 주민번호 기입 후 신청), 출원인 정보(이름, 주소), 도장 이미지 파일(서면으로 제출시), 공인인증서(전자출원으로 제출시), 전자출원 프로그램, 디자인 출원용 도면 등이 필요하다. 대리인(변리사)을 둘 경우에는 위임장이 필요하다.

(1) 출원절차

출원인이 특허청에 온라인 또는 서면으로 출원서를 제출하면, 특허청 출원과에서 서류를 접수하고 접수증을 발급한다. 서류가 특허청에 접수되면 출원서 서식과 첨부서류에 대한 적격을 심사하는 방식심사를 한다. 출원서류가 방식심사의 요건을 충족하면 해당 부서로 서류를 이관하고, 서식 등에 흠결[2]이 있는 경우에는 보정통지나 반려통지를 한다. 출원인은 출원서 기타 제반 서류를 서면이나 전자문서로 작성하여

2) 구성요소에 해당하는 요소가 구비되지 않은 경우를 의미한다.

제출하여야 하며, 법령이 정하는 일정한 양식에 따라 절차를 진행하여야 한다. 또한 절차상에 제출되는 서류는 원칙적으로 국어로 기재하여야 한다. 서면으로 출원할 경우에는 특허청 소정 양식에 의해 작성하여 방문 또는 우편으로 제출할 수 있다.

1) 출원인

디자인을 창작한 자 또는 그 승계인이 출원인이 된다. 디자인보호법에서 정하는 바에 의하여 창작자와 승계인이 디자인등록을 받을 수 있는 권리를 갖는다.

2) 출원서

디자인등록을 받고자 하는 자는 디자인심사등록출원서 또는 디자인일부심사등록출원서의 기재사항을 기재한 다음 특허청장에게 제출한다. 출원서에는 출원인 성명 및 주소, 대리인이 있는 경우 그에 대한 사항, 디자인의 대상이 되는 물품, 단독디자인출원 또는 관련디자인출원 여부, 관련디자인출원의 경우 기본디자인에 관한 사항, 디자인의 창작자, 우선권주장에 대한 사항을 기재한다.

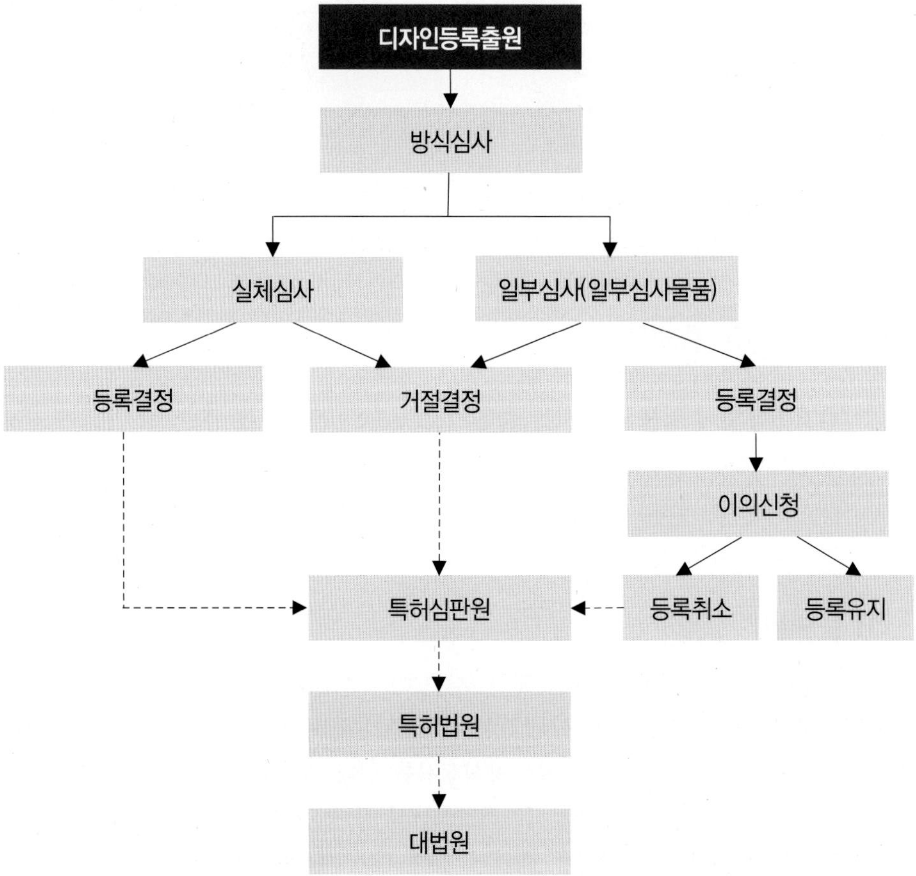

그림 4-1. 디자인출원 및 심사절차 흐름도

3) 도면

디자인도면은 디자인등록출원의 필수적인 첨부서류이며, 디자인등록출원되는 디자인 내용을 명확히 하기 위하여 일정한 도법에 따라 표현한 서면을 말한다. 디자인은 물품의 미적 외관을 보호하기 때문에 문장으로 표현하는 것보다도 도면으로 표현하는 것이 용이하게 특정할 수 있다. 또한 현물은 보존 및 운반 등이 불편하기 때문에 현물 대신 도면으로 제출하여야 한다. 그러나 보존이나 취급에 지장이 없는 경우에는 출원인의 편리를 고려해서 도면 대신에 사진 또는 견본을 제출할 수 있다.

가) 도면의 종류와 기재사항

디자인등록출원서에 첨부하는 도면은 6면도로 정면도, 배면도, 좌측면도, 우측면도, 평면도, 사시도를 포함한다. 도면으로 제출하기 어려운 경우는 디자인 출원용으로 촬영한 사진을 제출할 수 있다. 입체를 표현하는 도면의 경우 사시도와 정투상도면에 의한 6면도, 평면적인 것을 표현하는 도면은 표면도와 이면도, 글자체 도면의 경우 지정글자 도면, 보기문장 도면, 대표글자 도면을 하나의 디자인 도면으로 제출할 수 있다. 도면에는 디자인 대상이 되는 물품, 디자인의 설명 및 창작내용의 요점, 디자인의 일련번호를 기재한다.

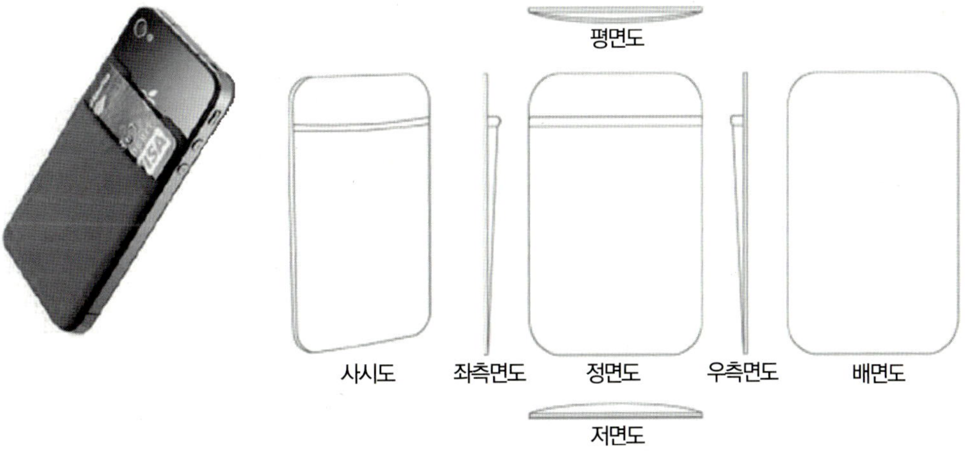

그림 4-2. 디자인 도면의 예

나) 도면 작성방식의 완화 및 3D 모델링 파일 형식의 확대

2009년 개정된 디자인보호법시행규칙에 따라 반드시 6면도에 따라 작성하던 도면 작성 방식이 완화되었다. 도면 작성방법은 정투상도법에만 한정하지 않고 창작한 디자인을 충분히 나타낼 수 있는 여타의 투상도법으로도 작성할 수 있도록 하였다. 그 도면 제출 개수와 관련하여 창작 내용을 표현할 수 있는 하나 또는 그 이상의 도

면으로 제출할 수 있도록 규제를 완화하였다. 또한 2차원 이미지 파일 외에 3차원 모델링파일로 작성된 3D도면(3D 모델링 도면) 제출이 허용되었다.

(2) 심사절차

1) 디자인등록출원서류 및 접수

디자인등록출원서류를 제출하면 특허청장은 이들 서류에 대한 방식심사를 하고 중대한 하자가 없는 경우에는 수리하고 접수한다. 중대한 하자가 있는 경우에는 반려하고, 경미한 하자에 대해서는 보정을 명하여 보정하게 한다.

2) 실체심사와 의견서 제출

심사관은 출원된 디자인등록출원의 경우, 디자인의 성립요건과 등록요건을 심사하고, 디자인일부심사등록출원의 경우 공업상 이용가능성, 부등록 사유 등 일정요건을 만족시키는 지를 심사한다. 심사관이 디자인등록출원에 대해서 거절이유를 발견하여 거절결정을 하고자 할 때에는 거절결정에 앞서 거절이유를 통지하고 기간을 정하여 의견서를 제출할 수 있는 기회를 주어야 한다.

3) 출원 보정

출원서의 기재사항 및 출원서에 첨부한 도면 등의 내용을 정정하거나 보충하는 것을 말한다. 보정이 적법한 경우에는 보정 효과가 출원시로 소급된다. 출원 보정은 출원내용의 하자를 치유하는 것으로서 제3자와의 형평성을 고려하여 그 시기와 내용에 있어 엄격한 제한을 하게 된다. 디자인등록출원인은 최초의 디자인등록출원의 요지를 변경하지 아니하는 범위 안에서 디자인등록출원서의 기재사항, 디자인등록출원서에 첨부한 도면, 도면의 기재사항 및 사진이나 견본을 보정할 수 있다.

4) 정보제공제도

디자인등록출원된 디자인에 대하여 누구든지 당해 디자인이 거절이유에 해당하여 등록될 수 없다는 취지의 정보를 증거와 함께 특허청장에게 제공할 수 있다. 이 제도의 취지는 디자인심사등록출원 또는 디자인일부심사등록출원 여부를 불문하고 누구든지 당해 디자인에 대하여 등록될 수 없는 이유가 있는 경우에는 관련증거와 함께 정보를 제출할 수 있게 하여 심사의 정확성·공정성 및 신속성을 제고(提高)하는 데에 있다.

5) 출원절차 보완제도

출원일의 인정과 관련된 중대한 하자가 있는 경우 출원서 자체를 반려하지 않고 상당한 기간을 정하여 보완할 것을 명하고 보완명령을 받은 자가 지정기간 내에 디자인등록출원을 보완하면 그 절차 보완서가 특허청장에게 도달한 날을 출원일로 인정하는 제도이다. 출원일 인정과 관련된 하자는 다음과 같다.

디자인등록을 받으려는 취지가 명확하게 표시되지 않은 경우, 디자인등록출원인의 성명이나 명칭이 적혀 있지 않거나 명확하게 적혀있지 않아 디자인등록출원인을 특정할 수 없는 경우, 도면·사진 또는 견본이 제출되지 않거나 도면에 적힌 사항이 선명하지 않아 인식할 수 없는 경우, 한글로 적혀 있지 않은 경우를 말한다.

6) 직권보정제도

디자인등록결정시 디자인등록출원서 또는 도면에 적힌 사항이 명백히 잘못 기재된 경우 심사처리 지연을 방지하고 출원인의 편의를 도모하기 위하여 심사관이 직권으로 보정을 할 수 있는 제도이다. 심사관이 직권보정을 한 경우에는 그 직권보정 사항을 디자인등록출원인에게 알려야 한다. 디자인등록출원인은 직권보정 사항 전부 또는 일부를 받아들일 수 없는 경우에는 의견서를 제출하여야 하고, 의견서를 제출한 경우 해당 직권보정 사항의 전부 또는 일부는 처음부터 없었던 것으로 본다. 따라서 그 디자인등록결정을 취소하고 처음부터 다시 심사한다.

(3) 출원 관련 제도

1) 출원공개제도

디자인등록출원시 또는 출원 이후 출원인의 출원공개신청이 있는 경우에 특허청장은 등록 전이라도 디자인의 출원내용을 공보를 통하여 공개하여야 한다. 출원공개 후 제3자로부터의 모방실시가 있는 경우에는 모방자에게 경고할 권리가 발생하며 그 디자인이 등록된 후에 디자인권자는 모방자에게 보상금청구권을 행사할 수 있다.

2) 비밀디자인제도

디자인 등록출원시 출원인의 신청이 있는 경우 디자인등록출원인은 디자인권의 설정등록일부터 3년 이내의 기간을 정하여 그 디자인을 비밀로 할 것을 청구할 수 있다. 이 제도를 두는 이유는 디자인은 모방이 용이하고, 유행성이 강하므로 타인의 모방에 의한 사업상 이익을 상실할 우려가 있기 때문이다. 비밀로 유지할 수 있는 기간은 출원인이 정하며 그 기간은 3년 이내에서 연장하거나 단축할 수 있다.

3) 출원 분할

출원인이 1디자인 1출원주의를 위반하여 복수디자인을 1출원으로 한 경우, 그 일부의 디자인을 1 또는 2 이상의 새로운 디자인등록출원으로 분할하여 출원할 수 있다. 분할출원이 있는 경우 그 분할출원은 최초에 디자인등록출원을 한 때에 출원한 것으로 본다. 분할출원 취지는 출원형식을 위반하여 하자를 치유하거나 일부 디자인의 등록요건에 흠결이 있는 경우 출원일체의 원칙에 의한 출원 전체의 거절을 방지하기 위한 것이다.

4) 재심사청구

디자인등록 출원이 거절결정될 경우 출원인은 도면 등을 보정하여 재심사를 청구하면 다시 심사관이 심사하게 된다. 거절결정시 재심사를 청구하지 않고 거절결정불복심판을 청구하면 심판원에서 다루게 되고 심결이 완결되기까지 시간이 많이 소요되므로 도면 등을 보정하여 재심사를 청구할 것인지, 심판을 청구할 것인지는 출원인의 선택사항이다. 다만, 거절결정불복심판청구시에도 심판청구일로부터 30일 이내에는 보정할 수 있다. 특허제도에서는 거절결정불복심판청구시 보정을 할 수 없으므로 거절결정불복심판을 청구하는 경우 재심사를 청구하는 것은 불가능하다.

5) 우선권주장제도

파리협약에 의한 우선권주장은 파리협약 당사국에 출원한 디자인등록출원을 기초로 하여 6개월 이내에 우선권을 주장하면서 다른 당사국에 출원하고 출원일부터 30일 내에 증명서류를 제출하면 출원일을 제1국의 출원일로 소급할 수 있다. 이는 동일한 디자인을 다수국에서 등록받고자 하는 경우 디자인권의 국제적 보호를 도모하기 위함이다.

6) 헤이그 국제디자인출원제도

하나의 디자인출원서에 복수의 국가를 지정하여 WIPO(세계지식재산권기구)에 제출하면 복수의 지정국에 출원한 효과를 부여하는 제도이다.

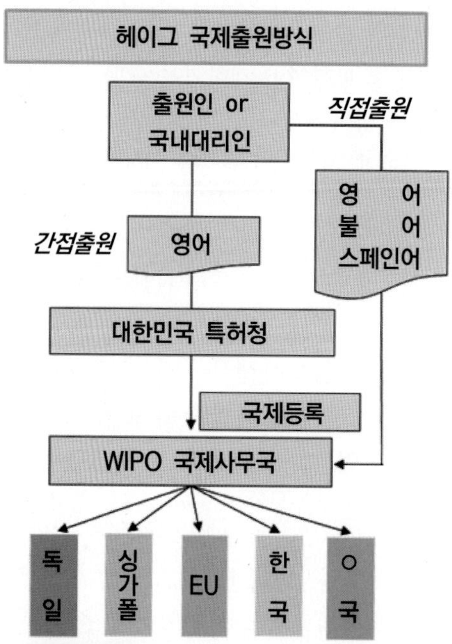

그림 4-3. 헤이그 국제디자인출원

「산업디자인의 국제등록에 관한 헤이그협정」에 따른 국제출원 및 국제디자인등록출원 절차를 도입하여, 2014년 7월 1일부터 대한민국 국민이나 대한민국에 주소가 있는 자 등이 대한민국특허청을 거쳐 국제사무국에 국제출원을 할 수 있게 되었다. 국제출원 및 국제디자인등록출원 절차를 도입함으로서 해외 디자인권 확보를 위한 신속·간편한 국제출원시스템을 마련하게 되었고, 국내기업의 해외 디자인 출원·등록관리에 효율화를 기할 수 있게 되었으며, 해외 출원시 현지대리인 선임이 필요 없으므로 대리인선임비용을 절감할 수 있게 되었다. 특허법에서는 PCT 국제특허출원제도를 1984년에 도입하였고, 상표법에서는 마드리드 국제상표출원제도를 2003년에 도입하였다. 이로서 디자인제도에서도 특허제도와 상표제도와 같이 균형을 이루게 되었다.

제2절 디자인권 성립요건 및 등록요건

핵심내용

- 디자인권의 성립요건은 물품성, 형태성, 시각성, 심미성이다.
- 물품성이란 독립성이 있는 구체적인 유체 동산을 말한다.
- 형태성은 형상, 모양, 색체 또는 이들의 결합을 말한다.
- 디자인 등록요건에는 실체적 등록요건과 절차적 등록요건이 있다.
- 실체적 등록요건에는 공업상 이용가능성, 신규성, 창작성, 선출원주의, 확대된 선출원주의가 있다.
- 절차적 등록요건에는 1디자인 1출원주의, 물품명 기재, 복수디자인 등록제도, 한 벌 물품 디자인제도, 관련디자인 제도가 있다.
- 유행성이 강한 물품을 실체적 요건에 대한 심사없이 등록시켜 주는 일부심사 디자인 제도가 있다.

1. 디자인권 성립요건

디자인권이 성립되려면, 물품성, 형태성, 시각성, 심미성을 만족해야 한다. 이를 디자인권 성립요건이라 한다.

(1) 물품성(物品性)

디자인은 그 자체를 보호하는 것이 아니라, 물품의 외관 디자인을 보호한다. 디자인은 항상 물품과 함께 보호해야 하기 때문에 한 디자인도 물품에 따라서 여러 디자인권이 발생할 수 있다. 디자인보호법상 물품이란 독립성, 유체성, 구체성을 구비해야 한다. 아파트 같은 건축물을 디자인 하거나 건축물의 실내 디자인도 보통 디자인이라고 말하기는 하나 디자인 보호법상의 디자인은 물품과 관련되어야 하고 그 물품은 독립적으로 거래되는 물품이어야 하기 때문에 아파트나 실내 디자인은 디자인 등록을 받을 수 없다. 한증막같이 현장에서 시공되는 것은 물품성을 인정받지 못하여 디자인 등록을 받을 수 없다. 그러나 현장시공이 아니라 미리 제조되고 운반하여 설치하는 경우는 물품성이 있는 것으로 인정되어 디자인등록을 받을 수 있다.

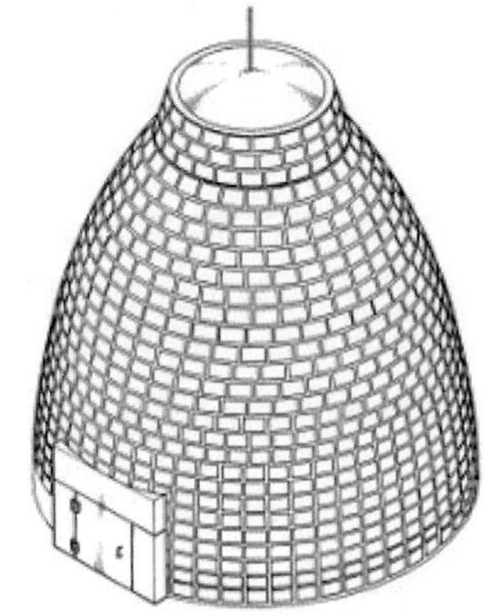

그림 4 물품성을 인정받지 못하는 부동산(현장시공을 통해 건축되는 부동산은 물품성을 인정받지 못함)

1) 독립성이 있는 구체적인 유체 동산

상거래에서 독립하여 거래될 수 있는 물품으로 독립거래 대상이 되지 않으면 디자인권 등록을 받을 수 없다. 또한 구체적이라는 용어는 일정한 형태를 갖는 구체적인 물품이 되어야 하는데, 그렇지 못한 것으로는 액체, 기체, 유동체, 가루 같은 입상물(설탕, 시멘트 등)이 있다. 유체성은 구체적이라는 말과 상통하여 공간상의 일정한 형상을 갖는 물질을 말한다. 유체 동산이 아닌 부동산은 디자인 등록을 할 수 없다. 통상 부동산에는 많은 디자인이 존재 하지만, 디자인 보호법에서 말하는 디자인권 등록은 되지 않는다.

2) 물품성이 인정되지 않는 것

디자인권에서 물품성이 인정되지 않는 것의 예를 보여줌으로써 물품성의 이해를 돕고자 한다.

가) 부동산, 현장 시공을 통해 건축되는 부동산. 그러나 부동산이라도 대량생산이 될 수 있고 운반이 가능한 경우에는 물품성이 인정 된다. 예: 공중전화박스, 이동판매대, 승차대, 방갈로, 이동화장실, 방범초소, 조립가옥 등.

나) 일정한 형체가 없는 것. 예: 열, 기체, 액체, 전기, 음향, 빛, 홀로그램 등.

다) 시멘트, 설탕 등과 같은 분상물 또는 입상물의 집합으로 된 것.

라) 합성물의 구성각편. 다만, 조립완구의 구성각편과 같이 독립거래의 대상이 되고 있는 것은 디자인등록의 대상이 된다.

마) 독립하여 거래의 대상이 될 수 없는 물품의 부분. 예: 병 주둥이, 양말의 뒷굽모양.

바) 물품 자체의 형태가 아닌 것. 예: 손수건 또는 타월을 접어서 이루어진 꽃모양과 같이 상업적 과정으로 만들어지는 디자인으로서 그 물품 자체의 형태로 볼 수 없는 것.

상기 마)의 물품의 부분은 일정한 요건을 충족하면 부분디자인으로 디자인등록을 받을 수 있다. 예를 들어, 시계의 시계줄, 면도기의 손잡이, 화장품용기의 주입구 등과 같이 물품의 부분에 관한 디자인은 부분디자인으로 등록받을 수 있다.

(2) 형태성(形態性)

형태성이란 디자인 성립요소의 하나이고 형상, 모양, 색채 또는 이들의 결합을 말한다.

1) 형상(shape)

형상이란 물품이 공간을 점하고 있는 입체적 윤곽을 말하며, 글자체를 제외한 모든 디자인은 형상이 있어야 한다. 물품의 형상은 입체적인 형상과 평면적인 형상이 있다. 예를 들어 직물지, 손수건 등은 물리적으로 보면 두께가 있는 3차원 물품이지만, 이와 같은 물품의 두께는 실질적인 의미가 없으므로 법률상 평면적 물품에 속한다.

2) 모양(pattern)

모양이란 물품의 외관에 나타나는 선도, 색구분, 또는 색흐림을 말한다. '선도'란 선으로 그린 도형을 말하고, '색구분'이란 공간이 선이 아닌 색채로서 구획되어 있는 것을 말하고, '색흐림'은 색과 색의 경계를 흐리게 하여 색이 자연스럽게 옮아가는 것 같이 보이게 한 것을 말한다. 물품의 액정화면 등 표시부에 표시되는 도형 등(화상디자인)에 대해서도 디자인을 구성하는 모양으로 취급한다.

3) 색채(color)

색채란 일반적으로 반사되는 빛에 의하여 인간의 망막을 자극하는 물체의 성질 중

하나로, 시각을 통하여 식별할 수 있도록 물품에 채색된 빛깔을 말한다. 디자인보호법상 색채는 단일색이나, 2색 이상의 경우 형상과 모양으로 구성된다. 또한 색채는 무채색과 유채색으로 대별되고, 투명색도 포함한다. 그러나 도면에서 객관적으로 특정될 수 없는 질감이나 광택은 색채에 포함되지 않는다.

(3) 시각성 (視覺性)

시각성이란 물품 형태의 외관을 인간의 육안으로 식별할 수 있고 외부에서 파악할 수 있는 것이다. 또한 '시각을 통하여'란 육안으로 식별할 수 있는 것을 원칙으로 한다. 따라서 다음에 해당하는 것은 디자인등록의 대상이 되지 아니한다. ① 시각 이외의 감각에 의하여 파악되는 것, ② 분상물 또는 입상물의 하나의 단위, ③ 외부에서 볼 수 없는 것, ④ 확대경 등에 의해 확대하여야 물품의 형상 등이 파악되는 것. 다만, 디자인에 관한 물품의 거래에서 확대경 등에 의해 물품의 형상 등을 확대하여 관찰하는 것이 통상적인 경우에는 시각성이 있는 것으로 본다. 시각성이 있는 것으로 보는 예로 '발광다이오드'의 디자인출원이 있다.

(4) 심미성 (審美性)

물품의 미적인 외관의 '미감(美感)'을 말한다. 사람마다 디자인에 대한 미적 감각이 다르다. 미감의 의미는 주관적인 가치판단이 개입되므로 명확한 판단기준을 정하기는 어렵다. 따라서 일단 출원된 디자인은 심미성이 있다고 인정하고 심사를 진행한다. 고도의 심미성에 대한 판단보다는 아름다움을 느낄 수 있을 정도의 형태적 처리가 된 것이면 심미감이 있는 것으로 보고 있다.

2. 디자인권 등록요건

디자인의 등록요건은 실체적인 요건과 절차적인 요건으로 구분할 수 있다. 실체적 요건은 공업상 이용할 수 있는 디자인(공업성), 신규성을 가진 디자인(신규성), 창작이 용이하지 않은 디자인(창작성)이다. 또한 선출원이어야 하고, 확대된 선출원주의에 저촉되지 말아야 한다. 절차적 요건은 1디자인 1출원주의, 물품명의 정당한 기재, 올바른 등록 출원의 절차이다.

(1) 실체적 등록요건

1) 공업상 이용가능성

공업상 이용가능성이란 공업적 생산방법에 의해 동일물품이 양산 가능한 디자인을 말한다. 공업적 생산방법이란 기계에 의한 생산방법 뿐만 아니라 수공업적 생산방법도 포함한다. 공업성이 없는 경우는 자연물을 디자인의 주체로 사용한 것으로서 양산할 수 없는 것, 상업적 과정으로 만들어진 서비스디자인, 순수미술 분야에 속하는 저작물, 디자인의 표현이 구체적이지 아니하여 공업상 이용할 수 없는 디자인 등이 해당한다. 이는 공업성이 없기 때문에 디자인등록을 받을 수 없다.

2) 신규성

신규성이란 디자인의 창작성 유무를 가리는 것이다. 디자인출원에 있어서 공지·공용된 디자인과 동일한 디자인뿐만 아니라, 이와 유사한 디자인에 대해서는 신규성이 없는 것으로 본다.

가) 신규성 판단기준

디자인의 신규성 판단은 동일 및 유사물품 사이에서만 판단한다. 신규성 상실 사유 3가지는 다음과 같다. ① 디자인등록출원 전에 국내 또는 국외에서 공지되었거나 공연히 실시된 디자인, ② 디자인등록출원 전에 국내 또는 국외에서 반포된 간행물에 게재되었거나 전기통신회선을 통하여 공중이 이용 가능하게 된 디자인, ③ 상기 ①과 ②에 해당한 디자인과 유사한 디자인. 위의 세 가지 사항 중 어느 하나에라도 해당되는 디자인은 신규성이 없는 디자인으로 판단한다.

나) 신규성상실의 예외

디자인등록을 받을 수 있는 권리를 가진 자의 디자인이 ① 디자인등록출원 전에 국내 또는 국외에서 공지되었거나 공연히 실시된 디자인(디자인보호법 제33조 제1항 제1호), ② 국내 또는 국외에서 반포된 간행물에 게재되었거나 전기통신회선을 통하여 공중이 이용할 수 있게 된 디자인에 해당하게 된 경우(디자인보호법 제33조 제2호) 그날로부터 12개월[3] 이내에 출원하면 신규성을 상실하지 아니한 것으로 본다(디자인보호법 제36조 제1항).

이러한 신규성상실의 예외를 적용받고자 하는 자는 디자인등록 출원시 디자인 등록출원서에 그 '취지'를 기재하여 특허청장에게 제출하고, 이를 '증명할 수 있는 서류'를 디자인등록출원일로부터 30일 내에 제출하여야 한다. 출원시 '취지'와 '증명할 수 있는 서류'를 제출하지 못했을 경우 특허제도에서는 복구할 방법이 없으나, 디자인 제도에서는 법을 개정(2014년 7월 1일 시행)하여 심사관이 거절이유통지시 보정할 수 있는 기간 내, 이의신청·무효심판청구시 답변서를 제출할 수 있는 기간 내에 '취지'와 '증명할 수 있는 서류'를 제출할 수 있도록 하였다.

다) 신규성상실 예외의 주의점

본인에 의해 공지가 되는 경우 12개월 이내에 절차에 의해 거절이유를 해소할 수 있다 하더라도, 다른 사람이 그 사이에 출원하면 등록을 받을 수 없다. 신규성상실의 예외 주장에 의한 출원은 당해 공지행위에 대한 예외일 뿐, 선출원주의의 예외는

3) 2017년 3월 21일 개정을 통하여 6개월에서 12개월로 변경되었다.

아니므로 공지행위 후 타인이 동일 유사한 디자인을 스스로 창작하여 출원한 경우에는 선출원주의 위반이 됨으로 등록을 받을 수 없다.

3) 창작성

창작성은 특허의 진보성에 비유되는 것으로 디자인이 속하는 분야에서 통상의 지식을 가진 자가 국내 또는 국외에서 공지·공용 또는 널리 알려진 디자인이나 이들의 결합, 또는 형상·모양·색채 또는 이들의 결합에 의하여 용이하게 창작할 수 있는 디자인에 대하여는 등록을 받을 수 없는 것을 말한다. 신규성이 있는 디자인으로 인정되는 것이라도 통상의 지식을 가진 자가 용이하게 창작할 수 있는 디자인은 보호할 가치가 없어 높은 수준의 디자인 창작을 유도하는 데에 그 취지가 있다.

최근 일부 유명 캐릭터를 모방하여 인형 디자인 등으로 출원하거나 캐릭터의 특징을 일부 변형하는 등의 교묘한 방법으로 디자인 출원을 하여 등록을 받는 경우도 있다. 특허청은 모방출원이 디자인 창작자의 창작의욕을 떨어뜨려 디자인 산업발전을 저해한다고 판단하고, 유명한 캐릭터를 부정하게 모방하여 디자인출원 하는 경우 등록요건을 보다 엄격하게 적용하여 이를 거절하고 있다.

가) 창작성 판단기준

특허청 디자인심사기준에서 예시한 창작성이 없는 디자인으로 인정되는 대표적인 경우는 다음과 같다.

① 주지의 형상·모양에 기초한 디자인

삼각형, 사각형, 원, 원기둥, 정다면체 등 주지의 도형의 형상을 그대로 이용한 것에 불과한 경우, 바둑판무늬·물방울무늬처럼 흔한 모양을 단순 배열한 것에 불과한 경우.

② 자연물, 유명한 저작물·유명한 건조물, 유명한 경치 등을 기초로 한 용이 창작

로댕의 생각하는 사람, 뽀빠이, 자유의 여신상, 에펠탑, 남산타워, 동물 등을 그대로 나타낸 완구 또는 장식물 디자인, 유명한 경치를 그대로 재현한 장식물 디자인. 예: 유명한 저작물, 김홍도의 풍속도, 만화 주인공 '뽀빠이' 등 널리 알려진 그림, 조각, 만화, 영화 등.

③ 널리 알려진 공지의 디자인을 기초로 형상·모양 등의 결합에 의한 창작

간행물이나 TV 등을 통하여 널리 알려져 있는 디자인을 전용한 경우로 유명한 자동차의 형상, 모양을 완구에 전용한 경우, ET인형의 형상, 모양을 저금통에 전용한 경우, 주지의 라디오 형상과 주지의 시계 형상모양이 결합된 경우.

④ 공지디자인의 결합에 기초한 창작

디자인 구성요소의 일부분을 다른 디자인으로 치환한 경우, 복수의 디자인을 합하여

하나의 디자인을 구성한 경우, 공지디자인 구성요소의 배치를 변경한 것에 지나지 않는 경우에 해당하는 디자인은 용이하게 창작할 수 있는 것이다. 예: 울타리 디자인의 장식판 부분을 다른 장식판으로 치환한 디자인, 벽시계의 중앙에 원형의 접시를 끼워 넣은 벽시계 디자인, 오디오세트의 표지부와 제어부를 변경한 오디오세트.

⑤ 복수의 디자인을 합하여 하나의 디자인을 구성하는 용이창작

예 공지의 책상 형상에 공지의 책꽂이 형상을 부착하여 이루어진 책꽂이가 부착된 책상.

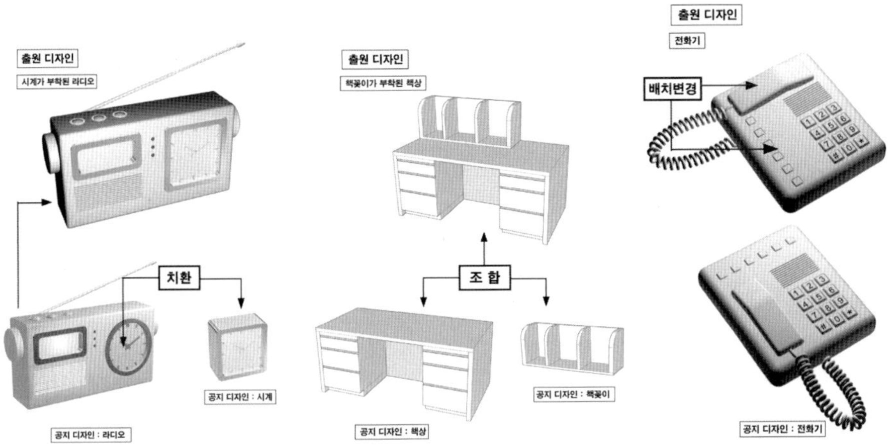

그림 4-5. 창작성이 인정되지 않는 디자인 예

4) 선출원주의

선출원주의란 동일 또는 유사한 디자인에 대하여 2이상의 디자인등록출원이 경합한 경우에 먼저 출원한 자에게 디자인등록을 인정하는 원칙을 말한다. 같은 날 2이상의 디자인등록출원이 있는 경우 협의에 의하여 정하여진 한 명의 출원인만이 디자인등록을 받을 수 있다. 협의가 성립하지 아니하거나 협의를 할 수 없는 때에는 어느 디자인등록출원도 그 디자인에 대하여 디자인등록을 받을 수 없다.

디자인등록출원이 무효, 취하, 포기된 출원 또는 무권리자의 출원은 선출원의 지위를 가지지 않는 출원이므로 선출원 규정을 적용함에 있어서 처음부터 없었던 것으로 본다. 2007년 개정법에 의해 거절결정이나 거절한다는 취지 심결이 확정된 때에도 그 디자인등록출원은 선출원 규정의 적용에서 처음부터 없었던 것으로 간주한다.

가) 특허제도와 디자인등록제도의 선출원주의 차이점

특허법과 디자인보호법 모두 출원인이 동일한 경우 선출원주의를 적용한다. 다만, 디자인보호법은 유사한 디자인에 대하여 출원인이 동일한 경우 관련디자인으로 출원하여 등록받을 수 있다.

5) 확대된 선출원주의

디자인등록을 출원한 디자인(B)이 그 출원일 이후에 출원공개되거나 등록공고된 타디자인등록출원(A)의 출원서의 기재사항 및 출원서에 첨부된 도면, 사진 또는 견본에 표현된 디자인 일부와 동일하거나 유사한 경우에 그 디자인에 대하여는 디자인등록을 받을 수 없다. 이것을 '확대된 선출원'이라 한다. 이 규정은 출원일 전에 이미 알려져 있지는 않지만 동일한 디자인을 창작하고 이를 디자인등록출원을 한 경우에도 등록을 받을 수 없다는 원칙이다. 이 조항은 당해 디자인등록출원에 관한 디자인이 선출원의 디자인등록출원서의 기재사항 및 첨부도면 등에 표현된 디자인 일부와 동일 또는 유사한 경우에 적용한다. 선출원의 전체 디자인이 디자인공보에 공개되면 그 일부와 동일·유사한 디자인은 이미 새로운 디자인의 창작으로 볼 수 없기 때문이다. 출원인이 동일한 경우에는 디자인등록을 받을 수 있지만, 창작자만 동일한 경우에는 디자인등록을 받을 수 없다. 이는 디자인 창작자가 창작한 디자인을 이전·양도 등을 한 후에 유사한 디자인을 창작하여 본인의 이름으로 출원하는 것을 방지하기 위한 것이다.

표 4-1. 특허와 디자인의 선출원주의 및 확대된 선출원주의 차이점

	특허권	디자인권
선출원주의	동일한 출원인·발명자도 특허받을 수 없음	동일한 출원인·창작자도 등록받을 수 없음. 관련디자인은 유사디자인인 경우 예외적 인정
확대된 선출원주의	동일한 출원인·발명자는 특허받을 수 있음	동일한 출원인은 등록받을 수 있음

가) 확대된 선·후출원디자인 유형

선출원이 전체 디자인이고 후출원이 부분디자인인 경우, 선출원이 완성품 디자인이고 후출원이 완성품에 포함되는 부분디자인, 부품 디자인 또는 부품의 부분디자인인 경우, 선출원이 한 벌 물품 디자인이고 후출원이 그 한 벌 물품에 포함된 구성물품, 구성물품의 부분 또는 구성물품의 부품디자인 경우, 선출원이 부품 디자인이고 후출원이 그 부품에 포함되는 부분디자인인 경우 등이다.

표 4-2. 확대된 선출원주의 규정 적용가능 예시

선출원	후출원
완성품	부품
완성품, 부품	부분디자인
한 벌 물품	구성물품
부분디자인 (보다 큰)	부분디자인 (보다 작은)

(2) 절차적 등록요건

1) 1디자인 1출원주의

1디자인 1출원주의란 디자인등록출원은 1디자인마다 1디자인등록출원을 하는 원칙을 말한다. 이는 디자인 심사대상 및 권리범위의 명확화를 도모하기 위함이다. 따라서 출원인은 디자인등록출원시 시행규칙에서 정하는 물품 구분에 따라 하나의 물품을 기재하여야 한다.

2) 물품명 기재

디자인의 대상이 되는 물품의 명칭은 지식경제부령이 정하는 물품의 구분에 따라 지정하여 출원하여야 한다. 이 물품의 구분에 명칭이 없는 것은 그 디자인을 인식하는데 적합한 명칭을 기재하되 그 물품의 용도가 명확히 이해되고 보통 사용하는 물품의 명칭을 기재하여야 한다.

3) 복수디자인 등록 출원

1디자인 1출원주의의 원칙을 엄격하게 적용하는 것은 출원절차상 발생하는 불편을 해소하고, 출원비용을 경감하기 위한 것이다. 복수디자인등록출원된 디자인등록에 대하여는 각 디자인마다 무효심판을 청구할 수 있다.

가) 디자인 수는 100개 이내일 것

산업디자인 국제등록에 관한 헤이그협정에서 규정하고 있는 바와 같이 같은 분류에 한하여 복수디자인등록출원의 디자인 수는 100개 이내이어야 한다.

나) 분리하여 표현할 것

복수디자인 디자인권은 각 디자인마다 발생하므로 복수디자인등록된 디자인권은 각 디자인권마다 분리하여 인정할 수 있다. 따라서 복수디자인등록된 디자인은 1디자인마다 분리하여 표현해야 한다.

다) 분류가 동일할 것

심사편의상 시행규칙 별표 4의 물품의 구분 중 분류가 동일한 것들만 복수디자인등록출원을 할 수 있다. 예를 들어, B1(의복)류에 속하는 디자인을 출원하는 경우에는 해당 물품은 B1(의복)류 해당하는 물품 중에서 선택하여 1디자인등록출원을 할 수 있다.

표 4-3. 복수디자인 출원 요건

항목	요건
출원요건	심사/일부심사 모두 가능, 동일류 100개 이내
비밀디자인	일부만 청구 가능
출원공개	일부만 신청 가능
거절/등록결정	일부만 거절/등록 가능

4) 한 벌 물품 디자인제도

한 벌 물품의 디자인제도란 한 벌의 물품을 구성하는 물품의 디자인이 그 한 벌 물품 전체로서 통일성이 있을 때에 1디자인으로 디자인등록출원을 인정하고 등록받을 수 있는 제도를 말한다. 등록요건 심사도 전체를 하나의 디자인으로 보아 심사하며, 등록 후 권리도 권리 일체의 원칙에 의해 하나의 디자인권만 발생한다. 따라서 한 벌 물품의 디자인권에 있어서 일부 침해는 인정되지 않는다.

5) 관련디자인 제도(디자인보호법 제35조)

관련디자인 제도란 자기의 등록디자인이나 디자인등록출원한 디자인에만 유사한 디자인에 대해서 관련디자인으로 디자인등록 받을 수 있는 제도를 말한다. 관련디자인 출원 시기는 기본디자인 출원일로부터 1년 이내이다.

디자인권은 유사범위까지 미치나 이는 추상적, 관념적 범위이므로 관련디자인 제도를 통하여 미리 유사 범위를 확인함으로써 침해를 미연에 방지하고 침해시 신속한 구제를 모도할 수 있다. 과거 유사디자인제도와는 달리 관련디자인제도에서는 관련 디자인의 독자적인 권리범위를 인정하고, 권리존속기간도 독자적으로 인정된다. 즉, 기본디자인권의 권리가 만료(기본디자인의 출원일로부터 20년)되기 전에 무효나 연차료의 불납 등에 의하여 소멸되더라도 관련디자인권은 소멸되지 않는다. 따라서 무효심판에서 기본디자인권이 무효가 되더라도 관련디자인권은 당연 무효가 되지 않는다.

(3) 일부심사 디자인 등록제도(디자인보호법 제37조 제4항)

일부심사등록제도란 등록요건 중 일부 실체적 요건에 대해 심사 없이 등록시켜 주는 제도로서 제조식품, 의류·침구류, 사무용지, 포장지, 직물류, 화상디자인처럼 유행성이 강한 물품에 대하여 선행디자인 검색 없이 신속하게 디자인권을 설정해 주는 제도이다. 디자인일부심사등록출원서에 대한 방식심사에서 하자가 없는 경우 1개월 내지 2개월 이내에 등록될 수 있다. 일부심사로 디자인을 등록하게 되면 부실권리가 발생될 가능성이 높기 때문에 디자인보호법에서 일부심사등록 이의신청제도를 별도로 두고 있다.

1) 일부심사 등록요건

디자인일부심사등록출원된 디자인에 대해서는 등록요건 중 신규성·창작성(단, 국내외 주지형상·모양·색채에 대하여는 심사함)과 확대된 선출원주의 또는 선출원주의 등을 심사하지 않고, 방식심사를 통하여 디자인의 성립요건, 공업성, 부등록사유 해당 여부만을 심사하여 등록하고 있다. 일부심사등록디자인권의 안정성을 제고하기 위하여 일부심사등록출원된 디자인이 국내 주지디자인에 의하여 용이하게 창작된 경우에는 거절할 수 있도록 하고 있다.

2) 디자인일부심사등록출원 물품

2011년 4월 1일부터 라이프사이클이 짧고 권리분쟁 및 모방디자인의 출원이 적은 물품 중 일부 품목을 일부심사 품목으로 추가하였다. 디자인일부심사등록출원을 할 수 있는 물품은 아래와 같다.

① 제2류 (의류 및 패션잡화 용품)
② 제5류 (섬유제품, 인조 및 천연 시트직물류)
③ 제19류 (문방구, 사무용품, 미술재료, 교재)

(4) 디자인등록을 받을 수 없는 디자인(디자인보호법 제34조)

1) 국기, 국장 등과 동일 또는 유사한 디자인

국기, 국장, 군기, 훈장, 기타 공공기관 등의 표장과 외국의 국기·국장 또는 국제기구 등의 문자나 표지와 동일 또는 유사한 디자인에 대해 특정개인에게 독점배타권을 부여하는 것은 공익에 반하고 남용할 가능성이 크므로 디자인등록을 받을 수 없다.

2) 선량한 풍속에 어긋나거나 공공질서를 해칠 우려가 있는 디자인

다음에 해당하는 디자인은 선량한 풍속에 어긋나거나 공공질서를 해칠 우려가 있는 디자인으로 간주한다. ① 인륜, 사회정의 또는 국민감정에 반하는 것, ② 특정국가 또는 그 국민을 모욕하는 것, ③ 저속·혐오 또는 외설스러운 것, ④ 국가원수의 초상 및 이에 준하는 것, 예: 국가원수의 형상을 한 인형 등이다. 본호의 적용시 물품의 동일이나 유사 여부는 판단하지 않는다.

3) 타인의 업무에 관계되는 물품과 혼동을 가져올 염려가 있는 디자인

다음에 해당하는 디자인은 타인의 업무에 관계되는 물품과 혼동을 가져올 염려가 있는 디자인으로 본다. ① 타인의 저명한 상표·서비스표 또는 단체표장을 디자인으로 표현한 것. 예: 샤넬(CHANEL) 상표를 포함하는 모양의 핸드백 디자인, 구찌(GUCCI)상표 모양으로 된 펜던트를 갖는 목걸이, ② 비영리법인의 표장을 디자인으로 표현한 것, ③ 혼동의 염려가 있으나 본호가 적용되지 않는 경우. 예: 이용·저촉관계, 자기 상표를 자기 디자인에 사용하는 경우, 기타 실제 사용상 혼동을 일으킬 염려가 없는 경우이다.

4) 물품 기능을 확보하는 데 불가결한 형상만으로 된 디자인

다음 디자인이 해당한다. ① 물품의 기술적 기능을 확보하기 위하여 필연적으로 정하여진 형상의 디자인. 예: 파라볼라 형상을 한 위성방송수신용 반사경 디자인, ② 물품의 호환성확보 등을 위하여 형상 및 치수 등의 규격이 표준화된 형상의 디자인. 예: KS 규격품, ISO 규격품 등. 물품의 기술적 기능은 오직 형상에 의하여 발휘되는 것이므로 그 디자인의 형상이 기술적 기능을 발휘하는 것이라면 모양과 색채가 부가되어 있다 하더라도 등록될 수 없다. 특히, 규격의 주목적이 기능의 발휘에 있지 않은 물품에 (규격봉투 등) 대하여는 적용하지 아니한다.

제3절 디자인권 내용

핵심내용

- 디자인권은 디자인등록출원 후 심사에서 등록결정이 나면 설정등록 후 권리가 생긴다.
- 디자인권은 설정등록한 날부터 발생하여 디자인등록출원일 후 20년이 되는 날까지 권리를 가질 수 있고, 등록 출원한 국가에서만 효력이 있다.
- 디자인의 실시란 디자인에 관한 물품의 생산, 사용, 양도, 대여, 수출 또는 수입하는 것을 말한다.
- 디자인등록 실시권에는 전용실시권과 통상실시권이 있다. 전용실시권은 특허청에 등록해야 한다.
- 디자인권을 얻었어도 타인의 선등록 산업재산권에 저촉되면 디자인을 업으로 할 수 없다.

1. 디자인권의 설정등록과 효력발생

(1) 디자인 설정등록

옆의 그림은 디자인 등록증을 보여 준다. 디자인 등록증에는 출원번호, 출원날짜가 있다. 등록날짜도 있는데, 권리 기간은 설정등록한 날부터 발생하여 디자인등록출원일 후 20년이 되는 날까지이다. 또한 심사등록이나 일부심사등록증을 구분하고, 디자인권자와 창작자를 표시한다. 디자인권도 다른 산업재산권과 마찬가지로 설정등록에 의하여 발생한다. 디자인권은 완성된 디자인을 특허청에 디자인등록출원, 심사관의 디자인심사, 디자인등록결정, 등록료의 납부, 설정등록의 순서로 절차가 진행된다. 설정등록을 하려면 등록료를 납부해야 한다. 특허청장이 등록공고를 하고, 특허청에 디자인등록원부를 비치한다. 또한 특허청장은 디자인등록증을 디자인권자에게 교부한다.

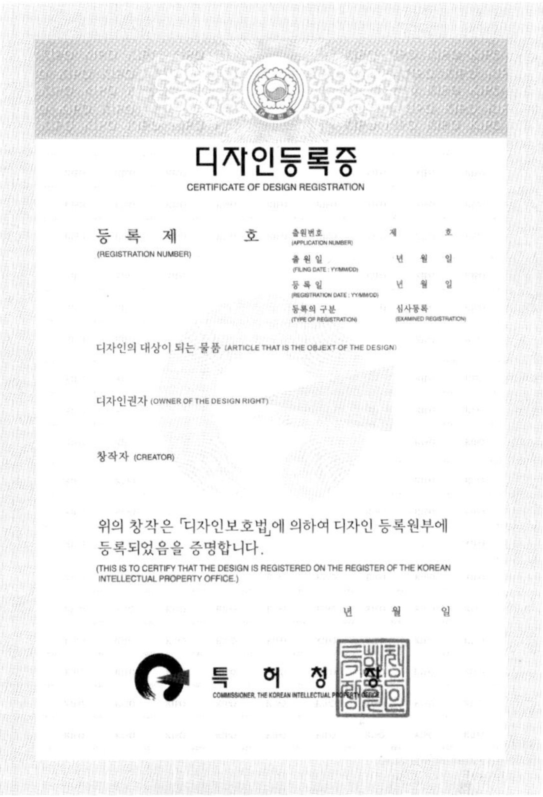

디자인등록증
CERTIFICATE OF DESIGN REGISTRATION

등 록 제 호
(REGISTRATION NUMBER)

출원번호 (APPLICATION NUMBER) 제 호
출 원 일 (FILING DATE : YY/MM/DD) 년 월 일
등 록 일 (REGISTRATION DATE : YY/MM/DD) 년 월 일
등록의 구분 (TYPE OF REGISTRATION) 심사등록 (EXAMINED REGISTRATION)

디자인의 대상이 되는 물품 (ARTICLE THAT IS THE OBJEXT OF THE DESIGN)

디자인권자 (OWNER OF THE DESIGN RIGHT)

창작자 (CREATOR)

위의 창작은 「디자인보호법」에 의하여 디자인 등록원부에 등록되었음을 증명합니다.

(THIS IS TO CERTIFY THAT THE DESIGN IS REGISTERED ON THE REGISTER OF THE KOREAN INTELLECTUAL PROPERTY OFFICE.)

년 월 일

특 허 청 장
COMMISSIONER, THE KOREAN INTELLECTUAL PROPERTY OFFICE

그림 4-6. 디자인 등록증

(2) 디자인권 발생

디자인권은 등록결정을 받은 후 소정의 등록료와 함께 특허청에 디자인등록을 함으로써 발생한다. 디자인권자는 업으로써 등록디자인 또는 이와 유사한 디자인을 실시할 권리를 독점한다. 디자인권 효력은 등록디자인은 물론 그와 유사한 디자인에까지 효력을 미친다. 이는 디자인보호법이 물품의 미적 외관을 보호하기 때문에 동일성 개념만으로는 그 보호 범위가 협소하여 실질적인 보호가 실현되지 않고 있음을 보완하기 위함이다. '업으로서' 라는 것은 '사업으로서' 라는 뜻이다. 이때 '업으로서'는 영리를 목적으로 실시하는 것에만 한하지 않고, 반복해서 행하여지는 것까지를 의미 한다. 따라서 사업적 목적의 실시가 아닌 개인적, 일시적 또는 가정에서의 일상적인 실시는 '업으로서'에 해당하지 않는다.

(3) 디자인권 실시

'실시'란 디자인에 관한 물품을 생산, 사용, 양도, 대여, 수출 또는 수입하거나 그 물품의 양도 또는 대여의 청약(양도나 대여를 위한 전시 포함)을 하는 행위를 말한다(디자인보호법 제2조 제7호).

(4) 독점배타권

디자인권자는 당해 디자인을 독점적으로 실시할 권능을 가짐과 동시에 제3자가 당해 디자인과 동일 또는 유사한 디자인을 실시하는 것을 배제하는 권능을 갖는다.

2. 디자인권의 존속기간

디자인권의 존속기간은 설정등록한 날부터 발생하여 디자인등록출원일 후 20년이 되는 날까지이다[4]. 다만, 관련디자인으로 등록된 디자인권의 존속기간은 기본디자인의 존속기간과 같기 때문에 기본디자인권이 만료하면 관련디자인권도 함께 만료[5] 된다(디자인보호법 제91조). 그러나 관련디자인권에 있어 기본디자인권이 출원일로부터 20년이 되기 전에 무효심판 등으로 권리가 소멸되는 경우 관련디자인권은 기본디자인권의 출원일로부터 20년이기 때문에 소멸되지 않는다. 즉, 기본디자인권이 무효가 되더라도 관련디자인은 독자적으로 권리가 존속한다.

표 4-4. 산업재산권의 존속기간

산업재산권	권리기간
특 허	설정등록한 날부터 출원일 후 20년
실용실안	설정등록한 날부터 출원일 후 10년
디 자 인	설정등록한 날부터 출원일 후 20년
상 표	설정등록이 있는 날부터 10년 (갱신 가능)

4) 디자인권의 존속기간은 '디자인권의 설정등록이 있는 날부터 15년'이었으나, 2014년 7월 1일 시행된 디자인보호법 전부개정으로 인하여 '설정등록한 날부터 발생하여 디자인등록출원일 후 20년이 되는 날까지'로 변경되었다.

5) 권리존속기간 20년이 다 되었을 때 '만료'라고 하며, 소멸의 한 형태이다. 소멸은 만료, 또는 만료 전에 수수료의 불납, 무효심판에 의한 무효 등에 의하여 권리가 없어지는 것을 말하며 일반적으로 소멸과 만료를 구분하여 사용한다.

3. 디자인권의 효력범위

(1) 시간적 범위

디자인권은 설정등록한 날부터 발생하여 디자인등록출원일 후 20년이 되는 날까지 존속한다. 다만, 관련디자인으로 등록된 디자인권의 존속기간 만료일은 그 기본디자인의 디자인권 존속기간 만료일로 한다.

(2) 지역적 범위

디자인권의 효력은 속지주의 원칙이 적용되므로 대한민국 영토 내에서만 디자인권의 성립, 이전, 소멸 등의 효력이 미친다. 따라서 등록된 디자인을 권원[6] 없이 국내에서 실시하면 디자인권 침해로 판단될 수 있다. 디자인은 모든 파리동맹국에서 보호된다.

(3) 객체적 범위

디자인권의 보호객체는 등록디자인이고, 등록디자인 보호범위는 디자인등록출원서에 기재된 사항 및 그 출원서에 첨부한 도면, 사진 또는 견본과 도면에 기재된 디자인의 설명에 표현된 디자인에 의하여 정하여진다. 디자인권 효력은 등록디자인과 동일한 디자인뿐만 아니라 이와 유사한 디자인까지 미친다.

(4) 디자인권의 적극적 효력

디자인권의 적극적 효력이란 디자인권자가 업으로서 등록디자인 또는 이와 유사한 디자인을 독점적으로 실시할 수 있는 독점적 효력을 말한다.(독점적 효력) 등록디자인이란 디자인등록을 받은 디자인을 말하고, 이에 유사한 디자인이란 동일 및 유사한 물품에 동일 및 유사한 형태가 표현되어 외관상 서로 유사한 미감을 일으키는 디자인을 말한다.

(5) 디자인권의 소극적 효력

디자인권의 소극적 효력이란 권원없는 제3자가 업으로서 실시하는 것을 금지하는 것을 말한다.(금지적 효력) 디자인권자 또는 전용실시권자는 자기의 권리를 침해한 자 또는 침해할 우려가 있는 자에 대하여 침해의 금지 또는 예방을 청구할 수 있다.

6) '권원'이란 어떤 법률적 또는 사실적 행위를 하는 것을 정당화하는 법률상 원인을 의미한다. 예) 지상권, 임차권 등

4. 실시권

디자인권자는 업(業)으로서 등록디자인 또는 이와 유사한 디자인을 실시할 권리를 독점하지만(디자인보호법 제92조), 디자인권자 이외의 자에게도 등록디자인 또는 이와 유사한 디자인을 적법하게 업으로서 실시할 수 있도록 규정하고 있다.(디자인보호법 제92조 단서)

실시권은 그 효력범위에 따라 전용실시권과 통상실시권으로 구별한다. 통상실시권은 허락실시권, 법정실시권 및 강제실시권으로 대별된다.

(1) 전용실시권

전용실시권이란 디자인권자가 설정한 일정범위 내에서 타인이 등록디자인을 업으로서 독점하여 실시할 수 있는 권리를 말한다(디자인보호법 제97조). 전용실시권 설정을 받은 전용실시권자는 정한 범위 안에서 업으로서 그 등록디자인 또는 이와 유사한 디자인을 실시할 권리를 독점, 배타적으로 수익, 처분에 이용할 수 있다. 전용실시권자는 실시사업과 같이 이전하는 경우 또는 상속 기타 일반승계의 경우를 제외하고는 디자인권자의 동의를 얻지 아니하면 그 전용실시권을 이전할 수 없다. 또한 전용실시권자는 디자인권자의 동의를 얻지 아니하면 그 전용실시권을 목적으로 하는 질권[7]을 설정하거나 통상실시권을 허락할 수 없다. 기본디자인의 디자인권과 관련디자인의 디자인권에 대한 전용실시권은 같은 자에게 동시에 설정하여야 한다. 전용실시권은 특허청에 등록하여야 한다.

(2) 통상실시권

통상실시권은 전용실시권과 달리 독점배타성이 없는 권리이다. 통상실시권은 등록된 디자인권을 채권적으로 사용, 수익할 수 있는 권리이다. 통상실시권을 설정하면 통상실시권자는 설정행위로 정한 범위에서 그 등록디자인 또는 이와 유사한 디자인을 업으로서 실시할 수 있는 권리를 가진다. 디자인 통상실시권 허락심판에 따른 통상실시권은 해당 디자인권이 이전되거나 소멸될 때 같이 이전되거나 소멸된다. 통상실시권은 실시사업과 같이 이전하는 경우 또는 상속, 그 밖의 일반승계 경우를 제외하고는 디자인권자(전용실시권자에 관한 통상실시권에 있어서는 디자인권자 및 전용실시권자)의 동의를 받지 아니하면 이전할 수 없다. 통상실시권은 별도의 등록이 없어도 성립한다.

1) 허락실시권

디자인권자는 그 디자인권에 대하여 타인에게 통상실시권을 허락할 수 있다(디자인보

7) 담보물권의 하나로, 채권자가 재무 변제시까지 목적물을 유치하고, 변제가 없을 때 이로 인하여 우선 변제를 받을 것을 목적으로 하는 권리.

호법 제99조). 즉, 허락실시권은 디자인권자 또는 전용실시권자의 허락에 의하여 발생되는 통상실시권으로 보통 실시계약에 따라 실시권의 시기, 범위, 대가 등을 정할 수 있다.

2) 법정실시권

법정실시권은 법률의 규정에 의하여 제3자에게 부여하는 통상실시권이다. 디자인보호법에서 규정하고 있는 통상실시권은 다음과 같다. 등록료의 추가납부기간 경과 후에 회복한 디자인권에 대한 회복 전의 선의 실시자에게 인정되는 통상실시권(디자인보호법 제84조 제5항), 선사용에 따른 통상실시권(디자인보호법 제100조), 선출원에 따른 통상실시권[8](디자인보호법 제101조), 무효심판청구 등록 전의 실시에 의한 통상실시권(디자인보호법 제102조), 디자인권 등의 존속기간 만료 후의 통상실시권(디자인보호법 제103조), 질권행사로 인한 디자인권의 이전에 따른 통상실시권(디자인보호법 제110조), 재심에 의하여 회복한 디자인권에 대한 선사용자의 통상실시권(디자인보호법 제162조), 재심에 의하여 통상실시권을 상실한 원권리자의 통상실시권(디자인보호법 제163조)이 있다.

그리고 발명진흥법에 의하면 직무디자인에 대하여 '종업원 등'[9]이 디자인등록을 받았거나 받을 수 있는 권리를 승계한 자가 디자인등록을 받으면 '사용자 등'[10]은 디자인권에 대하여 통상실시권을 가진다(발명진흥법 제10조 제1항).

3) 강제실시권

디자인보호법에서의 강제실시권은 특허법과 달리 재정에 의한 실시권 및 국방상 필요에 의한 실시권이 없지만, 등록디자인의 적극적 실시를 도모하기 위하여 통상실시권 허락심판에 의하여 강제적으로 실시권이 허락될 수 있도록 심판제도를 두고 있다. 즉, 디자인권자ㆍ전용실시권자 또는 통상실시권자는 해당 등록디자인 또는 등록디자인과 유사한 디자인이 디자인보호법 제95조 제1항 또는 제2항에 해당하여 실시의 허락을 받으려는 경우에 그 타인이 정당한 이유 없이 허락하지 아니하거나 그 타인의 허락을 받을 수 없을 때에는 자기의 등록디자인 또는 등록디자인과 유사한 디자인의 실시에 필요한 범위에서 '통상실시권 허락의 심판'을 청구할 수 있다(디자인보호법 제123조).

8) 디자인보호법의 실시권에 관한 발생, 효력, 소멸에 관한 규정은 특허법의 실시권과 거의 유사하다. 다만, 선출원에 의한 통상실시권은 특허법에는 없지만 디자인보호법에는 있다는 점에서 차이가 있다.

9) 종업원, 법인의 임원 또는 공무원 등

10) 사용자, 법인 또는 국가나 지방자치단체 등

5. 디자인권의 효력 제한

디자인권은 독점배타권이나, 이러한 독점배타적인 디자인권의 효력을 그대로 인정하는 것이 공익적 견지 또는 제3자와의 관계에서 구체적 타당성을 상실하는 경우 예외적으로 그 효력을 제한하고 있다.

(1) 디자인권 효력이 미치지 않는 경우

① 연구 또는 시험을 하기 위한 등록디자인 또는 이와 유사한 디자인의 실시, ② 국내를 통과하는 데 불과한 선박, 항공기, 차량 또는 이에 사용되는 기계, 기구, 장치, 그 밖의 물건, ③ 디자인등록출원 시부터 국내에 이미 존재하고 있던 물건에 대하여서는 권리가 미치지 않는다. 또한 '글자체가 디자인권으로 설정등록된 경우' 그 디자인권의 효력은 ① 타자, 조판 또는 인쇄 등의 통상적인 과정에서 글자체를 사용하는 경우, ② 글자체의 사용으로 생산된 결과물에 미치지 아니한다(디자인보호법 제94조).

(2) 등록료 추가납부에 의해 회복된 디자인권 효력제한

디자인권 설정등록시에는 최초 3년차분의 등록료를 납부하여야 하고, 그 후 4년차분 이후 등록료에 대하여서는 매 1년 단위로 납부하거나 필요한 기간 단위로 분할하여 납부할 수 있다(디자인보호법 제79조). 설정등록료 및 연차등록료의 납부기간이 지난 후에도 6개월 이내(추가납부기간)에 일정한 할증료와 함께 재등록할 수 있다(디자인보호법 제82조). 또한 6개월의 추가납부기간마저 놓친 경우에도 본인이 책임질 수 없는 불가항력적인 사유에 의하여 등록료를 납부하지 못한 경우에는 그 사유가 없어진 날부터 2개월 이내에 증거서류 등을 첨부하여 등록료를 추가 납부할 수 있다. 다만, 6개월의 유예기간 만료일부터 1년이 경과한 때에는 등록료를 납부할 수 없다(디자인보호법 제84조 제1항). 회복된 디자인권 효력은 등록료의 추가납부기간이 경과한 날부터 납부하거나 보전한 날까지의 기간 중에 다른 사람이 그 디자인 또는 이와 유사한 디자인을 실시한 행위에 대하여는 효력이 미치지 아니하도록 제한된다(디자인보호법 제84조 제4항).

(3) 이용, 저촉에 의한 디자인권 효력제한

디자인권자는 등록디자인 또는 이와 유사한 디자인이 타인의 선출원 등록디자인 또는 이와 유사한 디자인, 특허발명, 등록실용신안 또는 등록상표를 이용하거나, 타인의 선출원 디자인권, 특허권, 실용신안권, 상표권과 저촉되는 경우 또는 출원일 전에 발생한 저작권과 이용 및 저촉의 관계가 있는 경우 선출원 권리자의 허락이나 통상실시권 허락심판에 의한 실시권에 의하지 않고서는 자기의 등록디자인 또는 이와 유사한 디자인을 업으로서 실시할 수 없다(디자인보호법 제95조).

(4) 재심에 의하여 회복한 디자인권 효력제한

디자인등록의 무효심결이 확정된 후 재심에 의하여 그 효력이 회복된 경우에 당해 심결[11]이 확정된 후 재심청구의 등록 전에 선의로 국내에서 생산하거나 취득한 물품에 대해서는 디자인권 효력이 미치지 않는다(디자인보호법 제161조).

6. 디자인권의 소멸

디자인권 소멸이라 함은 설정등록에 의해 발생한 디자인권이 일정한 원인에 의해 디자인권이 상실되는 것을 말한다. 디자인권은 존속기간의 만료(디자인보호법 제91조), 디자인권의 포기(디자인보호법 제107조), 등록료의 불납(디자인보호법 제79조), 상속인의 부존재(디자인보호법 제111조), 디자인등록의 취소(디자인보호법 제73조 제4항), 디자인등록의 무효심결이 확정된 때(디자인보호법 제121조 제3항) 소멸한다. 다만, 디자인은 기술발전과 무관하므로 실시의무가 없기 때문에 불실시에 의한 재정실시권 및 권리의 취소제도는 존재하지 않는다.

11) 심판에서 심리의 결정

CHAPTER 4

제4절 디자인권보호법상 특유 제도

핵심내용

- 디자인권은 다른 산업재산권에 비해 특유의 제도가 있으며, 그 종류로는 관련디자인제도, 부분디자인 제도, 한 벌 물품 디자인제도 등이 있다.
- 관련디자인제도는 모방이 쉬운 디자인을 보호하기 위해 유사한 디자인까지 등록 받아 보호한다.
- 부분디자인은 물품의 부분만의 디자인권을 주어 보호 범위가 넓게 하는 효력이 있다.
- 한 벌 물품이 통일성이 있는 경우 하나의 출원으로 심사하고 등록하는 것이 한 벌 물품디자인이다.

디자인보호법에는 특허법 및 실용신안법 또는 상표법에 없는 특유제도가 있다. 그 종류로는 관련디자인제도, 부분디자인제도, 한 벌 물품의 디자인제도 등이 있다. 그 외 일부심사등록출원, 복수디자인등록출원, 출원공개제도, 비밀디자인제도 등도 특이하나 이는 앞에서 설명한 바 있다.

1. 관련디자인제도

디자인권은 물품의 외형에 관한 것이므로 타인의 모방과 도용이 용이할 뿐만 아니라, 그 유사범위는 추상적이고 불명확하기 때문에 미리 유사범위 내의 유사한 디자인을 등록받아 침해 또는 모방을 미연에 방지할 필요성이 있다. 관련디자인제도란 자기의 등록디자인이나 디자인등록출원한 디자인에만 유사한 디자인에 대하여 관련디자인만으로 디자인등록을 받을 수 있도록 하는 제도이다(디자인보호법 제35조). 이는 디자인권 권리범위가 추상적이고 관념적이므로 관련디자인제도를 통하여 미리 유사범위를 확인함으로써 침해를 미연에 방지하고 침해시 신속한 구제를 도모하기 위한 것이다.

(1) 관련디자인 등록요건

관련디자인으로 등록 받기 위한 등록요건은 관련디자인등록출원 전에 기본디자인 존재, 기본디자인에만 유사한 디자인일 것, 주체의 동일(출원인이 동일인), 관련디자인에만 유사한 디자인이 아닐 것(기본디자인에만 유사), 물품의 동일 또는 유사, 기타 등록요건을 충족하여야 한다. 관련디자인은 기본디자인과의 관계에서 신규성상실 및 선출원 예외에 한정되며 기타의 등록요건은 일반의 디자인등록요건과 동일하다.

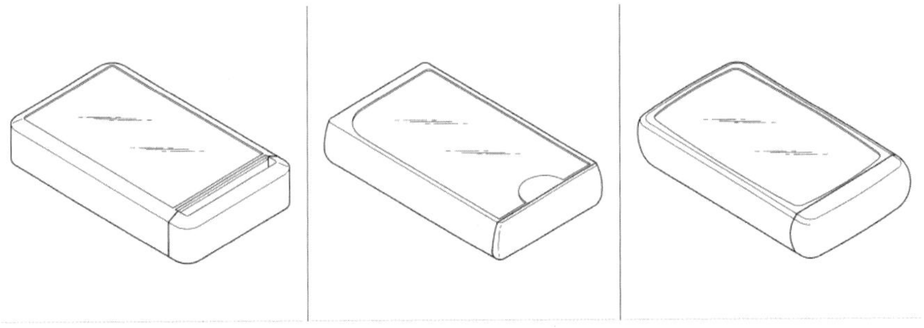

그림 4-7. 관련디자인 예(화장품 콤팩트, 유사한 디자인을 등록할 수 있다)

(2) 관련디자인 효과

관련디자인이 등록되면 그 디자인권은 최초의 등록을 받은 기본디자인과 별도로 권리범위가 인정된다.

표 4-5. 관련디자인

구분	내용
등록요건	자기의 선출원(선등록) 디자인에만 유사한 디자인(단, 기본에 전용실시권 설정시 등록불가)
출원시기	기본디자인 출원일부터 1년 이내
권리범위	독자적인 권리범위 인정
존속기간	독자 존속가능 단, 기본 만료시 소멸
권리이전	기본과 관련은 함께 이전
무효심판	청구가능(기본무효되더라도 관련은 무효되지 아니함)

2. 부분디자인제도

부분디자인제도라 함은 물품의 부분에 관한 형상, 모양, 색채 또는 이들의 결합에 대하여도 디자인으로 보호하는 제도를 말한다. 부분디자인제도는 물리적으로 분리하여 통상의 상태에서 독립거래의 대상이 되는 것이며, 부품이나 부속품을 보호대상으로 할 수 있다. 2001년 개정법에서 산업계의 디자인 개발에 있어 제품의 고부가가치화, 차별화를 도모하기 위하여 물품의 부분에 대해서도 디자인보호법에 의한 보호가 가능하도록 하였다.

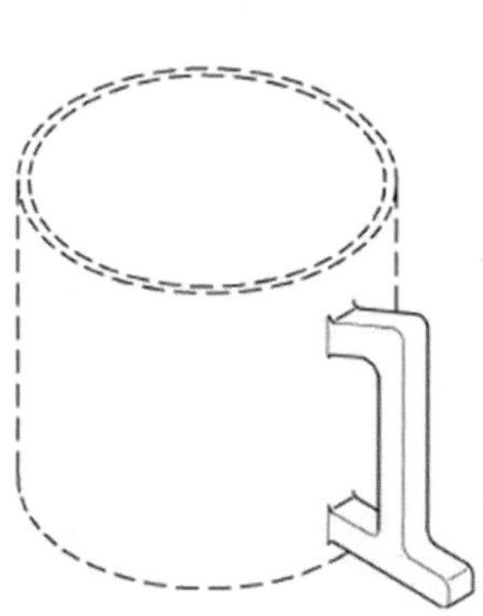

그림 4-8. 부분디자인 예(실선 손잡이가 부분디자인이다. 실선부분이 권리 범위라 부분디자인의 권리 범위가 넓다)

(1) 부분디자인 성립요건

부분디자인으로 성립하기 위해서는 다음 요건을 충족하여야 한다.

1) 물품은 통상의 물품과 동일할 것

부분디자인에서 디자인의 대상이 되는 물품은 독립성이 있는 구체적인 물품으로서 거래의 대상이 될 수 있는 유체물이어야 한다.

2) 물품의 부분의 형태일 것

부분디자인은 물품의 부분에 관한 형상, 모양, 색채 또는 이들을 결합한 것을 표현한 것이어야 한다. 그러나 모양 또는 색채만 표현한 것, 물품 형태의 실루엣만 표현한 것은 물품의 부분의 형태라고 볼 수 없다.

3) 다른 디자인과 대비할 수 있는 물품의 부분일 것

부분디자인은 타디자인과 대비할 때 대비대상이 될 수 있는 물품의 부분이어야 한다.

4) 한 벌 물품의 디자인에 관한 부분디자인이 아닐 것

한 벌 물품에 대해서는 물품의 부분을 제외하고 있다. 2 이상의 물품이 한 벌 물품으로 동시에 사용되는 경우 당해 한 벌의 물품의 디자인이 한 벌 전체로서 통일성이 있는 때에는 1디자인으로 디자인등록을 받을 수 있다.

3. 한 벌의 물품 디자인제도

2 이상의 한 벌 물품으로 동시에 사용되는 경우 당해 한 벌의 물품의 디자인이 한 벌 전체로서 통일성이 있는 때에는 1디자인으로 디자인등록출원을 받을 수 있다. (디자인보호법 제42조) 한 벌의 물품 디자인제도는 1이상의 물품 조합에 의한 통합적 미감과 시스템디자인을 보호하기 위한 것이다. 원래 디자인보호법은 하나의 물품을 독립된 하나의 출원으로 하여야 한다는 1디자인 1출원주의를 취하고 있다. 그러나 예외적으로 한 벌로 사용되는 물품으로서 전체적으로 통일성이 있는 경우에는 하나의 출원으로 심사 및 등록할 수 있도록 하는 한 벌의 물품 디자인제도를 마련하고 있다.

(1) 등록요건

1) 한 벌의 물품일 것

한 벌의 물품디자인으로 출원할 수 있는 물품의 예를 들면 한 벌의 끽연용구 세트, 한 벌의 커피세트, 한 벌의 오디오세트, 한 벌의 응접세트 등 92개 물품이다. 한 벌 물품은 동시에 사용되어야 하고, 2 이상의 물품의 조합이어야 한다. 동종물품에 한정되지 아니하고, 시행규칙에서 규정하면 한 벌의 물품 대상이 될 수 있다.

2) 한 벌 전체로서 통일성과 디자인 전체로서 등록요건을 충족할 것

디자인이 한 벌 전체로서 통일성이 없다면 1디자인으로서의 창작성이 인정되기 어렵기 때문에 그러한 경우에는 디자인등록출원을 받을 수 없다. 따라서 각 구성물품의 형태가 동일한 표현방법으로 표현되거나, 각 구성물품이 상호 결합되어 하나의 통일된 형태를 표현하거나, 각 구성물품의 형태에 의해 관념적으로 관련이 있는 인상을 주는 등 한 벌 전체로서 통일성이 인정되어야 한다. 또한 한 벌의 물품 디자인은 하나의 디자인으로 출원한 것이므로 한 벌의 물품 전체로서 일반적인 등록요건을 만족하여야 한다.

(2) 한 벌의 물품 디자인제도 효과

한 벌의 물품 디자인은 등록이 되면 하나의 디자인권이 발생한다. 따라서 한 벌 물품 디자인 중 그 구성물품 하나가 등록을 받을 수 없는 거절 이유가 있는 경우, 한 벌 물품 디자인 전체에 대한 거절 이유가 된다. 한 벌 물품 디자인이 등록되면 하나의 무효심판이나 권리범위 확인심판 등은 한 벌의 물품 디자인에 대하여 하여야 하고, 각 구성물품의 디자인에 대해서 심판을 청구할 수 없다. 또한 한 벌의 물품 디자인권의 이전 및 소멸 등도 한 벌의 물품에 대하여 하여야 한다. 일부침해에 대하여 한 벌의 물품 디자인은 하나의 디자인권이 발생하므로 한 벌의 구성물품의 일부에 대한 타인의 실시행위는 실시행위로 볼 수 없다. 디자인의 유사판단은 전체관찰에 의하여 판단하는 것이 원칙이므로 한 벌의 물품 디자인 전체를 실시한 경우 침해를 구성하는 것으로 본다.

(3) 한 벌의 물품 디자인 등록대상 품목의 확대

2000년 이후 제품개발의 다양화 및 고도화와 복수의 물품을 결합하여 전체적인 통일성을 갖는 시스템 디자인제품이 많아짐에 따라 이러한 시스템디자인을 한 벌의 물품 디자인에 포함시켜야 한다는 디자인업계 의견이 많이 제기되었다. 특허청은 이러한 산업계 의견을 수용하여 2019년 기준 디자인보호법시행규칙에서는 총 93개 품목을 한 벌의 물품 디자인등록 대상품목으로 확대하였다.

제5절 디자인권 침해, 구제 및 유사판단

핵심내용

- 디자인권 침해에는 직접침해와 간접침해가 있다.
- 디자인권 침해에 대한 구제는 민사적 구제, 형사적 구제가 있다.
- 민사적 구제는 침해금지청구권, 손해배상청구권, 부당이득 반환청구권 등이 있다.
- 형사상 책임은 7년 이하의 징역 또는 1억 원 이하의 벌금에 처할 수 있다.
- 디자인의 유사판단에는 주체적 기준, 객체적 기준, 전체적 기준이 있다.
- 디자인의 유사판단은 형상, 모양, 색채가 동일물품 및 유사물품까지 행한다.

디자인권 침해소송은 지방법원, 고등법원, 대법원 순으로 소송절차가 진행된다. 디자인권 침해란 제3자가 권원 없이 업으로서 등록디자인 또는 이와 유사한 디자인을 실시하거나 간접적으로 디자인을 모방하는 행위를 하는 것을 말한다. 디자인권은 업으로서 등록디자인 또는 이와 유사한 디자인 실시를 독점하는 것이며 독점적 효력과 금지적 효력을 가지는 재산권이다. 따라서 제3자가 정당한 권원 없이 업으로서 디자인의 내용을 실시하면 디자인권의 침해로서 민사상 또는 형사상의 책임을 지게 된다.

1. 디자인권 침해의 유형

(1) 직접침해

직접침해란 제3자가 정당한 권원 없이 업으로서 등록디자인 또는 이와 유사한 디자인을 실시하는 것을 말한다. 이 경우 디자인권의 내용은 당해 등록디자인 또는 이와 유사한 디자인의 형태적 구성요소 전부를 실시하는 것을 의미한다. 디자인권 침해가 성립되기 위해서는 ① 디자인권이 유효하게 존재하고 ② 정당한 권원 없는 제3자가 업으로서 등록디자인 또는 이와 유사한 디자인을 실시하고 ③ 실시하는 행위가 위법한 행위에 해당하여야 한다. 그러나 완성품 디자인권에 있어서 그 일부를 구성하는 부품디자인 실시 또는 한 벌의 물품 디자인권에 있어서 그 일부를 구성하는 물품디자인을 실시하는 행위는 당해 완성품 디자인권 또는 한 벌의 물품 디자인권을 직접 침해하는 것으로 인정되지 않는다.

(2) 간접침해

간접침해라 함은 등록디자인이나 이와 유사한 디자인에 관한 물품의 생산에만 사용하는 물품을 업으로서 생산, 양도, 대여, 수출 또는 수입하거나 그 물품의 양도 또는 대여의 청약을 하는 행위를 말한다. 이러한 행위는 디자인권의 직접침해에는 해당하지 않지만, 디자인권자의 보호를 강화하는 차원에서 간접적으로 침해한 것도 침해로 간주한다.

2. 민사적 구제

(1) 침해금지청구권

디자인권자 또는 전용실시권자는 자신의 디자인권 또는 전용실시권을 침해한 자에 대하여 침해의 금지 및 예방을 청구할 수 있다. 또한 디자인권자 또는 전용실시권자가 침해금지 및 예방을 청구할 때에는 침해행위를 조성한 물품의 폐기, 침해행위에 제공된 설비의 제거, 기타 침해 예방에 필요한 행위를 청구할 수 있다.(디자인보호법 제113조)

(2) 손해배상청구권

디자인권 또는 전용실시권이 고의 또는 과실에 의하여 침해되었을 때에는 침해한 자에 대해서 손해배상을 청구할 수 있다. 손해배상을 청구하려면 디자인권자가 침해자의 고의, 과실, 위법성, 손해의 발생 및 금액, 손해의 발생과 위법행위 사이의 인과관계를 모두 입증하여야 한다.

1) 등록디자인 표시 유도

디자인권 침해에 대한 손해배상청구에 있어서, 침해자 고의 또는 과실의 입증책임은 디자인권자에게 있지만 이를 입증하기는 매우 어렵다. 이에 디자인권자가 등록디자인을 상품에 사용하고 있는 경우 동종업계의 거래자라면 누구나 알 수 있다는 것을 전제로 침해자 고의 또는 과실을 법률상 추정함으로써 그 입증책임을 침해자에게 전환한다. 이와 같이 입증책임을 침해자에게로 전환한 것은 디자인권 침해시 피해 구제를 용이하게 하기 위함이다. 그러므로 디자인권자로 하여금 등록디자인에 대한 표시를 유도하여 경쟁업자가 타인의 디자인권을 침해하는 것을 예방함으로써 디자인 관련 분쟁을 방지할 수 있다.

(3) 과실 추정

타인의 디자인권 또는 전용실시권을 침해한 자는 그 침해행위에 대하여 과실이 있는 것으로 추정한다. 이는 등록디자인의 내용은 등록원부와 디자인등록공보에 공시되어 있기 때문에 공중은 이를 이미 알고 있다고 보기 때문이다. 다만, 비밀디자인으로 설정등록된 디자인권 또는 전용실시권의 침해에 대하여는 그러하지 아니하다. 디자인일부심사등록디자인의 디자인권자·전용실시권자 또는 통상실시권자가 타인의 디자인권 또는 전용실시권을 침해한 경우에 관하여 과실 추정을 준용한다(디자인보호법 제116조).

(4) 신용회복청구권

법원은 고의 또는 과실에 의하여 디자인권 또는 전용실시권을 침해함으로써 디자인권자 또는 전용실시권자 신용을 실추하게 한 자에 대하여는 디자인권자 또는 전용실시권자 청구에 의하여 손해배상에 갈음하거나 손해배상과 함께 디자인권자 또는 전용실시권자의 업무상 신용 회복을 위하여 필요한 조치를 명할 수 있다(디자인보호법 제117조).

(5) 부당이득 반환청구권

타인의 디자인권으로 인해 이익을 받고 이로 인하여 타인에게 손실을 준 자는 그 이익이 존재하는 한도 내에서 반환할 의무가 있다. 부당이득반환청구권은 디자인보호법에는 규정되어 있지 않지만, 민법 제741조의 규정을 준용하여 이를 청구할 수 있다.

3. 형사적 구제

(1) 침해죄

디자인권 또는 전용실시권을 침해한 자에 대해서는 7년 이하의 징역 또는 1억원 이하의 벌금에 처한다. 디자인권 침해죄는 친고죄로서 피해자의 고소가 없으면 공소를 제기할 수 없다(디자인보호법 제220조).

(2) 위증죄

디자인보호법에 따라 선서한 증인, 감정인 또는 통역인이 특허심판원에 대하여 거짓의 진술·감정 또는 통역을 한 경우에는 5년 이하의 징역 또는 5천만원 이하의 벌금에 처한다. 위증죄를 범한 자가 그 사건의 디자인등록여부결정, 디자인일부심사등록 이의신청에 대한 결정 또는 심결이 확정되기 전에 자수한 경우에는 그 형을 감경하거나 면제할 수 있다(디자인보호법 제221조).

(3) 허위표시의 죄

다음의 어느 하나에 해당하는 행위를 한 자는 3년 이하의 징역 또는 3천만원 이하의 벌금에 처한다(디자인보호법 제222조). ① 디자인등록된 것이 아닌 물품, 디자인등록출원 중이 아닌 물품 또는 그 물품의 용기나 포장에 디자인등록표시 또는 디자인등록출원표시를 하거나 이와 혼동하기 쉬운 표시를 하는 행위, 또는 ② 허위표시한 것을 양도·대여 또는 전시하는 행위 ③ 디자인등록된 것이 아닌 물품, 디자인등록출원 중이 아닌 물품을 생산·사용·양도 또는 대여하기 위하여 광고·간판 또는 표찰에 그 물품이 디자인등록 또는 디자인등록출원된 것으로 표시하거나 이와 혼동하기 쉬운 표시를 하는 행위(디자인보호법 제215조)

(4) 거짓행위의 죄

거짓이나 그 밖의 부정한 행위로써 디자인등록 또는 심결을 받은 자는 3년 이하의 징역 또는 3천만원 이하의 벌금에 처한다(디자인보호법 제223조).

(5) 비밀유지명령위반죄

국내외에서 정당한 사유 없이 디자인보호법 제217조 제1항에 따른 비밀유지명령을 위반한 자는 5년 이하의 징역 또는 5천만원 이하의 벌금에 처한다. 비밀유지명령위반죄는 비밀유지명령을 신청한 자의 고소가 없으면 공소를 제기할 수 없다(디자인보호법 제224조).

(6) 비밀누설죄 등

특허청 또는 특허심판원 직원이나 그 직원으로 재직하였던 사람이 디자인등록출원 중인 디자인(헤이그협정 제11조에 따라 연기 신청된 국제디자인등록출원 중인 디자인을 포함)에 관하여 직무상 알게 된 비밀을 누설하거나 도용한 경우에는 5년 이하의 징역 또는 5천만원 이하의 벌금에 처한다(디자인보호법 제225조 제1항).

특허청 또는 특허심판원 직원이나 그 직원으로 재직하였던 사람이 디자인보호법 제43조 제1항에 따른 비밀디자인에 관하여 직무상 알게 된 비밀을 누설한 경우에는 5년 이하의 징역 또는 5천만원 이하의 벌금에 처한다(디자인보호법 제225조 제2항).

디자인보호법 제43조 제4항에 따라 비밀디자인을 열람한 자(법원 또는 특허심판원이 열람청구한 경우는 제외)가 같은 조 제5항을 위반하여 열람한 내용을 무단으로 촬영·복사 등의 방법으로 취득하거나 알게 된 내용을 누설하는 경우에는 2년 이하의 징역 또는 2천만원 이하의 벌금에 처한다(디자인보호법 제225조 제3항).

디자인보호법 제185조 제1항에 따라 비밀사본을 열람한 자가 같은 조 제2항을 위반하여 열람한 내용을 무단으로 촬영·복사 등의 방법으로 취득하거나 알게 된 내용을 누설·도용하는 경우에는 2년 이하의 징역 또는 2천만원 이하의 벌금에 처한다(디자인보호법 제225조 제4항).

(7) 양벌규정

법인의 대표자나 법인 또는 개인의 대리인, 사용자, 그 밖의 종업원이 그 법인 또는 개인의 업무에 관하여 디자인권 또는 전용실시권을 침해하거나 허위표시, 거짓이나 그 밖의 부정한 행위를 하는 경우 그 행위자를 벌하는 외에 그 법인에게는 벌금형(디자인권 또는 전용실시권을 침해할 경우 3억원 이하의 벌금, 허위표시나 거짓행위의 죄를 위반할 경우 6천만원 이하의 벌금)을 과할 수 있도록 양벌규정을 적용하고 있다(디자인보호법 제227조).

4. 디자인의 유사판단 기준

일반적으로 디자인의 유사라 함은 2개의 디자인을 비교했을 때, 그 디자인을 구성하는 물품의 형상, 모양, 색채 또는 이들의 결합이 표현된 디자인이 공통적인 동질성을 가지고 있어 외관상 서로 유사한 미감을 일으키게 하는 것을 말한다. 디자인의 유사판단에 대한 구체적인 기준에서 디자인의 유사는 동일물품의 유사형태, 유사물품의 동일형태, 유사물품의 유사형태 등의 3가지 태양[12]으로 나누어 판단한다. 다음 표와 같이, 디자인의 유사 여부 판단기준은 주체적 기준, 객체적 기준, 전체적 관찰에 의하여 판단하다.

12) 모양, 형태, 상태

표 4-6. 디자인의 유사판단 기준

항 목	주요 내용
주체적 기준	▪ 디자인의 대상이 되는 물품의 유통과정에서 일반수요자를 기준으로 관찰하여 다른 물품과 혼동할 가능성이 있는지의 여부로 판단한다.
객체적 기준	▪ 형상과 모양이 다른 경우 원칙적으로 비유사로 판단한다. ▪ 형상과 모양 중 어느 하나가 다른 경우 원칙적으로 비유사로 판단한다. ▪ 색채가 다른 경우 색채가 모양을 이루지 않는 한 유사로 판단한다.
전체적 관찰	▪ 디자인의 요부만을 비교하여 유사 여부를 판단하는 것이 아니라, 양 디자인을 전체 대 전체로서 대비·관찰하여 판단한다.

(1) 판단대상 디자인

디자인의 유사 여부 판단에 있어서 대비되는 디자인은 일반적으로 출원디자인 또는 등록디자인이다. 디자인의 보호범위는 출원서 및 첨부된 도면에 기초하여 정하여진다. 등록요건을 판단하는 경우에는 신규성을 상실한 디자인과 선출원디자인 등이 판단대상이 되고 디자인권의 효력을 판단하는 경우에는 제3자가 실시하고 있는 디자인 등이 판단 대상이 된다.

(2) 형상, 모양 및 색채에 의한 디자인 유사 여부 판단

디자인이 동일·유사하다고 하려면 우선 디자인이 표현된 물품이 동일·유사하여야 할 것인바, 물품의 동일·유사성 여부는 물품의 용도·기능 등에 비추어 거래 통념상 동일·유사한 물품으로 인정할 수 있는지의 여부에 따라 결정한다. 다음 표에서 나타낸 바와 같이, 디자인의 유사 여부는 물품의 유사 여부를 전제로 한다. 따라서 물품이 비유사하면, 형상, 모양, 색채가 유사하더라도 비유사한 것으로 판단한다.

표 4-7. 물품의 유사 여부에 따른 디자인의 유사판단

형태 \ 물품	동일물품	유사물품	비유사물품
형상·모양·색채(동일)	동일디자인		
형상·모양·색채(유사)		유사한 디자인	
형상·모양·색채(비유사)			비유사한 디자인

(3) 물품의 혼동가능성 판단

디자인이 동일·유사하다고 하려면 디자인이 표현된 물품과 디자인의 형태가 동일·유

사하여야 한다. 디자인 유사 여부 판단은 동일물품 또는 유사물품간에 판단하게 된다. '동일물품'이란 용도 및 기능이 동일한 것을 말하고, '유사물품'이란 용도가 동일하고 기능이 다른 것을 말한다. 디자인의 유사 여부 판단은 디자인의 대상이 되는 물품이 유통과정에서 일반수요자를 기준으로 관찰하여 다른 물품과 혼동할 우려가 있는 경우에는 유사한 디자인으로 본다.

(4) 유사 여부 판단의 관찰방법

1) 전체관찰과 육안관찰

디자인의 유사 여부는 전체적으로 관찰하여 종합적으로 관찰한다. 디자인의 유사 여부는 개개의 요소에 국한되지 않고 개개의 요소를 결합하여 전체로서 판단하며 이것을 디자인 전체관찰이라고 한다. 디자인이 유사한지의 여부는 전체로서 유사한가의 문제이므로 부분적으로 유사한 점이 있다 하더라도 전체적으로 상이한 느낌을 주게 되면 유사하지 않은 디자인으로 판단한다. 반대로 부분적으로 상이한 점이 있다 하더라도 전체적으로 비슷한 경우에는 유사한 디자인으로 판단한다.

디자인의 유사 여부 판단은 시각에 의한 판단으로써 육안에 의해 관찰하는 것을 원칙으로 한다. 육안에 의한 관찰이란 시각에 의한 관찰로써 현미경, 확대경 또는 화학분석 등에 의한 관찰은 배제한다는 의미이다. 그러나 2011년 5월 1일 시행된 심사기준에서 "디자인에 관한 물품의 거래에서 물품의 형상 등을 확대하여 관찰하는 것이 통상적인 경우에는 확대경·현미경 등을 사용하여 관찰할 수 있다"고 개정하였다.

2) 요부 및 외관관찰

디자인에 있어서 요부란 디자인의 본질적 특징을 표출하는 창작성이 있는 부분을 말한다. 디자인의 유사 여부는 이를 구성하는 각 요소를 분리하여 개별석으로 대비할 것이 아니라 그 외관을 전체 대 전체로써 대비 관찰하여 판단한다.

디자인은 물품의 미적 외관이기 때문에 디자인의 유사 여부 판단은 시각을 통하여 대비 관찰하여 외관이 유사한지의 여부에 따라 판단한다. 이것을 '외관유사'라 한다. 디자인의 유사 여부는 이를 구성하는 각 요소를 분리하여 개별적으로 대비할 것이 아니라 그 외관을 전체적으로 대비·관찰하여 보는 사람으로 하여금 상이한 심미감을 느끼게 하는지의 여부에 따라 판단하고, 그 지배적인 특징이 유사하다면 세부적인 점에 다소 차이가 있을지라도 유사하다고 보아야 한다.

CHAPTER 5

제5장 상 표 권

제1절 상표권 개요

제2절 상표등록요건

제3절 상표등록출원과 심사

제4절 상표권 및 상표권자의 보호

제5절 심판 및 소송

제6절 상표의 국제출원

제7절 상표 관련 기타 문제

제1절 상표권 개요

핵심내용

- 상표는 자기의 상품과 타인의 상품을 식별하기 위하여 사용하는 것이다.
- 상표법은 상표를 보호함으로써 상표 사용자의 업무상 신용유지와 산업발전에 이바지하며 아울러 수요자의 이익을 보호한다.
- 상표법으로 보호되는 표장은 상표, 단체표장, 증명표장, 업무표장 등이 있다.
- 상표의 본질적인 기능은 자타상품식별기능, 출처표시기능, 품질기능으로 나누어진다.
- 상표의 사용은 표시행위, 유통행위, 광고행위, 입체적 사용행위를 의미한다.

상표는 브랜드에 속한다. 국내·외 대부분의 기업들은 브랜드 관리에 온 힘을 쏟고 있다. 브랜드의 가치가 올라갈수록 기업의 인식이 좋아질 뿐만 아니라 시장 지배력이 커지고, 이는 다시 기업의 수익성 개선으로 이어지기 때문이다. 이로 인해 최근 기업들의 브랜드 전략은 고급화와 더불어 통일성을 추구해 가고 있다.

브랜드와 관련된 대표적인 법률이 상표법이다. 상표법은 등록에 의해 독점배타적인 효력을 주고 있으며, 다른 사람이 등록상표와 동일·유사 상표를 사용하는 것을 금지한다. 따라서 상표법은 브랜드 보호와 관련하여 가장 중요한 법률이라 볼 수 있다.

1. 상표의 정의

상표법에서 '상표'는 자기의 상품(지리적 표시가 사용되는 상품의 경우를 제외하고는 서비스 또는 서비스의 제공에 관련된 물건을 포함)과 타인의 상품을 식별하기 위하여 사용하는 표장[1])을 말한다(상표법 제2조 제1항 제1호). 2016년 2월 29일 상표법 전부개정을 통하여 이전에 사용된 서비스표(서비스업을 영위하는 자가 자기의 서비스업을 타인의 서비스업과 식별되도록 하기 위하여 사용하는 표장)의 정의 규정을 삭제[2])하여 상표로 일원화하였다.

2. 상표법의 목적

상표법은 상표를 보호함으로써 상표 사용자의 업무상 신용 유지를 도모하여 산업발전에 이바지하고 수요자의 이익을 보호함을 목적으로 한다(상표법 제1조).

(1) 상표 보호

상표법 제1조에서 말하는 '상표'는 상품에 관한 표장을 의미하는 것이 아니라 '상표의 기능'을 말하는 것으로 이해해야 한다. 상표법이 '상표를 보호'한다는 것은 상품의 식별표지로 선택된 표장 자체를 보호하겠다는 것이 아니라 거래사회에서 발휘되는 상표의 기능을 보호하겠다는 의미이다. 즉, 상표법이 상표를 보호하는 것은 시장에서 상표가 갖는 기능적 요소인 출처표시, 품질보증, 광고선전기능 등을 인식하고 이를 보호하기 위한 것이다.

---

1) '표장'이란 기호, 문자, 도형, 소리, 냄새, 입체적 형상, 홀로그램·동작 또는 색채 등으로서 그 구성이나 표현방식에 상관없이 상품의 출처(出處)를 나타내기 위하여 사용하는 모든 표시를 말한다.

2) 서비스표에 관한 경과조치로서 2016년 전면개정 법 시행당시 종전의 규정에 의해 서비스표로 등록출원되었거나 등록된 경우에는 종전의 규정에 따라 서비스표를 사용할 수 있다.

(2) 상표 사용자의 업무상 신용 유지

일반적으로 상표법은 등록주의를 채택하고 있으므로 '상표 사용자'는 기본적으로 등록 상표권자 및 사용권자를 의미한다. 그리고 미등록 주지·저명상표의 사용자 또는 미등록으로서 특정인의 상품표지로 인식된 상표의 사용자도 타인의 등록배제를 통한 반사적 보호를 받기 때문에 여기에 포함된다고 할 수 있다.

'신용'이란 특정 상품의 출처이자 상표가 거래 사회에 알려졌을 때 형성되는 것으로, 현재 형성되어 있는 신용만을 보호하는 것이 아니라 앞으로 형성할 '신용의 가능성'까지도 보호대상으로 삼고 있다.

'업무상의 신용'이란 고객이 선호하고 고객의 필요를 충족시켜주는 상품 및 서비스업을 제공하는 업자와 계속 거래하고자 하는 인간의 기본적인 성향을 반영하는 영업상의 가치를 말한다.

(3) 산업발전

대부분의 지식재산권의 궁극적인 목적과 동일하게 상표법도 상표보호를 통하여 상표 사용자의 신용을 유지하고 다른 사람에 의한 부정 경쟁 행위를 방지하여 수요자가 안심하고 상품 거래를 수행할 수 있도록 한다. 국가적으로는 건전한 상거래 질서의 확립 및 기업의 정당한 이윤을 보장하게 되어 시장성 확대에 따른 투자를 촉진하고 궁극적으로 산업발전을 도모한다.

(4) 수요자 이익 보호

상표법은 수요자 이익보호를 위한 공익적인 측면이 다른 산업재산권 보다 강하며 상표권 침해에 비(非)친고죄[3]를 적용하도록 되어 있다. 상표법은 상표를 보호함으로써 상표 기능인 상품출처와 상품품질의 보증 기능을 통하여 거래자와 수요자 사이의 이익을 보장하고 상표 사용자는 지속적인 품질 향상을 통하여 궁극적으로 수요자 이익을 보호한다.

3. 표장

표장은 '기호, 문자, 도형, 소리, 냄새, 입체적 형상, 홀로그램·동작 또는 색채 등으로서 그 구성이나 표현방식에 상관없이 상품의 출처(出處)를 나타내기 위하여 사용하는 모든 표시'를 말하며(상표법 제2조 제1항 제2호), 상표, 단체표장, 증명표장, 업무표장으로 나눈다.

---

3) 특허, 실용신안, 디자인에 대한 침해는 친고죄임.

(1) 상표

상표는 '자기의 상품(지리적 표시가 사용되는 상품의 경우를 제외하고는 서비스 또는 서비스의 제공에 관련된 물건을 포함)과 타인의 상품을 식별하기 위하여 사용하는 표장'을 말한다.

상표는 크게 문자, 기호, 입체, 도형, 결합, 색채, 소리/냄새 상표로 구분된다.

1) 문자상표

문자상표는 문자(한글, 한자, 로마자, 외국어 문자, 숫자)로 구성된 상표를 말하는 것으로 산, 지명, 인명, 상호 등이 문자상표에 해당한다.

'PRADA', 'SAMSUNG', 'LG', 'Google'

그림 5-1. 문자상표 예

2) 기호상표

기호상표는 기호를 이용하여 만든 상표를 말하는 것으로 기호, 문자, 부호 등을 간략하게 도안화하여 만든다.

그림 5-2. 기호상표 예

3) 입체상표

입체상표는 3차원적인 입체적 형상 자체 또는 여기에 기호, 문자, 도형 등 다른 구성요소가 결합되어 있는 것으로, 상품 또는 용기의 외형을 입체적으로 형상을 도안하여 만든 상표이다.

마키마우스　KFC 할아버지 형상　바나나우유의 병모양

그림 5-3. 입체상표 예

4) 도형상표

도형상표는 일반적으로 로고(logo)를 말하는 것으로 동물·식물·풍경 등의 자연물, 인공물, 추상물을 가지고 기하학적인 도형을 근거로 만든 것을 말한다.

그림 5-4. 도형상표 예

5) 결합상표

결합상표는 '서로 다른 개념의 문자와 문자', '도형과 도형', '문자와 도형', '문자와 기호' 등 '서로 다른 요소를 결합하여 만든 것'과 '입체적 표면에 문자, 기호, 도형 등을 평면적으로 삽입하여 만든 상표'를 의미한다. 결합상표는 실제 상표 등록에서 결합상표가 가장 많은 유형을 차지한다.

그림 5-5. 결합상표 예

6) 색채상표

색채상표에는 기호나 문자, 도형, 입체적 형상 등 전통적인 상표에 색채가 가미된 광의의 색채상표가 있고, 빨강색·노란색·파랑색 등과 같은 순수한 색채만으로 구성된 협의의 색채상표가 있다. 색채상표는 각 국가 상표법에 따라 상표를 인정하는 경우와 인정하지 않는 경우가 있다. 우리나라의 경우에는 2007년 상표법 개정 이후부터 순수한 색채상표(협의의 색채상표)도 등록이 가능하도록 규정하고 있다.

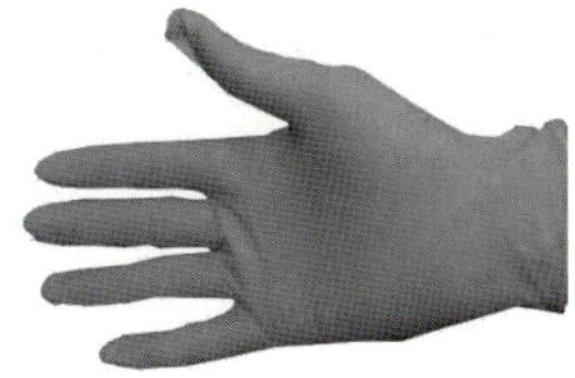

노란색 포스트잇(광의의 색채상표)　　보라색 수술용 장갑(협의의 색채상표)

그림 5-6. 색채상표 예

7) 소리/냄새상표

우리나라에서는 소리와 냄새상표를 2012년에 개정 상표법을 통해 최초로 도입하였다. 이는 한·미 FTA 체결을 통하여 미국 상표법과 형평을 맞추기 위한 것이다. 소리상표의 예로는 마이크로소프트사의 윈도우 시작음, 영화제작업체 MGM사의 사자울음소리, 펩시콜라의 병 따는 소리, SK 텔레콤의 '띵띵띠딩띵', KT의 '두두두 올레' 등이 있다.

냄새상표의 예로는 제주도 감귤(천혜향)의 향기를 피로회복용 드링크에 적용할 경우의 천혜향 냄새, 장미향이 나는 타이어, 맥주 냄새가 나는 다트 화살 날개 등이 있다.

(2) 단체표장

단체표장은 '상품을 생산·제조·가공·판매하거나 서비스를 제공하는 자가 공동으로 설립한 법인이 직접 사용하거나 그 소속 단체원에게 사용하게 하기 위한 표장'을 말한다(상표법 제2조 제1항 제3호).

사단법인 한국생활지원재활용협회　　한국정보통신공업협동조합　　한국기계공업협동조합연합회

그림 5-7. 단체표장 예

1) 지리적 표시 단체표장

지리적 표시 단체표장은 '지리적 표시를 사용할 수 있는 상품을 생산·제조 또는 가공하는 자가 공동으로 설립한 법인이 직접 사용하거나 그 소속 단체원에게 사용하게 하기 위한 표장'을 말한다(상표법 제2조 제1항 제6호). 지리적 표시 단체표장의 예로는 동의보감(쌀), 상주곶감, 정안밤, 영암무화과, 달마지쌀골드, 이천도자기, 울릉도호박엿, 제주돼

지고기 등이 있다.

상표법상 지리적 표시는 기본적으로 상표등록이 되지 않으나 최근에는 지리적 표시를 재산권으로 보호하는 경향이 강하다. 이에 우리나라 상표법에서도 지리적표시를 단체표장으로 등록이 가능하도록 허용하고 있다.

그림 5-8. 지리적 표시 단체표장 예

(3) 증명표장

증명표장은 '상품의 품질, 원산지, 생산방법 또는 그 밖의 특성을 증명하고 관리하는 것을 업(業)으로 하는 자가 타인의 상품에 대하여 그 상품이 품질, 원산지, 생산방법 또는 그 밖의 특성을 충족한다는 것을 증명하는 데 사용하는 표장'을 말한다(상표법 제2조 제1항 제7호). 증명표장은 단체표장과 매우 유사하며 주로 상품이나 서비스업의 품질을 증명하기 위해 사용한다.

그림 5-9. 증명표장 예

1) 지리적 표시 증명표장

지리적 표시 증명표장은 '지리적 표시를 증명하는 것을 업으로 하는 자가 타인의 상품에 대하여 그 상품이 정해진 지리적 특성을 충족한다는 것을 증명하는 데 사용하는 증명표장'을 말한다(상표법 제2조 제1항 제8호).

그림 5-10. 지리적 표시 증명표장 예

(4) 업무표장

업무표장은 '영리를 목적으로 하지 아니하는 업무를 하는 자가 그 업무를 나타내기 위하여 사용하는 표장'을 말한다(상표법 제2조 제1항 제9호). 이는 영리를 목적으로 하는 업무에 적용하는 단체표장과 구분되어진다.

그림 5-11. 업무표장 예

4. 상표의 기능

상표의 기능이란 상표를 상품에 사용하는 경우 상품과 상표와의 관계에서 어떻게 인식되고 작용하는가의 문제를 말한다. 상표의 기능은 본래 가지고 있는 본질적인 기능과 여기에서 파생하는 파생적 기능으로 나눌 수 있다.

(1) 본질적 기능

상표의 본질적 기능은 자타상품식별기능, 출처표시기능, 품질보증기능으로 나누어진다.

1) 자타상품식별기능

상표의 가장 본질적이고 기본적인 기능으로서 '자기의 업무에 관련된 상품을 타인의 상품과 식별되도록 하기 위하여 사용하는 기능'과 '등록 요건 각항의 자타상품식별력이 결여된 상표는 등록에서 배제한다는 기능'과 관련된다. 이는 상표를 상품에 표시하여 사용할 때 이 상표 표시로 인하여 개성화된 하나의 상품을 다른 상품으로부터 식별할 수 있는 기능을 말한다.

2) 출처표시기능

동일한 상표를 부착한 상품은 늘 동일한 출처에서 나온다는 기능을 말하는 것으로서 과거에는 이 기능이 중요하였으나 현대와 같은 복잡한 상거래 사회에서는 그 기능적 요인이 점점 약화되고 있다. 그렇지만 상표법에서는 출처에 있어서 혼동의 우려가 있는 상표의 등록 및 사용을 금지하고 있다.

3) 품질보증기능

물건을 사는 사람들로 하여금 동일한 상표가 붙어있는 상품은 동일한 품질과 동일한 특성을 가지고 있다고 기대하게 하는 기능을 말하며 이는 품질의 우수성을 보장하는 것이 아니고 '품질의 동일성'을 보장하는 의미이다.[4] 예를 들어 삼성전자의 스마트 폰 '갤럭시S9'의 사용자가 '갤럭시S10'을 소비자가 구입하는 것은 이전의 갤럭시S 제품이 동일한 품질과 특성을 가지고 있을 것이라는 믿음 때문이다. 품질에 대한 오해나 오인의 우려가 있는 상표는 상표법으로 등록을 금하도록 명시하고 있다.

(2) 파생적 기능

상표의 파생적 기능은 크게 광고선전 기능, 재산적 기능으로 구분된다.

1) 광고선전 기능

상표가 상표 자체 또는 상표 사용자를 상표의 수단으로 하여 상품 거래 사회에서 구매 의욕을 일으키도록 하는 판매 수단으로서의 상표 기능을 말한다. 즉 상표는 소비자들에게 상표의 품질, 출처, 상표 사용자의 신용을 제공하여 이를 기반으로 소비자의 심리적인 연상 작용으로 광고기능까지 연결되어 판매촉진의 수단이 된다.

2) 재산적 기능

상표 사용자가 자기의 상표를 상당 기간 동안 계속적·반복적으로 사용하여 상표가 가치 있는 경쟁 수단이 되면 사용되어진 상표는 하나의 독립된 무형 재산권으로 보호하는 것으로 상표 권리에 대한 자유양도, 사용자 설정 등을 통하여 기능이 구현되는 재산적 기능을 담당하게 된다.

5. 상표의 사용

'상표의 사용'은 상표법에 따라 ① 상품 또는 상품의 포장에 상표를 표시하는 행위, ② 상품 또는 상품의 포장에 상표를 표시한 것을 양도 또는 인도하거나 그 목적으로 전시·수출 또는 수입하는 행위, ③ 상품에 관한 광고·정가표(定價表)·거래서류, 그 밖의 수단에 상표를 표시하고 전시하거나 널리 알리는 행위로 규정되어 있다(상표법 제2조 제1항 제11호). 이를 기준으로 살펴보면 상표의 사용을 다음과 같이 나눌 수 있다. ① 표시행위(상품 또는 상품의 포장에 상표를 표시하는 행위), ② 유통행위(상품 또는 상품의 포장에 상표를 표시한 것을 양도 또는 인도하거나, 양도 또는 인도할 목적으로 전시·수출 또는 수입하는 행위), ③ 광고행위(상품에 관한 광고·정가표·거래서류·간판 또는 표찰에 상표를 표시하고 전시 또는 반포하는 행위), ④ 입체적 사용행위(상품, 상품포장, 광고, 간판 또는 표찰을 표장의 형식으로 하는 것을 포함하는 행위)

4) 상표는 품질을 보증하는 기능은 있지만, 상품(제품)의 '기능' 자체를 설명하는 기능은 없다.

제2절 상표등록요건

핵심내용

- 상표로 등록 받기 위해서는 식별력이 있어야 하며, 상품의 보통명칭, 관용표장, 기술적 표장, 현저한 지리적 명칭, 흔한 성 또는 명칭, 간단하고 흔한 표장 등은 식별력이 없는 상표에 해당되어 등록 받을 수 없다.
- 상표법에서는 상표 식별력이 있다하더라도 사익적 또는 공익적 목적을 위하여 상표등록을 받을 수 없는 상표를 명시하고 있다.

우리나라의 상표제도는 실제 사용여부에 관계없이 상표로서의 요건을 갖추고 있으면 등록을 허용하는 등록주의를 채택하고 있다. 상표등록을 위해서는 식별력이 있는 상표 요건을 갖추어야 하며 상표법의 목적에 부합해야 한다.

1. 넓은 의미의 상표 등록요건

넓은 의미의 상표 등록 요건은 크게 주체적 요건, 절차적 요건, 실체적 요건으로 구별할 수 있다.

(1) 주체적 요건

우리나라에서 출원인 자격인 주체적 요건은 상표권자가 될 수 있는 자격을 가진 개인 또는 법인으로서 국내에서 상표를 사용하는 자 또는 사용하고자 하는 자는 상표를 받을 수 있다. 외국인은 상호주의 원칙과 조약에 따라 권리 능력을 인정받을 수 있게 된다.

(2) 절차적 요건

절차적 요건은 출원의 형식 등을 다룬다.

(3) 실체적 요건

실체적 요건은 상표의 구성 자체가 자타상품에 대하여 식별력이 있는지의 여부와 부등록 사유에 해당하지 않는지의 여부를 다룬다. 즉, 실체적 요건은 적극적인 요건과 소극적인 요건으로 구분한다. 적극적인 요건은 상표등록의 요건(상표법 제33조)을 말하며, 소극적 요건은 등록을 받을 수 없는 상표의 요건(상표법 제34조)을 의미한다.

2. 출원인 적격

(1) 상표등록을 받을 수 있는 자

국내에서 상표를 사용하는 자 또는 사용하려는 자는 자기의 상표를 등록받을 수 있다. 다만, 예외적으로 특허청 직원과 특허심판원 직원은 상속 또는 유증(遺贈)의 경우를 제외하고는 재직 중에 상표를 등록받을 수 없다(상표법 제3조 제1항).

상표등록출원의 승계는 상속 기타 일반승계의 경우를 제외하고는 출원인변경신고를 해야만 그 효력이 발생된다.

상표등록출원은 그 지정상품마다 분할하여 이전할 수 있으며, 이 경우 유사한 지정상품은 함께 이전하여야 한다. 규정에 의해 분할하여 이전된 상표등록출원은 원상표등록출원을 한 때에 출원한 것으로 본다.

(2) 단체표장 등록을 받을 수 있는 자

상품을 생산·제조·가공·판매하거나 서비스를 제공하는 자가 공동으로 설립한 법인(지리적 표시 단체표장의 경우에는 그 지리적 표시를 사용할 수 있는 상품을 생산·제조 또는 가공하는 자로 구성된 법인으로 한정)은 자기의 단체표장을 등록받을 수 있다(상표법 제3조 제2항).

(3) 증명표장 등록을 받을 수 있는 자

상품의 품질, 원산지, 생산방법 또는 그 밖의 특성을 증명하고 관리하는 것을 업으로 할 수 있는 자는 타인의 상품에 대하여 그 상품이 정해진 품질, 원산지, 생산방법 또는 그 밖의 특성을 충족하는 것을 증명하는 데 사용하기 위해서만 증명표장을 등록받을 수 있다. 다만, 자기의 영업에 관한 상품에 사용하려는 경우에는 증명표장의 등록을 받을 수 없다(상표법 제3조 제3항). 그리고 증명표장을 출원하거나 등록을 받은 자는 그 증명표장과 동일·유사한 표장을 상표·단체표장 또는 업무표장으로 등록을 받을 수 없다(상표법 제3조 제5항).

(4) 업무표장 등록을 받을 수 있는 자

국내에서 영리를 목적으로 하지 아니하는 업무(비영리)를 하는 자는 자기의 업무표장을 등록받을 수 있다(상표법 제3조 제6항). 영리를 목적으로 하지 않는 업무의 대표적인 예는 적십자사, 로타리클럽, 청년회의소와 같은 공익 법인 등을 들 수 있다.

3. 상표등록의 요건(적극적인 요건)

상표를 등록받기 위해서는 출원상표가 다른 상품에 대한 식별력을 가지고 있어야 하며, 이를 확실하게 규정하기 위해 상표법에는 다음에 해당하는 상표를 제외하고는 상표등록을 받을 수 있다고 규정하고 있다(상표법 제33조 제1항).

(1) 보통명칭 상표

보통명칭은 거래에서 상품에 사용되는 일반적인 명칭으로서, 당해 상품에 보통명칭으로 표시한 표장'만'[5]으로 된 상표는 상표등록을 받을 수 없다(상표법 제33조 제1항 제1호). 보통명칭은 자신과 다른 상품 간의 식별력이 없을 뿐만 아니라 특정 사람에게 독점되어 공익을 해칠 수도 있기 때문이다.

'Car', '청바지' '레스토랑', 'ASPIRIN'(해열제), 'Copyer'(복사기)와 같은 상표는 식별력을 상실한 보통명칭상표로서 상표등록을 받을 수 없다.

---

5) '만'으로 된 상표가 아닌, 보통명칭에 다른 식별력 있는 문자나 도형 등이 결합되어 전체적으로 식별력이 있는 경우에는 해당하지 않는다.

(2) 관용상표

관용상표란 특정 종류의 상품에 대하여 관용(慣用)적으로 사용되고 있는 상표[6]를 말하는 것으로, 당해 상품에 대하여 관용하는 상표는 상표 등록을 받을 수 없다(상표법 제33조 제1항 제2호). 관용상표 또한 보통명칭 상표와 마찬가지로 자신과 다른 상품 간의 식별력이 없을 뿐만 아니라 특정 사람에게 독점되어 공익을 해칠 수도 있기 때문이다.

'정종'(청주), '나폴레온'(꼬냑), '오복채'(장아찌), 'TEX·LOX·RAN'(직물), '깡'(과자), 'VASELLINE'(콜드크림), '인단'(구중청량제), 'cyber·web·com·net'(통신업)과 같은 상표는 식별력을 상실한 관용상표로서 상표등록을 받을 수 없는 상표이다.

(3) 성질표시 상표

성질표시 상표는 상품의 성질과 특성을 직감적으로 알 수 있는 상표로서 '기술적(記述的) 표장'을 의미한다. 당해 상품의 산지·품질·원재료·효능·용도·수량·형상·가격·생산방법·가공방법·사용방법 또는 시기를 보통으로 사용하는 방법으로 표시한 표장'만'[7]으로 된 상표는 등록을 받을 수 없다(상표법 제33조 제1항 제3호). 성질표시 상표는 자신과 다른 상품 간의 식별력이 없을 뿐만 아니라, 특정 사람에게 독점되어 공익을 해칠 수도 있기 때문이다.

1) 산지표시

당해 상품의 생산지를 표시하는 것을 산지표시라고 한다. 상표법에서는 특정인이 산지표시를 포함하는 상표를 독점배타적으로 사용하는 것을 허용하고 있지 않다. '금산'(인삼), '대구'(사과), '영광'(굴비), '한산'(모시), '울릉도'(오징어), 'VIENNA'(안경), '이동'(갈비, 요식업), '청진동'(해장국, 한식점경영업), '마산'(아구찜, 한식점경영업)과 같은 상표는 식별력을 상실한 산지표시 상표로서 상표등록을 받을 수 없는 상표이다.

2) 상품 특성

상품의 품질·원재료·효능·용도·수량·형상(포장의 형상을 포함)·가격·생산방법·가공방법·사용방법 등 객관적인 특성을 보통으로 사용한 상표는 식별력이 없어 상표등록을 받을 수 없다.

가) 품질

상품의 '품질표시'는 상품에 있어서 품질 상태 또는 우수성을 직접적으로 표시하는 것을 말한다. '품질보증', '특선', '원조', '특급', '명품', 'STANDARD', 'GENUINE',

6) '그 상품에 관하여 관용하는 상표'란 그 상품을 취급하는 거래계에서 동종업자들 사이에 자유롭고 관용적으로 사용되고 있는 결과 자타상품 식별력을 상실한 표장을 말한다. 여기에는 기호, 문자, 도형, 입체적 형상의 모든 구성요소를 포함한다.

7) 기술적 표장에 다른 식별력 있는 문자나 도형 등이 결합되어 전체적으로 식별력이 있는 경우에는 해당하지 않는다.

'SUPER', 'ACE', 'SPECIAL', 'ULTRA', '청정', 'BIO', 'GREEN', '무공해'(환경관련제품), 'Soft Brown'(화장품), '생명물'(녹차 등), 'Hitech'(기술관련상품), 'TRAVEL LODGE'(호텔경영업), 'ELEGANCE BOUTIQUE'(의류) 등과 같은 상표는 품질 상태 또는 우수성을 직접 표시하는 상표로서 상표등록을 받을 수 없는 상표이다.

나) 원재료

상품의 '원재료표시'는 상품에 있어서 원재료가 당해 상품에 현실적으로 사용되고 있거나 사용할 수 있는 경우를 말한다. 'WOOL'(양복), 'STEEL'(금고), 'SILK'(블라우스), 'KERATIN'(화장품), '알루미늄'(창문틀), '콩'(두부) 등과 같은 상표는 원재료 또는 보조원료를 직접 표시하는 상표로서 상표등록을 받을 수 없는 상표이다.

다) 효능

상품의 '효능표시'는 당해 지정상품과의 관계에서 물품 성능 또는 효과를 직접적으로 표시하는 것을 말한다. '보들보들'(화장품), '우아미'(가구), '원터치'(전자레인지), '잘나'(약품), 'Quick Copy'(복사기), 'Color Wearing'(립스틱 매니큐어), '글라스데코'(그림물감) 등과 같은 상표는 효능의 상표를 나타내는 상표로서 상표등록을 받을 수 없는 상표이다.

라) 용도

상품의 '용도표시'라 함은 당해 지정 상품의 용도를 직접적으로 표시하는 것을 말한다. '원예'(비료), '베이비'(의류), 'GOLD PET'(애완동물사료), 'DIET COLA'(콜라), 'KICKERS'(축구화), '프로용'(운동용 용품), 'Body Makeup'(화장품) 등과 같은 상표는 용도의 상표를 나타내는 상표로서 상표등록을 받을 수 없는 상표이다.

마) 수량

상품의 '수량표시'라 함은 당해 지정 상품에 거래 사회에서 사용되고 있는 수량과 수량표시로 인식되는 단위 및 그 단위의 기호 등을 표시하는 것을 말한다. '2짝', '100그램', '10봉지', '30리터'(일반상품), 'L-830'(비디오테이프), '200자'(원고지) 등과 같은 상표는 수량을 나타내는 상표로서 상표등록을 받을 수 없는 상표이다.

바) 형상

상품의 '형상표시'라 함은 단일상품 또는 그 포장(용기 포함)의 외형, 모양, 크기, 또는 규격, 무늬, 색깔, 구조 등에 관한 기술적 또는 설명적 표시를 말한다. '소형', '중형', 'SLIM'(일반상표), '4각표'(연필), 'POP MODE'(의류), '캡슐'(의약품) 등과 같은 상표는 형상상표를 나타내는 상표로서 상표등록을 받을 수 없는 상표이다.

사) 가격표시

상품의 '가격표시'라 함은 당해 거래 사회에서 실질적으로 사용되고 있는 가격과 가격

표시로 인식되고 있는 단위 및 그 단위의 기호 등을 표시하는 것을 말한다. '100원', '백원', '₩500', '1000¥', '10$' 등과 같은 상표는 가격표시를 나타내는 상표로서 상표등록을 받을 수 없는 상표이다.

아) 생산방법·가공방법·사용방법 표시

상품의 '생산방법·가공방법·사용방법 표시'라 함은 상품의 제조, 재배, 양식, 조립, 가공방법이나 push, pull, switch, combination 등의 사용방법 등을 기술적 또는 설명적으로 표시하는 경우를 말한다. '훈제'(햄), '조립'(책상), '정밀가공'(시계), '수제'(구두), '멕시칸'(치킨전문점), '자영농법'(농축산업) 등과 같은 상표는 생산방법·가공방법·사용방법 표시를 나타내는 상표로서 상표등록을 받을 수 없는 상표이다.

자) 시기표시

상품의 '시기표시'라 함은 계절상품에 있어서 봄·여름·가을·겨울의 표시, 상품 특성상 오전, 오후, 낮, 밤, 맑은 날, 비오는 날, 전천후 등 상품 판매 또는 사용에 있어 특정한 시기 또는 불특정한 시기를 기술적 또는 설명적으로 표시하는 경우를 말한다. '전천후·Four Season'(타이어), 'Summer shirt'(의류), '식전·식후'(약품) 등과 같은 상표는 시기를 표시를 나타내는 상표로서 상표등록을 받을 수 없는 상표이다.

3) 서적의 제호(題號)

서적의 제목이 직접 서적의 내용을 표시하는 경우에도 상표등록을 받을 수 없다. 또한 녹음된 자기테이프, 자기디스크, 콤팩트디스크(CD), 영상이 저장된 필름 등도 동일하게 적용하여 등록을 받을 수 없다. '민법총칙', '경제학', '한영사전', '상표법' 등과 같이 단행본 서적 제목이 직접 서적 내용을 나타내는 경우 품질을 나타내는 것으로 보아 식별력이 없는 것으로 본다. 그러나 '빙점', '토지', '삼화영한사전', '남부군'과 같은 서적 제목은 품질표시가 아니므로 상표등록을 받을 수 있다. 또한 단행본이 아닌 시리즈물의 경우 상표 등록이 가능하다.

(4) 현저한 지리적 명칭, 그 약어, 지도

현저한 지리적 명칭이나 그 약어(略語) 또는 지도'만'으로 된 상표는 등록을 받을 수 없다(상표법 제33조 제1항 제4호). 그러나 예외적으로 현저한 지리적 명칭 또는 지도만으로 된 상표에 해당하는 표장이라도 그 표장이 특정 상품에 대한 지리적 표시인 경우에는 그 지리적 표시를 사용한 상품을 지정상품으로 하여 지리적 표시 단체표장을 등록 받을 수 있다(상표법 제33조 제3항).

1) 현저한 지리적 명칭

현저한 지리적 명칭은 국가 이름, 서울특별시, 광역시, 도의 이름, 시·군·구의 이름,

저명한 외국 수도 이름, 대도시 이름, 고적지, 관광지, 변화가 등이 해당된다. 'OXFORD', 'MANHATTAN', 'GEORGIA', 'TOKOY TOWN', '상제리제', '핀란디아', '종로학원', '장충동왕족발' 등과 같은 상표는 현저한 지리적 명칭을 나타내는 상표로서 상표등록을 받을 수 없다.

2) 단순지명 또는 널리 알려지지 아니한 관광지

관광지가 아닌 단순한 지명이나 관광지일지라도 널리 알려지지 아니한 경우에는 현저한 지리적 명칭으로 보지 않는다. '한라산', '충주호', '완도' 등은 현저한 지리적 명칭으로 보지만 '돌산도', '유심천'은 현저한 지리적 명칭이 아닌 것으로 본다.

3) 역사적 문화재

역사적 문화재가 저명하여 그 이름이 문화재 호칭과 더불어 소재하는 지역을 나타낸다면 현저한 지리적 명칭으로 본다. '남대문', '서대문', '현충사' 등은 현저한 지리적 명칭이고 '첨성대'는 현저한 지리적 명칭이 아닌 것으로 본다.

4) 현재 도시 이름

지리적 명칭은 현재 존재하는 것을 원칙으로 한다. 그러나 특정 지역의 옛 이름, 별칭, 애칭 등이 현저하게 인식되는 '빛고을'(광주), '한밭'(대전)과 같은 경우는 현저한 지리적 명칭으로 본다.

(5) 흔한 성 또는 명칭

흔히 있는 성 또는 명칭을 보통으로 사용하는 방법으로 표시한 표장'만'으로 된 상표는 등록을 받을 수 없다(상표법 제33조 제1항 제5호). '윤씨농방', '나주 김가네 농장', '김노인 마포상회', '종로학원' 등은 이에 해당되어 상표등록을 받을 수 없다. 그러나 외국인의 성은 흔한 것으로 보지 않는다. (예: Johnson, Valentine)

(6) 간단하고 흔히 있는 표장

간단하고 흔히 있는 표장만으로 된 상표는 등록을 받을 수 없다(상표법 제33조 제1항 제6호). 그러나 간단하고 흔히 있는 표장에 대한 예외는 다음과 같다.

① 간단하지만 흔하지 않은 경우와 흔하긴 하지만 간단하지 않은 경우로 된 표장의 경우 상표 등록이 가능하다. 또한 간단하고 흔한 표장에 다른 식별력 있는 요소가 결합되어 있어 상표 전체가 자타상품식별력이 인정되는 경우에는 상표 등록이 가능하다.

② 2문자로 구성된 외국문자가 사물의 관념을 직감 또는 표시한 경우에는 식별력이 있는 것으로 보아 상표등록이 가능하다.

③ 한글 1문자와 영문 1문자가 결합된 경우 식별력이 있는 것으로 보아 상표등록이

가능하다. 그러나 상품의 상표가 거래사회에서 성질표시로 인식되거나 식별력이 없는 경우에는 상표등록이 불가능하다. 여기서 'W향'(휴양소업, 미용업 등), 'N제'(서적, 연필 등)는 식별력이 있는 것으로 보고 'P컴'(퍼스털컴퓨터검증시험의 교재 및 실시업 등), 'T봉'(수지침 강좌업 등)은 식별력이 없는 경우로 본다.

④ 한글 1문자 또는 외국 문자 2자 이내가 기타 식별력이 없는 문자와 결합된 경우에 식별력이 없는 것으로 본다. 다만 외국문자 2자를 '&'로 연결할 경우는 식별력이 있는 경우로 본다. 여기서 'A&B', 'AC-BD', 'AC66', 'ACD'는 식별력이 있는 표장의 예이며 'OMEGA'(Ω), 'ALPHA'(α), 'Co', 'E PRINTER', 'MT', 'Ltd' 등은 식별력이 없는 것으로 본다.

⑤ 숫자의 경우 100 이상의 숫자라도 '1 2 3 4 5' 등은 흔히 있는 표장으로 식별력이 없는 것으로 본다. 다만 '1 2 3 & 4 5' 등은 식별력이 있는 것으로 본다. 여기서 '777', '999', '원 화이브 쓰리', '화이브 원 화이브', 'One five Three', 'FIVE ONE THREE' 등은 식별력이 있는 표장의 예이며 '123', '678', 'One', 'Two', 'Three' 등은 식별력이 없는 것으로 본다.

⑥ 2개의 숫자를 결합하여 표시한 것, 1자의 외국 문자와 1자의 숫자를 결합한 것, 숫자를 순위의 문자로 표시한 경우에는 식별력이 없는 것으로 보아 상표 등록이 불가능하다. 여기서 '57', 'A1', '원 쓰리', 'ninety-nine', '제2', 'second' 등은 식별력이 없는 예이다.

(7) 기타 식별력이 없는 표장

수요자가 누구의 업무에 관련된 상품을 표시하는 것인가를 식별할 수 없는 상표는 등록을 받을 수 없다고 규정하고 있다(상표법 제33조 제1항 제7호).

① 'http://', 'www', '@' 와 서적의 한 면을 그대로 복사한 경우와 같이 외관상 사회통념상 식별력을 인정하기 곤란한 경우

② 'CYBER', 'TEL', 'WEB', 'NEWS', 'NET' 등과 같이 많은 사람이 현실적으로 사용하고 있어 식별력이 인정되지 않은 경우

③ 일반적으로 사용하는 구호, 표어인 'Believe it or not', 'I can do it', '꺼진 불도 다시 보자', 인사말인 'hi, good evening', 인칭대명사인 'I', 'You' 등, 유행어인 '구래', 사람·동물·식물·자연물·문화재를 사진, 인쇄, 복사하는 등의 형태로 구성된 표장, 수요자가 누구와 관련된 상품을 표시하는지 알 수 없는 표장인 'MART', 'LAND', 'CLUB', 'BANK' 등과 같은 것들은 공익상 특정인에게 독점 시키는 것이 적합하지 않다고 보아 상표등록을 받을 수 없다.

(8) 사용에 의한 식별력 취득

출원상표가 원래 자타상품식별력이 없는 상표라 하더라도 수요자들이 그 상표 및

상품의 출처를 인식할 수 있다고 인정할 수 있는 정도면 등록받을 수 있다(상표법 제33조 제2항).

법 개정 이전에는 '현저하게 인식'되어 있는 경우에 한해 사용에 의한 식별력을 인정하였다. 그러나 법 개정 이후에는 식별력이 없는 상표라도 특정인이 오랜 기간에 걸쳐 자기의 상품 표지로 사용하고 이로 인해 일반 수요자에게도 출처를 표시하는 상품 표지로 인식되는 경우는 예외적으로 상표등록을 허용하여 사용에 의한 식별력 취득 조건이 완화되었다. '새우깡', '알파색채' 등이 이에 해당된다.

4. 상표등록을 받을 수 없는 상표(소극적인 요건)

상표가 자기와 다른 상품에 대한 식별력을 가지고 있다 해도 독점적 배타적 특성이 있는 상표권을 부여하는 경우 공익상 또는 타인의 이익을 침해하는 경우에는 상표등록을 받지 못하도록 할 필요가 있다(상표법 제34조). 이를 상표의 부등록 사유 또는 소극적인 등록 요건이라 부른다.

(1) 국기 등과 동일하거나 유사한 상표(상표법 제34조 제1항 제1호)

① 대한민국의 국기(國旗), 국장(國章), 군기(軍旗), 훈장, 포장(褒章), 기장(記章), 대한민국이나 공공기관의 감독용이나 증명용 인장(印章) 또는 기호와 동일하거나 이와 유사한 상표는 등록을 받을 수 없다(상표법 제34조 제1항 제1호 가목). 이는 대한민국의 국기, 국장 등의 존엄성과 감독용 인장 등의 권위를 유지하기 위함이다. 특히, 감독용 인장 등은 품질보증적인 성격이 강하므로 품질오인으로부터 수요자를 보호하기 위해서이다.

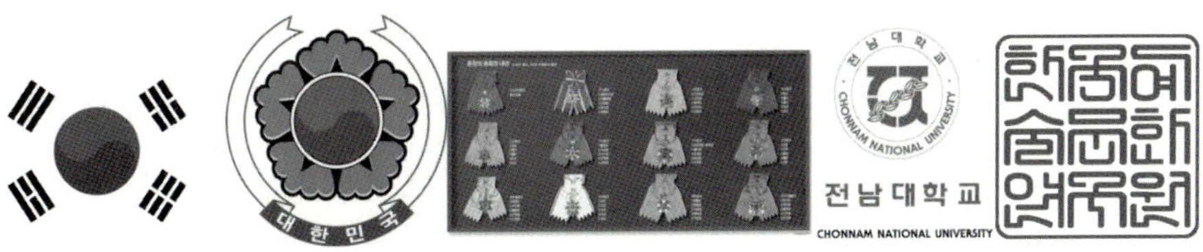

그림 5-12. 상표등록을 받을 수 없는 경우

② 공업소유권의 보호를 위한 파리협약에서 규정한 동맹국, 세계무역기구 회원국 또는 「상표법조약」 체약국 국기와 동일하거나 이와 유사한 상표도 등록을 받을 수 없다(상표법 제34조 제1항 제1호 나목). 이는 동맹국 등의 국기에 대한 존엄성과 국제적 신의를 유지하기 위함이다.

③ 국제적십자, 국제올림픽위원회 또는 저명한 국제기관의 명칭, 약칭, 표장과 동일하거나 이와 유사한 상표도 받을 수 없다(상표법 제34조 제1항 제1호 다목). 이는 저명한 국제기관의 권위를 유지하기 위함이고, 만약 개인이 등록을 받으면 그 상표가 이들 기관과 특수한 관계가 있는 것처럼 오인·혼동의 염려가 있기 때문이다. 그렇지만 국제적십자, 국제올림픽위원회 또는 저명한 국제기관이 자기의 명칭, 약칭 또는 표장을 상표등록출원한 때에는 상표등록을 받을 수 있다.

④ 파리협약 제6조의3에 따라 세계지식재산기구로부터 통지받아 특허청장이 지정한 동맹국등의 문장(紋章), 기(旗), 훈장, 포장 또는 기장이나 동맹국등이 가입한 정부 간 국제기구의 명칭, 약칭, 문장, 기, 훈장, 포장 또는 기장과 동일·유사한 상표도 등록을 받을 수 없다(상표법 제34조 제1항 제1호 라목). 이는 동맹국 등의 문장, 기, 훈장 등의 존엄성과 정부 간 국제기구의 권위 보호 및 국제적 신의를 유지하기 위함이다. 그러나, 동맹국등이 가입한 정부 간 국제기구가 자기의 명칭·약칭, 표장을 상표등록출원한 경우에는 상표등록을 받을 수 있다.

⑤ 파리협약 제6조의3에 따라 세계지식재산기구로부터 통지받아 특허청장이 지정한 동맹국등이나 그 공공기관의 감독용 또는 증명용 인장·기호와 동일·유사한 상표로서 그 인장 또는 기호가 사용되고 있는 상품과 동일·유사한 상품에 대하여 사용하는 상표도 등록을 받을 수 없다(상표법 제34조 제1항 제1호 마목). 이는 동맹국 등이나 그 공공기관의 감독용 인장 등의 권위를 유지하기 위함이다.

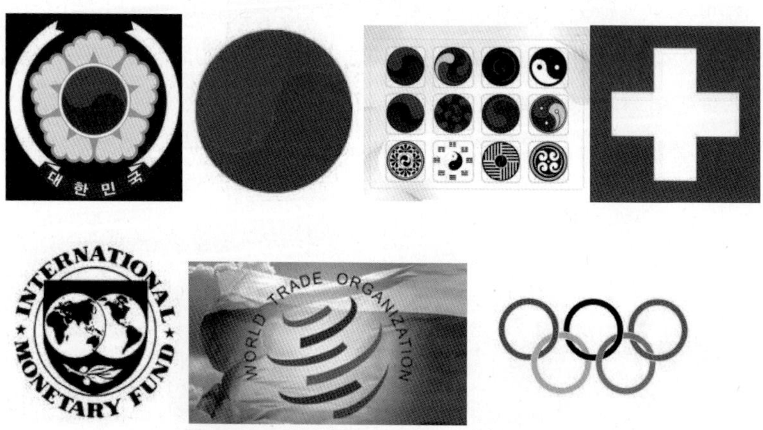

그림 5-13. 상표등록을 받을 수 없는 경우

(2) 국가 등과의 관계를 허위로 표시하거나 비방하는 상표(상표법 제34조 제1항 제2호)

국가·인종·민족·공공단체·종교 또는 저명한 고인(故人)과의 관계를 거짓으로 표시하거나 이들을 비방 또는 모욕하거나 이들에 대한 평판을 나쁘게 할 우려가 있는 상표는 등록을 받을 수 없다. 이는 국가와 민족 등의 권위와 존엄을 인정하여 국제적인 신의를 보호하는 의미와 저명한 고인과 그 유가족에 대한 명예와 인격을 보호한다는데 그 의미가 있다. 예를 들어 '양키', '로스케' 등은 특정 국가를 모욕하는 행위에 해당하고 '허준本家'는 저명한 고인인 허준과의 관계를 허위로 표시[8]한 것으로 상표를 받을 수 없다.

(3) 저명한 업무 표장과 동일·유사 상표(상표법 제34조 제1항 제3호)

국가·공공단체 또는 이들의 기관과 공익법인의 비영리 업무나 공익사업을 표시하는 표장으로서 저명한 것과 동일·유사한 상표는 등록을 받을 수 없다. 다만, 그 국가 등이 자기의 표장을 상표등록출원한 경우에는 상표등록을 받을 수 있다. 이는 저명한 업무 표장을 가진 공익단체의 업무상 신용과 권위를 보호하고 일반 수요자나 거래자에게 상품 출처에 대한 혼동을 일으킬 수 있어 일반 공중을 보호하고자 하는 목적을 가진다. 이에 대한 예로는 '전남대학교 마크', 'KBS', '보이스카우트', '의료법인' 등이 있다.

그림 5-14. 상표등록을 받을 수 없는 경우

(4) 선량한 풍속에 어긋나는 경우(상표법 제34조 제1항 제4호)

상표 그 자체 또는 상표가 상품에 사용되는 경우 수요자에게 주는 의미와 내용 등이 일반인의 통상적인 도덕관념인 선량한 풍속에 어긋나는 등 공공의 질서를 해칠 우려가 있는 상표는 등록을 받을 수 없다. 이는 공익적인 입장에서 일반 공중의 도덕적인 선량한 풍속을 유지하고 공공의 질서를 보호하기 위함이다. 선량한 풍속을 저촉하는 상표로는 '사기꾼', '소매치기', '새치기', '뇌물', '가로채기' 등이 해당한다.

(5) 박람회 상장 등과 동일·유사 상표(상표법 제34조 제1항 제5호)

정부가 개최하거나 정부의 승인을 받아 개최하는 박람회[9] 또는 외국정부가 개최하거나 외국정부의 승인을 받아 개최하는 박람회의 상패·상장 또는 포장[10]과 동일·유사한 표장이 있는 상표는 등록을 받을 수 없다. 이는 박람회에서 시상한 상패, 상장 등의 권위를 보호하기 위함이다. 다만, 그 박람회에서 수상한 자가 그 수상한 상품에 관하여 상표의 일부로서 그 표장을 사용하는 경우에는 상표등록을 받을 수 있다.

8) 특허법원 2011년 11월 9일 선고 2011허 7560.

9) '박람회'는 용어 자체를 떠나 폭넓게 적용하고 해석하여 전시회, 전람회, 품평회, 경진대회 등을 포함한다.

10) '상패, 상장, 포장'은 용어에 상관없이 주체가가 수여하는 일체의 증서와 기념패를 포함한다.

(6) 저명한 타인 성명 등 또는 이들 약칭을 포함한 상표(상표법 제34조 제1항 제6호)

저명한 타인의 성명·명칭 또는 상호·초상·서명·인장·아호(雅號)·예명(藝名)·필명(筆名) 또는 이들의 약칭을 포함하는 상표는 등록을 받을 수 없다. 이는 타인의 인격권을 보호하기 위함이다. 여기에는 'DJ', '링컨', '트럼프' 등이 해당된다. 다만, 그 타인의 승낙을 받은 경우에는 상표등록을 받을 수 있다. 또한 저명성 판단 시기는 등록여부를 결정할 때를 기준으로 하며, 승낙을 얻어 일단 등록된 경우는 유효한 상표권이 발생한 것으로 본다.

(7) 타인의 선등록상표 또는 선등록 지리적표시 단체표장과 동일·유사한 상표(상표법 제34조 제1항 제7호 및 제8호)

선출원에 의한 타인의 등록상표(등록된 지리적 표시 단체표장은 제외)와 동일·유사한 상표로서 그 지정상품과 동일·유사한 상품에 사용하는 상표는 등록을 받을 수 없다. 또한, 선출원에 의한 타인의 등록된 지리적 표시 단체표장과 동일·유사한 상표로서 그 지정상품과 동일하다고 인식되어 있는 상품에 사용하는 상표도 등록 받을 수 없다. 이는 선출원 등록상표권자의 이익보호와 중복등록으로 인한 수요자의 오인, 혼동을 방지하기 위해서이다.

(8) 주지 상표 또는 주지 지리적 상표와 동일·유사한 상표(상표법 제34조 제1항 제9호 및 제10호)

타인의 상품을 표시하는 것이라고 수요자들에게 널리 인식되어 있는 상표와 동일·유사한 상표(지리적 표시는 제외)로서 그 타인의 상품과 동일·유사한 상품에 사용하는 상표는 등록을 받을 수 없다. 또한, 특정 지역의 상품을 표시하는 것이라고 수요자들에게 널리 인식되어 있는 타인의 지리적 표시와 동일·유사한 상표로서 그 지리적 표시를 사용하는 상품과 동일하다고 인정되어 있는 상품에 사용하는 상표는 등록을 받을 수 없다. 이는 주지상표 사용자의 이익보호와 수요자의 출처혼동을 방지하기 위해서이다.

(9) 저명상품 또는 저명영업과 혼동을 일으키게 할 염려가 있는 상표(상표법 제34조 제1항 제11호)

수요자들에게 현저하게 인식되어 있는 타인의 상품이나 영업과 혼동을 일으키게 하거나 그 식별력 또는 명성을 손상시킬 염려가 있는 상표는 등록받을 수 없다. 이는 저명한 상품 또는 영업과 오인, 혼동으로 인한 부정경쟁을 방지하고 일반 수요자의 이익을 보호하기 위해서이다.

(10) 상품 품질을 오인 또는 수요자를 기만할 염려가 있는 상표(상표법 제34조 제1항 제12호)

상품의 품질을 오인하게 하거나 수요자를 기만할 염려가 있는 상표는 등록받을 수 없다. 이는 상품의 품질오인 및 출처의 혼동으로부터 생기는 일반수요자의 불이익을 방지하고 건전한 상거래질서를 유지하기 위해서이다.

(11) 부정한 목적을 가지고 사용하는 상표(상표법 제34조 제1항 제13호 및 제14호)

국내 또는 외국의 수요자들에게 특정인의 상품을 표시하는 것이라고 인식되어 있는 상표(지리적 표시는 제외)와 동일·유사한 상표로서 부당한 이익을 얻으려 하거나 그 특정인에게 손해를 입히려고 하는 등 부정한 목적으로 사용하는 상표는 등록을 받을 수 없다. 또한, 국내 또는 외국의 수요자들에게 특정 지역의 상품을 표시하는 것이라고 인식되어 있는 지리적 표시와 동일·유사한 상표로서 부당한 이익을 얻으려 하거나 그 지리적 표시의 정당한 사용자에게 손해를 입히려고 하는 등 부정한 목적으로 사용하는 상표는 등록을 받을 수 없다. 이는 모방상표등록이라는 사회적 폐단과 상표 브로커의 상표제도 악용을 방지하기 위해서이다.

(12) 상품 또는 그 상품의 포장의 기능을 확보하는데 불가결한 요소로 형성된 상표(상표법 제34조 제1항 제15호)

상표등록을 받으려는 상품 또는 그 상품의 포장의 기능을 확보하는 데 꼭 필요한(서비스의 경우에는 그 이용과 목적에 꼭 필요한 경우를 말함) 입체적 형상, 색채, 색채의 조합, 소리 또는 냄새만으로 된 상표는 등록을 받을 수 없다.

이는 상품 또는 그 상품의 포장의 기능을 확보하는데 불가결한 요소에 대해 독점을 허용하는 경우, 관련 산업의 발전을 저해할 우려가 있기 때문에 이를 예방하기 위함이다. 또한 다른 경쟁업자의 자유로운 사용을 보장하기 위한 공익적인 차원에서 특정인의 상표등록을 배제하고 있다.

(13) 포도주 및 증류주의 산지에 관한 지리적 표시(상표법 제34조 제1항 제16호)

세계무역기구 회원국 내의 포도주 또는 증류주의 산지에 관한 지리적 표시로서 구성되거나 그 지리적 표시를 포함하는 상표로서 포도주 또는 증류주에 사용하려는 상표는 등록을 받을 수 없는 것으로 규정하고 있다. 다만, 지리적 표시의 정당한 사용자가 그 해당 상품을 지정상품으로 하여 지리적 표시 단체표장등록출원을 한 때에는 등록을 받을 수 있다.

이는 WTO/TRIPs 협정에 의해 포도주와 증류주의 지리적 표시를 구성요소로 하는 상표는 일반 공중의 혼동이 없는 경우라도 직권 또는 청구에 의하여 그 등록을 거절하도록 하고 있기 때문이다.

(14) 식물신품종 보호법에 따라 등록된 품종명칭과 동일·유사한 상표(상표법 제34조 제1항 제17호)

「식물신품종 보호법」 제109조에 따라 등록된 품종명칭과 동일·유사한 상표로서 그 품종명칭과 동일·유사한 상품에 대하여 사용하는 상표는 등록을 받을 수 없다.

(15) 농수산물 품질관리법에 따라 등록된 타인의 지리적 표시와 동일·유사한 상표(상표법 제34조 제1항 제18호)

「농수산물 품질관리법」 제32조에 따라 등록된 타인의 지리적 표시와 동일·유사한 상표로서 그 지리적 표시를 사용하는 상품과 동일하다고 인정되는 상품에 사용하는 상표는 등록을 받을 수 없다.

(16) 자유무역협정에 따른 타인의 지리적 표시와 동일·유사한 상표(상표법 제34조 제1항 제19호)

대한민국이 외국과 양자간(兩者間) 또는 다자간(多者間)으로 체결하여 발효된 자유무역협정에 따라 보호하는 타인의 지리적 표시와 동일·유사한 상표 또는 그 지리적 표시로 구성되거나 그 지리적 표시를 포함하는 상표로서 지리적 표시를 사용하는 상품과 동일하다고 인정되는 상품에 사용하는 상표는 등록을 받을 수 없다.

(17) 신의칙에 반하는 상표(상표법 제34조 제1항 제20호)

동업·고용 등 계약관계나 업무상 거래관계 또는 그 밖의 관계를 통하여 타인이 사용하거나 사용을 준비 중인 상표임을 알면서 그 상표와 동일·유사한 상표를 동일·유사한 상품에 등록출원한 상표는 등록을 받을 수 없다. 이는 방송프로그램, 연예인 명칭 등을 무단으로 등록하여 정당한 권리자의 권리행사를 침해하는 상표를 거절할 수 있는 근거 규정이다.

(18) 조약국 상표권자의 동의 없는 상표(상표법 제34조 제1항 제21호)

조약당사국에 등록된 상표와 동일·유사한 상표로서 그 등록된 상표에 관한 권리를 가진 자와의 동업·고용 등 계약관계나 업무상 거래관계 또는 그 밖의 관계에 있거나 있었던 자가 그 상표에 관한 권리를 가진 자의 동의를 받지 아니하고 그 상표의 지정상품과 동일·유사한 상품을 지정상품으로 하여 등록출원한 상표는 등록을 받을 수 없다.

제3절 상표등록출원과 심사

핵심내용

- 동일·유사한 상품에 사용할 동일·유사한 상표에 대하여 다른 날에 둘 이상의 상표등록출원이 있는 경우에는 먼저 출원한 자만이 그 상표를 등록받을 수 있다.
- 상표 출원은 상표법 시행규칙이 정하는 상품 분류에 따른 상품을 지정하여 상표마다 출원하여야 한다. (1상표 1출원주의)
- 상표 출원이 있는 경우 특허청 심사관은 해당 출원이 상표법 상 등록요건을 만족하였는지의 여부를 심사하여 심사결과 거절이유가 없는 경우 출원공고를 거쳐 등록결정을 내려야 한다.
- 상표등록은 등록결정서를 받은 날로부터 2개월 내에 10년분 등록료를 특허청장에 납부하여야 하며 등록료는 2회로 분할 납부 가능하다.
- 상표가 유사한 것인지 아닌지 판단의 3요소는 '외관, 칭호, 관념'이다. 비교하고자 하는 2개의 상표가 서로 같은 것은 아닐지라도 이들 3요소가 유사하다면 동일·유사한 상품에 사용할 경우 일반수요자가 혼동할 가능성이 있기 때문이다.

상표 출원을 위해서는 먼저 동일·유사 상표가 있는지에 대한 사전 검색이 요구된다. 우리나라의 상표법에서는 선출원주의를 채택하고 있다.

상표 출원이 있는 경우 특허청 심사관은 해당 출원이 상표법 상 등록요건을 만족하였는지의 여부를 심사하여 심사결과 거절이유가 있는 경우 거절이유통지를 거쳐 거절결정을 하거나 심사결과 거절이유가 없는 경우 출원공고를 거쳐 등록결정을 내려야한다. 한편 등록된 상표에 이의가 있는 경우에는 출원 공고된 상표등록 출원에 상표법상의 거절이유가 있음을 이유로 특허청장에게 그 등록을 거절할 것을 요구하기 위한 신청을 해야 한다.

1. 상표등록출원

(1) 출원절차

우리나라의 상표법은 '등록주의'를 채택하고 있으므로 상표법 상 상표권을 얻기 위해서는 반드시 특허청에 '상표등록출원서'를 제출하여 일정한 등록요건에 대한 심사를 거쳐 등록을 받아야만 한다(상표법 제36조).

상표를 받기 위한 요건은 다음과 같다.

① 상표법상 상표에 해당하는가

② 출원상표에 대한 선등록 상표가 있는가

③ 상표에 대한 사용 사실의 유무와 관계없이 상표의 구성 요건을 갖추고 상표로서의 식별력이 있는가

④ 부등록 사유에 해당하지 않는가

⑤ 상표법에서 요구하는 적절한 양식을 구비했는가

⑥ 가장 빠른 출원 인가 등의 요건과 절차 등

1) 출원 전 상표 검색

반드시 등록을 받아야만 하는 필요성이 있는 상표는 출원한 상표가 선행 상표와 유사성이 없도록 변형 또는 선행 상표의 지정상품과 유사하지 않은 상품을 지정하여 상표를 출원하기 전에 등록 가능성을 높일 수 있는 방법을 찾아야만 한다.

2) 출원서 작성

상표법상 상표등록출원인은 자연인 또는 법인을 말한다. 상표를 출원할 수 있는 권리를 가진 자는 국내에서 상표를 사용하는 자 또는 사용하고자 하는 자이다. 우리나라 상표등록출원은 서면주의를 채택하므로 상표등록을 받고자 하는 자는 소정의 출원서에

상표 견본을 첨부하여 특허청장에게 제출해야 한다. 최근에는 전자출원으로 진행하고 있다.

3) 1상표 1출원주의 원칙

1상표 1출원주의는 하나의 출원서로 동시에 2 이상의 상표 출원을 허용하지 않는다는 원칙이다(상표법 제38조). 상표등록출원을 원하는 자가 상표등록출원을 할 때는 보호받고자 하는 상표와 더불어 '상품류 구분' 및 '상품 및 서비스업의 명칭과 류구분에 관한 고시'에 따라 그 상표를 사용할 상품에 1개류 또는 다류의 상품을 지정할 수 있다. 우리나라는 현재 '1상표 다류 1출원주의'를 채택하여 상표와 서비스업도 동시에 지정하여 출원할 수 있다.

4) 지정상품 추가등록출원

지정상품 추가등록출원을 한 출원인은 상표등록출원으로 변경할 수 있다. 지정상품 추가등록출원의 기초가 된 등록상표에 대하여 무효심판 또는 취소심판이 청구되거나 그 등록상표가 무효심판, 취소심판 등으로 소멸된 경우에는 그러하지 아니하다.

(2) 선출원주의

가) 선출원주의

우리나라는 동일·유사한 상품에 사용할 동일·유사한 상표에 대하여 다른 날에 둘 이상의 상표등록출원이 있는 경우에는 먼저 출원한 자만이 그 상표를 등록받을 수 있는 선출원주의를 채택하고 있다(상표법 제35조 제1항). 선출원주의는 타인 사이에서만 적용이 되고 출원인이 동일인일 경우에는 적용되지 않으므로 먼저 출원한 상표와 유사한 상표에 해당한다하여도 동일인이 출원한 경우에는 등록이 가능하다.

나) 2 이상의 상표등록 출원의 경우

동일·유사한 상품에 사용할 동일·유사한 상표에 대하여 같은 날에 둘 이상의 상표등록출원이 있는 경우에는 출원인의 협의에 의하여 정하여진 하나의 출원인만이 그 상표에 관하여 상표등록을 받을 수 있다. 협의가 성립하지 아니하거나 협의를 할 수 없는 때에는 특허청장이 행하는 추첨에 의하여 결정된 하나의 출원인만이 상표등록을 받을 수 있다(상표법 제35조 제2항).

(3) 출원절차 관련제도

1) 분할출원

출원인은 2 이상의 상품을 지정상품으로 하여 상표등록 출원한 경우에는 보정을 할 수 있는 기간 내에 2 이상의 상표등록출원으로 분할할 수 있다. 분할된 상표 출원이 있는 경우 이는 최초에 상표등록출원 한 때에 출원한 것으로 본다(상표법 제45조). 출원

분할은 지정상품의 분할을 의미하며 상표 분할은 의미하지 않는다.

2) 변경출원

출원인은 ① 상표등록출원, ② 단체표장등록출원(지리적 표시 단체표장등록출원은 제외), ③ 증명표장등록출원(지리적 표시 증명표장등록출원은 제외) 중 어느 하나에 해당하는 다른 출원으로 변경할 수 있다. 변경출원이 있는 경우 그 변경출원은 최초에 상표등록출원을 한 때를 기준으로 출원한 것으로 본다(상표법 제44조).

3) 출원보정

가) 출원보정의 목적

상표출원보정이란 출원의 절차 또는 내용상 흠결을 특허청장 또는 심판원장 명령에 의하여 보정하거나 출원인이 자진하여 보정할 수 있는 제도이다. 출원보정은 상표등록출원의 흠결을 적법하게 보충하거나 정정하는 것을 말하며 이는 출원에 흠결이 발생한 경우 이를 출원절차 내에서 정정할 수 있도록 하여 출원인 이익을 보호함과 동시에 재출원으로 인한 절차적인 복잡함을 방지하는 것이 목적이다.

나) 자진보정

출원인은 상표등록출원의 요지를 변경하지 아니하는 범위 안에서 상표출원 후 출원서 등에 흠결이 있는 경우 그 흠결을 바로잡기 위하여 자진 보정을 한다.

다) 의견서 제출기간 내의 보정

출원인은 상표등록출원의 요지를 변경하지 아니하는 범위 안에서 심사관의 거절이유 통지서에 따른 의견서 제출기간 내에 보정할 수 있다.

라) 출원 요지 변경

보정이 다음과 같이 해당하는 경우에는 상표등록출원의 요지를 변경하지 아니하는 것으로 본다(상표법 제40조 제2항).

① 지정상품 범위 감축　　② 오기 정정

③ 불명료한 기재의 석명　　④ 상표의 부가적인 부분의 삭제에 해당하는 경우

마) 출원 보정각하

심사관은 상표등록출원의 보정에 관하여 출원 요지를 변경할 때에는 결정으로 그 보정을 각하하여야 한다. 심사관은 각하결정이 있는 때에는 당해 결정등본의 송달이 있은 날부터 30일을 경과할 때까지는 당해 상표등록출원에 대한 상표등록여부결정을 하여서는 아니 되며, 출원공고할 것을 결정하기 전에 각하결정이 있는 때에는 출원공고 결정도 하여서는 아니 된다. 심사관은 출원인이 보정각하결정에 대한 심판을 청구한 때에는 그 심판의 심결이 확정될 때까지 그 상표등록출원 심사를 중지하여야 한다.

2. 상표심사

상표 출원이 있는 경우 특허청 심사관은 해당 출원이 상표법 상 등록요건을 만족하였는지의 여부를 심사하여 심사결과 거절이유가 있는 경우 거절이유통지를 거쳐 거절결정을 하거나 심사결과 거절이유가 없는 경우 출원공고를 거쳐 등록결정을 내려야 한다.

상표등록출원에 대한 거절 이유가 있는 경우 심사관은 반드시 거절 이유를 통지하여 거절 이유에 대한 의견제출 기회를 주어야 한다. 거절 이유를 통지 받은 출원인은 심사관에 의해 제시된 거절이유가 부당해 보일 경우 의견서를 제출할 수 있고 나아가 보정 등을 통하여 거절 사유를 해소한 후 상표 등록을 받을 수 있다.

출원인은 출원 공고 이후에 자신의 상표등록 출원과 동일하거나 또는 유사한 상표 및 상품을 사용하는 자에게 서면으로 경고할 수 있고, 경고를 한 출원인은 경고 후에 상표권 설정등록을 마칠 때 까지 발생한 당해 상표의 사용에 대한 업무상 손실에 대하여 보상금 지급을 청구할 수 있다.

(1) 출원에 대한 심사 절차

1) 심사 순위 및 우선 심사

특허청장은 심사관으로 하여금 상표등록출원 및 상표등록이의신청을 심사하게 한다. 우리나라 상표 심사는 출원의 순위에 따라 심사하는 것이 원칙이나 예외 규정으로 우선 심사 제도를 다음과 같이 둔다(상표법 제53조).

① 상표등록출원 후 출원인이 아닌 자가 정당한 사유 없이 업으로써 상표등록출원된 상표와 동일 또는 유사한 상표를 동일 또는 유사한 지정상품에 사용하고 있다고 인정되는 경우

② 상표등록출원인이 상표등록출원한 상표를 지정상품 전부에 사용하고 있는 등 대통령령으로 정하는 상표등록출원으로서 긴급한 처리가 필요하다고 인정되는 경우

2) 거절 이유

상표등록출원에 거절이유가 있는 경우 심사관은 반드시 거절 이유를 출원자에게 통지하여 의견제출 기회를 제공하여야하며 거절이유 통지 없이 곧바로 거절 결정을 내릴 수 없다(상표법 제55조).

거절 이유를 받은 출원인은 일반적으로 거절 이유 통지일로부터 2개월 이내에 거절이유가 부당하다고 판단할 경우 이에 대응한 의견서와 보정서를 제출할 수 있다.

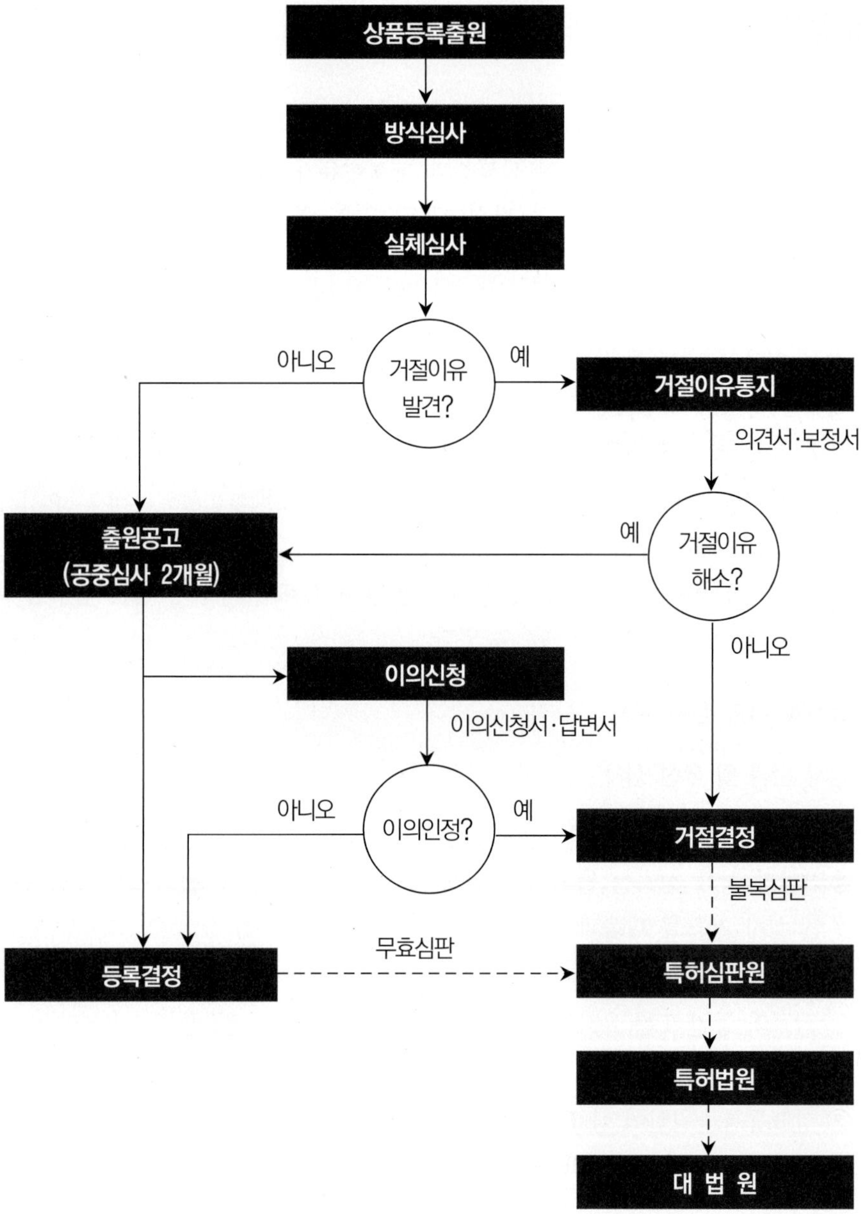

그림 5-15. 출원에 대한 심사 절차

의견서를 받은 심사관은 의견서 내용을 기반으로 해당 출원에 대한 재심사를 진행하여 재심사 결과 출원인에게 통보한 거절이유가 부당하다고 판단하면 출원공고를 거쳐 등록을 결정한다. 그러나 의견서를 참고로 재심사 한 결과에도 불구하고 거절이유가 있다고 판단하면 거절결정을 내린다.

심사관은 상표등록거절결정을 하고자 할 때에는 그 출원인에게 거절이유를 통지하고 기간을 정하여 의견서를 제출할 수 있는 기회를 주어야 한다. 이 경우 2 이상의 지정상품 일부 또는 전부에 거절이유가 있는 때에는 심사관은 그 해당 지정상품별로 거절이유와 근거를 구체적으로 밝혀야 한다.

3. 출원공고제도

심사관은 상표등록출원에 대하여 거절이유를 발견할 수 없는 때에는 출원공고결정을 하여야 한다(상표법 제57조). 특허청장은 출원공고 결정이 있을 때에는 그 결정 등본을 출원인에게 송달하고 그 상표등록출원에 관하여 상표공보에 게재하여 출원공고를 하여야 한다. 또한 특허청장은 출원공고가 있는 날부터 2개월간 상표등록출원서류 및 그 부속서류를 공중의 열람에 제공하여야 한다. 이에 따라 출원공고가 있는 경우 누구든지 출원공고일부터 2월 이내에 이의 신청을 할 수 있다. 상표의 출원공고의 효과는 경고권과 손실보상청구권으로 볼 수 있다.

(1) 손실보상청구권

손실보상청구권은 출원상표와 유사한 상표의 제3자 사용으로 인하여 상표등록 전에 발생한 출원인의 업무상 손실을 보전하기 위한 금전적 청구권을 말한다(상표법 제58조).

경고를 한 출원인은 경고 후 상표권을 설정 등록할 때까지의 기간에 발생한 당해 상표 사용에 관한 업무상 손실에 상당하는 보상금의 지급을 청구할 수 있다. 또한 청구권은 당해 상표등록출원에 대한 상표권의 설정등록이 있은 후가 아니면 이를 행사할 수 없다.

(2) 식권에 의한 보정

심사관은 출원공고결정을 할 때에 상표등록출원서에 적힌 사항이 명백히 잘못된 경우에는 직권으로 보정을 할 수 있다. 심사관이 직권보정을 하려면 출원공고결정의 등본 송달과 함께 그 직권보정 사항을 출원인에게 알려야 한다. 출원인이 직권보정을 받아들일 수 없는 경우에는 출원공고기간까지 그 직권보정 사항에 대한 의견서를 특허청장에게 제출하여야 한다(상표법 제59조).

(3) 정보제공제도

정보제공제도는 특정 상표등록출원에 대하여 거절이유가 있음을 이유로 등록될 수 없다는 취지의 정보를 특허청에 제공하는 것을 말한다. 정보제공은 이해관계자와 관계없이 누구든지 그리고 기간도 상표등록 전까지라면 언제든지 가능하다. 심사관은 정보제공이 있을 경우 심사할 때 참고자료로만 사용할 수 있으며 상표등록여부 결정과 동시에 정보제공자에게 그 결과를 통보한다.

4. 이의신청제도

상표등록 이의신청이란 출원공고된 상표등록출원에 상표법상의 거절이유가 있음을 이유로 특허청장에게 그 등록을 거절할 것을 요구하기 위한 신청을 말한다(상표법 제60조). 출원공고가 있는 때에는 누구든지 출원공고일부터 2개월 이내에 특허청장에게 상표등록 이의신청을 할 수 있다. 상표등록 이의신청을 하고자 하는 자는 상표등록 이의신청서에 필요한 증거를 첨부하여 특허청장에게 제출하여야 한다.

상표등록 이의신청에 대한 결정을 위해 이의신청인의 주장 이외에 출원인의 답변을 고려하여야 하므로 심사관은 상표등록 이의신청이 있는 때에는 상표등록 이의신청서 부본을 출원인에게 송달하고 기간을 정하여 답변서를 제출할 수 있는 기회를 주어야 한다.

5. 등록절차

상표등록결정을 위해서 심사관은 상표등록출원에 대하여 거절이유를 발견할 수 없는 때에는 상표등록결정을 하여야 한다(상표법 제68조). 상표등록여부결정은 서면으로 하여야 하며 그 이유를 붙여야 한다. 또한 특허청장은 상표등록여부결정이 있는 경우에는 그 결정의 등본을 출원인에게 송달하여야 한다(상표법 제69조).

상표권은 상표의 창작, 특허청에 상표등록출원, 심사관의 상표심사, 등록결정, 등록료 납부 후 설정등록에 의하여 발생한다. 상표권의 설정등록 또는 존속기간 갱신등록을 받으려는 자는 상표등록료를 2회로 분할하여 납부할 수 있다. 또한 이해관계인은 상표등록료를 납부하여야 할 자의 의사와 관계없이 상표등록료를 납부할 수 있다. 다만, 상표등록출원 후 1개월 이내에 해당 상표출원을 취하하거나 포기한 경우 이미 납부한 수수료 중 상표등록출원료 및 상표등록출원의 우선권주장 신청료를 반환받을 수 있다.

특허청장은 상표권의 설정등록을 한 때에는 상표권자에게 상표등록증을 교부하여야 한다. 또한 특허청장은 상표등록증이 상표원부와 부합되지 아니할 때에는 신청에 의하여 또는 직권으로 상표등록증을 회수하여 정정발급하거나 새로운 상표등록증을 발급하여야 한다(상표법 제81조).

6. 상표의 동일 유사

(1) 상표의 유사

그림 5-16의 스타벅스와 엘프레야의 상표를 잠시 살펴보자. 둘 사이의 유사성이 있다고 보는가 아니면 없다고 보는가?

스타벅스의 로고　　　　엘프레야의 로고

그림 5-16. 상표의 유사 사례

상표는 다른 지식재산권과는 달리 시각적인 요소가 매우 강하다는 특성 및 이에 따라 모방이 쉽다는 특성을 가지고 있다. 이러한 특성에 따른 상품 출처의 혼동을 방지하고 상표권을 보호하기 위해 상표법에서는 보호범위를 '유사'의 영역까지 확장하고 있다. 상표법은 동일·유사한 상표를 동일·유사한 상품에 사용할 경우 일반수요자가 혼동할 가능성이 있다고 보아[11] 유사 영역까지 보호범위를 확장하는 것이다.

(2) 상표의 유사판단 3요소

상표가 유사한 것인지 아닌지의 판단의 3요소는 '외관', '칭호', '관념'이다. 비교하고자 하는 2개의 상표가 서로 같은 것은 아닐지라도 이들 3요소가 유사하다면 동일·유사한 상품에 사용할 경우 일반수요자가 혼동할 가능성이 있기 때문이다.

상표의 유사는 특허법원의 판례에 크게 의존하므로 판례를 중심으로 유사성 여부를 확인하는 것이 필요하다.

1) 외관 유사

외관 유사란 '시각적 요인의 유사'라고 불리며 비교 대상인 2개의 상표에서 상표 구성인 기호·문자·도형·입체적 형상·색채가 유사하여 일반수요자가 혼동이나 오인을 발생시키는 유사를 말한다. 그 예로는 'HOC와 HRC', '白花와 百花', 'STARBUCKS와 STARBURST' 등이 있다.

11) 문삼섭, 상표법(제2판), 세창출판사, p.494, 2004.

2) 칭호 유사

칭호 유사란 '청각적 요인의 유사'라고 불리며 비교 대상인 2개의 상표에서 불리워지는 호칭이 유사하여 일반수요자가 혼동이나 오인을 발생시키는 유사를 말한다. 예로는 '千年과 天然', '三星과 SAMSUNG', '인터셉터와 INTERCEPTOR' 등이 있다.

3) 관념 유사

관념 유사란 '지각적 요인의 유사'라고 불리며 비교 대상인 2개의 상표에서 의미나 관념이 유사하여 일반수요자가 혼동이나 오인을 발생시키는 유사를 말한다. 그 예로는 '왕과 KING', '平和와 PEACE', 'SWISS ARMY와 SWISS MILITARY' 등이 있다.

7. 상품의 유사

'상품의 유사'란 비교 대상인 2개의 상품이 동일한 정도는 아니지만 거래 사회에서 통념적으로 유사하여 일반수요자가 혼동이나 오인을 발생시킬 정도로 비슷한 것을 말한다. 상품유사 여부의 판단기준에 대해 현행 상표법에는 정하고 있지 않으나, 상표법 시행규칙 제40조 제1항에서 상품을 구분하고 있으며, 상품류별은 산업통상자원부령에 의해 1류~34류로 되어 있다. 상표법 제38조 제2항에 따라 별도의 유사상품을 정한 때에는 그에 따른다. 별도의 유사상품 심사기준을 정하거나 이의결정을 정함에 있어서는 그 상품의 생산부문, 판매부문, 원료 및 품질, 용도 혹은 수요자의 범위 등의 일치여부와 완성품과 부품과의 관계유무와 거래사회의 실정을 고려하여 종합적으로 판단하여야 한다.

대법원 판례는 일관되게 "상품류 구분은 상표등록상의 편의상 구분한 것으로서 동종 상품을 법정한 것이 아니므로 상품류 구분 중 같은 류별에 속해 있다고 하여 동종·유사상품이라고 단정할 수는 없다"고 하여 사법적 구속력을 부인하고 있다.[12)]

예

- '고추'와 '고춧가루'는 유사한 상품이나, '고추'와 '고추장'은 비유사 상품
(특허법원 2006. 4. 26 선고 2005허9664 판결)
- '죽염성분 치약'과 '소금성분 치약'은 동일 범주에 속하는 상품
(대법원 2011. 7. 28. 선고 2010후3622 판결)

12) 대법원 1997.1.10. 선고, 96후924 판결 등.

제4절 상표권 및 상표권자의 보호

핵심내용

- 상표권 존속기간은 상표권 설정등록이 있는 날부터 10년으로 하며, 상표권 존속기간갱신등록신청에 따라 10년씩 갱신할 수 있으므로 반영구적으로 보호받을 수 있다.
- 상표권이 공유인 경우에는 공유상표권의 존속기간갱신등록신청의 요건을 완화하여 각 공유자가 단독으로 신청할 수 있다.
- 등록상표를 최근 3년 이상 국내에서 사용하고 있지 아니한 경우 누구든지 특허심판원에 상표 취소를 청구할 수 있다. 상표가 취소된 경우 상표가 취소된 날로부터 6개월간은 취소심판청구인만이 상표등록출원을 하여 소멸된 등록상표와 동일 또는 유사한 상표를 그 지정상품과 동일 또는 유사한 상품에 대하여 상표등록을 받을 수 있다.
- 등록상표의 상표권자는 지정된 상품에 대해 그 상표를 독점적으로 사용하고 이로부터 수익을 얻고 또 이를 처분할 수 있는 독점권과 타인이 등록상표와 동일한 상표 또는 유사한 상표를 사용하는 것을 금지시킬 수 있는 금지권을 행사할 수 있다.
- 상표권자는 제3자로부터 상표권을 침해당했을 경우 민사와 형사로 구제 받을 수 있다.

1. 상표권 발생부터 소멸까지

(1) 상표권 존속기간 및 갱신

상표권은 설정등록에 의하여 발생하고(상표법 제82조), 그 존속기간은 상표권의 설정등록이 있는 날부터 10년으로 한다(상표법 제83조 제1항). 그러나 상표권의 존속기간갱신등록신청에 따라 10년씩 갱신할 수 있어 상표권은 반영구적으로 보호받을 수 있다(상표법 제83조 제2항). 상표권 존속기간을 갱신하고자 할 경우에는 상표권 존속기간갱신등록신청서를 상표권 존속기간 만료 전 1년 이내에 제출하여야 한다. 다만, 이 기간에 상표권 존속기간갱신등록신청을 하지 아니한 자는 상표권 존속기간이 끝난 후 6개월 이내에 상표권 존속기간갱신등록신청을 할 수 있다.

종전에는 상표권이 공유인 경우에는 공유자 모두가 공동으로 존속기간갱신등록신청을 하도록 하였으나, 이제는 각 공유자가 단독으로 신청할 수 있도록 개정[13]하여 공유상표권의 존속기간갱신등록신청의 요건을 완화하였음.

상표는 기술의 독점과 달리 표지의 독점에 불과하여 특정인이 장기간 독점적으로 사용한다 해서 산업발전에 역행하는 것은 아니다. 따라서 상표를 사용하는 사용자의 업무상 신용을 축적하고, 이를 매개수단으로 거래활동을 하는 수요자의 이익을 보호하기 위해서라도 상표는 법적인 보호가 필요하다. 이러한 이유로 상표권은 반영구적인 효력을 갖는 것이다. 다만, 상표법이 처음부터 영구적인 권리를 부여하지 않고 갱신하도록 한 것은 불사용 상표를 정리한다든지 기타 시간 경과에 따른 사정변경을 고려할 필요가 있기 때문이다.

(2) 상표권 이전

상표권 이전이라 함은 상표권 내용의 동일성은 유지하면서 상표권 권리자만이 바뀌는 것을 의미한다. 상표권은 그 지정상품마다 분할하여 이전할 수 있으며, 이 경우 유사한 지정상품은 함께 이전하여야 한다(상표법 제93조 제1항). 상표권 이전에는 출처오인과 혼동 방지라는 상표법의 목적에 비추어 일정한 제한이 따른다. 즉, 업무표장권은 그 업무와 함께 양도하는 경우에만 양도할 수 있고(상표법 제93조 제4항), 단체표장권은 법인 합병의 경우에만 특허청장의 허가를 받아 이전할 수 있다. 증명표장권은 해당 증명표장에 대하여 등록받을 수 있는 자에게 그 업무와 함께 이전할 경우에만 특허청장의 허가를 받아 이전할 수 있다(상표법 제93조 제6항).

(3) 상표권 공유

상표권 공유라 함은 하나의 상표권을 2인 이상이 공동으로 소유하는 것을 의미한다.

---

13) 상표법 [시행 2019. 10. 24.] [법률 제16362호, 2019. 4. 23., 일부개정]

상표권이 공유인 경우에는 각 공유자는 다른 공유자 전원의 동의를 받지 아니하면 그 지분을 양도하거나 그 지분을 목적으로 하는 질권을 설정할 수 없다(상표법 제93조 제3항). 또한 각 공유자는 다른 공유자 전원의 동의를 받지 아니하면 그 상표권에 대하여 전용사용권 또는 통상사용권을 설정할 수 없다(상표법 제93조 제4항).

상표권이 공유인 경우에는 공유자 전원이 공동으로 상품분류전환등록을 신청하여야 한다(상표법 제209조 제4항). 공유인 상표권의 상표권자에 대하여 심판을 청구할 경우에는 공유자 모두를 피청구인으로 청구하여야 하며(상표법 제124조 제2항), 상표권 또는 상표등록을 받을 수 있는 권리의 공유자가 그 공유인 권리에 관하여 심판을 청구할 경우에는 공유자 모두가 공동으로 청구하여야 한다(상표법 제124조 제3항).

(4) 상표권 분할

상표권 분할이라 함은 2 이상의 상품을 지정상품으로 하는 하나의 상표권에 대해 지정상품별로 상표권을 분할하는 것이다. 상표권의 지정상품이 2 이상인 경우에는 그 상표권을 지정상품별로 분할할 수 있다(상표법 제94조 제1항). 또한 무효심판이 청구된 경우에는 심결이 확정되기까지는 상표권이 소멸된 후에도 할 수 있다(상표법 제94조 제2항). 상표권 분할은 다류 1출원 등록제도 하에서 상표가 등록된 이후라도 상표권을 분할하여 소유하는 것이 권리의 이용 면이나 관리 면에서 편리할 수 있기 때문에 채택된 제도이다.

(5) 상표권 포기

상표권 포기라 함은 상표권자가 자기의 상표권의 전부 또는 일부를 소멸시키는 행위이다. 상표권자는 상표권에 관하여 지정상품마다 이를 포기할 수 있고(상표법 제101조), 상표권 포기는 등록을 하여야 효력을 발생한다. 상표권자는 전용사용권자·통상사용권자 또는 질권자의 동의를 받지 아니하면 상표권을 포기할 수 없다(상표법 제102조). 또한 상표권·전용사용권·통상사용권 및 질권을 포기하였을 경우에는 상표권·전용사용권·통상사용권 및 질권은 그때부터 소멸된다(상표법 제103조).

종전에는 상표권의 포기에 의한 소멸의 경우 상표권이 소멸한 날부터 1년을 경과하지 아니한 타인의 등록상표(지리적 표시 등록단체표장을 제외)와 동일 또는 유사한 상표로서 그 지정상품과 동일 또는 유사한 상품에 사용하는 상표는 등록을 받을 수 없었지만, 2016년 2월 29일 상표법 전부개정을 통하여 상표권 소멸후 1년간 출원금지에 관한 규정을 삭제하였다.[14)]

---

14) 등록상표간에 권리이전이 허용되고, 2인 이상의 타인에게 사용권을 자유롭게 설정할 수 있으므로, 동 조항으로 출처의 혼동가능성을 방지하기가 어려움. 또한 소멸된 상표가 사용된 적이 없다면 권리회복의 기회를 부여할 필요가 없고, 사용된 것이라면 선사용권에 의한 보호가 가능하기 때문에 동 조항을 존치할 이유가 없어서 삭제함.

(6) 상표권 소멸

상표권 소멸이라 함은 설정등록에 의하여 발생한 상표권이 일정한 사실을 이유로 그 효력을 절대적으로 상실하는 것을 의미한다. 상표권은 존속기간의 갱신을 하지 않아 존속기간이 만료하면 소멸된다. 또한 스스로 상표권을 포기하는 경우, 상속인이 그 상표권의 이전등록을 하지 아니한 경우에도 소멸된다. 상표권자가 사망한 날부터 3년 이내에 상속인이 그 상표권의 이전등록을 하지 아니한 경우에는 상표권자가 사망한 날부터 3년이 되는 날의 다음 날에 상표권이 소멸된다(상표법 제106조).

(7) 상표의 불사용 취소

상표권자·전용사용권자 또는 통상사용권자 중 어느 누구도 정당한 이유 없이 등록상표를 그 지정상품에 대하여 취소심판청구일 전 계속하여 3년 이상 국내에서 사용하고 있지 아니한 경우에는(상표법 제119조 제1항 제3호) 누구든지 특허심판원에 상표 취소를 청구할 수 있다(상표법 제119조 제5항). 만일 상표등록을 취소한다는 심결이 확정되었을 경우에는 그 상표권은 심판청구일에 소멸하는 것으로 본다(상표법 제119조 제6항). 상표가 취소된 경우 상표가 취소된 날로부터 6개월간은 취소심판청구인만이 상표등록출원을 하여 소멸된 등록상표와 동일 또는 유사한 상표를 그 지정상품과 동일 또는 유사한 상품에 대하여 상표등록을 받을 수 있다. 이는 불필요하게 상표를 선점하여 사용하지 않으면서 타인조차도 그 상표를 사용하지 못하게 하는 폐단을 막기 위한 제도이다.

2. 상표권 효력 및 제한

(1) 상표 보호범위

등록상표의 보호범위는 상표등록출원서에 적은 상표 및 기재사항에 따라 정해진다(상표법 제91조 제1항). 등록상표란 상표등록출원서에 기재되어 상표등록을 받은 상표를 의미하며, 상표등록출원서의 보정이 있는 경우에는 보정된 출원서에 기재된 상표를 말한다. 지정상품의 보호범위는 상표등록출원서 또는 상품분류전환등록신청서에 기재된 상품에 따라 정해진다(상표법 제91조 제2항). 지정상품이란 지정상품구분 내의 상품세목 중 자기가 등록받고자 하는 상표를 사용할 상품으로 지정한 상품을 의미한다. 상표권 보호범위는 권리의 내용을 분명히 하고, 분쟁시 해결기준으로 삼기 위한 것이다.

(2) 상표권 효력

등록상표 상표권자는 지정된 상품에 대해 그 상표를 독점적으로 사용하고 이로부터 수익을 얻고 또 이를 처분할 수 있는 독점권(상표권의 적극적 효력)과 타인이 등록상표와 동일한 상표 또는 유사한 상표를 사용하는 것을 금지시킬 수 있는 금지권(상표권의 소극적 효력)을 행사할 수 있다. 상표권자 또는 전용사용권자는 자기의 권리를 침해한 자 또는 침해할 우려가 있는 자에 대하여 그 침해의 금지 또는 예방을 청구할 수 있다.

(3) 상표권 효력 제한

1) 적극적 효력 제한

전용사용권이 설정되면 상표권자는 그 설정행위로 정한 범위 안에서 전용권을 상실한다. 또한 상표권자·사용권자는 등록상표를 사용할 경우에 상표등록출원일 전에 출원된 타인의 특허권·실용신안권·디자인권 또는 상표등록출원일 전에 발생한 타인 저작권과 저촉되는 경우에는 지정상품 중 저촉되는 지정상품에 대한 상표 사용은 특허권자·실용신안권자·디자인권자 또는 저작권자의 동의 없이는 사용할 수 없다. 이는 권리 간 경합하여 저촉이 발생할 경우 선출원우위의 원칙에 의해 이를 사후적으로 조정하기 위함이다.

2) 소극적 효력 제한

상표법은 공익적 견지 및 상표법의 목적에 비추어 특정인에게 상표권으로 독점시키기에 적합하지 아니한 상표이거나 기타 상표권의 효력범위 밖에 두는 것이 적당한 상표에 대하여 규정하고 있다. 또한 상표권의 효력이 미치지 아니하는 범위에 속하는 경우뿐만 아니라 상표권의 행사가 권리남용 또는 부정경쟁에 해당하는 경우, 진정상품을 병행수입하는 경우 상표권이 소극적으로 제한된다.

(4) 상표권 효력이 미치지 아니하는 범위

자기의 성명·명칭 등과 상품의 보통명칭·산지나 품질 등을 표시하는 기술적 표장을 보통으로 사용하는 방법으로 표시하는 상표 및 관용상표 등에 대해서는 상표권의 배타적인 효력이 미치지 않는 것으로 규정하고 있다.

가) 자기의 성명·명칭 또는 상호·초상·서명·인장 또는 저명한 아호·예명·필명과 이들의 저명한 약칭을 상거래 관행에 따라 사용하는 상표(상표법 제90조 제1항 제1호). 다만, 상표권의 설정등록이 있은 후에 부정경쟁의 목적으로 그 상표를 사용하는 경우에는 그러하지 아니하다.

나) 등록상표의 지정상품과 동일·유사한 상품의 보통명칭·산지·품질·원재료·효능·용도·수량·형상·가격 또는 생산방법·가공방법·사용방법 및 시기를 보통으로 사용하는 방법으로 표시하는 상표(상표법 제90조 제1항 제2호).

다) 입체적 형상으로 된 등록상표의 경우에는 그 입체적 형상이 누구의 업무에 관련된

상품을 표시하는 것인지 식별할 수 없는 경우에 등록상표의 지정상품과 동일·유사한 상품에 사용하는 등록상표의 입체적 형상과 동일·유사한 형상으로 된 상표(상표법 제90조 제1항 제3호).

라) 등록상표의 지정상품과 동일·유사한 상품에 대하여 관용하는 상표와 현저한 지리적 명칭 및 그 약어 또는 지도로 된 상표(상표법 제90조 제1항 제4호).

마) 등록상표 지정상품 또는 그 지정상품 포장의 기능을 확보하는데 불가결한 형상, 색채, 색채의 조합, 소리 또는 냄새로 된 상표(상표법 제90조 제1항 제5호).

바) 상표보다 선출원된 타인의 특허권·실용신안권·디자인권·저작권에 저촉되는 상표(상표법 제92조 제1항).

사) 상표권의 행사가 권리남용·부정경쟁에 해당하는 경우(상표법 제92조 제2항).

3. 상표 사용권 제도

상표권자는 설정등록된 상표를 자기 자신이 직접 사용할 수도 있고, 타인에게 설정등록된 상표의 사용을 허락할 수 있다. 즉, 상표사용권이란 상표권자 외 제3자가 설정행위로 정한 범위 내에서 당해 등록상표를 사용할 수 있는 권리를 말한다.[15] 이러한 사용권은 상표권을 전제로 하여 성립하며, 상표권이 소멸하면 함께 소멸한다. 상표법상 사용권에는 전용사용권과 통상사용권이 있다.

(1) 전용사용권

상표권자는 그 상표권에 관하여 타인에게 전용사용권을 설정할 수 있다(상표법 제95조). 전용사용권자는 설정된 범위 내에서 지정상품에 관하여 등록상표를 사용할 권리를 독점한다. 따라서 전용사용권자는 상표권자와 마찬가지로 타인의 권리 침해에 대해 금지 또는 예방을 청구할 수 있다. 또한 상표권자의 동의를 얻어 그 전용사용권을 타인에게 이전하거나 통상사용권을 설정할 수 있다. 전용사용권이란 사용권자가 등록상표를 지정상품에 대하여 설정행위로 정한 범위 내에서 독점적으로 사용할 수 있는 권리를 말하며, 전용사용권이 설정된 경우에는 특약이 없는 한 상표권자도 당해 상표를 사용할 수 없다. 상표권자와는 달리 전용사용권자는 그 상품에 자기 성명 또는 명칭을 표시하여야 한다. 또한 전용사용권자는 전용사용권의 이전 시 상속 기타 일반승계의 경우를 제외하고는 상표권자의 동의를 얻어야 한다. 단, 업무표장권·단체표장권 또는 증명표장권에 관하여는 전용사용권을 설정할 수 없다. 한·미 FTA 발효에 따라 전용사용권

15) 특허법의 실시권과 동일한 기능을 하는 권리로 상표법에서는 이를 '라이선스'라고도 한다

의 설정 및 이전 등은 특허청에 등록을 해야만 했던 기존의 규정을 폐지하고 설정계약으로만 권리 발생의 효력을 인정하고 있다. 다만 전용사용권 설정 및 이전 등은 이를 등록해야만 제3자에게 대항할 수 있다.

(2) 통상사용권

상표권자 또는 전용사용권자는 그 상표권에 관하여 타인에게 통상사용권을 설정할 수 있다(상표법 제97조). 통상사용권자는 설정 범위 내에서 지정상품에 관하여 등록상표를 사용할 권리를 가진다. 통상사용권자는 통상사용권의 이전 시 상속 기타 일반승계의 경우를 제외하고는 상표권자(전용사용권에 관한 통상사용권에 있어서는 상표권자 및 전용사용권자)의 동의를 얻어야 한다. 통상사용권은 상표권자와의 통상사용권 계약만으로 효력이 발생하므로 등록할 필요는 없으나, 등록하지 않은 경우에는 상표권자 외의 제3자에게 통상사용권 존재를 주장할 수 없다. 따라서 통상사용권자가 상표권의 이전과 무관하게 해당 등록상표를 안정적으로 사용하기 위해서는 통상사용권을 특허청에 등록하여야 한다. 또한 통상사용권자도 전용사용권자와 마찬가지로 등록상표를 사용하는 상품에 자기의 성명 또는 명칭을 표시하여야 한다. 한편 통상사용권은 비독점적 사용권이므로 제3자의 무단 사용에 대하여 어떠한 조치를 취할 수는 없다.

4. 선사용에 따른 상표사용권

타인의 등록상표와 동일하거나 유사한 상표를 그 지정상품과 동일하거나 유사한 상품에 사용하는 자로서 인정요건을 모두 갖춘 자(선사용자)가 해당 상표를 그 사용하는 상품에 대하여 계속하여 사용할 권리를 밀한다(상표법 제99조). 선출원주의와 등록주의 제도를 엄격하게 운영함에 따라 상표 브로커 등에 의해 상표제도를 악용하는 현상에 대해 적극적으로 대처하고, 상표권자와 상표 선사용자 사이의 균형적인 권익보호를 도모하기 위한 조항이다.

(1) 인정요건

가) 부정경쟁의 목적이 아닐 것

선사용권자가 상표권자의 축적된 신용에 편승하거나 부당한 이익을 얻으려 하는 등의 부정경쟁 목적으로 당해 상표를 사용하는 경우에는 사용권이 인정되지 않는다.

나) 타인의 상표등록출원 전부터 국내에서 계속하여 사용하고 있을 것.

타인 상표등록출원 전부터 계속하여 국내에서 사용하고 있어야 하므로 상표등록출원 후에 비로소 사용을 개시하거나 외국에서 사용한 경우에는 선사용권이 인정되지 않는다.

다) 상표를 사용한 결과 타인 상표등록출원시에 국내 수요자 간에 그 상표가 특정인의 상품을 표시하는 것이라고 인식되어 있을 것.

타인이 상표등록출원을 하기 전 단순히 먼저 사용하고 있었다는 사정만으로는 선사용권이 인정될 수 없고, 타인이 상표를 출원하기 전에 거래자와 수요자 사이에 이미 유명상표가 될 정도로 신용이 획득되어야 한다.

라) 선사용권은 상표법상의 법정통상사용권이므로 상표권자의 의사와는 관계없이 선사용권의 요건을 갖춘 자는 선사용권에 따라 해당상표를 사용할 수 있다. 하지만 상표권자나 전용사용권자는 선사용자에게 자기의 상품과 선사용자 상품 간의 출처의 오인이나 혼동을 방지할 수 있는 적당한 표시를 할 것을 청구할 수 있다.

5. 상표권자 보호

상표권은 객체의 점유가 불가능하고 침해가 용이한 반면 침해의 발견이 곤란하다. 상표권 침해가 발생한 경우 상표권자의 영업상 신용과 상품유통질서를 문란하게 하여 결국에는 수요자 이익을 해치므로, 상표법은 등록상표의 동일영역 및 유사영역에 속하는 행위뿐만 아니라 나아가 일정한 예비적 행위도 상표권의 침해로 간주하여 상표권을 보호한다.

(1) 침해로 보는 행위

1) 통상의 상표 경우

- 타인의 등록상표와 동일한 상표를 그 지정상품과 유사한 상품에 사용하거나 타인의 등록상표와 유사한 상표를 그 지정상품과 동일 또는 유사한 상품에 사용하는 행위
- 타인 등록상표와 동일 또는 유사한 상표를 그 지정상품과 동일 또는 유사한 상품에 사용하거나 사용하게 할 목적으로 교부·판매·위조·모조 또는 소지하는 행위
- 타인 등록상표를 위조 또는 모조하거나 위조 또는 모조하게 할 목적으로 그 용구를 제작·교부·판매 또는 소지하는 행위
- 타인 등록상표 또는 이와 유사한 상표가 표시된 지정상품과 동일 또는 유사한 상품을 양도 또는 인도하기 위하여 소지하는 행위

2) 지리적표시 단체표장권의 경우

- 타인 지리적표시 등록단체표장과 유사한 상표를 그 지정상품과 동일하거나 동일하다고 인식되어 있는 상품에 사용하는 행위
- 타인 지리적 표시 등록단체표장과 동일 또는 유사한 상표를 그 지정상품과 동일

하거나 동일하다고 인식되어 있는 상품에 사용하거나 사용하게 할 목적으로 교부·판매·위조·모조 또는 소지하는 행위

- 타인 지리적표시 등록단체표장을 위조 또는 모조하거나 위조 또는 모조하게 할 목적으로 그 용구를 제작·교부·판매 또는 소지하는 행위
- 타인 지리적표시 등록단체표장과 동일 또는 유사한 상표가 표시된 지정상품과 동일하거나 동일하다고 인식되어 있는 상품을 양도 또는 인도하기 위하여 소지하는 행위.

단, 동음이의어 지리적 표시에 대하여는 예외를 인정하고 있다.

(2) 상표권 침해에 대한 구제

상표권자는 제3자로부터 상표권을 침해당했을 경우 민사와 형사로 구제 받을 수 있다.

1) 민사적 구제

민사적 구제로는 침해금지 등의 청구(상표법 제107조), 손해배상의 청구(상표법 제109조), 한·미 FTA에 의해 2012년 신설된 법정손해배상의 청구(상표법 제111조), 신용회복조치의 청구(상표법 제113조)가 있다.

2) 형사적 구제

가) 상표법상 벌칙

	내 용	징역	개인	법인	비 고
침해죄	상표권 및 전용사용권의 침해행위를 한 자(상표법 제230조)	7년 이하	1억원 이하	3억원 이하	몰수
위증죄	이 법의 규정에 의하여 선서한 증인. 감정인 또는 통역인이 특허심판원에 대하여 허위 진술·감정인 또는 통역을 한 때(상표법 제232조)	5년 이하	5천만원 이하		사건의 상표 등록여부결정 또는 심결의 확정전 자수시 감경 또는 면제
거짓표시의 죄	상표법 제224조(거짓표시의 금지)규정을 위반한 자(상표법 제233조)	3년 이하	3천만원 이하	6천만원 이하	
거짓행위의죄	거짓이나 그 밖의 부정한 행위를 하여 상표등록, 지정상품의 추가등록, 존속기간갱신등록, 상품분류전환등록 또는 심결을 받은 자(상표법 제234조)	3년 이하	3천만원 이하	6천만원 이하	
비밀유지 명령위반죄	국내외에서 정당한 사유 없이 비밀유지명령을 위반한 자(상표법 제231조)	5년 이하	5천만원 이하		친고죄

나) 비밀유지명령제도

상표권 또는 전용사용권의 침해소송에서 소명사유를 모두 갖춘 경우 당사자의 신청에 따라 그 당사자가 보유한 영업비밀에 대하여 법원이 공개하지 아니할 것을 명하는 제도이다. 소송절차에서 알려지게 될 영업비밀을 보호함에 따라 기업의 경영활동 위축을 막고, 서류제출 거부를 남용하는 사례가 대폭 감소하여 손해 입증이 용이해지고, 심리의 충실을 도모할 수 있도록 한·미 FTA 협정문을 반영하여 2012년 신설되었다 (상표법 제227조).

6. 상표권자 의무

상표권자는 아무런 사용실적이 없이도 상표법상 등록이라는 행정처분에 의하여 독점 배타권적인 상표권을 취득할 수 있고 상표권은 높은 재산적 가치를 지니므로 부정한 목적으로 상표등록 또는 상표권의 부정한 이용이나 남용의 가능성이 높다. 따라서 상표법은 상표권자에게 상표가 본래적 기능을 발휘하도록 상표사용의무, 정당사용의무, 감독의무, 등록료 납부의무, 공시의무를 부여하며 이를 위반할 경우 상표권 취소 등의 제재조치를 받는다. 또한 규정에 따르면 상표권자와 전용사용권자 또는 통상사용권자는 상표등록의 취소심판에 대한 조문의 각 호에 해당하는 경우를 위반하지 않아야 하는 의무가 있다고 할 수 있다.

(1) 상표사용의무

상표권자·전용사용권자 또는 통상사용권자중 어느 누구도 정당한 이유 없이 등록상표를 그 지정상품에 대하여 취소심판청구일 전 계속하여 3년 이상 국내에서 사용하고 있지 않은 경우 상표등록 취소사유에 해당한다. 이 규정은 등록주의의 채택 결과로 생긴 공권에 의한 폐해를 방지하고 타인의 상표선택 기회를 확대하자는 취지이다.

(2) 정당사용의무

상표권자가 고의로 지정상품에 등록상표와 유사한 상표를 사용하거나 지정상품과 유사한 상품에 등록상표 또는 이와 유사한 상표를 사용함으로써 수요자로 하여금 상품의 품질의 오인 또는 타인 업무에 관련된 상품과 혼동을 생기게 한 경우, 그리고 상표권 이전으로 인하여 유사한 등록상표가 각각 다른 상표권자에게 속하게 되고 그 중 1인이 자기의 등록상표 지정상품과 동일 또는 유사한 상품에 부정경쟁을 목적으로 자기 등록상표를 사용함으로써 수요자로 하여금 상품의 품질 오인 또는 타인 업무에 관련된 상품과의 혼동을 생기게 한 경우에는 상표등록 취소사유에 해당한다. 이

규정의 취지는 상표권자의 부정사용을 금지하여 상품거래의 안전을 도모하고 부정경쟁을 방지하여 거래자와 수요자 이익을 보호하고 다른 상표 사용자 업무상 신용과 권익을 보호하기 위함이다.

(3) 감독의무

전용사용권자 또는 통상사용권자가 지정상품 또는 이와 유사한 상품에 등록상표 또는 이와 유사한 상표를 사용함으로써 수요자로 하여금 상품의 품질 오인 또는 타인 업무에 관련된 상품과 혼동을 생기게 한 경우 상표등록 취소사유에 해당한다. 다만, 상표권자가 상당한 주의를 한 경우에는 그러하지 아니하다. 이 규정은 상표권자의 사용권자에 대한 감독의무를 명시함으로써 사용권제도의 남용으로부터 발생될 수 있는 거래질서 교란과 일반수요자의 피해방지를 위하자는 취지가 있다.

(4) 권리남용 금지의무

타인 미등록 유명 상표에 편승하고자 상표권을 형식상 취득한 후 오로지 정당한 사용자의 영업을 방해할 목적으로 정당한 사용자에게 권리행사를 하는 경우에는 상표권 권리남용에 해당된다.

제5절 심판 및 소송

핵심내용

- 상표법에 규정된 상표심판에는 거절결정에 대한 심판, 보정각하결정에 대한 심판, 상표등록 무효심판, 권리범위 확인심판, 지정상품 추가등록 무효심판, 상표권 존속기간갱신등록 무효심판, 상품분류전환등록 무효심판, 상표등록 취소심판이 있다.

- 과오로 등록된 상표권이나 취소사유가 있는 상표권이라고 하더라도 일정기간 무효심판이나 취소심판이 청구되지 않고 평온하게 경과한 후에는 기존의 법률관계를 존중하고 법적 안정성을 확보하는 것이 바람직하기 때문에 법으로 제척기간을 두고 있다.

- 특허청 또는 특허심판원에서 절차를 밟는 당사자는 특허청장, 심사관 또는 심판의 합의체가 행한 처분에 대하여 법원에 소송을 제기함으로써 심결취소소송을 청구할 수 있다.

1. 심판 의의

심판이란 이미 설정등록 되어있는 상표권을 둘러싼 분쟁이나 상표등록출원에 대한 거절결정과 같은 심사관의 처분에 대하여 불복이 있을 경우 특허심판원에서 분쟁해결 절차로써 행하는 행정심판의 일종이다. 상표법에 규정된 상표심판에는 거절결정에 대한 심판, 보정각하결정에 대한 심판, 상표등록 무효심판, 권리범위 확인심판, 지정상품 추가등록 무효심판, 상표권의 존속기간갱신등록 무효심판, 상품분류전환등록 무효심판, 상표등록 취소심판이 있다. 심판제도 목적은 상표등록출원에 대한 심사관의 최종처분인 등록결정 또는 거절결정에 하자가 있는 경우 국가의 산업발전과 아울러 일반수요자의 이익을 보호해야 하는 상표제도의 목적에도 반하므로 이를 시정할 수 있는 기회를 부여하는데 있다.

2. 심판 종류

(1) 거절결정불복심판 및 보정각하결정불복심판

결정계 심판은 특허청 심사관의 처분에 불복하는 심판으로 주로 상표등록출원 거절결정에 대하여 출원인이 특허청의 처분에 불복하는 행정쟁송이다. 결정계 심판은 피청구인이 없고 단지 청구인만 존재한다.

상표등록거절결정, 지정상품의 추가등록거절결정 및 상품분류전환등록거절결정 중 어느 하나에 해당하는 결정을 받은 자가 불복할 때에는 거절결정등본을 송달받은 날부터 30일 이내에 심판을 청구할 수 있다. 보정각하결정을 받은 자가 그 결정에 불복이 있는 때에는 그 결정등본을 송달받은 날부터 30일 이내에 심판을 청구할 수 있다(상표법 제116조).

(2) 무효심판

무효심판이란 상표등록·지정상품추가등록·상표권존속기간갱신등록·상품분류전환등록이 무효사유에 해당함을 이유로, 일단 유효하게 발생한 등록 효력을 처음부터 또는 일정한 때로부터 소급하여 소멸시키는 행정처분이다. 이는 장래를 향해 소멸하는 취소심판과 구별된다. 무효심판 취지는 등록의 완전성·공정성을 사후적으로 보장하고, 착오 등록된 하자있는 권리를 정리하기 위함이다.

1) 상표등록 무효심판(상표법 제117조)

이해관계인 또는 심사관은 상표등록의 요건에 위배되어 등록된 상표에 대하여 무효

CHAPTER 5

심판을 청구할 수 있다. 이 경우 등록상표의 지정상품이 2 이상 있는 경우에는 지정상품마다 청구할 수 있다. 무효심판은 상표권이 소멸된 후에도 이를 청구할 수 있다. 상표등록을 무효로 한다는 심결이 확정된 때에는 그 상표권은 처음부터 없었던 것으로 본다.

2) 상표권 존속기간갱신등록 무효심판(상표법 제118조)

이해관계인 또는 심사관은 상표권 존속기간갱신등록신청 규정에 위반된 경우 또는 해당 상표권자가 아닌 자가 상표권 존속기간갱신등록신청을 한 경우에는 무효심판을 청구할 수 있다. 이 경우 갱신등록된 등록상표의 지정상품이 2 이상 있는 경우에는 지정상품마다 청구할 수 있다. 상표권 존속기간갱신등록을 무효로 한다는 심결이 확정된 때에는 상표권 존속기간갱신등록은 처음부터 없었던 것으로 본다.

(3) 상표등록 취소심판(상표법 제119조)

상표등록 취소심판이란 유효하게 상표등록이 된 후에 취소의 사유에 해당됨을 이유로 그 등록의 효력을 장래에 향하여 소멸시키는 심판이다. 이 제도의 취지는 상표등록의 취소심판은 등록상표가 등록 후 정당한 이유 없이 사용되지 아니할 경우에는 상표의 본래적 기능을 수행하지 못할 뿐만 아니라 제3자의 상표선택 자유를 부당하게 제한하는 한편 시장진입을 어렵게 만들어 산업발전에도 아무런 도움이 되지 않으며 출원건수의 급증, 상표등록원부에 수많은 공권 설정에 의한 폐단이 초래되기 때문에 이러한 폐해를 해소하려는 것이다.

취소사유로는 상표권자의 부정사용으로 인한 상표등록의 취소, 등록상표 불사용으로 인한 상표등록의 취소, 상표권 이전에 관한 요건을 위반한 경우, 단체표장 사용과 관련된 고유의 취소사유, 단체표장 설정등록 후 정관을 변경하여 수요자로 하여금 상품의 품질에 오인·혼동이 발생하게 된 경우, 사용권자 오인·혼동행위로 인한 상표등록의 취소, 유사상표 이전의 결과 오인·혼동을 초래하는 경우의 상표등록 취소, 증명표장의 취소 등이 있다.

취소심판은 누구든지 청구할 수 있으나 상표권 이전 및 공유에 관한 요건을 위반한 경우와 타인의 디자인권 등과의 관계에 해당하는 상표가 등록된 경우에 그 상표에 관한 권리를 가진 자가 해당 상표등록일부터 5년 이내에 취소심판을 청구한 경우에는 이해관계인만이 취소심판을 청구할 수 있다. 상표등록을 취소한다는 심결이 확정된 때에는 그 상표권은 그때부터 소멸된다.

(4) 전용사용권 또는 통상사용권 등록의 취소심판(상표법 제120조)

사용권자가 정당사용의무를 위반한 경우에 사용권설정등록을 취소하도록 하여 거래질서의 교란 및 수요자의 피해를 방지하기 위한 것이 이 제도의 취지이다. 전용사용권자 또는 통상사용권자가 지정상품 또는 이와 유사한 상품에 등록상표 또는 이와 유사한 상표를 사용함으로써 수요자에게 상품의 품질을 오인하게 하거나 타인의 업무와 관련된 상품과의 혼동을 불러일으키게 한 경우에는 그 전용사용권 또는 통상사용권 등록의 취소심판을 청구할 수 있다. 전용사용권 또는 통상사용권 등록의 취소심판을 청구한 후 그 심판청구사유에 해당하는 사실이 없어진 경우에도 취소 사유에 영향이 미치지 아니한다. 전용사용권 또는 통상사용권의 취소심판은 누구든지 이를 청구할 수 있다. 등록을 취소한다는 심결이 확정되면 그 전용사용권 또는 통상사용권은 그때부터 소멸된다. 심판장은 심판이 청구되었을 경우에는 그 취지를 해당 전용사용권의 통상사용권자와 그 밖에 전용사용권에 관하여 등록을 한 권리자 또는 해당 통상사용권에 관하여 등록을 한 권리자에게 알려야 한다.

(5) 권리범위 확인심판(상표법 제121조)

권리범위 확인심판이란 등록된 상표권을 중심으로 어느 특정상표(확인대상 표장)가 당해 상표권의 권리범위에 속하는지 여부를 공적으로 확인하는 심판을 말한다. 이 제도는 상표권이 미치는 효력범위를 상표권 설정에 관여한 특허청으로 하여금 확인하도록 하여 분쟁의 조기해결을 도모하고 침해시 신속한 구제를 도모하도록 하기 위함이다. 상표권자·전용사용권자 또는 이해관계인은 등록상표의 권리범위를 확인하기 위하여 상표권 권리범위 확인심판을 청구할 수 있다.

3. 제척기간

제척기간을 제정한 이유는 과오로 등록된 상표권이나 취소사유가 있는 상표권이라고 하더라도 일정기간 무효심판이나 취소심판이 청구되지 않고 평온하게 경과한 후에는 기존의 법률관계를 존중하고 법적 안정성을 확보하는 것이 바람직하기 때문이다.

(1) 무효심판 제척기간(상표법 제122조 제1항)

상표등록 무효심판, 상표권 존속기간갱신등록의 무효심판 및 상품분류전환등록 무효심판은 상표등록일, 상표권의 존속기간갱신등록일 및 상품분류전환등록일부터 5년이 경과한 후에는 이를 청구할 수 없다.

(2) 취소심판 제척기간(상표법 제122조 제2항)

상표등록 취소심판 및 전용사용권 또는 통상사용권 등록 취소심판은 취소사유에 해당하는 사실이 없어진 날부터 3년이 지난 후에는 이를 청구할 수 없다.

4. 재심

특허심판원의 심결에 대해 문서나 물건이 위조되거나 변조된 것인 때, 심결절차 등이 법률에 위배된 때, 심결에 영향을 미칠 중요한 사항에 관하여 판단을 누락한 때 등에 해당하는 경우에는 확정된 심결에 대하여 재심을 청구할 수 있다(상표법 제157조). 당사자는 심결 확정 후 재심 사유를 안 날부터 30일 이내에 재심을 청구하여야 한다. 심결 확정 후 3년이 지나면 재심을 청구할 수 없다(상표법 제159조).

5. 심결취소소송

특허청 또는 특허심판원에서 절차를 밟는 당사자는 특허청장, 심사관 또는 심판 합의체가 행한 처분에 대하여 법원에 소송을 제기함으로써 불복을 청구할 수 있다. 심결취소소송은 특허심판원 심결 등에 대하여 불복하고자 하는 자가 특허법원에 제기하는 소송을 말한다. 심결에 대한 소, 심판에서 내린 보정각하결정 및 심판청구서나 재심청구서의 각하결정에 대한 소는 특허법원 전속관할로 한다.

(1) 심결 등에 대한 소(상표법 제162조)

심결 등에 따른 소는 당사자, 참가인 또는 해당 심판이나 재심에 참가신청을 하였으나 그 신청이 거부된 자만 제기할 수 있고, 심결 또는 결정의 등본을 송달받은 날부터 30일 이내에 제기하여야 한다. 소 제기 기간은 불변이다. 그러나 심판장은 주소 또는 거소가 멀리 떨어진 곳에 있거나 교통이 불편한 지역에 있는 자를 위하여 직권으로 부가기간을 정할 수 있다. 심판을 청구할 수 있는 사항에 관해 소는 심결에 대한 것이 아니면 제기할 수 없다. 특허법원의 판결에 대하여는 대법원에 상고할 수 있다.

(2) 피고적격(상표법 제163조)

소 제기는 특허청장을 피고로 하여야 한다. 다만 상표등록 무효심판, 상표권 존속기간 갱신등록의 무효심판, 상품분류전환등록 무효심판, 상표등록 취소심판, 전용사용권 또는 통상사용권 등록의 취소심판, 권리범위 확인심판 또는 그 재심의 심결에 대한 소 제기는 그 청구인 또는 피청구인을 피고로 하여야 한다.

(3) 소 제기 통지·재판서 정본 송부(상표법 제164조)

법원은 소 제기 또는 상고가 있는 때에는 지체 없이 그 취지를 특허심판원장에게 통지하여야 한다. 법원은 소에 관하여 소송절차가 완결된 때에는 지체 없이 그 사건에 대한 각 심급의 재판서 정본을 특허심판원장에게 송부하여야 한다.

(4) 심결 또는 결정의 취소(상표법 제165조)

법원은 소가 제기된 경우에 그 청구가 이유 있다고 인정한 때에는 판결로써 해당 심결 또는 결정을 취소하여야 한다. 심판관은 심결 또는 결정의 취소판결이 확정된 때에는 다시 심리를 하여 심결 또는 결정을 하여야 한다. 특허법원의 판결에 있어서 취소의 기본이 된 이유는 그 사건에 대하여 특허심판원을 기속한다.

제6절 상표의 국제출원

핵심내용

- 해외에 상표를 출원하는 방법으로는 파리루트에 의한 상표출원과 마드리드 시스템에 의한 방법이 있다.
- 마드리드 시스템에 의한 해외 상표등록출원은 다국가 1출원 시스템, 간단한 해외 상표출원절차, 현지대리인 비용 절감, 상표권 관리의 편리성, 상표권리취득 여부 파악 용이, 지정국의 추가 가능 등의 특징이 있다.

오늘날 국가 간 무역거래가 활발하고 한 나라에서 생산되는 상품이 세계 각지에서 거래됨에 따라 해외에서 부정경쟁행위 등으로부터의 피해를 방지하기 위해서는 상품표지를 보호하는 상표권을 국제적 차원에서 규제할 필요가 있다.

파리협약은 자국의 산업발전을 위한 속지주의를 근본적인 원칙으로 하면서 상표권을 비롯한 산업재산권을 국제적으로 보호하기 위한 것이다. 파리협약은 내국인평등 원칙, 우선권제도, 속지주의(상표독립의 원칙) 등의 3대 원칙이 있다. 따라서 파리협약의 속지주의 원칙에 따라 국내에서 출원 또는 등록한 상표를 해외에서 보호받고자 하는 경우에는 해당국가의 특허청에 상표등록출원을 하여 상표등록을 받아야 한다.

해외에 상표등록출원하는 방법을 크게 구분하면 다음과 같다.

첫째, 상표를 보호받기 원하는 개별국가에 직접 출원하는 방법이다. 통상 파리협약에 의한 우선권을 주장하여 출원하므로, 이를 '파리루트에 의한 상표출원'이라고도 하며, 해당 국가의 법과 절차를 따라야 한다.

둘째, 독자적인 상표청이 없고, 다수국간의 조약에 의하여 공동으로 하나의 상표청 또는 지식재산권기구를 가지고 있는 경우, 이를 통해 상표를 출원하는 방법이 있다. 베네룩스 상표청과 아프리카지식재산권기구(OAPI)에 대한 출원이 이에 해당한다.

셋째, 개별국가가 독자적인 상표청 및 상표제도를 가지고 있으면서 동시에 일정지역에 걸친 별도의 기구 및 상표제도를 가지고 있는 경우, 이를 활용하는 방법이 있다. 유럽상표청 및 아프리카지역산업재산권기구(ARIPO)에 대한 출원이 이에 해당한다.

넷째, 마드리드 협정과 마드리드 의정서를 포함하는 마드리드 시스템을 이용하는 방법이 있다.

상표를 보호받기 원하는 국가에 따라서 이용할 수 있는 해외상표출원시스템이 다르기 때문에 대상국에 따른 가능한 해외상표출원시스템이 무엇인지 알아보고, 그 중에서 어떤 시스템이 출원인의 목적에 부합하는지를 고려해야 한다.

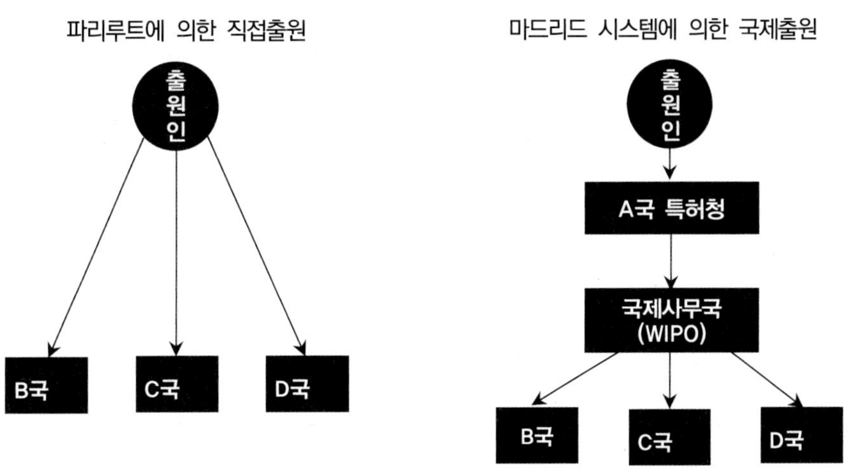

그림 5-17. 파리루트에 의한 상표출원과 마드리드 시스템에 의한 국제출원 절차

1. 파리루트에 의한 상표출원

파리협약에 의한 절차를 선택하는 경우, 출원인은 우리나라에 상표등록출원을 하고 6개월 이내에 우리나라 출원을 기초로 우선권을 주장하면서 외국에 출원하는 경우 출원일 선후원판단과 관련하여 6개월 이내의 기간이 소급되는 이익을 취할 수 있다. 따라서 국내 상표등록출원 후 6개월이 지난 후에도 외국에 출원할 수 있지만 우선권을 주장할 수 없게 되므로 외국에 상표등록을 하고자 하는 경우에는 반드시 국내출원 후 6개월 이내에 하여야 함을 유념해야 한다.

파리협약을 통한 국제출원은 출원인이 출원하고자 하는 각국에 그 나라의 고유언어로 출원서를 작성해야 하며, 각국 대리인에 의하여 각국의 고유화폐로 수수료를 납부해야 하고, 각국별 절차에 의해 진행(1국가 1출원시스템)된다는 점에서 비용과 시간이 많이 소요되는 단점이 있다.

2. 마드리드 시스템에 의한 국제출원

파리협약에 의한 통상의 상표출원 절차에 따라 상표 등록을 받는 경우 각국 언어에 따라 해당 국 특허청이 요구하는 절차에 맞춰 각각 상표 출원을 해야 하는 부담이 따른다. 이에 비해 마드리드 시스템(마드리드 협정과 마드리드 의정서)을 이용하는 경우 상표 등록을 원하는 여러 국가에서 하나의 절차(다국가 1출원시스템)를 통해 한 번에 권리를 확보할 수 있게 되어 상표 출원인의 편의를 증진시킬 수 있다.

단, 국내에 아무런 등록상표나 출원상표가 없는 경우에는 마드리드 의정서를 통한 국제출원을 할 수 없기 때문에 반드시 국내에 기초가 되는 등록상표 또는 출원상표가 있어야 한다. 마드리드 시스템의 특징 및 장점은 다음과 같다.

(1) 다국가 1출원 시스템

마드리드 의정서 시스템은 1개의 언어로 작성된 1의 국제출원을 1의 본국관청에 제출하고 1의 수수료를 납부함으로써 1의 번호로 된 국제등록을 획득하고 다수의 국가에서 보호를 받으며, 1의 갱신절차에 의하여 갱신을 한다.

(2) 간단한 해외 상표출원절차

마드리드 시스템을 이용하면 출원인은 국적국 또는 거주지국에 '영어, 불어 또는 스페인어' 중 그 국가에서 정하는 언어(우리나라는 영어)로 작성된 하나의 국제출원서에 상표를 등록받고자 하는 국가를 지정하여 본국관청에 제출함으로써 다수의 국가에 동일한 날짜에 출원한 경우와 같은 효과를 얻을 수 있다.

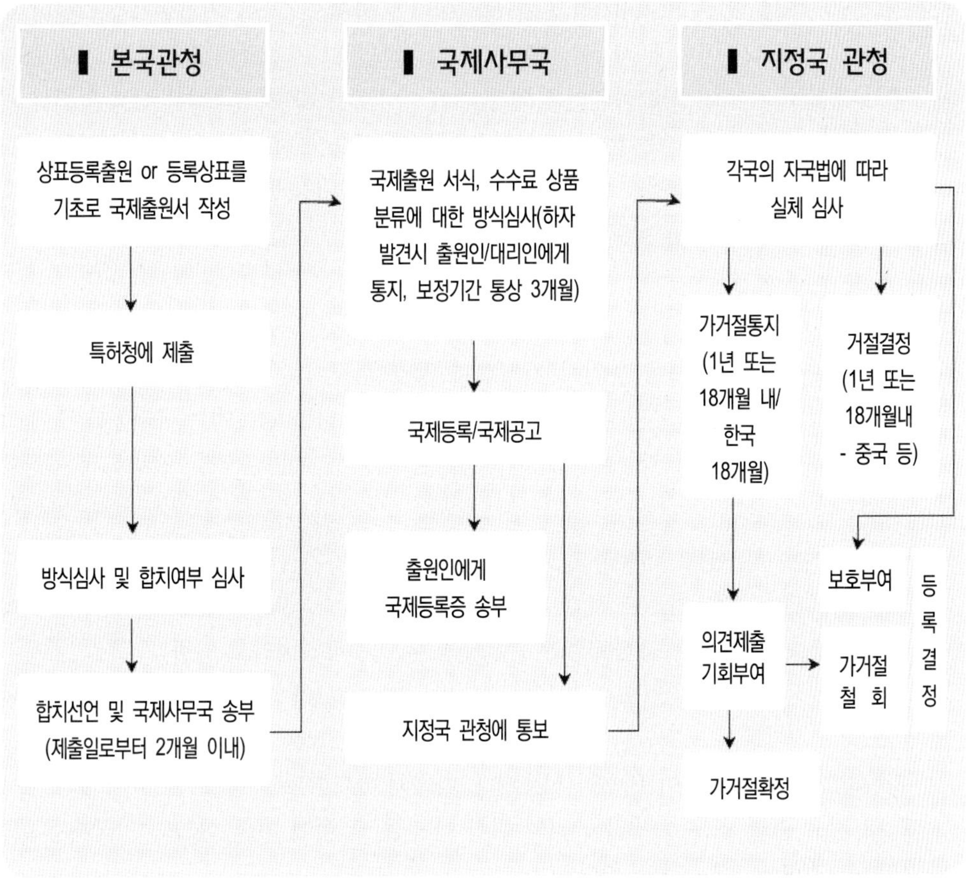

〈출처: www.kipo.or.kr〉

그림 5-18. 마드리드 국제출원 흐름도

(3) 현지대리인 비용 절감

각국별로 직접 출원하는 경우에는 각국 현지대리인의 보수와 번역 등의 비용이 필요하나, 마드리드 시스템에서는 거절이유 없이 등록되는 경우 현지 대리인의 선임이 필요하지 않기 때문에 이에 대한 비용을 줄일 수 있다.

(4) 상표권 관리의 편리성

WIPO 국제사무국은 국제등록부에 의해 각국의 권리관계를 일원적으로 관리하고 있다. 따라서 명의변경, 주소변경, 갱신, 상표권의 양도 등의 절차를 한 번의 절차로 국제등록부만 변경하면 모든 지정국에 자동으로 반영된다.

(5) 상표권리취득여부 파악 용이

지정국 관청에서 거절이유를 발견한 경우에는 원칙적으로 국제사무국으로부터 지정통지를 받은 날부터 1년(18개월까지 연장 가능) 이내에 국제사무국에 거절통지를 하여야 한다. 만약 그 기간 이내에 거절통지를 하지 아니하면 그 지정국에서 등록된 것과 동일한 보호를 하여야 하므로 출원인은 일정 기간 이내에는 각 지정국에서 상표권 취득 가능 여부를 알 수 있다. 즉, 본국관청 또는 국제사무국을 통하여 국제상표출원서를 제출하였다면 일정기간 내에는 반드시 출원상표의 등록 가능성을 각 지정국 별로 알 수 있어 권리 취득 여부를 명확히 할 수 있다.

(6) 지정국의 추가 가능

사후지정 절차에 의하여 출원시 지정하지 않았던 국가는 물론, 마드리드 의정서에 새로 가입한 국가에서 추가적으로 상표를 보호받고자 하는 경우에는 국제등록 후에 그 국가를 지정하는 것이 가능하므로, 상표등록을 받고자 하는 국가를 간편하게 확장할 수 있다.

마드리드 시스템을 이용한 상표등록출원은 여러 가지 장점이 있지만, 국내의 출원 또는 등록된 권리를 기초로 하기 때문에 국제등록 후 5년간은 기초로 한 국내의 권리 변동에 종속된다. 이를 국제등록의 종속성 또는 집중공격이라고 말한다. 즉, 기초출원 지정상품 삭제, 거절결정 또는 등록된 권리가 존속기간 미갱신, 무효 등으로 소멸되면 마드리드 국제등록도 소멸된 범위만큼 취소되며, 미국, 일본 등의 지정국에서 상표권을 획득하였다 하더라도 이 원칙이 적용된다. 따라서 마드리드 국제출원을 이용하기 전에 국내 기초 출원 또는 등록된 권리의 변경 가능성 및 이에 따른 마드리드 국제등록의 영향을 검토해 보는 것이 좋다.

제7절 상표 관련 기타 문제

핵심내용

- 상호는 상인의 영업상 명칭으로서 영업의 동일성을 표시하는 기능을 가지며, 자신의 영업을 타인의 영업과 구분한다. 상법 상 타인이 등기한 상호는 동일한 특별시·광역시·시·군에서 동종영업의 상호로 등기하지 못한다.

- 최근 도메인이름은 도메인이름의 보유자가 제공하는 상품이나 서비스의 출처표시로서 기능하는 측면을 가지게 되었고, 인터넷상에서 상업적인 가치와 신용을 획득하고 있어 영업표지로서 기능을 가질 뿐만 아니라 기업이 사용하는 도메인이름은 상호로서의 기능도 한다.

- 국내·외 상표권자가 동일인 또는 동일인으로 볼 수 있는 관계에 있고, 수입품이 침해품이 아닌 진정상품이며, 수입품에 부착된 상표가 우리나라 등록상표와 동일한 출처를 표시한 것으로 볼 수 있고, 수입품과 국내 상품 간에 품질의 동일성이 만족되는 등 진정상품 병행수입의 조건에 해당하는 상품은 등록상표권의 침해를 구성하지 않는다.

1. 상호와 상표

상호(trade name)는 상인이 영업에 관하여 자기를 표시하는 명칭, 즉 상인의 영업상 명칭으로서 영업의 동일성을 표시하는 기능이 있다. 상인은 상호를 사용함으로써 자신의 영업을 타인의 영업과 구분하고, 영업활동에 따른 법적·경제적 효과를 누릴 수 있다. 상법 상 타인이 등기한 상호는 동일한 특별시·광역시·시·군에서 동종영업의 상호로 등기하지 못한다.

상호는 아래와 같은 고유한 개념이 있다.

(1) 상호는 '명칭'이기 때문에 문자로 표시되고 호칭될 수 있어야 한다. 따라서 문자로 표시할 수 없는 기호·도형·무늬 등은 상호로 사용될 수 없다.

(2) 상호는 '상인'의 명칭이다. 따라서 상인이 아닌 자, 즉 소상인, 상호보험회사 또는 협동조합의 명칭은 상호가 아니다.

(3) 상호는 상인의 '영업상' 명칭이다. 회사의 경우에는 회사 명칭이 상호이고, 개인 상인의 경우에는 자신 성명 이외에 영업활동에서 사용하는 명칭이 상호이다. 영업활동에 사용하지 않는 아호 또는 예명 등은 상호가 아니다.

(4) 상호는 상인이 영업에서 '자기'를 표시한 명칭이다. 상인이 자신의 상품을 표시하기 위한 상표나 영업을 표시하는 영업표는 영업주체인 상인을 표시하는 명칭이 아니므로 상호가 아니다. 상호가 상품표지로 사용되고 상표로서 등록요건을 갖추어 등록된 경우에는 법률상 상표이다. 요즘 특정의 제품을 주력상품으로 하는 유명 메이커가 상호를 사용하는 예가 많다.

표 5-1. 상표와 상호 차이점

	상 표	상 호
정 의	자타상품을 식별하기 위하여 상품에 부착하는 표장	상인이 영업에 관하여 자기를 표시하는 명칭
표시방법	기호, 문자, 도형, 색채 등	문자
보 호 법	상표법, 부정경쟁방지 및 영업비밀보호에 관한 법률	상법
기 능	상품의 동일성 표시	영업의 동일성 표시
성 질	독점배타적으로 보호하는 재산권	재산적 가치와 인격권적 성질의 결합
권리발생	특허청에 설정등록	선정, 사용
효 력	우리나라 전역에서 등록상표와 동일 또는 유사한 상표를 동일 또는 이와 유사한 상품에 사용하는 것을 금지시킬 수 있음(전국적 효력)	타인이 동일한 특별시·광역시·시·군에서 동종영업의 상호로 등기하지 못함(상호 등기지역)

2. 상표와 도메인 이름

도메인이름은 원래 인터넷상의 주소에 불과해 상품이나 서비스의 식별표지로서 기능을 하는 것은 아니었다. 그러나 현재는 도메인이름의 보유자가 제공하는 상품이나 서비스 출처표시로서 기능하는 측면을 가지게 되었으며, 인터넷상에서 상업적인 가치와 신용을 획득하고 있어 영업표지로서 기능을 가질 뿐만 아니라 기업이 사용하는 도메인이름은 상호로서의 기능도 한다.

표장의 형태가 도메인이름의 형식을 가진다고 하더라도 상표등록심사에 있어서 특별한 취급을 받는 것은 아니다. 따라서 식별력이 있고 부등록 사유에 해당하지 않는다면 상표로 등록이 가능하다. 또한 등록상표와 동일·유사한 도메인이름을 단지 등록·보유하고 있다는 사실만으로는 상표권 침해가 되지는 않는다. 다만 해당 도메인이름이 가리키는 웹사이트상에서 등록상표 지정상품과 유사한 상품을 판매하는 등 도메인이름이 출처표시로서 기능을 하여 상표권 침해를 구성하게 되는 경우에는 해당 도메인이름 등록에 대해 부정경쟁방지법의 침해예방청구를 통해 등록말소를 구할 수 있다. 원칙적으로 국내에 상표를 등록하였다고 하여 당해 상표에 상당하는 도메인이름을 등록할 권리가 부여되지 않으며, 도메인이름을 등록하였다고 하여 당해 상표를 등록할 권리를 부여하지는 않고 있다.

3. 진정상품 병행수입

진정상품 병행수입이란 동일한 상표가 외국과 국내에 등록되어 있고, 국내 상표권자 또는 그 전용사용권자에 의해서 국내에서 상품이 판매되고 있는데 외국 상표권자가 동일한 상표를 부착하거나 부착을 허락하여 제조된 진정상품이 제3자에 의해서 국내로 병행해서 또는 경쟁적으로 수입되어 오는 것을 말하며, 이러한 현상은 수입국 상품가격이 타국보다 현저히 높을 때 발생한다.

진정상품 병행수입에 대한 금지론 측면에서 살펴보면, 병행수입자는 정당권리자의 광고 및 투자, 대고객 서비스체제에 무임승차함으로써 부당한 이득을 취할 수 있고, 병행수입품은 품질관리가 허술하고 A/S가 미치지 않아 소비자에게 손해를 줄 수 있고 이러한 경우 정당권리자의 신용만 훼손된다. 또한 다국적 기업은 국가별로 다른 품질의 상품을 공급하는 경우가 많은데, 동일상표라도 열등품이 수입되면 정당권리자 및 소비자에게 피해를 준다고 할 수 있다.

반면 허용론 측면에서 살펴보면, 소비자들이 다양한 종류의 상품을 저렴한 가격으로 구입할 선택권을 부여할 수 있고, 병행수입을 금지하면 자유로운 국제유통을 제한함으로써 가격차별이 심해지고 재판매가격 유지를 통해 국제시장을 통제하려는 다국적 기업의 독점이윤권 만을 보장해 주며, 공정경쟁을 제한하고, 수요자의 가격부담을 상승시키고, 고액의 로열티가 해외로 유출된다고 할 수 있다.

이러한 진정상품 병행수입이 허용되는지의 여부에 대하여 우리 상표법은 명문의 규정을 두고 있지 않으며, 이에 따라 그 허용 여부는 학설·판례에 일임되어 있는데 진정상품 병행수입의 허용 여부는 전면 허용 또는 전면 부정이 아닌 그 구체적인 사실관계에 따라 달라진다.

판례에 의한 진정상품 병행수입 허용 조건으로는, ① 국내·외 상표권자가 동일인 또는 동일인으로 볼 수 있는 관계에 있을 것, ② 수입품이 침해품이 아닌 진정상품일 것, ③ 수입품에 부착된 상표가 우리나라의 등록상표와 동일한 출처를 표시한 것으로 볼 수 있는 경우일 것, ④ 수입품과 국내 상품 간에 품질의 동일성이 만족될 것이 있다.

4. 부정경쟁행위

상표와 관련된 부정경쟁행위의 유형으로는 상품주체혼동행위, 영업주체혼동행위, 유명상표를 손상 또는 희석시키는 행위, 원산지 허위표시행위, 출처지 오인 야기행위, 상품질량 오인 야기행위, 상표권자의 대리인 등의 정당한 사유 없는 상표사용행위, 사이버스커팅행위, 타인 상품형태 모방행위, 자유무역협정에 따라 보호하는 지리적 표시의 사용금지 등이 있으며 이러한 부정경쟁행위에 대하여 민사적·형사적 구제방법이 있다.

부정경쟁방지 및 영업비밀보호에 관한 법률(약칭: 부정경쟁방지법)은 넓게는 지식재산권법 일부를 구성하며, 상표법·상호에 관한 법 등과 더불어 시장의 경쟁질서를 깨끗하게 유지하고, 독점규제법과 함께 자유시장 경제질서에 있어 경쟁의 자유를 보장하기 위한 체제를 형성하고 있으며, 부정경쟁행위는 불법행위의 특수유형에 속한다 할 수 있다.

CHAPTER 6

제6장
저 작 권

제1절 저 작 물

핵심내용

- 저작물은 인간의 사상 또는 감정을 표현한 창작물을 가리킨다.
- 저작물은 남의 것을 베끼거나 모방하지 않은 정도이면 저작권을 인정한다.
- 저작물의 종류는 어문저작물, 음악저작물, 연극저작물, 미술저작물, 건축저작물, 사진저작물, 영상저작물, 도형저작물, 컴퓨터프로그램저작물, 2차적 저작물, 편집저작물 등이다.
- 법령, 정부의 고시, 법원의 판결, 사실 전달에 불과한 시사보도는 저작물로 보호받지 못한다.

1. 저작권 역사

저작권제도는 저작자의 권리와 이에 인접하는 권리를 보호하고 저작물의 공정한 이용을 도모함으로써 문화 및 관련 산업의 향상발전에 이바지함을 목적으로 한다고 저작권법에서 밝히고 있다(저작권법 제1조). 저작권은 15세기 독일의 인쇄업자인 요한 구텐베르크(Johann Gutenberg)가 활판 인쇄술을 발명하여 문서의 대량복제가 가능해지면서 발생되었다. 인쇄술의 발달로 도서출판업자는 특권을 주장하게 되었고, 통치 군주들은 도서출판업자의 경제적 이익 보호보다는 출판물을 검열하기 위해 그들의 특권을 인정하였다.

그러나 아직 저작권이라는 권리 개념이 생긴 것은 아니었다. 그러다가 1684년 독일 황제의 칙령에 의하여 비로소 저작권이 권리로서 처음 인정받았다. 도서출판업자가 자신들의 특권을 옹호하기 위하여 저작권 보호 정책을 강력히 요구하자 1709년 1월 11일 '학문을 장려하기 위해 법정기간 동안 인쇄된 복제물에 대한 권리를 저작자 또는 이의 구매자에게 귀속시키도록 규정하는 법안'이 영국 하원에 제출되는데, 이 법안이 1710년 4월 10일 확정된 「앤 여왕법」(Queen Anne's Statute)이다. 이 법률이 출판물에 대하여 개인의 권리를 세계 최초로 인정한 저작권법이다.

「앤 여왕법」은 책만을 보호하는 법률로, 책 이외의 다른 인쇄물은 보호 대상이 아니었다. 따라서 1735년 예술작품의 보호를 위한 「조각가법」(Engravers' Act)이 제정되었다. 이후 각 국가에서도 저작권을 보호하는 법률이 제정되기 시작했다. 문학적 예술적 저작물의 보호를 위해 국제적 차원에서 저작권 보호가 논의되던 중 마침내 1886년 「문학 및 예술 저작물의 보호를 위한 베른협약」(Berne Convention for the protection of Literary and Artistic Works)이 채택되었다. 이 협약은 저작물 보호를 위한 최초의 다자간 국제협약이다. 그러나 베른협약은 선진국들의 협약이었기 때문에 개발도상국들의 가입을 유도하지 못하다가 1952년 개발도상국들도 쉽게 가입할 수 있는 「세계저작권협약」(Universal Copyright Convention)이 채택되었다.

이후 1995년 「무역 관련 지식재산권 협정」(TRIPs협정), 1996년 「WIPO 저작권조약」이 순차적으로 채택되었다. 또 저작인접물(실연, 음반, 방송)의 보호를 위해 1961년 「실연자, 음반제작자 및 방송사업자의 보호를 위한 국제협약」(로마협약), 1971년 「음반의 무단복제로부터 음반제작자를 보호하기 위한 협약」(제네바협약), 그리고 1996년 12월 「WIPO 실연·음반조약」 등의 국제협약이 채택되었다.

우리나라에 저작권 제도가 처음 도입된 것은 1908년 대한제국 당시 일본 저작권법을 모방한 한국저작권령(칙령 제200호)이다. 이후 1957년 1월 28일 우리나라가 자체적으로 저작권법을 제정 공표하면서 저작인접물(실연과 음반)을 저작물로 보호했다. 또 저작재산권의 보호 기간을 저작자의 생존기간과 사망 후 30년간으로 규정하고, 저작인격권은 영구적으로 보호했다. 이후 저작권법은 수차례 개정을 거듭하여 현행 저작권법에 이르렀다. 1986년 12월 31일 「세계저작권협약」과 「음반의 무단 복제로부터 음반제작자를 보호하기 위한 협약」에 가입하기 위하여 저작권법을 전부 개정하는 등 수차례 개정이 이루어졌다. 1986년 저작권법이 전면 개정될 당시 컴퓨터프로그램보호법도 저작권법의 특별법으로 제정됨에 따라 컴퓨터프로그램이 저작권법에서 분리되어 보호되다가 다시 합쳐졌다. TRIPs협정의 발효에 따라 이 협정 회원국으로서의 의무이행을 위한 개정(1995.12.6. 공포, 법률 제5015호) 등이 있었다. 또 「한·미 자유무역협정」이 체결됨에 따라 이 협정을 이행하기 위한 저작권법이 개정되었다.

2. 저작물 정의

'저작물'이란 인간의 사상 또는 감정을 표현한 창작물이다(저작권법 제2조 제1호). 저작물은 사람의 생각, 사상, 감정을 일정한 형식으로 표현하여 이를 다른 사람이 느끼고 깨달을 수 있도록 한 작품이라 할 수 있다. 저작물을 학문과 예술에 관하여 사람의 정신적 노력에 의하여 얻어진 사상 또는 감정의 창작적 표현물이라고 한 법원의 판례도 있다. 따라서 저작물로서 법적인 보호를 받기 위해서는 다음과 같은 세 가지 요건을 갖추어야 한다.

첫째, '인간의 사상이나 감정'을 나타낸 것이어야 한다. 사상이나 감정이 고차원의 철학적인 사상이나 심리학적인 감정을 의미하는 것은 아니지만 인간의 생각의 산물일 필요는 있다. 동물이 그리거나 발자국 등으로 남긴 그림 등은 법적인 보호를 받을 수 없다.

둘째, '창작성'이 있어야 한다. 남의 것을 베끼거나 모방하지 않았다면 유명한 작가의 작품이건 초등학생의 작품이건 창작성이 있다고 본다. 저작권으로 보호받기 위해 높은 수준의 창작성이 요구되는 것은 아니다. 저작권법에서의 '창작성(creativity)'이란 단지 남의 것을 모방하지 않고 작가 자신의 독자적인 사상 또는 감정의 표현을 담고 있음을 의미한다. 아무리 많은 시간과 육체적 및 지적 노력을 들였다 할지라도 거기에 창작성이 없다면 보호되지 않는다. 창작 전에 남의 작품의 내용을 모른 상태에서 유사한 작품을 만든 것이라면 두 작품 모두 법적으로 보호를 받는다. 그리고 작품의 도덕성이나 윤리성과도 관계없이 창작성이 있는 한 저작권법에 의해 보호받는다.

셋째, '표현'된 것이어야 한다. 작가의 사상이나 감정이 말(언어)이나 글, 소리, 그림, 형상 등으로 외부에 나타나야 한다. 머릿속의 생각만으로 머물러 있는 사상이나 감정은 표현된 것이 아니기 때문에 저작물로 보호받을 수 없다. 저작권으로 보호되는 것은 사상이나 감정의 표현이지 사상이나 감정 그 자체가 아니다. 여기에서 표현이란 외부로 나타내는 것을 의미하며 그 표현의 방법에는 제한이 없고 단지 인간의 오감을 통해 인지할 수 있는 것이면 충분하다. 즉, 반드시 글로 적거나 그림으로 그려야 하는 것은 아니며 동작이나 소리로 표현해도 된다.

3. 저작물 종류

저작권법에 예시된 저작물의 종류는 다음과 같으며(저작권법 제4조), 저작권법에 예시되지 않은 저작물들도 저작물의 요건을 갖췄다면 저작물로서 보호를 받을 수 있다.

(1) 어문저작물(저작권법 제4조 제1항 제1호)

말과 글로 표현된 저작물을 말한다. 소설, 시, 수필, 논문 등 문자로 표현된 저작물과 강연, 연설, 낭송 등 구술로 표현된 저작물을 어문저작물이라 한다. 속기문이나 암호문 자체는 저작권법의 보호를 받을 수 없지만 그것들이 기호나 문자로 치환될 수 있는 문자화된 저작물은 저작물로 보호받는다. 일반적으로 카탈로그나 계약서 등은 저작물로 인정되지 않으나, 표현방법이 독창적인 경우에는 저작물로 인정될 수도 있다. 컴퓨터 프로그램의 주된 보호방식은 TRIPs협정과 WIPO 저작권조약의 규정에 따라서 어문저작물로서 보호한다. 다만, 저작권법에서는 컴퓨터프로그램을 별도의 저작물로 분류하고, 보호기간 등에 있어서도 일반 저작물과는 달리 취급하고 있다.

(2) 음악저작물(저작권법 제4조 제1항 제2호)

음에 의해 표현되는 저작물로서 그 음의 표현이 악기에 의한 것이든 사람에 의한 것이든 가리지 않는다. 교향곡, 오페라, 가곡, 가요, 민요 등 장르를 가리지 않고 소리로 표현되는 음악에 속하는 모든 저작물이 여기에 속한다. 악곡뿐만 아니라 그에 수반되는 가사도 음악저작물에 해당된다. 또 즉흥음악과 같이 악곡이나 가사가 정해져 있지 않은 것이나 가사도 독창성이 있으면 음악저작물로 보호받을 수 있다. 김소월의 시에 곡을 붙인 경우 음악저작물이 되고, 가사는 어문저작물이 되기도 하고 음악저작물이 되기도 한다. 음악저작물의 경우에 그것이 반드시 악보로 그려져야 하는 것은 아니다. 직접 연주하거나 노래를 불러도 음악저작물이 된다.

(3) 연극저작물(저작권법 제4조 제1항 제3호)

연극이나 무용 또는 무언극 등과 같이 인간의 사상이나 감정을 말과 몸짓 등 신체의 동작으로 표현한 연극대본, 무용, 무언극, 즉흥극, 마임 등의 저작물을 말한다. 이 중 대사는 어문저작물에 해당하고, 연기 그 자체는 실연에 해당한다. 동작을 직접 몸으로 표현할 수도 있지만 글로 서술하거나 악보처럼 일정한 기호나 그림으로 기록한 무보(舞譜)로 기록할 수도 있다. 연극이나 무용 그 자체는 하나의 실연이므로 저작인접권의 보호대상이지만, 무보 등은 연극저작물로 보호한다. 연극물은 대본, 무용, 음악 등 개별 저작물이 결합된 것일 뿐 새로운 창작물이 아니기 때문에 연극연출자는 연극물의 저작자가 아니고, 실연자의 권리를 갖는다. 이에 반해 영화감독은 제작된 영상저작물의 저작자가 된다.

(4) 미술저작물(저작권법 제4조 제1항 제4호)

평면적 또는 입체적으로 표현된 회화, 서예, 조각, 공예, 응용미술저작물 등과 같이 색채 또는 형상에 의해 미적으로 표현된 저작물을 말한다. 그러나 응용미술작품 중에서 실생활의 도구로 사용되는 공예품은 경우에 따라 저작권법 또는 디자인보호법의 적용을 받는다. 공예품은 실용적인 부분과 예술적인 부분을 동시에 가지고 있는데, 이 경우 예술적인 부분이 물품 자체에서 분리되어 독자적으로 예술적 창작성이 있을 때에는 저작권법의 보호를 받는다. 예를 들어 외양이 문양으로 꾸며진 보석함의 경우 보석함 자체는 보석을 보관하는 물품으로서의 실용적 기능을 하지만 보석함 외양의 문양은 예술적인 부분이다. 이 문양은 보석함이 아닌 다른 물건에도 사용될 수 있어서 독자적으로 예술적 창작성을 가질 수 있기 때문에 이 문양에 대하여 저작권법이 적용된다. 직물에 복제된 문양이 직물 자체와 분리되어 이용될 수 있고 예술적으로 창작성이 있다면 저작권법에 의하여 보호받는 저작물에 해당한다는 판례도 있다. 미술작품과 같은 저작물은 그 저작물을 소유한 사람이 모든 저작권을 행사할 수 있는 것이 아니고 미술작품의 소유권과 저작권은 구별된다.

(5) 건축저작물(저작권법 제4조 제1항 제5호)

건축물에 의해 표현되는 저작물을 말하는 것으로 아파트, 빌딩, 스포츠경기장 등과 같은 건축물을 건축하기 위한 설계도, 모형, 건축된 건축물을 포함한다. 여기서 건축물이란 건물의 외관은 물론 각종 구성요소들이 공간적으로 배치된 전체적인 조합을 말한다. 건축물을 구성하는 장식품과 같은 개별 구성요소들은 건축저작물이 아니다. 일반 주택이나 보편적인 교량과 같이 통상적인 형태의 건물이나 공장 등은 창작성이 낮아 건축저작물로 보호받기 어렵다. 사회통념상 미적인 가치가 인정되는 것만 저작권으로 보호된다.

(6) 사진저작물(저작권법 제4조 제1항 제6호)

사진의 방법에 의해 표현되는 저작물을 말한다. 청사진과 같이 사진과 유사한 방법으로 표현되는 것도 이에 포함된다. 사진저작물은 단순히 기계적인 방법을 통하여 피사체를 다시 재현시킨 것이 아니라 피사체의 선택, 구도의 설정, 빛의 방향이나 양의 조절, 카메라 각도의 설정, 셔터의 속도, 셔터 찬스의 포착 기타 촬영방법, 현상 및 인화 등의 과정에서 자신의 주관적 판단과 의도에 의해 사상이나 감정을 창작적으로 표현한 사진으로서 독창적이면서도 미적인 요소를 갖추어야 한다. 다만, 인물사진의 경우 초상권과 결합하여 일부 권리가 제한된다. 사진저작물은 인물이나 풍경 혹은 그 밖의 형상을 사진기 등의 기계적 장비에 의하여 필름이나 인화지 또는 직물 등에 평면적으로 표현한 저작물이다. 그러나 평면적 회화를 그대로 촬영한 사진은 복제물에 불과하기 때문에 사진저작물로서 보호받지 못한다. 일반적으로 증명사진, 제품사진, 환자의 환부를 밀착 촬영한 사진 등은 창작성이 낮아 사진저작물로 보호받지 못한다.

(7) 영상저작물(저작권법 제4조 제1항 제7호)

영상저작물은 소리의 포함 여부와 상관없이 서로 관련된 연속적인 영상으로 표현된 창작물로서, 기계 또는 전자장치에 의하여 재생하거나 볼 수 있는 영화, TV 필름, 비디오테이프 등이 있다. 슬라이드필름은 낱장 하나하나로는 사진저작물에 해당하지만, 그것을 영사기를 통해 상영할 때는 영상저작물이 된다. 길거리 전광판 등에서 소리 없이 보여주는 영상이나 옛날 무성영화 등과 같이 소리를 수반하지 않은 영상도 영상저작물이다. 소리가 나든지 안나든지 관계없이 영화처럼 동영상으로 표현되는 것이 이에 속한다. 영화의 한 장면 등과 같이 정지된 화상은 사진저작물로 취급한다. 뮤직비디오는 주로 음악을 표현하기 위한 것이기는 하지만 영상을 우선시하여 영상저작물로 분류한다. 그리고 연극이나 음악회 등을 촬영한 자료는 연극저작물이나 음악저작물을 담고 있는 영상저작물이라고 할 수 있다.

(8) 도형저작물(저작권법 제4조 제1항 제8호)

도형저작물은 지도 또는 모형 등으로 표현된 저작물로서, 평면이나 공간에 선이나 입체형상으로 표현된 저작물이다. 그 예로는 지도, 도면, 도표, 설계도, 약도, 해도, 통계그래프, 분석표, 시력표 등과 같은 평면적 도형과 지구본, 인체모형, 동물모형 등과 같은 입체적 도형이 있다. 원래 건축물이나 건축설계도서도 도형저작물에 속하지만 저작권법은 이것들을 도형저작물에서 분리하여 건축저작물로 규정했다. 건축설계도서가 아닌 낱장 건축설계도는 도형저작물에 속한다. 도형저작물의 경우 지도처럼 하천과 같은 지형이나 도로와 같은 지형지물을 사실 그대로 정해진 표현 방법에 따라 표현한다. 이러한 경우 소재의 선택이나 표현 방법에 있어 창작성이 적은 경우가 많아서 저작권이 인정되지 않은 경우가 있다. 건축설계도의 복제뿐만 아니라 건축설계도에 따라 건축물을 시공하는 것도 저작물의 복제에 해당한다.

(9) 컴퓨터프로그램저작물(저작권법 제4조 제1항 제9호)

컴퓨터프로그램은 컴퓨터와 같이 정보처리능력을 가진 장치 내에서 직접 또는 간접으로 사용되는 일련의 지시, 명령으로 표현된 창작물을 의미한다. 2009년 이전에는 컴퓨터프로그램 보호법에서 규정하고 있었으나, 2009년 개정을 통하여 컴퓨터프로그램 보호법을 폐지하고, 프로그램에 대한 보호를 저작권법으로 통합하였다. 그러나 프로그램에 대한 특수성을 감안하고 기존 컴퓨터프로그램 보호법에 의한 보호 수준을 유지하기 위해 저작권법에 '제5장의 2 프로그램에 관한 특례' 규정을 신설하였다.

컴퓨터프로그램은 사람이 읽을 수 있는 원시코드(source code)와 사람이 읽을 수 없는 목적코드(object code)로 구성되어 있는데 이 코드가 보호 대상이다. 그러나 컴퓨터프로그램과 관계되는 프로그래밍 언어, 규약(인터페이스), 해법(알고리즘) 등은 아이디어,

방법, 체계 등에 해당하기 때문에 컴퓨터프로그램의 보호 대상이 아니다. 한편 컴퓨터 프로그램 중 비수학적 해법 부분은 특허로서 보호받는다. 지시나 명령어만을 말하는 점에서 프로그램 기술서나 프로그램 명세서를 포함하는 '소프트웨어'와는 다르다.

(10) 2차적 저작물(저작권법 제5조)

2차적 저작물은 원저작물을 번역, 편곡, 변형, 각색, 영상제작 및 기타 방법으로 작성한 저작물이다. 즉, 2차적 저작물은 원저작물의 내용을 유지한 채 표현을 새롭게 변형한 것으로 그 변형에 창작성이 있는 저작물을 말한다. 예를 들어 번역물, 소설의 각색, 음악 편곡, 소설을 영화로 만들거나 조각을 회화로 만들거나 회화를 삽화로 그리는 것, 패러디 등이 2차적 저작물이다. 저작물의 패러디를 위해서는 원저작물의 복제 및 변형이 반드시 수반되기 마련이므로, 그 이용에 있어서는 원칙적으로 저작권자의 허락이 필요하다. 그러나 저작권법은 일정한 경우에 저작권자의 허락 없이도 자유롭게 이용할 수 있는 저작재산권 제한 규정이 있어서, 저작권법상 패러디에 대한 명시적 규정이 존재하지는 않지만 패러디를 공표된 저작물의 인용으로 판단하고 침해가 아니라는 판례가 있다. 기존의 저작물에 풍자나 비평 등으로 새로운 창작적 노력을 부가함으로써 사회 전체적으로 유용한 수익을 가져다 줄 수 있다고 판단한 것이다.

(11) 편집저작물(저작권법 제6조)

저작물이나 부호, 문자, 음성, 음향, 영상 그 밖의 자료 등 소재의 집합물을 편집물이라고 하는데, 편집물로서 그 소재나 구성 부분의 저작물성 여부와 관계없이 소재의 선택 또는 배열에 창작성이 있는 신문, 잡지, 시집, 사전, 화보집, 사진집, 논문집, 법령집, 연감 등을 편집저작물이라 한다. 편집물 중에서 논문, 수치, 도형, 기타 자료의 집합물로서 이를 정보처리장치를 이용하여 검색할 수 있도록 체계적으로 구성한 데이터베이스도 역시 그 소재의 선택이나 배열 또는 구성에 창작성이 있다면 편집저작물로서 보호된다. 그러나 저작권법은 창작성이 없는 데이터베이스의 경우에도 이의 제작 또는 갱신 등에 상당한 투자가 이루어진 경우에 저작권 보호와는 별도로 제작 또는 갱신된 때로부터 5년간 보호 받을 수 있다.

4. 기타

(1) 공동저작물과 결합저작물

'공동저작물'이란 두 사람 이상이 공동으로 창작한 저작물로서 각자의 기여 부분이 분리 이용될 수 없는 것이며, '결합저작물'이란 분리 이용이 가능한 2개 이상의 개별 저작물이 결합된 것이다.

공동저작물과 결합저작물은 두 사람 이상의 저작자가 관여한다는 점에서 공통점이 있지만 공동저작물은 참여한 저작자들의 창작 부분이 개별적으로 분리 이용될 수 없는 것이고, 결합저작물은 참여한 저작자들의 창작 부분이 개별적으로 분리 이용될 수 있다는 점에서 차이가 있다. 예를 들어 여러 사람이 작성하거나 창작한 매뉴얼, 컴퓨터 프로그램, 사전류 등은 공동저작물이고, 정기간행물, 백과사전, 논문집, 화보집, 음악(곡과 가사), 뮤지컬 등은 결합저작물이다.

공동저작물의 저작인격권은 저작자 전원의 합의에 의하지 아니하고는 행사할 수 없으며, 공동저작물의 저작자는 그들 중에서 저작인격권을 행사할 수 있는 대표를 정할 수도 있다. 공동저작물의 저작재산권은 저작인격권과 마찬가지로 그 저작재산권자 전원의 합의에 의하여 행사할 수 있다. 그리고 다른 저작재산권자의 동의가 없으면 그 지분을 양도하거나 질권의 목적으로 이용할 수 없다.

공동저작물의 권리가 침해된 경우 각 저작자 또는 각 저작재산권자는 다른 저작자나 저작재산권자의 동의 없이 권리 구제를 위한 행위를 할 수 있다. 즉, 권리를 침해하는 자에 대하여 침해의 정지를 청구할 수 있으며, 그 권리를 침해할 우려가 있는 자에 대하여 침해의 예방 또는 손해배상의 담보를 청구할 수 있다. 이러한 청구를 하는 경우에 침해행위에 의하여 만들어진 물건의 폐기나 그 밖의 필요한 조치를 청구할 수 있다. 아울러 자신의 지분에 관하여는 손해배상을 청구할 수 있다.

결합저작물과 편집저작물은 여러 개의 저작물들을 모아놓은 집합물이고, 결합된 저작물들의 선택, 배열 또는 구성에 있어 창작성이 있는 경우에 편집저작물이 된다는 점에서 공통점이 있다. 그러나 결합저작물의 대상은 저작물에 한정되지만 편집저작물은 저작물 이외에 기호, 부호, 정보 등도 대상된다는 점에서 차이가 있다. 예를 들어 업종별 전화번호는 결합되는 소재가 저작물이 아닌 전화번호(정보)이기 때문에 편집저작물이 될 수 있지만 결합저작물은 될 수 없다.

표 6-1. A와 B가 창작한 경우 공동저작물과 결합저작물의 비교

유형	공동저작물	결합저작물
A가 작성한 부분을 이용하고자 하는 자	A와 B의 허락 필요	A의 허락 필요
A가 작성한 부분을 제3자에게 양도하는 경우	B의 동의를 조건으로 함 (분리양도 불가)	B의 동의를 얻지 않고 자유롭게 제3자에게 양도 또는 이용허락 가능
A의 사후 70년이 경과하였지만, B의 사후 70년이 아직 경과하지 않은 경우	B의 허락이 없으면 저작물 전체는 물론 A의 부분도 이용할 수 없음	A의 작성부분은 누구라도 자유롭게 이용 가능 (단, B의 작성부분은 B의 허락 필요)

(2) 업무상저작물

저작물의 저작자는 원칙적으로 저작물을 창작한 사람이지만, 예외적으로 창작자가 아니라 그를 고용하고 있는 기업이나 단체 등이 저작자가 되기도 한다. 이를 업무상 저작물이라고 한다. 법인 등의 명의로 공표되는 업무상저작물의 저작자는 계약 또는 근무규칙 등에 다른 정함이 없는 때에는 그 법인 등이 된다(저작권법 제9조). 업무상 저작물로서 법에서 정한 요건을 갖추면 법인이나 단체 그 밖의 사용자가 저작자가 된다. 저작물이 업무상 저작물이 되기 위해서는 다음과 같은 요건들을 모두 갖추어야 한다.

첫째, 법인 등이 저작물의 작성을 기획해야 한다. 일반적으로 사용자가 저작물의 작성에 대해 기획하고 그 직원 등에게 지시하는 등의 방법으로 저작물을 작성토록 한 것이다. 단체나 기업뿐만 아니라 개인도 사용자가 될 수 있다. 사용자가 개별적이고 구체적인 저작물의 작성에 대해 적극적이고 능동적으로 기획할 것을 요구하는 것은 아니고, 근무규칙 등에 직원의 직무를 정하고 있고, 직원이 그러한 직무상의 필요에 따라 작성한 것이면 넓은 의미에서 사용자의 기획에 의한 것이라고 본다.

둘째, 법인 등의 업무에 종사한 사람이 작성한 것이어야 한다. 사용자와 저작물 작성자 사이에는 실질적인 사용관계가 있어야 한다. 규정에 단순히 '업무에 종사하는 자'라고만 되어 있으므로 반드시 고용관계에 있지 않더라도 실질적인 지휘·감독관계가 있으면 된다. 예를 들어, A 회사의 직원이 B 회사에 파견된 경우 B 회사의 지휘를 받아 작성한 저작물의 저작자는 A 회사가 아니라 B 회사가 된다.

셋째, 업무상 작성한 저작물이어야 한다. 직원이 작성하였다 할지라도 그것이 그 사람에게 주어진 업무범위가 아닌 때에는 업무상 저작물이라 할 수 없다. 따라서 직원이 업무상 얻은 지식이나 경험을 활용하여 업무상 요구되지 않는 저작물을 창작하였다면 그 저작물의 저작자는 그 직원이 된다. 또한 사용자 관계가 없이 외부에 주문 또는 위탁하여 작성된 저작물은 업무상저작물이 아니다.

넷째, 법인 등의 명의로 공표된 것이어야 한다. 창작자의 이름으로 공표되거나 창작자의 이름과 사용자의 이름이 함께 표시되는 경우에는 법인 등이 그 저작물의 저작자가 되지 않는다. 다만, 이 경우에 창작자의 이름이 저작명의로서가 아니라 단지 업무분담을 밝히기 위해 표시되는 것이라면 업무상 저작물이 된다. 그러나 적극적으로 창작자에게 그 저작물에 대한 책임과 평가를 돌리기 위해 표시된 것이라면 법인 등이 아니라 창작자에게 저작권이 귀속되는 것으로 본다. 다만 컴퓨터프로그램저작물의 경우에는 공표된 것을 요구하지 않는다(저작권법 제9조 단서). 이는 프로그램의 경우, 실제로 공표되지 않고 다른 프로그램의 일부로 사용되거나 또는 영업비밀로서 보호받기를 원하는 경우도 많으므로 이를 요건으로 하는 것이 적절치 않다는 점을 고려한 것이다.

마지막으로, 계약 또는 근무규칙에 다른 정함이 없어야 한다. 법인 등과 직원 사이에 실제 작성자를 저작자로 하는 특약이 있다면 이에 따라 작성자에게 저작권이 귀속된다. 그러나 일반적으로 사용자는 이와는 반대로 위의 몇 가지 요건에 해당하지 않음에도 불구하고 직원이 창작한 저작물을 업무상 저작물로 보고 또 그 저작권을 사용자에게 귀속하도록 하는 계약을 체결하곤 한다. 비록, 이러한 계약에 그 직원이 동의하였다고 해서 업무상 저작물이 아닌 것이 업무상 저작물로 되는 것은 아니고, 이는 자신이 작성한 저작물에 대한 저작권을 사용자에게 양도하는 것에 동의한 것으로 본다.

저작물이 이와 같은 다섯 가지 요건을 모두 갖추어 업무상저작물이 되면, 법인 등이 저작자가 되고 저작재산권 및 저작인격권은 법인 등에 귀속된다. 따라서 업무상저작물을 퇴사한 직원이 계속해서 사용한다면 이는 법인 등의 저작권을 침해하는 행위로 법적 제재가 가능하다. 업무 중일지라도 개인적인 취미로서 창작하거나 작성한 것은 업무상저작물이 아니다. 예를 들어 업무 중에 갑자기 시상이 떠올라 작성한 시는 업무상저작물이 아니라 개인 저작물이다. 또한 회사에 취직하기 전에 창작했던 저작물을 취직 후 회사 업무로서 작성한 편집물에 사용한 저작물은 업무상저작물이 아니라 개인 저작물이다.

5. 법에서 규정한 보호받지 못하는 저작물

일반에게 널리 알릴 필요가 있는 저작물은 저작물성이 인정되더라도 저작권법에 의해 보호를 받지 못한다. 저작권법에서 보호받지 못하는 저작물은 다음과 같다(저작권법 제7조).

(1) 헌법·법률·조약·명령·조례 및 규칙(저작권법 제7조 제1호)

헌법, 법률, 조약, 대통령령, 부령, 조례, 규칙 및 기타 각종 규정과 국제조약이나 지침 및 외국의 법령은 보호받지 못하는 저작물이다. 이는 공익적인 견지에서 국민들에게 널리 알려 국민들이 자신의 권리와 의무에 대해 피해를 보지 않도록 하기 위한 것이다. 따라서 법령의 제정이나 개정을 위하여 만들어진 초안이나 폐지된 법령도 보호받지 못한다.

(2) 국가 또는 지방자치단체의 고시, 공고, 훈령 그 밖에 이와 유사한 것(저작권법 제7조 제2호)

행정청인 국가나 지방자치단체는 각종 정보의 제공자로서 여러 가지 자료집이나 연감, 백서, 통계자료, 정책연구자료, 연구보고서 등을 발간하고 있다. 이는 국가나 지방자치단체가 국민이나 주민 등에게 알리기 위해 만든 공문서이므로 저작물성이 있다고 하여도 정책적으로 배제한 것이다. 여기에서 고시, 공고, 훈령은 예시에 불과한 것이다.

(3) 법원의 판결·결정·명령 및 심판이나 행정심판절차 그 밖에 이와 유사한 절차에 의한 의결·결정 등(저작권법 제7조 제3호)

법원의 판결, 결정 등과 준사법적인 절차로 특허심판원, 해난심판원 등이 행하는 행정청의 의결 및 결정 등도 저작물성은 인정되지만 입법정책상 제외시키고 있다. 그러나 판결에 감정인의 의견서, 도면이나 사진 등 타인의 저작물이 첨부된 경우에는 예외로 보아야 한다.

(4) 국가 또는 지방자치단체가 작성한 것으로서 제1호 내지 제3호에 규정된 것의 편집물 또는 번역물(저작권법 제7조 제4호)

국민들에게 내용을 알리기 위하여 발표하는 각종 공문서 및 국가 또는 지방자치단체가 작성한 편집물 또는 번역물 등이 이에 해당한다. 그러나 법인이나 단체 혹은 개인들이 편집하거나 번역하는 경우에는 편집저작물 또는 2차적 저작물로서 보호받을 수 있다.

(5) 사실의 전달에 불과한 시사보도(저작권법 제7조 제5호)

육하원칙에 따라서 짧고 간결하게 작성한 각종 보도기사 및 정형적이고 간결한 문체로 짤막하게 작성한 정치계나 경제계의 동향, 연예, 스포츠, 각종 사건사고, 수사나 재판 상황, 판결내용, 기상정보 및 인사발령 기사 등은 사실전달에 불과한 잡지기사나 시사보도로서 보호받지 못한다. 사실 자체는 누가 표현해도 똑같이 될 수밖에 없으며, 그 표현내용도 흔한 것이기 때문에 창작성이 인정되지 않는다.[1)]

6. 짧은 문구

책제목, 광고카피, 행사표어, 슬로건 같은 종류의 글은 대부분 짧은 문구로 표현하는 것이 일반적이다. 이런 단문들도 저작권법의 일반원칙에 따라 그 표현에 있어서 창작성이 인정된다면 저작물로 보호가 가능하다. 하지만 보통 몇 개의 단어 등으로 조합된 간략한 문장은 그 자체로 창작성이 있는 표현이라 보기 어렵다. 따라서 출판물의 제목을 영화로 사용하거나 영화 제목을 출판물의 제목으로 사용하는 것은 저작권 침해가 아니다. '또복이'라는 만화 제목을 제빵에 사용한 사건에서 저작권 침해를 인정하지 않은 판례도 있다. 또한 '自由人'이란 이름으로 발행한 자서전의 제목을 다른 출판사가 사상서적의 제목으로 '自由人, 자유인'이라고 표시하여 사용한 사건에서도 저작물의 제목이 저작물로서 보호되지 않는다는 판례도 있다.

---

1) 베른조약에서는 "단순한 사실의 보도에 지나지 않는 시사의 보도 또는 잡보는 저작권보호를 적용하지 아니한다."고 규정하고 있다.

저작물의 제목은 저작물의 내용과 분리되어 하나의 독자적인 저작물로서 보호받지는 못하지만 저작물의 내용과 함께 하나의 저작물이 된다. 따라서 저작물을 이용하면서 제목을 바꾸거나 변경하여 이용하면 저작인격권 중 동일성유지권 침해가 된다. 저작물의 제목은 상표로서 보호받을 수 있다. 사전류, 연감류, 중고생 학습도서, 문고류, 전집류 등의 제목은 상표로서 기능을 한다는 판례가 있다.

최근에 트위터 상에서 작성한 글에 대한 저작권법의 보호가 가능한가에 대한 논란이 있다. 트위터라는 매체의 특성상 140자 이내의 짧고, 이미 공개되고, 리트윗이 가능한 글에 대해서는 글의 분량이 짧긴 하지만 140자 안에 저작권법상 보호 대상인 인간의 사상이나 감정의 창작적 표현이 이루어졌다면 저작물로 보호가 가능하다. 다만, 일상생활에서 평이하게 쓰는 언어로 이루어진 것이라면 저작권 보호는 어렵다.

7. 캐릭터

(1) 캐릭터의 개념

캐릭터(character)란 그 외모나 소설, 만화, 영화 등의 이야기 내용에 의하여 독특한 개성이나 이미지를 가지고 있어서 사람들이 그 이름만 들어도 그 특이한 개성이나 이미지를 머릿속에 떠올리게 되는 형상과 명칭을 말한다. 우리가 쉽게 접할 수 있는 TV, 영화, 만화, 신문, 잡지, 소설, 연극 등에 등장하는 인물, 동물, 물건의 특징, 성격, 생김새, 명칭, 도안, 특이한 동작 등 작가나 배우가 특수한 성격을 부여하여 묘사한 인물을 포함한 것으로서 그것이 상품, 서비스 및 영업에 수반하여 광고선전력, 주의환기력, 고객흡인력 등 경제적 가치를 지닌 것을 의미한다.

(2) 캐릭터의 종류

캐릭터를 펭수, 뽀로로, 미키마우스, 헬로키티, 캔디 등과 같은 시각캐릭터(visual character)와 임꺽정, 돈키호테 등 소설 속의 어문캐릭터(literary character)로 나누기도 하고, 실제 존재 여부에 따라 유명 배우나 운동선수와 같은 실재캐릭터(real character)와 슈퍼맨이나 제임스본드와 같은 창작캐릭터(invented character)로 나누기도 한다.

시각캐릭터는 만화 또는 만화영화 등에 등장한 인물이자 가공적으로 창작된 것으로서, 등장인물의 용모, 거동, 명칭, 성격, 목소리, 말투 등 개성을 말한다. 어문캐릭터를 구성하는 요소는 4가지로 '이름, 시각적 요소(용모, 복장 등), 청각적 요소(말투, 어법 등), 성격적 요소'이다. 이름은 저작물의 제호와 유사한 기능을 하는데, 저작물의 제호는 저작권법의 보호를 받지 못한다. 캐릭터의 명칭 역시 어문저작물로 인정되지 않는 한 보호되지 않는다. 어문캐릭터는 표절 당했음을 주장하거나 입증하기가 쉽지 않은 반면, 시각캐릭터는 비교적 용이하게 그 복제되었음을 주장하거나 입증할 수 있어서 어문캐릭터와 시각캐릭터는 그 보호정도에 차이가 크다.

한편, 실재캐릭터는 대개 인기 있는 자연인의 외형적 모습 또는 주요 이미지를 캐리커처(caricature)화한 것으로서 그것을 무단 사용한 경우 대부분 창작성의 침해가 있다고 보기 힘들어 대개 초상권 침해로 문제가 제기된다.

(3) 캐릭터의 상품화

캐릭터의 상품화(character merchandising)는 캐릭터를 의류, 문구류, 장난감, 신발 등의 도안이나 과자 등의 포장용지의 도안으로 사용하는 것으로 현대 마케팅의 특징 중 하나이다. 일반 대중을 구매자 층으로 하는 상품에 캐릭터를 사용하는 경우 현저한 고객흡인력을 발휘하게 된다. 예를 들어 뽀로로 인형, 미키마우스를 입체 인형으로 만든 장난감, 닌자거북이 캐릭터의 이름이나 형상을 새긴 T-셔츠, 유명선수의 이름을 새긴 옷이나 용품 등에서 고객흡인력을 볼 수 있다. 따라서 캐릭터는 상표와 마찬가지로 상품에 사용되기는 하나, 상품의 식별표지로서가 아니고 상품의 선전력, 고객흡인력을 강화하기 위하여 사용된다.

(4) 캐릭터 보호

저작물성이 인정되는 캐릭터의 복제는 저작권법으로 보호하고, 캐릭터가 부착된 상품이 디자인으로 등록된 경우 디자인보호법으로 보호한다. 또한 캐릭터 자체가 상표등록이 된 경우 상표법을 적용하고, 디자인이나 상표에 해당하지 않을 경우 부정경쟁방지법을 적용하여 보호받을 수 있다. 캐릭터가 문학, 학술 또는 예술의 범위에 속하는 창작물로 볼 수 있으면 원칙적으로 저작권법상의 저작물(주로 미술저작물이나 영상저작물)로서 보호할 수 있다. 만화저작물이나 영상저작물 등에 등장하는 시각적 캐릭터도 저작권 보호 대상이므로 허락 없이 그 캐릭터를 상품화하면 저작권 침해가 된다.

제2절 저작자와 저작권자

핵심내용

- 저작자란 저작물을 창작한 자를 말한다.
- 창작자가 누구인지 알기 어려운 경우는 저작물에 저작자로서 실명 또는 이명이 표시된 자를 저작자로 추정한다.
- 업무상 저작물의 저작자는 계약 또는 근무규칙 등에 다른 정함이 없는 때는 회사 등이 된다.
- 영상저작물의 경우에는 원칙적으로 영상제작자가 영상저작물의 이용에 필요한 권리를 행사할 수 있다.
- 저작권위탁관리란 저작권자로부터 저작재산권을 위탁받거나 저작권 행사의 권한을 위임받아 관리하는 것이다.

1. 저작자와 저작권자

‘저작자’는 저작물을 창작한 자[2])를 말한다(저작권법 제2조 제2호). 그러나 실제로 창작한 자가 누구인지를 알기 어렵기 때문에 그 저작자의 원작품이나 복제물에 성명이나 예명이 표시된 자를 저작자로 추정한다. 이러한 표시가 없는 경우에는 그 작품의 발행자나 공연자를 그 저작물의 저작자로 추정한다(저작권법 제8조). 미완성 작품도 그 자체로 예술적 창작성이 있다면 미완성 작품의 작가도 저작자가 될 수 있다. 그러나 예외적으로 법인이나 단체가 업무상저작물의 저작자인 경우처럼 저작물을 실제 창작하지 않았지만 저작자가 되는 경우도 있다.

‘저작물’이란 인간의 사상이나 감정을 표현한 창작물이기 때문에 저작물을 위한 아이디어나 힌트를 제공한 사람은 저작자가 아니며 아이디어와 힌트를 활용하여 직접 구체적인 표현을 한 사람이 저작자이다. 따라서 저작물의 창작을 의뢰한 사람은 저작자가 아니다. 예를 들면, 사진 촬영이나 건축 또는 연구 용역을 의뢰하는 경우에 저작자는 사진가나 건축가 또는 연구자이지 이를 의뢰한 사람이 아니다. 그리고 구전되어 오던 가사나 악보 또는 설화 등을 채보하거나 기록하는 경우에도 그 채보나 기록을 한 사람은 저작자가 될 수 없다. 이러한 채보나 기록은 그가 창작적으로 기여한 것이라고 볼 수 없기 때문이다. 다만, 채보나 기록의 과정에서 불완전하거나 망실된 부분을 보완하거나 손질하게 되는 것이 일반적인데 그 부분에 대해서는 기여한 정도에 따라 저작자로 인정될 수 있다.

저작자는 자기의 저작물에 대한 ‘저작인격권’과 ‘저작재산권’을 갖는다. 창작에 참여하지 않은 사람은 저작재산권을 양도받아 재산적 권리를 가질 수는 있어도 인격적 권리를 갖지 못한다. 예를 들어 대학이 공모전을 통해 입상한 작품의 저작재산권을 양도받은 경우 대학은 입상 작품에 대한 재산적 권리를 갖지만 인격적 권리는 갖지 못한다.

저작자는 한 사람일 수도 있고, 여러 사람일수도 있다. 분리하여 이용할 수 없는 하나의 저작물을 2인 이상이 참여하여 창작한 경우에는 공동저작자가 된다. 이 경우 저작물에 대한 저작권은 각자가 기여한 부분의 비율에 따라 분배되지만, 그 비율을 입증하기 곤란할 경우에는 각자의 지분이 균등한 것으로 추정한다. 저작물의 창작에 참여하지 않고 공동저작물의 저작재산권만을 공유(共有)하는 사람은 공동저작자의 지위를 갖지 못한다. 즉 공동저작물에 대한 재산적 권리만 있을 뿐 인격적 권리는 없다.

2) 저작권법에서 말하는 ‘자’는 자연인은 물론 법인 등 단체도 포함하는 것으로 해석한다.

2. 저작자와 저작권자가 다른 경우

자연인만이 저작물을 창작할 수 있고 저작자의 지위를 가질 수 있는 것이 원칙이지만 예외도 있다. 대표적인 예는 회사 등에서 업무상 만든 저작물로서 법인 등의 명의로 공표되는 경우이다. 저작권법상 이를 '업무상저작물'이라 하고, 회사, 단체, 그 밖의 사용자의 기획 하에 작성되고 회사 등의 명의로 공표된 업무상저작물의 저작자는 회사 등이 된다(저작권법 제9조). 창작자와 저작물에 표시된 저작자가 다른 경우이다.

영상저작물도 실제 창작자와 저작권자가 다른 경우에 해당한다. 영상저작물은 원작자, 시나리오작가, 감독, 배우, 촬영자, 작곡가 및 미술가 등 많은 사람들의 공동 작업에 의해 만들어지는 종합예술작품이므로, 실제 창작자 모두가 저작자로서 권리를 행사하게 되면 영상저작물의 유통이 매우 어렵다. 이 때문에, 영상저작물의 경우에 원칙적으로 영상제작자가 영상저작물의 이용에 필요한 권리를 행사한다. 그러나 영상저작물에 포함된 음악, 시나리오 등을 개별 저작물로서 이용할 때 음악가, 시나리오 작가 등은 저작권자로서 권리를 행사할 수 있다.

저작자와 저작권자가 다른 또 하나의 경우로 저작권을 양도하거나 상속하게 되면 저작자와 저작권자가 다르게 된다. 저작자가 저작권을 양도한다고 해도 저작인격권은 여전히 저작자에게 남아 있으므로, 통상 저작권자라고 할 때에는 저작재산권자를 의미한다. 저작권을 이전한 경우 양도받은 자 또는 상속인이 저작권자가 된다. 또한 공모에 의해 저작물이 당선된 경우, 다른 사람의 부탁을 받고 저작물을 작성하여 그 촉탁자 명의로 이를 공표한 경우, 초상화를 부탁하거나 사진을 찍는 경우 등에 있어서도 당사자 간의 계약에 의해 저작권의 귀속 여부가 결정되어 저작자와 저작재산권자가 처음부터 다를 수가 있다.

3. 저작권위탁관리

저작권은 배타적이고 독점적 권리이기 때문에 저작권자의 허락 없이는 저작물을 이용할 수 없다. 그러나 오늘날 무수히 많은 저작물이 다양한 매체를 통해 생성되기 때문에 저작물을 이용하려 할 경우 개별 저작권자를 찾아서 허락을 받기 어렵다. 저작물 이용허락을 받지 못하면 저작물을 이용할 수 없거나 불법으로 이용할 수밖에 없다. '저작권위탁관리'란 저작재산권자, 출판권자, 저작인접권자 및 데이터베이스제작자 권리를 가진 자를 위하여 저작재산권을 위탁받거나 저작권 행사의 권한을 위임받아 집중적으로 관리하는 것이다. 저작권위탁관리에는 저작권신탁관리업과 저작권대리중개업이 있다.

(1) 저작권신탁관리업

'저작권신탁관리업'은 저작재산권자, 배타적발행권자, 출판권자, 저작인접권자 또는 데이터베이스제작자의 권리를 가진 자를 위하여 그 권리를 신탁 받아 이를 지속적으로 관리하는 업을 말하며, 저작물 등의 이용과 관련하여 포괄적으로 대리하는 경우를 포함한다(저작권법 제2조 제26호). 즉, 저작권신탁관리업은 신탁관리단체가 개별 저작권자로부터 저작재산권을 신탁 받아 지속적으로 관리하는 영업이다. 이는 저작권자로부터 저작권 전부를 위탁받음은 물론이고 저작권 침해를 당했을 때 소송할 권리까지 위임받는 포괄적 대리도 포함된다.

저작권자가 신탁관리업자에게 저작권을 신탁하면 법원에 소를 제기하여 심판을 구하는 권리인 소권까지 이전되기 때문에 신탁된 저작권이 침해당했을 경우 저작권을 신탁한 개인은 침해자를 상대로 법적 조치(형사고소 혹은 민사소송)를 취할 수 없다. 그런 침해에 대해서는 신탁관리업자만이 법적 조치를 취할 수 있다.

저작권신탁관리업을 할 수 있는 자는 저작물 등에 관한 권리자로 구성된 단체로서 영리를 목적으로 하지 아니하고, 사용료 징수 및 분배 등의 업무를 수행하기에 충분한 능력을 갖춘 단체로서 문화체육관광부장관의 허가를 받아야 한다. 다만, 문화체육관광부장관은 「공공기관의 운영에 관한 법률」에 따른 공공기관을 저작권신탁관리단체로 지정할 수 있다(저작권법 제105조 제1항). 알려진 저작권신탁관리단체로는 한국음악저작권협회, 한국음악실연자연합회, 한국음반산업협회, 한국복제전송저작권협회, 한국방송실연자협회, 한국방송작가협회, 한국문예학술저작권협회, 한국시나리오작가협회, 한국언론진흥재단, 한국영화배급협회, 한국영화제작가협회, (사)함께하는음악저작인협회, 한국에니메이션제작자협회, 한국소프트웨어저작권협회, 한국인터넷디지털엔터테인먼트협회, 한국만화출판협회 등이 있다.

(2) 저작권대리중개업

'저작권대리중개업'은 저작재산권자, 배타적발행권자, 출판권자, 저작인접권자 또는 데이터베이스제작자의 권리를 가진 자를 위하여 그 권리의 이용에 관한 대리 또는 중개행위를 하는 업을 말한다(저작권법 제2조 제27호). 즉, 저작권대리중개업은 대리중개업자가 개별 저작권자로부터 저작권 행사를 위한 대리권을 위임받아 저작물의 이용 허락 등을 하는 영업이다. 따라서 대리중개업자가 행사한 모든 법적 효과는 개별 저작권자에게 직접 귀속된다. 또 대리중개계약 체결로 개별 저작권자의 소권이 대리중개업자에게 이전되지 않기 때문에 저작권 침해를 당한 경우에 개별 저작권자만 법적 조치를 취할 수 있다. 다만 개별 저작권자가 대리중개업자에게 고소권을 위임하는 경우 대리중개업자는 저작권자가 저작권 침해를 당했을 때 형사고소를 하거나 민사소송을 제기할 수 있다. 저작권대리중개업을 하고자 하는 자는 대통령령이 정하는 바에 따라 문화체육관광부장관에게 신고하여야 한다(저작권법 제105조 제1항).

(3) 저작권위탁관리업자의 역할과 업무

저작권위탁관리업자는 저작권자와 저작물이용자 사이에서 저작물의 이용을 위한 가교역할을 한다. 또 관리저작물을 이용허락하고 그에 따른 저작권사용료를 징수하며 징수한 저작권사용료를 개별 권리자들에게 분배하는 업무를 한다. 저작권위탁관리업자가 저작물이용자에게 부과하는 저작권사용료 또는 요율은 신탁관리업자의 경우 문화체육관광부장관의 승인을 받아 정해지고, 대리중개업자의 경우 자율적으로 정한다. 문화체육관광부장관이 신탁관리업자의 저작권사용료를 승인할 때는 그 금액 또는 요율에 대하여 한국저작권위원회의 심의를 거쳐야 한다.

제3절 저 작 권

핵심내용

- 저작권은 저작물을 창작한 때부터 발생하며 어떠한 절차나 형식의 이행을 필요로 하지 않는다.
- 저작권은 저작물을 창작한 저작자의 권리와 저작물의 전달자로서의 역할을 수행하는 저작인접권자의 권리로 나눌 수 있다.
- 저작인격권이란 저작자의 인격을 보호하고자 하는 측면에서 주어진 권리로 공표권, 성명표시권, 동일성유지권으로 구성된다.
- 저작재산권은 저작물을 일정한 방식으로 이용하는 것으로부터 발생하는 경제적인 이익을 보호하기 위한 권리이다. 복제권, 공연권, 공중송신권, 전시권, 배포권, 대여권, 2차적 저작물 작성권 등이 있다.
- 저작재산권은 특별한 규정이 있는 경우를 제외하고는 저작자가 생존하는 동안과 사망한 후 70년간 존속한다.(2013년 7월 1일부터 시행)
- 저작권법상 저작권이 제한되는 경우는 공표된 저작물의 정당한 인용, 교육을 위한 목적, 사적 이용을 위한 복제, 재판절차 등을 위한 복제 등이다.
- 저작권 침해에 대한 민사적인 구제는 침해가 진행 중이거나 우려되는 경우에 침해의 정지 또는 예방을 청구할 수 있으며, 이미 침해가 발생한 경우 손해배상이나 명예회복 등의 청구가 가능하다. 저작권법은 민사적 구제와 아울러 형사적 제재도 규정하고 있다.
- 기술적보호조치란 디지털화된 저작물의 불법 복제를 방지하고 지정된 사용자에게 허가된 범위 내에서 사용할 수 있게 하는 기술이다.

1. 저작권 발생

저작권은 저작물을 창작한 때부터 발생하며 어떠한 절차나 형식의 이행을 필요로 하지 아니한다(저작권법 제10조 제2항). 즉, 저작권은 저작물의 창작이 완료됨과 동시에 발생하며, 저작권이 발생하기 위하여 등록, 등기 및 납본 등 어떤 절차나 방식 등도 필요하지 않다. 이런 점은 권리가 발생하기 위하여 반드시 출원 등록을 해야 하는 산업재산권(특허권, 실용신안권, 디자인권, 상표권)과 다르다. 그럼에도 불구하고 필요할 경우 저작권을 등록할 수도 있다.

'저작권의 등록'이란 저작자가 창작한 저작물에 관한 사항(저작자 성명, 창작 및 맨 처음 공표연월일 등)과 저작재산권의 양도, 처분제한, 질권설정 등 권리 변동에 대한 사항을 저작권 등록부에 등재하고, 등록에 따른 일정한 법적 효과를 누릴 수 있도록 하는 저작권자 보호 제도이다(저작권법 제53조).

저작권을 등록하면 다음과 같은 효과가 있다.

첫째, 저작자로 실명이 등록된 자는 당해 등록저작물의 정당한 저작자이며 등록된 창작연월일과 공표연월일에 저작물이 창작 또는 맨 처음 공표된 것으로 추정한다. 본래 저작권을 주장하기 위해서는 본인이 창작했음을 입증해야 하지만, 등록된 저작물의 경우에는 등록한 자를 정당한 권리자로 인정하고, 등록자가 정당한 권리자가 아님을 주장하고자 하는 자가 이러한 반대사실에 대한 입증을 해야 한다. 그러나 저작물을 창작한 때부터 1년이 경과한 후에 창작연월일을 등록한 경우에는 등록된 연월일에 창작된 것으로 추정하지 않는다(저작권법 제53조 제3항).

둘째, 등록되어 있는 저작권, 저작인접권, 출판권 및 데이터베이스 제작자의 권리를 침해한 자는 그 침해행위에 과실이 있는 것으로 추정한다(저작권법 제125조 제4항). 물론 추정력만을 부여하기 때문에 반증이 있다면 이를 번복할 수 있지만, 실제 소송에서 이에 대한 입증책임은 상대방에게 있다.

셋째, 저작재산권의 양도, 처분제한 및 저작재산권을 목적으로 하는 질권의 설정·이전·변경·소멸 또는 처분제한은 등록하지 않으면 제3자에게 대항할 수 없다(저작권법 제54조). 즉, 저작재산권의 양도나 처분제한 등의 행위 자체는 등록하지 않아도 법적으로 유효하나, 예를 들어 이중양도 등이 발생한 경우 등록하지 않은 자는 양도의 효력을 제3자에게 주장할 수 없다.

2. 저작권 성질

저작권은 다음과 같은 다섯 가지 성질을 가지고 있다.

첫째, 독점적이고 배타적인 준물권성을 가지기 때문에 저작물을 이용하기 위해서는 저작권자의 허락을 받아야 하고, 허락 없이 이용하면 저작권 침해이다.

둘째, 저작물의 공정한 이용을 통해 문화의 향상 발전에 이바지하기 위해 저작권을 제한하는 경우가 있다.

셋째, 저작권은 영구적으로 보호되지 않고 법에서 정한 기간 동안만 보호된다. 따라서 보호 기간이 끝난 저작물은 누구나 자유롭게 이용할 수 있다.

넷째, 저작재산권의 전부나 일부를 제3자에게 양도 및 이전이 가능하다.

다섯째, 저작권은 국내에서만 보호되는 것이 아니라 우리나라가 가입한 저작권 관련 국제협약의 회원국에서도 자동으로 보호된다.

3. 저작권 분류

저작권은 저작물을 창작한 '저작자의 권리'와 저작물의 직접적인 창작자는 아니지만 창작에 준하는 활동을 통해 저작물의 전달자로서의 역할을 수행하는 '저작인접권자의 권리'로 나누어 볼 수 있다.

(1) 저작자의 권리

저작자의 권리는 저작인격권과 저작재산권으로 나눈다(저작권법 제10조 제1항). '저작인격권'은 저작자의 명예와 인격적 이익을 보호하기 위한 권리로서 ① 공표권, ② 성명표시권, ③ 동일성유지권으로 나누고, '저작재산권'은 저작물의 경제적 가치를 보호하기 위하여 저작물의 이용방법에 따라 ① 복제권, ② 공연권, ③ 공중송신권, ④ 전시권, ⑤ 배포권, ⑥ 대여권, ⑦ 2차적저작물작성권으로 나눈다.

1) 저작인격권

저작인격권은 저작자가 자신의 저작물에 대해서 인격 및 정신적 이익을 보호하는 권리를 말한다. 저작물에는 저작자의 사상과 감정이 담겨 있다. 이에 저작권자의 명예와 인격적 이익을 보호하기 위해 다른 사람이 그 저작물을 이용함에 있어 저작자의 인격이 훼손되지 않도록 하여야 한다는 취지에서 부여되는 권리이며 저작자 사후에도 보호한다. 이러한 저작인격권은 일신에 전속하는 것으로(저작권법 제14조) 저작자가 저작재산권을 양도하는 경우에도 창작자에게 남아있다. 저작인격권은 자연인뿐만 아니라 업무상 저작물의 저작자인 법인 등 단체에게도 부여된다. 저작재산권 양도계약의 당사자가 저작인격권도 양도하기로 약정했더라도 이는 무효이며 포기할 수 없는 권리이다. 공동저작물의 경우에는 저작자가 다수이므로 저작인격권자도 다수가 된다(저작권법 제15조).

저작인격권은 저작권법 이외에 민법에 의해서 보호 받을 수도 있지만, 민법과 같은 일반법에 의한 보호만으로는 불충분하여 저작권법에 특별규정을 두고 있다. 저작인격권의 침해행위가 있을 경우 저작자는 정신적 손해가 발생하였음을 주장하여 손해배상으로 위자료를 청구할 수 있고, 저작인격권을 침해하여 명예를 훼손한 경우에는 저작인격권 침해죄로 고소할 수 있다. 이 경우에는 민사상으로도 손해배상과 함께 명예회복에 필요한 조치를 청구할 수도 있다.

① 공표권(저작권법 제11조)

공표권은 저작자가 자신이 창작한 작품을 공연, 방송, 전시 및 기타 방법으로 일반 공중에게 최초로 공표하거나 공표하지 않을 권리이며 자신의 허락 없이 공표를 금지할 권리다. 공표방법으로는 출판, 인터넷게재, 낭독, 낭송, 가창 등 어떤 방법이든 가능하다. 저작자가 공표하지 않은 저작물을 타인이 공표하면 공표권 침해이다. 예를 들어 공모전에 응모하였으나 입상하지 못한 작품을 공모주체자가 공개하면 공표권 침해이다. 공표권은 공표되지 않은 저작물에만 적용되며 저작자의 허락과 관계없이 일단 저작물이 공표되었다면 그 저작물에 대한 공표권은 소멸된다. 저작자가 미공표 저작물을 제3자에게 이용하도록 허락하거나 미공표 저작물의 저작재산권을 제3자에게 양도하는 경우에는 해당 저작물의 공표를 동의한 것으로 본다. 또 미술, 사진, 건축 저작물의 원본을 제3자에게 판매하거나 다른 방법으로 양도한 경우에는 원본의 전시에 의하여 공표를 동의한 것으로 본다.

② 성명표시권(저작권법 제12조)

성명표시권은 저작자가 자신의 저작물에 이름을 표시하거나 표시하지 않을 권리이며, 타인이 자신의 저작물을 이용할 때 저작자의 이름을 빼거나 다른 이름으로 바꾸거나 필명을 실명으로 바꾸는 것 등을 금지할 권리다. 따라서 타인의 저작물을 이용할 때는 저작물에 표기된 이름을 그대로 표시해야 한다. 공동저작물을 수정하여 발간하면서 원래의 공동저작자를 빼고 수정한 자를 공동저작자로 표시하여 발행한 사건에서 저작물의 공동저작자인 신청인의 이름을 표기하지 아니하고 피신청인을 공동저작자로 표시한 것은 신청인의 저작물에 대한 저작인격권을 침해한 것이라는 판례가 있다. 또한 원저작물을 번역하여 이용할 경우에는 번역자의 이름뿐만 아니라 원저작자의 이름도 표시해야 한다.

③ 동일성유지권(저작권법 제13조)

동일성유지권은 저작자가 저작물의 내용, 형식 및 제목의 동일성을 유지할 권리이다. 즉, 타인이 저작물을 이용할 때 내용, 형식 및 제목을 변경하는 것을 금지할 권리다. 물론 저작자는 자기 저작물의 내용, 형식, 제호를 변경할 수 있다. 예를 들어 저작물을 이용하면서 제목을 빼거나 바꾸는 행위, 또는 저작물 전체나 일부를 변경하는 행위 등이 여기에 해당한다. 저작물의 일부를 삭제하여 방송하거나 저작물의 제목을 변경하여 이용하는 것에 대하여 동일성유지권 침해를 인정한 판례도 있다. 그러나 영화의 대사를 번역하여 더빙하거나 자막을 넣는 것은 동일성유지권 침해로 보지 않는다. 동일성유지권은 오자나 탈자의 정정처럼 내용이 조금 변경되거나 내용이나 형식이 완전히 바뀌어서 원래의 저작물을 인식할 수 없을 정도가 되는 경우에는 문제가 되지 않는다. 미세한 변경이라면 동일성이 손상되었다고 보기 어렵고, 거꾸로 너무 많이 바뀌어서 원래 저작물과의 관계를 알아볼 수 없는 경우 원작과의 동일성 문제를 거론하기 어렵기 때문에 동일성이 손상되었다고 보기 어렵다.

동일성유지권은 저작자의 인격을 보호하기 위한 것이지만, 이를 지나치게 엄격하게 적용하면 저작물의 이용이 크게 제약될 가능성이 있어서 다음의 경우 동일성유지권의 적용을 받지 않는다. 학교 교육 목적상 부득이하다고 인정되는 범위 안에서 표현을 변경할 수 있다. 예를 들어 학생들의 학습능력에 맞추어 저작물의 표현을 쉽게 변경할 수 있다. 그리고 건축저작물의 경우 본질적인 내용 변경이 아닌 한 증축이나 개축은 가능하다. 또한 특정한 컴퓨터 외에는 이용할 수 없는 프로그램을 다른 컴퓨터에 이용할 수 있도록 하기 위하여 혹은 프로그램을 특정한 컴퓨터에서 효과적으로 이용할 수 있도록 하기 위하여 필요한 범위 안에서는 저작자의 허락 없이 변경이 가능하다. 그 밖에 저작물의 성질 등에 비추어 부득이하다고 인정되는 범위 안에서의 변경에 대해서는 동일성유지권이 제한된다.

2) 저작재산권

저작재산권은 저작물과 관련하여 저작자에게 경제적 이익을 보전해 주기 위한 권리이다. 이 권리들은 기술의 발달에 따라 저작물의 이용형태가 다양해지면서 그 범위가 지속적으로 확대되고 있다. 이 권리들은 전체 저작권을 구성하는 일종의 지분권으로서 저작권자는 각각의 권리들을 나누어서 개별적으로 행사하거나 양도 또는 상속 할 수 있는 등 각각 독자적으로 의미를 갖는다. 어떤 일정한 행위가 여러 권리 범위에 해당 한다면 해당하는 모든 권리에 대해 이용허락을 받아야 한다. 예를 들어 음악저작물의 공연에 해당하는 노래방 영업을 하는 경우 음악저작물의 복제에 대한 허락을 받은 음악이 저장된 노래방 기기를 합법적으로 구입했을지라도 이를 활용하여 영업을 하는 행위는 공연에 해당되므로 한국음악저작권협회가 정한 이용료를 내는 방법으로 허락을 받을 필요가 있다.

① 복제권(저작권법 제16조)

복제권은 저작권자가 자신의 저작물을 인쇄, 사진, 복사, 녹음, 녹화 및 기타 다른 방법으로 유형물에 고정하거나 유형물로 다시 제작할 권리이며 자신의 허락 없는 복제를 금지할 권리다. 예를 들어 원고의 출판, 그림의 촬영, 책 복사, CD음악을 디지털 파일로 변환, 방송 프로그램의 녹음이나 녹화, 인터넷에서 자료나 이미지 다운로드 등이다. 복제권은 인쇄하는 권리에서 출발하였으나 현재는 복제기술의 발전에 따라서 다양한 형태의 복제로까지 적용범위가 확대되었다. 모형이나 설계도서에 따라 건축물을 시공하거나 만화의 평면적 캐릭터를 입체화하는 것도 복제에 해당한다. 그러나 기계설계도에 따라 기계를 제조하는 것은 복제에 해당하지 않는다. 저작물의 일부 또는 전부를 그대로 복제하는 것은 물론 이를 변경하여 복제하는 것도 실질적으로 유사성이 있으면 복제에 해당한다. 이른바 '모방'하는 것도 저작자의 복제권을 침해하는 것이 될 수 있다.

② 공연권(저작권법 제17조)

공연권은 저작권자가 자신의 저작물을 상연, 연주, 가창, 강연, 상영 및 기타 다른 방법으로 공중에게 공개하는 것 및 공개된 저작물의 복제물을 재생하여 공중에게 공개할 권리와 자신의 허락 없는 공연을 금지할 권리다. 예를 들어 소설의 연극화, 음악 연주, 노래방이나 무대에서 노래를 부르는 것, 강연, 영화 상영 등이다. 이밖에 특정 장소에서의 공연을 동일 건물이나 장소에 유선이나 무선으로 송신하는 것도 공연에 해당한다. 예를 들어 학교 방송실에서 각 교실이나 운동장에 스피커를 연결하여 음악을 틀어주거나 콘서트 실황을 콘서트장에 입장하지 못한 관객을 위하여 밖에 설치한 모니터로 보여주는 것도 공연에 해당한다.

③ 공중송신권(저작권법 제18조)

자신의 저작물을 여러 사람들이 수신하거나 접근할 수 있도록 송신하거나 이용할 수 있도록 제공하는 것과 관련된 권리이다. 공중송신이란 저작물이나 실연, 음반(디지털 음원 포함), 방송 또는 데이터베이스를 공중이 수신하거나 이에 접근하게 할 목적으로 무선 또는 유선통신의 방법에 의하여 송신하거나 이용에 제공하는 것을 말한다. 따라서 공중송신권은 저작권자가 자신의 저작물을 공중이 수신하거나 접근하게 할 목적으로 무선 또는 유선 통신으로 송신하거나 이용에 제공할 권리이자 자신의 허락 없는 공중송신을 금지할 권리다. 유선과 무선을 통하여 저작물을 송신할 권리는 여러 사람들이 동시에 수신할 수 있도록 음이나 영상을 송신하는 방송(예 : 라디오방송, TV방송), 여러 사람들이 각자 원하는 시간과 장소에서 저작물을 접근할 수 있도록 하는 전송(예 : 미니홈피, 블로그 등에 저작물을 업로드하고 다운로드 받는 행위), 여러 사람들의 요청에 의해서 시작되는 디지털방식의 음을 송신하는 디지털음성송신 (예 : 인터넷방송, 인터넷음악방송 등)이 포함된다. 기술의 발전에 따라 새롭게 등장할 수 있는 다른 송신 형태도 그것이 공중을 대상으로 한 것이면 공중송신권 침해에 해당할 수 있다.

④ 전시권(저작권법 제19조)

전시권은 저작권자가 자신의 원 작품이나 그 복제물을 공중에 직접 보여줄 권리이며 자신의 허락 없는 전시를 금지하는 권리다. 예를 들어 그림이나 사진을 전시하는 것이 여기에 해당한다. 전시권은 미술, 사진, 건축 저작물 등이 있다. 미술저작물의 원본을 소유하고 있거나 소유자의 동의를 얻은 사람은 저작권자의 허락을 받지 않고도 그 미술품 원본을 전시할 수 있도록 하는 한편, 그 전시를 위해서나 또는 그 미술품을 판매하기 위해서 해설이나 소개를 목적으로 하는 카탈로그 등 목록형태의 책자를 제작하여 배포할 수 있다.

⑤ 배포권(저작권법 제20조)

배포권은 저작권자가 자신의 원 작품이나 그 복제물을 대가를 받거나 받지 아니하고 공중에게 양도하거나 대여할 권리이며 자신의 허락 없는 배포를 금지할 권리다. 그러나 배포권은 원 작품 혹은 복제물 자체를 양도하거나 증여하는 것에 대해서는 적용되지 않는다. 이는 한번 배포된 원본이나 복제물 자체를 다시 배포하는 것에 대해서는 배포권이 적용되지 않는다는 권리소진이론 혹은 최초판매원칙(first sale doctrine)이 적용되기 때문이다. 예를 들어 소설책을 구입하여 친구들에게 선물하는 것에 대해서는 배포권이 적용되지 않는다. 소설책의 경우에 이를 판매하는 것은 저작권법상 배포에 해당하므로 그 소설의 저작권자에게 허락을 받아야 한다. 하지만 누군가 그 소설책을 사서 다른 사람에게 선물하거나 빌려주는 경우에도 모두 허락을 받아야 한다면 그 책에 대한 소유권이 지나치게 제약받게 된다. 이런 불합리함을 피하기 위해 그 책을 처음으로 판매 등의 방법으로 배포할 때에만 저작권자의 허락을 받으면 되도록 저작권법에 규정돼 있다.

⑥ 대여권(저작권법 제21조)

대여권은 저작권자가 자신의 원 작품이나 그 복제물을 돌려받을 것을 전제로 빌려줄 권리이며 자신의 허락 없는 대여를 금지할 권리다. 대여권은 배포권에서 파생된 권리로서 상업적 목적으로 공표된 음반이나 상업적 목적으로 공표된 컴퓨터프로그램을 영리 목적으로 대여한 것에 대해서만 인정된다. 저작물의 원본이나 합법적으로 제작된 복제물이 일단 판매 등의 방법으로 거래되면 그 이후에는 저작권이 소진(최초 판매의 원칙이 적용)되므로, 이를 구입한 사람은 아무런 제한 없이 원본이나 합법적으로 제작된 복제물 등을 다른 사람에게 다시 판매하거나 대여 또는 기타 방법으로 처분할 수 있다. 그런데 저작권법은 이러한 소진의 원칙에도 불구하고 음반과 컴퓨터프로그램을 상업적으로 대여하는 경우에는 저작권자의 허락을 받도록 규정하고 있다. 음반에 실린 노래나 컴퓨터 프로그램의 저작권자에게는 그런 상업적 대여를 금지하거나 허락할 수 있는 대여권이 있기 때문이다. 이에 비해 만화책이나 영화 비디오를 대여점에서 저작권자의 허락이 없이 대여할 수 있는 것은 만화나 영화의 저작권자에게는 대여권이 인정되지 않기 때문이다.

⑦ 2차적 저작물작성권(저작권법 제22조)

2차적 저작물작성권은 저작권자가 자신의 원 작품을 번역, 편곡, 변형, 각색, 영상제작 및 기타 방법으로 작성할 권리이며 자신의 허락 없는 2차적 저작물 작성을 금지할 권리를 말한다. 예를 들어 영어로 된 글을 한글로 번역하거나, 입체적 작품을 평면적 작품으로 만들거나, 소설을 영화화하거나 장문을 단문으로 요약하는 것 등이다. 2차적 저작물은 원 작품을 기초로 만들어지기 때문에 2차적 저작물을 이용할 때에는 항상

2차적 저작물 작성권자 외에 원 작품의 저작권자 허락도 함께 받아야 한다. 참고로 원 작품의 보호기간은 2차적 저작물의 보호기간에 영향을 미치지 않는다. 즉 원 작품의 보호기간이 끝나더라도 2차적 저작물의 보호기간이 끝나는 것은 아니다. 원 작품과 2차적 저작물은 각각의 보호기간을 가진다.

■ **배타적발행권**(저작권법 第57조)

배타적발행권이란 저작물을 복제·배포할 권리를 가진 자가 해당 저작물을 인쇄 및 이와 유사한 방법으로 문서 또는 도화로 발행(복제·배포)하는 출판권에 더하여 복제·전송할 권리를 포괄하여 설정할 수 있도록 한 것으로, 기존 프로그램저작물에만 적용되어 온 것을 전체 저작물로 확대한 것이다.

한·미 FTA 이행을 위한 저작권법 개정으로 기존의 출판권 설정 이외에 배타적발행권이 도입되었다. 지금까지는 저작물의 출판(출판권설정)과 컴퓨터프로그램(배타적발행권)을 대상으로 배타적 설정행위가 인정되었다. 그러나 저작물의 아날로그 출판 이외에 전자출판 등 다양한 형태의 발행에 대해서도 배타적 권리를 설정할 필요성이 있어서 복제·배포 등의 발행은 물론 복제와 전송 행위까지 포괄해 설정할 수 있는 배타적발행권 규정이 도입되었다.

지금까지 출판사들은 종이책 출판에 대해선 저작자로부터 저작권법상 준물권적 성격을 가지는 출판권 설정을 받을 수 있었다. 그러나 출판권에는 인터넷유통과 관련한 전송권이 포함되지 않아 전자책(e-book)의 제작·유통을 위해서는 공중송신권에 관한 별도의 이용계약이 필요하였다. 배타적발행권으로 전자책과 관련한 권리도 출판권과 같이 준물권적 성격을 갖는 배타적발행권을 설정 받을 수 있게 됐다. 이를 통해 이중 계약의 체결을 막을 수 있고 무단전송 행위에도 직접 권리행사가 가능하다.

(2) 저작인접권자의 권리

저작인접권자의 권리(neighbouring right)는 저작물을 공중에 전달하는데 예능이나 재정적으로 상당한 기여를 한 자에게 부여되는 권리이다. 저작권이 저작물의 창작자에게 부여하는 권리인 반면에, 저작인접권은 저작물의 매개자에게 부여하는 권리다. 저작인접권자로는 실연자, 음반제작자, 방송사업자가 있다(저작권법 第64조).

1) 실연자의 권리

실연자란 저작물을 연기, 무용, 연주, 가창, 구연, 낭독 등 예능적 방법으로 표현하거나 저작물이 아닌 것을 이와 유사한 방법으로 실연을 하는 가수, 배우, 탤런트, 무용수, 지휘자, 마술사 등이다. 실연을 지휘, 연출 및 감독하는 자도 포함한다.

실연자는 인격적인 권리와 재산적인 권리를 모두 갖는다. 실연자의 인격적인 권리로는 성명표시권(저작권법 第66조)과 동일성유지권(저작권법 第67조)이 있고, 재산적인 권리로는 복제권(저작권법 第69조), 배포권(저작권법 第70조), 대여권(저작권법 第71조), 공연권(저작권법 第72조), 방송권(저작권법 第73조), 전송권(저작권법 第74조), 방송보상청구권(저작권법 第75조), 디지털음성송신보상청구권(저작권법 제76조)이 있다. 여기서 대여권은 상업용 음반의 대여에 대해서만, 공연권은 고정되지 않은 실연의 공연(live performance)에 대해서만, 방송보상청구권은 실연이 수록된 상업용 음반의 방송에 대해서만, 디지털음성송신보상청구권은 실연이 수록된 디지털 음원의 인터넷 방송에 대해서만 각각 인정된다.

2) 음반제작자의 권리

음반제작자란 마스터 음반을 제작하는 것처럼 제작을 기획하고 음반을 최초로 제작하는데 있어서 전체적으로 책임을 지는 자이다. 음반이란 CD 보다는 콘텐츠를 의미한다. 음반제작자는 복제권(저작권법 제78조), 배포권(저작권법 제79조), 대여권(저작권법 제80조), 전송권(저작권법 제81조), 방송보상청구권(저작권법 제82조), 디지털음성송신보상청구권(저작권법 제83조) 등재산적 권리만 가진다. 여기서 대여권은 상업용 음반의 대여에 대해서만, 방송보상청구권은 상업용 음반의 방송에 대해서만, 디지털음성송신보상청구권은 디지털음원의 인터넷 방송에 대해서만 각각 인정되는 권리다.

3) 방송사업자의 권리

방송사업자란 방송을 업으로 하는 자로서 지상파방송사업자, 유선방송사업자, 위성방송사업자 등이 있다. 방송사업자의 권리는 재산적인 권리만 가지며, 복제권(저작권법 제84조)과 동시중계방송권(저작권법 제85조), 공연권(저작권법 제85조의2)이 있다. 여기서 동시중계방송권은 방송 신호를 받는 즉시 재송신하는 것으로서 지상파 방송을 유선방송업자들이 수신한 즉시 송신하는 것을 말한다. 그러나 지상파 방송을 인터넷으로 동시에 송신하는 것에 대해서는 방송사업자의 동시중계방송권이 적용되지 못한다. 인터넷을 통한 저작물의 송신은 방송 외의 공중송신에 해당하기 때문이다.

- **데이터베이스제작자의 권리**

데이터베이스제작자란 데이터베이스의 제작 또는 그 소재의 갱신, 검증 또는 보충에 인적 또는 물적으로 상당한 투자를 한 자를 말한다(저작권법 제2조 제20호). 창작성이 있는 데이터베이스제작자는 편집저작물작성자, 즉 저작권자로서 보호를 받고, 창작성이 없는 데이터베이스제작자는 저작인접권자로서 보호를 받는다.

데이터베이스제작자는 재산적인 권리로서 데이터베이스 전부나 상당한 부분을 복제, 배포, 방송 또는 전송할 권리를 가진다(저작권법 제93조). 또 한 번에 이용하는 데이터베이스 수량이 상당한 부분에 이르지 못하지만 그것을 반복적으로 이용하거나 특정한 목적을 위하여 체계적으로 이용함으로써 데이터베이스의 통상적인 이용과 충돌하거나 데이터베이스제작자의 이익을 부당하게 해치는 경우에는 상당한 부분을 이용한 것으로 본다.

데이터베이스제작자의 권리는 데이터베이스의 제작을 완료한 때부터 발생하며, 그 다음 해부터 기산하여 5년간 존속한다(저작권법 제95조).

4. 저작재산권의 행사

저작재산권은 다른 재산권과 같이 양도, 상속 및 질권설정이 가능하고, 타인에게 이용을 허락하거나 출판권 설정을 통해 대가를 받을 수도 있다.

(1) 저작재산권의 양도(저작권법 제45조)

저작재산권은 전부 또는 일부를 양도할 수 있다. 저작재산권의 전부를 양도하는 경우에 특약이 없는 때에는 그 저작물의 복제, 공연, 공중송신, 전시, 배포 및 대여권만 양도되고, 2차적 저작물 작성 권리는 양도되지 않은 것으로 추정한다. 다만, 컴퓨터프로그램의 경우 특약이 없는 한 2차적 저작물 작성권도 함께 양도된 것으로 추정한다.

저작재산권의 일부양도는 복제권 등 지분권만을 분리하거나 지역을 지정하거나 일정기한을 정해서 양도할 수 있다. 이 밖에도, 저작재산권은 상속에 의하여 이전될 수 있으며, 질권의 담보로 이용할 수도 있다.

(2) 저작물의 이용허락(저작권법 제46조)

저작재산권자는 직접 독점적으로 그 저작물을 이용하거나 타인에게 이용을 허락하고 대가를 받을 수도 있다. 이러한 이용허락은 통상 독점적인 것과 비독점적인 것으로 구분하며, 독점적 이용허락인 경우에는 더 이상 다른 사람에게 동일한 내용의 허락을 할 수 없다. 또한, 이용허락을 받은 자는 허락받은 이용방법과 조건 내에서 그 저작물을 이용할 수 있으며, 저작재산권자의 동의 없이는 그 이용권을 제3자에게 양도할 수 없다.

(3) 저작물의 질권설정(저작권법 제47조)

저작재산권에 대해서 질권의 설정이 가능하다. 저작권법은 저작재산권을 목적으로 하는 질권은 그 저작재산권의 양도 또는 그 저작물의 이용에 따라 저작재산권자가 받을 금전이나 그 밖의 물건(배타적발행권 및 출판권 설정의 대가를 포함)에 대하여도 행사할 수 있도록 하고 있다. 다만, 이들의 지급 또는 인도전에 이를 압류하여야 한다.

저작권자는 질권설정 이후에도 그 저작재산권을 양도하거나 이용허락하거나 그 밖의 방법으로 저작권을 행사할 수 있다. 따라서 저작권자는 질권이 설정된 저작권을 저작권 신탁관리단체에 신탁하여 관리하게 할 수 있다. 이에 대해 질권자는 신탁관리단체로부터의 분배금을 압류함으로써 질권을 행사할 수 있다.

저작재산권, 배타적발행권, 출판권을 목적으로 하는 질권의 설정, 이전, 변경, 소멸 또는 처분제한은 등록하지 않으면 제3자에게 대항할 수 없다. 따라서 질권이 설정되어 있는 저작재산권이라도 그 내용이 등록되어 있지 않은 경우 저작재산권을 양도받은 사람이 먼저 양도 등록을 하면 질권자가 그 저작재산권에 대한 자신의 질권을 주장할 수 없게 된다.

(4) 출판권의 설정(저작권법 第63조)

저작자는 자기 저작물을 인쇄나 이와 유사한 방법으로 문서 또는 도화(圖畵)로 발행하고자 하는 자에 대하여 출판할 권리를 설정할 수 있다. 출판권 설정은 토지 위에 지상권이나 전세권을 설정하는 것과 유사한 저작권의 설정적 이전이라고 할 수 있으며, 출판권의 설정을 받은 자는 그 설정행위에서 정하는 바에 따라 저작물을 원작 그대로 출판할 독점적 권리를 가진다.

(5) 저작재산권 등의 기증(저작권법 第135조)

저작권법은 저작재산권자 등이 자신의 권리를 문화체육관광부장관에게 기증할 수 있도록 하고, 기증된 권리를 공정하게 관리할 수 있도록 하고 있다. 저작권자는 자신의 권리를 임의로 처분할 수 있으므로 이의 행사를 포기하거나 다른 사람에게 기증하는 것도 당연히 가능하다. 그럼에도 불구하고 이를 별도로 저작권법에 규정한 것은 저작권 기증을 보다 활성화하려는 취지에서 제도와 절차를 마련한 것이다.

5. 저작권의 보호

저작권의 보호기간은 특허권 등의 산업재산권의 보호기간보다 훨씬 더 길다. 저작권의 형태에 따른 보호기간은 다음과 같다.

(1) 저작재산권의 보호기간

저작재산권은 저작자가 생존하는 동안과 사망한 후 70년간[3] 존속한다(저작권법 第39조). 대부분 저작물의 저작재산권은 일반적인 보호기간을 적용받지만 저작물의 종류에 따라 보호기간이 조금씩 다르다. 공동저작물은 맨 마지막으로 사망한 저작자가 사망한 후 70년간(저작권법 第39조), 무명 또는 널리 알려지지 아니한 이명이 표시된 저작물과 업무상저작물 및 영상저작물은 공표된 때부터 70년간 저작권이 보호된다(저작권법 第40조 및 第41조). 2차적 저작물의 보호기간은 원 저작물의 보호기간에 의하여 영향을 받지 않는다(저작권법 第5조 第2항).

저작재산권의 보호기간을 계산하는 경우에는 저작자가 사망하거나 저작물을 창작

3) 종전에는 사망 후 50년이 기준이었지만, 한·EU 자유무역협정의 이행으로 이루어진 2011년 6월 30일 저작권법 개정(2013년 7월 1일 시행)을 통하여 사후 70년으로 연장되었다. 시기적으로 조금 차이가 있었지만 한·미 자유무역협정에서도 마찬가지로 합의한 바 있다.

또는 공표한 다음 해부터 기산한다(저작권법 제44조). 예를 들어 1962년에 사망한 저작자의 저작물은 1963년 1월 1일을 기준으로 기산하여 50년이 되는 2012년 12월 31일에 저작재산권 보호기간이 만료되지만, 1963년에 사망한 저작자의 저작물은 보호기간이 사후 70년으로 연장되어 2033년 12월 31일에 저작재산권 보호기간이 만료된다.

'무기여 잘 있거라', '노인과 바다', '누구를 위하여 종은 울리나' 등을 저작한 헤밍웨이(Ernest Hemingway, 1899-1961) 저작물이나 '데미안', '유리알 유희' 등을 저작한 헤르만 헤세(Hermann Hesse, 1877-1962)의 작품은 2012년에 저작재산권이 만료되었다. 그러나 '나니아 연대기' 등을 저작한 C.S.루이스(Clive Staples Lewis, 1898-1963)의 저작재산권은 2033년에 저작재산권이 만료된다.

(2) 저작인접권의 보호기간

저작인접권은 실연을 한 때, 음반에 음이 고정된 때, 방송을 한 때부터 발생하고, 그 다음 해부터 기산하여 70년(방송의 경우 50년, 2013년 8월 1일부터 시행)간 보호된다(저작권법 제86조 제2항). 다만 실연자에게 주어진 재산적 권리 외에 성명표시권과 동일성유지권이라는 인격적 권리는 실연자가 생존하는 동안만 보호된다.

(3) 저작인격권의 보호기간

저작인격권은 저작자 일신에 전속하는 권리이기 때문에(저작권법 제14조) 그 보호기간은 저작자가 사망한 후에는 소멸하지만 저작인격권에서 파생되는 인격적 이익을 보호한다. 즉, 사망한 저작자의 저작인격권을 침해한 경우에 유족은 침해자에 대해서 침해 정지를 청구할 수 있고, 고의나 과실로 저작인격권을 침해하여 고인의 명예를 훼손한 자에 대해서는 명예회복 및 손해배상을 청구할 수 있다. 여기서 유족은 사망한 저작자의 배우자, 자녀, 부모, 손자, 조부모, 형제자매 또는 유언집행인이다. 따라서 이들 유족이 생존하는 동안 사망한 저작자의 저작인격권도 보호되는 셈이다.

(4) 데이터베이스의 보호기간

데이터베이스 제작자의 권리는 데이터베이스 제작을 완료한 때부터 발생하며, 그 다음 해부터 계산하여 5년간 존속한다(저작권법 제95조 제1항). 데이터베이스의 갱신 등을 위하여 인적 또는 물적으로 상당한 투자가 이루어진 경우에 당해 부분에 대한 데이터베이스제작자의 권리는 그 갱신 등을 한 때부터 발생하며, 그 다음 해부터 기산하여 5년간 존속한다(저작권법 제95조 제2항).

(5) 컴퓨터프로그램저작물의 보호기간

구 저작권법은 컴퓨터프로그램저작물은 공표 후 50년으로 일반저작물과 달리 '공표'기준으로 하고 있었다. 베른협약이나 대부분의 국가에서 컴퓨터프로그램저작물은 어문저작물의 일종으로 보호하고 있다. 따라서 우리나라도 일반저작물과 동일하게 공표 기준을 저작자 사후 기준으로 변경하여 컴퓨터프로그램저작물의 보호기간은 저작자 사후 70년으로 연장했다.

1963년 이후 공표된 컴퓨터프로그램저작물에 대한 저작자가 자연인인 경우에는 저작자 사후 70년이다. 컴퓨터프로그램저작물의 저작자가 법인인 경우에는 업무상저작물의 보호기간을 적용받기 때문에, 1962년 이전에 공표된 컴퓨터프로그램저작물은 2012년 12월 31일에 보호기간이 만료되었다. 1963년 이후에 공표된 경우는 2033년 12월 31일에 보호기간이 만료된다.

■ **저작권의 연장**

최초의 저작권법으로 불리는 1710년 영국의 앤 여왕법에서 저작권은 특허권과 마찬가지로 저작물의 출간 후 14년간만 보호되었다. 이 기간 후에도 저작자가 생존하고 있다면 보호기간이 14년 연장되었다. 저작권 보호기간이 처음으로 저작자의 사망 후까지 연장된 것은 1842년 영국 저작권법인데, 이 법에서는 보호기간을 저작자 사후 7년 또는 발행 후 42년 중 긴 기간이었다. 이것은 저작자가 사망함과 동시에 그의 모든 업적을 그의 자녀들로부터 빼앗는 것보다 재산권으로서 상속될 수 있어야 한다는 주장에 따른 것이었다. 이렇게 시작된 저작권 보호기간의 연장은 베른협약에서 저작자 사후 50년까지로 한 것이 국제적인 기준으로서 전 세계적으로 보편화되었다. 그 이후로도 보호기간의 연장은 지속되었다.

독일에서 전쟁기간 중 저작권을 행사할 기회를 사실상 박탈당한 것을 보전한다는 이유로 보호기간을 저작자 사후 70년으로 연장하였고, 유럽연합에서는 회원국 간에 보호기간을 통일시키기 위하여 보호기간이 긴 국가에 기준을 맞출 수밖에 없었다. 그리고 미국이 유럽연합과의 교역에 있어서 자국의 불이익을 이유로 유럽연합의 기준을 따라 저작자 사후 70년까지로 연장한 것을 비롯하여 많은 국가들이 저작자 사후 70년까지로 연장하였다.

국제적으로 이제는 저작자 사후 70년 보호가 오히려 대세를 이루는 추세이다. 우리나라는 1957년 법에서 저작자 사후 30년이었고, 1986년 법은 저작물에 대해 이를 50년으로 연장하였으며, 저작인접물은 20년으로 보호기간을 정했다. 1994년 개정법은 실연과 음반 등 저작인접물도 50년으로 보호기간을 정했다. 이후 2011년 한·EU FTA와 한·미 FTA의 이행을 위해 저작권법 개정이 있었다. 이에 따라 저작물의 경우에는 2013년 7월 1일부터 실연 및 음반의 경우에는 2013년 8월 1일부터 그 보호기간이 70년으로 연장되었다.

6. 저작권의 제한

저작권법은 저작자의 권리와 이에 인접한 권리를 보호하고, 저작물의 공정한 이용을 도모함으로써 문화 및 관련 산업의 향상 발전에 이바지하는데 목적이 있다(저작권법 제1조). 즉, 우리 저작권법에서는 '저작자의 권리 보호'와 '저작물의 공정한 이용'을 2가지 축으로 형평을 기하고 있으며, '저작물의 공정한 이용'은 저작자의 권리를 본질적으로 침해하지 않는 범위 내에서 저작권의 제한이라는 형태로 나타난다.

특정인이나 단체의 저작권을 보호하지 않고 제한하는 이유는 만일 그들의 저작권이 사익에 우선하게 되면 국민의 정보에 대한 접근이 제한되어 국민의 알권리를 방해하고 공공의 이익에 맞지 않으며, 문화발전에 지장을 줄 수 있기 때문이다. 따라서 다음과 같은 일정한 조건하에서는 저작권자의 허락을 받지 않고도 저작물을 이용할 수 있도록 저작권을 제한하고 있다.

(1) 저작권 제한의 유형

1) 재판절차 등에서의 복제(저작권법 제23조)

재판절차를 위하여 필요한 경우이거나 입법·행정의 목적을 위한 내부자료로서 필요한 경우에는 그 한도 안에서 저작물을 복제할 수 있다. 다만, 그 저작물의 종류와 복제의 부수 및 형태 등에 비추어 당해 저작재산권자의 이익을 부당하게 침해하는 경우에는 그러하지 아니하다.

2) 정치적 연설 등의 이용(저작권법 제24조)

공개적으로 행한 정치적 연설 및 법정·국회 또는 지방의회에서 공개적으로 행한 진술은 어떠한 방법으로도 이용할 수 있다. 다만, 동일한 저작자의 연설이나 진술을 편집하여 이용하는 경우에는 그러하지 아니하다.

3) 공공저작물의 자유이용(저작권법 제2 4조의2)

국가 또는 지방자치단체가 업무상 작성하여 공표한 저작물이나 계약에 따라 저작재산권의 전부를 보유한 저작물은 허락 없이 이용할 수 있다. 다만, ① 국가안전보장에 관련되는 정보를 포함하는 경우, ② 개인의 사생활 또는 사업상 비밀에 해당하는 경우, ③ 다른 법률에 따라 공개가 제한되는 정보를 포함하는 경우, ④ 한국저작권위원회에 등록된 저작물로서 「국유재산법」에 따른 국유재산 또는 「공유재산 및 물품 관리법」에 따른 공유재산으로 관리되는 경우에는 그러하지 아니하다(저작권법 제2 4조의2 제1항).

그리고 국가는 공공기관[4]이 업무상 작성하여 공표한 저작물이나 계약에 따라 저작재산권의 전부를 보유한 저작물의 이용을 활성화하기 위하여 대통령령으로 정하는 바에 따라 공공저작물 이용활성화 시책을 수립·시행할 수 있다(저작권법 제24조의2 제2항). 또한 국가 또는 지방자치단체는 공공저작물 중 자유로운 이용을 위하여 필요하다고 인정하는 경우 「국유재산법」 또는 「공유재산 및 물품 관리법」에도 불구하고 대통령령으로 정하는 바에 따라 사용하게 할 수 있다(저작권법 제2 4조의2 제3항).

저작권법 제24조의 2에 따라 그 저작물을 번역·편곡 또는 개작하여 이용할 수 있고(저작권법 제36조 제1항), 저작물을 이용하는 자는 그 출처를 명시하여야 한다(저작권법

4) 여기에서의 '공공기관'이란 「공공기관의 운영에 관한 법률」 제4조에 의한 공공기관을 말한다.

제37조).

4) 학교교육 목적 등에의 이용(저작권법 제25조)

고등학교 및 이에 준하는 학교 이하의 학교의 교육 목적상 필요한 교과용 도서[5]에 공표된 저작물을 게재할 수 있다(저작권법 제25조 제1항). 이는 학교교육목적을 위하여 자유롭게 이용할 수 있도록 하기 위해서이다.

특별법에 따라 설립되었거나 「유아교육법」, 「초·중등교육법」 또는 「고등교육법」에 따른 학교, 국가나 지방자치단체가 운영하는 교육기관 및 이들 교육기관의 수업을 지원하기 위하여 국가나 지방자치단체에 소속된 교육지원기관은 그 수업 또는 지원 목적상 필요하다고 인정되는 경우에는 공표된 저작물의 일부분을 복제·배포·공연·전시 또는 공중송신 할 수 있다. 다만, 저작물의 성질이나 그 이용의 목적 및 형태 등에 비추어 저작물의 전부를 이용하는 것이 부득이한 경우에는 전부를 이용할 수 있다(저작권법 제25조 제2항). 이 때 주의해야 할 사항으로 '교육기관이 전송을 하는 경우'에는 저작권 그 밖에 이 법에 의하여 보호되는 권리의 침해를 방지하기 위하여 복제방지조치 등 대통령령[6]이 정하는 필요한 조치를 하여야 한다(저작권법 제25조 제10항).

저작권법 제25조 제1항 및 제2항에 따라 저작물을 이용하려는 자는 문화체육관광부장관이 정하여 고시하는 기준에 따른 보상금을 해당 저작재산권자에게 지급하여야 한다. 다만, 고등학교 및 이에 준하는 학교 이하의 학교에서 위의 복제·배포·공연·방송 또는 전송을 하는 경우에는 보상금을 지급하지 아니한다(저작권법 제25조 제4항). 그리고 위의 보상을 받을 권리는 보상금수령단체를 통해서 행사되어야 하는데, 이러한 보상금 수령단체는 ① 대한민국 내에서 보상을 받을 권리를 가진 자(이하 '보상권리자'라 함)로 구성된 단체, ② 영리를 목적으로 하지 아니할 것, ③ 보상금의 징수 및 분배 등의 업무를 수행하기에 충분한 능력이 있을 것이라는 요건을 갖춘 단체로서 문화체육관광부장관이 지정한다. 문화체육관광부장관이 그 단체를 지정할 때에는 미리 그 단체의 동의를 얻어야 한다(저작권법 제25조 제5항). 그리고 보상금수령단체는 그 구성원이 아니라도 보상권리자로부터 신청이 있을 때에는 그 자를 위하여 그 권리행사를 거부할 수 없다. 이 경우 그 단체는 자기의 명의로 그 권리에 관한 재판상 또는 재판 외의 행위를 할 권한을 가진다(저작권법 제25조 제6항).

만약 보상금 분배 공고를 한 날부터 5년이 경과한 미분배 보상금에 대하여는 문화체육관광부장관의 승인을 얻어 공익목적[7]을 위하여 사용할 수 있다. 다만, 보상권리자

---

5) 교과용 도서에는 교과서, 지도서 및 인정도서를 포함하지만 학습참고서는 교과용 도서에 포함하지 않는다. 예를 들어 저작권자가 교과서에 수록을 한 경우 이를 저작권자의 허락 없이 표준전과와 같은 참고서에 내용을 수록하였다면 이는 저작권 침해가 된다.

6) 저작권법 시행령 제9조에서 불법 이용을 방지하기 위하여 전송하는 저작물을 수업을 받는 자 외에는 이용할 수 없도록 하는 '접근제한조치', 전송하는 저작물을 수업을 받는 자 외에는 복제할 수 없도록 하는 '복제방지조치'를 하여야 하며, 저작물에 '저작권 보호 관련 경고문구의 표시' 및 '전송과 관련한 보상금을 산정하기 위한 장치의 설치'를 규정하고 있다.

7) 저작권 교육·홍보 및 연구, 저작권 정보의 관리 및 제공, 저작물 창작 활동의 지원, 저작권 보호 사업, 창작자 권익옹호 사업,

에 대한 정보가 확인되는 경우 보상금을 지급하기 위하여 일정 비율의 미분배 보상금을 대통령령으로 정하는 바에 따라 적립하여야 한다(저작권법 제25조 제8항).

그러나, 문화체육관광부장관은 보상금수령단체가 ① 지정을 위한 요건(저작권법 제25조 제5항)을 갖추지 못한 때, ② 보상관계 업무규정을 위배한 때, ③ 보상관계 업무를 상당한 기간 휴지하여 보상권리자의 이익을 해할 우려가 있을 때에는 그 지정을 취소할 수 있다(저작권법 제25조 제7항).

그리고 저작권법 제25조 제2항의 규정에 따른 교육기관에서 교육을 받는 자는 수업목적상 필요하다고 인정되는 경우에는 일정한 범위 내에서 공표된 저작물을 복제하거나 전송할 수 있다(저작권법 제25조 제3항).

5) 시사보도를 위한 이용(저작권법 제26조)

방송·신문 그 밖의 방법에 의하여 시사보도를 하는 경우에 그 과정에서 보이거나 들리는 저작물은 보도를 위한 정당한 범위 안에서 복제·배포·공연 또는 공중송신할 수 있다.

6) 시사적인 기사 및 논설의 복제 등(저작권법 제27조)

정치·경제·사회·문화·종교에 관하여 「신문 등의 진흥에 관한 법률」 제2조의 규정에 따른 신문 및 인터넷신문 또는 「뉴스통신진흥에 관한 법률」 제2조의 규정에 따른 뉴스통신에 게재된 시사적인 기사나 논설은 다른 언론기관이 복제·배포 또는 방송할 수 있다. 다만, 이용을 금지하는 표시가 있는 경우에는 그러하지 아니하다.

7) 공표된 저작물의 인용(저작권법 제28조)

공표된 저작물은 보도·비평·교육·연구 등을 위해서는 정당한 범위 안에서 공정한 관행에 합치되게 이를 인용할 수 있다. '인용'이란 자신의 저작물을 작성하면서 다른 사람의 저작물을 활용하는 것이다. 기존의 저작물을 언급하거나 활용하는 것이 필수적인 과정일 수 있으므로 이러한 이용 및 창작행위를 활성화하기 위해 기존의 저작권 보호에 대하여 일부 예외를 인정한 것이다. 이 경우 반드시 원저작물을 그대로 활용 할 필요는 없으며 필요에 따라 일부를 변형하여 인용(paraphrasing)하는 것도 가능하다.

8) 영리를 목적으로 하지 아니하는 공연·방송(저작권법 제29조)

비영리 목적으로 청중이나 관중 또는 제3자로부터 어떤 명목이든지 반대급부를 받지 않고, 실연자에게 통상의 보수를 지급하지 않는 경우라면 공표된 저작물을 공연(상업용 음반 또는 상업적 목적으로 공표된 영상저작물을 재생하는 경우는 제외) 또는 방송할 수 있다(저작권법 제29조 제1항). 공연의 경우에 입장료 등을 받지 않는 경우에도 기업 등으로부터 협찬금을 받아 개최하는 경우에는 영리를 목적으로 한 것으로 이해되며, 방송의 경

보상권리자에 대한 보상금 분배 활성화 사업, 저작물 이용 활성화 및 공정한 이용을 도모하기 위한 사업

우에도 직접 청취자나 시청자로부터 그 방송에 대한 수신료를 받지 않는다고 하더라도 광고를 판매하거나 포괄적으로 시청료를 받는 경우에는 저작권법상 영리 목적이라고 할 수 있다. 또한 카페나 음식점 등에서 손님을 끌기 위해 현장 공연을 하는 경우도 영리목적의 공연에 해당한다. 자선 목적이라고 하더라도 입장료를 징수한다면 저작권자로부터 저작물의 이용에 대해 허락을 받아야 한다.

영리목적의 경우에도 청중이나 관중으로부터 반대급부를 받지 아니하는 경우에는 다음과 같이 대통령령이 정하는 경우를 제외하면 상업용 음반 또는 상업용 영상저작물을 재생하여 공중에게 공연할 수 있다(저작권법 제29조 제2항). 즉, 공연에 대한 반대급부를 받지 않으면 되고 다른 명목으로 반대급부를 받는 것은 문제되지 않는다. 다만, 이 경우에는 상업용 음반이나 영상저작물을 재생하는 경우에만 해당되고 직접 라이브로 공연하는 경우에는 해당되지 않는다.

저작권법 시행령(대통령령)

제11조(상업적 목적으로 공표된 음반 등에 의한 공연의 예외) 저작권법 제29조제2항 단서에서 "대통령령이 정하는 경우"란 다음 각 호의 어느 하나에 해당하는 공연을 말한다.

1. 「식품위생법 시행령」 제21조제8호에 따른 영업소에서 하는 다음 각 목의 공연
   가. 「식품위생법 시행령」 제21조제8호가목에 따른 휴게음식점 중 「통계법」 제22조에 따라 통계청장이 고시하는 산업에 관한 표준분류(이하 "한국표준산업분류"라 한다)에 따른 커피 전문점 또는 기타 비알코올 음료점업을 영위하는 영업소에서 하는 공연
   나. 「식품위생법 시행령」 제21조제8호나목에 따른 일반음식점 중 한국표준산업분류에 따른 생맥주 전문점 또는 기타 주점업을 영위하는 영업소에서 하는 공연
   다. 「식품위생법 시행령」 제21조제8호다목에 따른 단란주점과 같은 호 라목에 따른 유흥주점에서 하는 공연
   라. 가목부터 다목까지의 규정에 해당하지 아니하는 영업소에서 하는 공연으로서 음악 또는 영상저작물을 감상하는 설비를 갖추고 음악이나 영상저작물을 감상하게 하는 것을 영업의 주요 내용의 일부로 하는 공연
2. 「한국마사회법」에 따른 경마장, 「경륜·경정법」에 따른 경륜장 또는 경정장에서 하는 공연
3. 「체육시설의 설치·이용에 관한 법률」에 따른 다음 각 목의 시설에서 하는 공연
   가. 「체육시설의 설치·이용에 관한 법률」 제5조에 따른 전문체육시설 중 문화체육관광부령으로 정하는 전문체육시설
   나. 「체육시설의 설치·이용에 관한 법률 시행령」 별표 1의 골프장, 무도학원, 무도장, 스키장, 에어로빅장 또는 체력단련장
4. 「항공사업법」에 따른 항공운송사업용 여객용 항공기, 「해운법」에 따른 해상여객운송사업용 선박 또는 「철도사업법」에 따른 여객용 열차에서 하는 공연
5. 「관광진흥법」에 따른 호텔·휴양콘도미니엄·카지노 또는 유원시설에서 하는 공연
6. 「유통산업발전법」 별표에 따른 대규모점포(「전통시장 및 상점가 육성을 위한 특별법」 제2조

제1호에 따른 전통시장은 제외한다)에서 하는 공연

7. 「공중위생관리법」 제2조제1항제2호 숙박업 및 같은 항 제3호나목의 목욕장에서 영상저작물을 감상하게 하기 위한 설비를 갖추고 하는 상업적 목적으로 공표된 영상저작물의 공연
8. 다음 각 목의 어느 하나에 해당하는 시설에서 영상저작물을 감상하게 하기 위한 설비를 갖추고 발행일부터 6개월이 지나지 아니한 상업적 목적으로 공표된 영상저작물을 재생하는 형태의 공연
   가. 국가·지방자치단체(그 소속기관을 포함한다)의 청사 및 그 부속시설
   나. 「공연법」에 따른 공연장
   다. 「박물관 및 미술관 진흥법」에 따른 박물관·미술관
   라. 「도서관법」에 따른 도서관
   마. 「지방문화원진흥법」에 따른 지방문화원
   바. 「사회복지사업법」에 따른 사회복지관
   사. 「양성평등기본법」 제47조 및 제50조에 따른 여성인력개발센터 및 여성사박물관
   아. 「청소년활동진흥법」 제10조제1호가목에 따른 청소년수련관
   자. 「지방자치법」 제144조에 따른 공공시설 중 시·군·구민회관

9) 사적사용을 위한 복제(저작권법 제30조)

공표된 저작물을 영리를 목적으로 하지 아니하고 개인적으로 이용하거나 가정 및 이에 준하는 한정된 범위 안에서 이용하는 경우에는 그 이용자는 이를 복제할 수 있다. 다만, 공중의 사용에 제공하기 위하여 설치된 복사기기에 의한 복제는 그러하지 아니하다. 복제는 사용자 본인이 할 것을 요한다. 따라서 복제업자 등에게 복제를 의뢰하는 경우는 아무리 사적 목적이라고 해도 사적 이용을 위한 복제라고 할 수 없다.

컴퓨터프로그램에 대해서는 가정과 같은 한정된 장소에서만 개인적인 목적(영리하려는 경우에도 가정과 같은 한정된 공간에서만 복제가 가능하고 가정에 준하는 장소 이외에서는 허용되지 않으며, 그 프로그램을 이용해서 회사의 업무를 하는 것은 영리목적의 이용으로 보고 허용되지 않는다.

10) 도서관 등에서의 복제(저작권법 제31조)

「도서관법」에 따른 도서관과 도서·문서·기록 그 밖의 자료(이하 '도서 등'이라 함)를 공중의 이용에 제공하는 시설 중 대통령령이 정하는 시설(당해시설의 장을 포함하며, 이하 '도서관 등'이라 함)은 ① 조사·연구를 목적으로 하는 이용자의 요구에 따라 공표된 도서 등의 일부분의 복제물을 1인 1부에 한하여 제공하는 경우, ② 도서 등의 자체보존을 위하여 필요한 경우, ③ 다른 도서관 등의 요구에 따라 절판 그 밖에 이에 준하는 사유로 구하기 어려운 도서 등의 복제물을 보존용으로 제공하는 경우에 해당하는 때에는 그 도서관 등에 보관된 도서 등(제1호의 경우에는 제3항의 규정에 따라 당해 도서관

등이 복제·전송받은 도서 등을 포함)을 사용하여 저작물을 복제할 수 있다. 다만, ①과 ③의 경우에는 디지털 형태로 복제할 수 없다(저작권법 제31조 제1항).

도서관 등은 컴퓨터를 이용하여 이용자가 그 도서관 등의 안에서 열람할 수 있도록 보관된 도서 등을 복제하거나 전송할 수 있다. 이 경우 동시에 열람할 수 있는 이용자의 수는 그 도서관 등에서 보관하고 있거나 저작권 그 밖에 이 법에 따라 보호되는 권리를 가진 자로부터 이용허락을 받은 그 도서 등의 부수를 초과할 수 없다(저작권법 제31조 제2항). 그리고 도서관 등은 컴퓨터를 이용하여 이용자가 다른 도서관등의 안에서 열람할 수 있도록 보관된 도서 등을 복제하거나 전송할 수 있다. 다만, 그 전부 또는 일부가 판매용으로 발행된 도서 등은 그 발행일로부터 5년이 경과하지 아니한 경우에는 그러하지 아니하다(저작권법 제31조 제3항). 도서관 등은 제1항 제2호의 규정에 따른 도서 등의 복제 및 제2항과 제3항의 규정에 따른 도서 등의 복제의 경우에 그 도서 등이 디지털 형태로 판매되고 있는 때에는 그 도서 등을 디지털 형태로 복제할 수 없다(저작권법 제31조 제4항).

도서관 등은 제1항 제1호의 규정에 따라 디지털 형태의 도서 등을 복제하는 경우 및 제3항의 규정에 따라 도서 등을 다른 도서관 등의 안에서 열람할 수 있도록 복제하거나 전송하는 경우에는 문화체육관광부장관이 정하여 고시하는 기준에 의한 보상금을 당해 저작재산권자에게 지급하여야 한다. 다만, 국가, 지방자치단체 또는 「고등교육법」 제2조의 규정에 따른 학교를 저작재산권자로 하는 도서 등(그 전부 또는 일부가 판매용으로 발행된 도서 등을 제외)의 경우에는 그러하지 아니하다(저작권법 제31조 제5항).

제1항 내지 제3항의 규정에 따라 도서 등을 디지털 형태로 복제하거나 전송하는 경우에 도서관 등은 저작권 그 밖에 이 법에 따라 보호되는 권리의 침해를 방지하기 위하여 복제방지조치 등 대통령령이 정하는 필요한 조치를 하여야 한다(저작권법 제31조 제7항).

이 규정은 도서관에서 도서·문서·기록 그 밖의 자료를 디지털화하여 당해 도서관 내의 이용자가 컴퓨터를 통해 온라인으로 열람할 수 있도록 복제·전송을 허용하고 있으나, 다른 도서관으로의 전송은 불가하며, 권리자로부터 이용허락을 받은 부수에 한정되며, 복제·전송이 허용되는 경우에도 디지털 형태의 도서 등이 판매되고 있는 경우에는 디지털 형태로 복제가 불가능하다.

11) 시험문제로서의 복제(저작권법 제32조)

학교의 입학시험 그 밖에 학식 및 기능에 관한 시험 또는 검정을 위하여 필요한 경우에는 그 목적을 위하여 정당한 범위에서 공표된 저작물을 복제·배포할 수 있다. 다만, 영리를 목적으로 하는 경우에는 그러하지 아니하다.

12) 시각·청각장애인 등을 위한 복제 등(저작권법 제33조 및 제33조의2)

공표된 저작물은 시각장애인 등을 위하여 점자로 복제·배포할 수 있고(저작권법 제

33조 제1항), 시각장애인 등의 복리증진을 목적으로 하는 시설 중 대통령령이 정하는 시설(당해 시설의 장을 포함)은 영리를 목적으로 하지 아니하고 시각장애인 등의 이용에 제공하기 위하여 공표된 어문저작물을 녹음하거나 대통령령으로 정하는 시각장애인 등을 위한 전용 기록방식으로 복제·배포 또는 전송할 수 있다(저작권법 제33조 제2항).

또한 누구든지 청각장애인 등을 위하여 공표된 저작물을 한국수어로 변환할 수 있고, 이러한 한국수어를 복제·배포·공연 또는 공중송신할 수 있다(저작권법 제33조의2 제1항). 청각장애인 등의 복리증진을 목적으로 하는 시설 중 대통령령으로 정하는 시설(해당 시설의 장을 포함)은 영리를 목적으로 하지 아니하고 청각장애인 등의 이용에 제공하기 위하여 필요한 범위에서 공표된 저작물 등에 포함된 음성 및 음향 등을 자막 등 청각장애인이 인지할 수 있는 방식으로 변환할 수 있고, 이러한 자막 등을 청각장애인 등이 이용할 수 있도록 복제·배포·공연 또는 공중송신할 수 있다(저작권법 제33조의2 제2항).

13) 방송사업자의 일시적 녹음·녹화(저작권법 제34조)

저작물을 방송할 권한을 가지는 방송사업자는 자신의 방송을 위하여 자체의 수단으로 저작물을 일시적으로 녹음하거나 녹화할 수 있다(저작권법 제34조 제1항). 이때 만들어진 녹음물 또는 녹화물은 녹음일 또는 녹화일로부터 1년을 초과하여 보존할 수 없지만, 그 녹음물 또는 녹화물이 기록의 자료로서 대통령령이 정하는 장소에 보존되는 경우에는 그러하지 아니하다(저작권법 제34조 제2항).

14) 미술저작물 등의 전시 또는 복제(저작권법 제35조)

미술저작물 등의 원본의 소유자나 그의 동의를 얻은 자는 그 저작물을 원본에 의하여 전시할 수 있다. 다만, 가로·공원·건축물의 외벽 그 밖에 공중에게 개방된 장소에 항시 전시하는 경우에는 그 저작권자의 허락을 받아야 한다(저작권법 제35조 제1항). 이렇게 허락을 받아 개방된 장소에 항시 전시되어 있는 미술저작물 등은 어떠한 방법으로든지 이를 복제하여 이용할 수 있다. 다만, ① 건축물을 건축물로 복제하는 경우, ② 조각 또는 회화를 조각 또는 회화로 복제하는 경우, ③ 개방된 장소 등에 항시 전시하기 위하여 복제하는 경우 ④ 판매의 목적으로 복제하는 경우에 해당하는 경우에는 그러하지 아니하다(저작권법 제35조 제2항).

저작권법 제35조 제1항의 규정에 의하여 전시를 하는 자 또는 미술저작물 등의 원본을 판매하고자 하는 자는 그 저작물의 해설이나 소개를 목적으로 하는 목록 형태의 책자에 이를 복제하여 배포할 수 있다(저작권법 제35조 제3항). 그러나 일반인에게 판매 또는 배포할 목적으로 그림엽서나 복제그림 등으로 만들어 판매 또는 배포하는 것은 허용되지 않는다.

위탁에 의한 초상화 또는 이와 유사한 사진저작물의 경우에는 위탁자의 동의가 없는 때에는 이를 이용할 수 없다(저작권법 제35조 제4항).

15) 저작물 이용과정에서의 일시적 복제(저작권법 제35조의2)

2011년 저작권법 개정에서 일시적 저장이 복제의 개념에 포함됨에 따라 인터넷을 이용하는 과정에서 복제권 침해가 문제될 수 있다. 이를 해결하기 위하여 컴퓨터에서 저작물을 이용하는 경우에는 원활하고 효율적인 정보처리를 위하여 필요하다고 인정되는 범위 안에서 그 저작물을 그 컴퓨터에 일시적으로 복제할 수 있다. 다만, 그 저작물의 이용이 저작권을 침해하는 경우에는 그러하지 아니하다.

16) 부수적 복제 등(저작권법 제35조의3)

사진촬영, 녹음 또는 녹화를 하는 과정에서 보이거나 들리는 저작물이 촬영 등의 주된 대상에 부수적으로 포함되는 경우에는 이를 복제·배포·공연·전시 또는 공중송신할 수 있다. 다만, 그 이용된 저작물의 종류 및 용도, 이용의 목적 및 성격 등에 비추어 저작재산권자의 이익을 부당하게 해치는 경우에는 그러하지 아니하다.

17) 문화시설에 의한 복제 등(저작권법 제35조의4)

국가나 지방자치단체가 운영하는 문화시설 중 상당한 조사를 하였어도 공표된 저작물의 저작재산권자나 그가 사는 곳을 알 수 없는 경우 그 문화시설에 보관된 자료를 수집·정리·분석·보존하여 공중하기 제공하기 위한 목적으로 그 자료를 사용하여 저작물을 복제·배포·공연·전시 또는 공중송신할 수 있다.

(2) 저작물의 공정한 이용(저작권법 제35조의5)

저작권법 제23조부터 제35조의4까지, 제101조의3부터 제101조의5까지의 경우 외에 '저작물의 통상적인 이용 방법과 충돌하지 아니하고 저작자의 정당한 이익을 부당하게 해치지 아니하는 경우'에는 저작물을 이용할 수 있다. 단, 저작물 이용 행위가 저작물의 공정한 이용에 해당하는지를 판단할 때에는 ① 이용의 목적 및 성격, ② 저작물의 종류 및 용도, ③ 이용된 부분이 저작물 전체에서 차지하는 비중과 그 중요성, ④ 저작물의 이용이 그 저작물의 현재 시장 또는 가치나 잠재적인 시장 또는 가치에 미치는 영향 등을 고려하여야 한다.

(3) 번역 등에 의한 이용(저작권법 제36조)

공공저작물의 자유이용(저작권법 제24조의2), 학교교육목적 등에의 이용(저작권법 제25조), 비영리의 공연·방송(저작권법 제29조), 사적이용을 위한 복제(저작권법 제30조), 부수적 복제(저작권법 제35조의3), 문화시설에 의한 복제(저작권법 제35조의4), 저작물의 공정한 이용(저작권법 제35조의5)에 의하여 저작물을 이용하는 경우에는 그 저작물을 번역·편곡 또는 개작하여 이용할 수 있다.

또한 재판절차 등에서의 복제(저작권법 제23조), 정치적 연설 등의 이용(저작권법 제24조), 시사보도를 위한 이용(저작권법 제26조), 시사적인 기사 및 논설의 복제(저작권법 제27조),

공표된 저작물의 인용(저작권법 제28조), 시험문제로서의 복제(저작권법 제32조), 시각장애인 등을 위한 복제(저작권법 제33조), 청각장애인 등을 위한 복제(저작권법 제33조의2)에 의하여 저작물을 이용하는 경우에는 그 저작물을 번역하여 이용할 수 있다.

(4) 출처의 명시(저작권법 제37조)

저작재산권의 제한규정에 따라 저작물을 이용하는 자는 그 출처를 명시하여야 한다. 다만, 시사보도를 위한 이용(저작권법 제26조), 영리를 목적으로 하지 아니하는 공연· 방송(저작권법 제29조), 사적사용을 위한 복제(저작권법 제30조), 도서관 등에서의 복제(저작권법 제31조), 시험문제로서의 복제(저작권법 제32조), 방송사업자의 일시적 녹음·녹화(저작권법 제34조), 저작물 이용과정에서의 일시적 복제(저작권법 제35조의2)의 경우에는 그러하지 아니하다.

출처의 명시는 저작물의 이용 상황에 따라 합리적이라고 인정되는 방법으로 하여야 하며, 저작자의 실명 또는 이명이 표시된 저작물인 경우에는 그 실명 또는 이명을 명시하여야 한다.

(5) 프로그램의 저작재산권의 제한(저작권법 제101조의3)

공표된 프로그램은 그 목적상 필요한 범위에서 복제 또는 배포할 수 있다. 여기서 목적상 필요한 범위는 ① 재판 또는 수사를 위하여 복제하는 경우, ②「유아교육법」,「초·중등교육법」,「고등교육법」에 따른 학교 및 다른 법률에 따라 설립된 교육기관(상급학교 입학을 위한 학력이 인정되거나 학위를 수여하는 교육기관에 한함)에서 교육을 담당하는 자가 수업과정에 제공할 목적으로 복제 또는 배포하는 경우, ③「 초·중등교육법」에 따른 학교 및 이에 준하는 학교의 교육목적을 위한 교과용 도서에 게재하기 위하여 복제하는 경우, ④ 가정과 같은 한정된 장소에서 개인적인 목적(영리를 목적으로 하는 경우를 제외)으로 복제하는 경우, ⑤「초·중등교육법」,「고등교육법」에 따른 학교 및 이에 준하는 학교의 입학시험이나 그 밖의 학식 및 기능에 관한 시험 또는 검정을 목적(영리를 목적으로 하는 경우를 제외한다)으로 복제 또는 배포하는 경우, ⑥ 프로그램의 기초를 이루는 아이디어 및 원리를 확인하기 위하여 프로그램의 기능을 조사·연구·시험할 목적으로 복제하는 경우(정당한 권한에 의하여 프로그램을 이용하는 자가 해당 프로그램을 이용 중인 때에 한한다)를 말한다. 다만, 프로그램의 종류·용도, 프로그램에서 복제된 부분이 차지하는 비중 및 복제의 부수 등에 비추어 프로그램의 저작재산권자의 이익을 부당하게 해치는 경우에는 그러하지 아니하다(저작권법 제101조의3 제1항).

그리고 컴퓨터의 유지·보수를 위하여 그 컴퓨터를 이용하는 과정에서 프로그램(정당하게 취득한 경우에 한함)을 일시적으로 복제할 수 있다(저작권법 제101조의3 제2항).

(6) 저작인격권과의 관계(저작권법 제38조)

저작권의 제한에 대한 상기의 사항들은 저작인격권에 영향을 미치는 것으로 해석되어서는 안된다.

7. 저작물 이용의 법정허락과 강제허락

(1) 법정허락

저작권법상의 법정허락이란 저작재산권자의 의사와 관계없이 공익적 목적에서 권한있는 기관이 저작재산권자를 대신하여 이용을 허락하는 것을 말한다. 이러한 법정허락은 법률상 일정한 조건이 구비된 경우에 저작물의 이용에 대하여 당연히 저작권자의 허락이 있는 것과 같은 효과를 발생하며, 현행법상 2가지가 인정되고 있다.

1) 저작재산권자 불명인 저작물의 이용(저작권법 제50조)

누구든지 대통령령이 정하는 기준에 해당하는 상당한 노력을 기울였어도 공표된 저작물(외국인의 저작물은 제외)의 저작재산권자나 그가 사는 곳을 알 수 없어 그 저작물의 이용허락을 받을 수 없는 경우에는 대통령령이 정하는 바에 따라 문화체육관광부장관의 승인을 얻은 후 문화체육관광부장관이 정하는 기준에 의한 보상금을 공탁하고 이를 이용할 수 있다(저작권법 제50조 제1항). 이 때 저작물을 이용하는 자는 그 뜻과 승인연월일을 표시하여야 한다(저작권법 제50조 제2항). 법정허락된 저작물이 다시 법정허락의 대상이 되는 때에는 대통령령이 정하는 기준에 해당하는 상당한 노력의 절차를 생략할 수 있다. 다만, 그 저작물에 대한 법정허락의 승인 이전에 저작재산권자가 대통령령이 정하는 절차에 따라 이의를 제기하는 때에는 그러하지 아니하다(저작권법 제50조 제3항).

문화체육관광부장관은 대통령령이 정하는 바에 따라 법정허락 내용을 정보통신망에 게시하여야 한다(저작권법 제50조 제4항).

2) 실연·음반 및 방송이용의 법정허락(저작권법 제89조)

저작재산권자 불명인 저작물의 이용(저작권법 제50조), 공표된 저작물의 방송(저작권법 제51조), 상업용 음반의 제작(저작권법 제52조) 규정은 실연·음반 및 방송의 이용에 관하여 준용한다.

(2) 강제허락

'강제허락'이란 저작권자와 저작물을 이용하려는 자와의 협의가 성립되지 않을 때에 저작권자에 대하여 그 저작물의 이용을 강제하는 것을 말한다. 저작권자와의 협의를 전제로 한다는 점에서 법정허락과 다르지만, 저작권자의 의사에 반하여도 저작물을 이용할 수 있다는 점에서 법정허락과 동일하다. 현행법상 강제허락은 다음의 2가지가 인정되고 있다.

1) 공표된 저작물의 방송(저작권법 제51조)

공표된 저작물을 공익상 필요에 의하여 방송하고자 하는 방송사업자가 그 저작재산권자와 협의하였으나 협의가 성립되지 아니하는 경우에는 대통령령이 정하는 바에 따라 문화체육관광부장관의 승인을 얻은 후 문화체육관광부장관이 정하는 기준에 의한 보상금을 당해 저작재산권자에게 지급하거나 공탁하고 이를 방송할 수 있다.

2) 상업용 음반의 제작(저작권법 제52조)

상업용 음반이 우리나라에서 처음으로 판매되어 3년이 경과한 경우 그 음반에 녹음된 저작물을 녹음하여 다른 상업용 음반을 제작하고자 하는 자가 그 저작재산권자와 협의하였으나 협의가 성립되지 아니하는 때에는 대통령령이 정하는 바에 따라 문화체육관광부장관의 승인을 얻은 후 문화체육관광부장관이 정하는 기준에 의한 보상금을 당해저작재산권자에게 지급하거나 공탁하고 다른 상업용 음반을 제작할 수 있다.

8. 저작권 침해

(1) 저작권 침해

저작권 침해란 법률상 저작권 행사가 제한되는 경우를 제외하고 저작권자의 허락 없이 저작물을 이용하거나 저작자의 인격을 침해하는 방법으로 저작물을 이용하는 것을 말한다. 즉, 저작인격권, 저작재산권, 출판권 또는 저작인접권을 침해한 행위가 행해진 경우 권리자는 법률에 의거하여 구제받을 수 있다.

저작권법상 직접적인 침해가 아닌 것도 침해로 간주되는 경우가 있다. 저작권 침해로 보는 행위는 ① 수입 시에 대한민국 내에서 만들어졌더라면 저작권 그 밖에 이 법에 따라 보호되는 권리의 침해로 될 물건을 대한민국 내에서 배포할 목적으로 수입하는 행위, ② 저작권 그 밖에 이 법에 따라 보호되는 권리를 침해하는 행위에 의하여 만들어진 물건(제1호의 수입물건을 포함)을 그 사실을 알고 배포할 목적으로 소지하는 행위, ③ 프로그램의 저작권을 침해하여 만들어진 프로그램의 복제물(제1호에 따른 수입 물건을 포함)을 그 사실을 알면서 취득한 자가 이를 업무상 이용하는 행위를 말한다(저작권법 제124조 제1항).

또한 저작자의 명예를 훼손하는 방법으로 저작물을 이용하는 행위는 저작인격권의 침해로 본다(저작권법 제124조 제2항).

(2) 저작권 침해에 대한 구제

1) 민사적 구제

저작권자는 저작권을 침해하는 자에게 침해 정지를 청구할 수 있으며, 그 권리를 침해할 우려가 있는 자에 대하여 침해 예방 또는 손해배상의 담보를 청구할 수 있고(저작권법 제123조 제1항), 침해행위에 의하여 만들어진 물건의 폐기나 그 밖의 필요한 조치를 청구할 수 있다(저작권법 제123조 제2항). 고의 또는 과실로 저작재산권을 침해한 자에 대해서 저작재산권자는 손해배상을 청구할 수 있고(저작권법 제125조의2), 손해배상액은 침해자가 그 침해행위로 인하여 얻은 이익액 또는 저작재산권자가 권리행사로 통상 얻을 수 있는 금액 등이 기준이 된다(저작권법 제125조 제2항). 등록되어 있는 저작권, 배타적발행권, 출판권, 저작인접권 또는 데이터베이스제작자의 권리를 침해한 자는 그 침해행위에 과실이 있는 것으로 추정한다(저작권법 제125조 제4항).

저작재산권자 등은 고의 또는 과실로 권리를 침해한 자에 대하여 사실심(事實審)의 변론이 종결되기 전에는 침해된 각 저작물마다 1천만원(영리를 목적으로 고의로 권리를 침해한 경우에는 5천만원) 이하의 범위에서 상당한 금액의 배상을 청구할 수 있다(저작권법 제125조의2 제1항). 또한, 손해가 발생한 사실은 인정되나 손해액을 산정하기 어려운 때에는 변론의 취지 및 증거조사 결과를 참작하여 상당한 손해액을 인정할 수 있다(저작권법 제125조의2 제4항).

저작자 또는 실연자는 고의 또는 과실로 저작인격권 또는 실연자의 인격권을 침해한 자에 대하여 손해배상을 청구하거나 손해배상과 함께 명예회복에 필요한 조치를 청구할 수 있다(저작권법 제127조). 그러나 침해가 없다는 내용의 판결이 확정된 때에는 신청자는 그 신청으로 인하여 발생한 손해를 배상하여야 한다.

2) 형사적 구제

저작권 침해에 대한 형사상의 벌칙으로 저작재산권을 복제, 공연, 공중송신, 전시, 배포, 대여, 2차적 저작물 작성의 방법으로 침해한 경우에는 5년 이하의 징역 또는 5,000만원 이하의 벌금에 처하거나 이를 병과 할 수 있도록 규정하고 있다(저작권법 제136조 제1항).

저작인격권 또는 실연자의 인격권을 침해하여 저작자 또는 실연자의 명예를 훼손한 경우와 데이터베이스제작자의 권리를 복제·배포·방송 및 전송의 방법으로 침해한 경우에는 3년 이하의 징역 또는 3,000만원 이하의 벌금에 처하며(저작권법 제136조 제2항), 출처 명시를 위반한 경우에는 500만원 이하의 벌금에 처한다(저작권법 제138조).

그리고 저작자가 아닌 자를 저작자로 표시하여 저작물을 공표하거나 저작자 사후에 인격권을 침해한 자, 허가를 받지 아니하고 저작권위탁관리업을 한 자, 불법 복제된 외국 음반을 수입하거나 배포 목적으로 소지한 자 등에 대해서는 1년 이하의 징역 또는 1,000만원 이하의 벌금에 처한다(저작권법 제137조).

한편, 저작권 침해와 관련된 형사처벌은 친고죄로서 침해받은 자로부터 고소가 있어야 한다. 다만, 영리를 위하여 상습적으로 저작재산권 등을 복제 등의 방법으로 침해한 자, 업으로 또는 영리목적으로 권리관리정보를 제거하거나 이와 유사한 행위를 한 자, 저작권 허위등록, 저작자가 아닌 자의 저작자 표시, 저작자 사후의 저작인격권 침해, 무허가 저작권위탁관리업 운영 등의 경우는 비친고죄이다(저작권법 제140조). 또한 프로그램 저작권을 침해하여 만들어진 프로그램의 복제물을 그 사실을 알면서 취득한 자가 이를 업무상 이용하는 경우에는 피해자의 명시적 의사에 반하여 처벌하지 못한다.

이 밖에도 저작권법상 권리를 침해하여 만들어진 복제물로서 그 침해자, 인쇄자, 배포자 등의 소유에 속하는 것은 몰수할 수 있도록 하고 있으며(저작권법 제139조), 법인 등의 종사자가 저작권 침해죄를 범할 때에는 그 행위자를 벌하는 외에 그 법인 등에 대해서도 벌금형을 부과하도록 하는 양벌규정을 두고 있다(법인 또는 개인이 그 위반행위를 방지하기 위하여 해당 업무에 관하여 상당한 주의와 감독을 게을리 하지 아니한 경우는 제외)(저작권법 제141조).

9. 기술적 보호조치

오늘날 디지털로 저장, 전송되는 비중이 커지면서 디지털 저작물에 대한 저작권 보호가 중요해졌다. 이를 위한 효율적인 보호방법으로 디지털 워터마킹과 같은 은닉된 저작권 정보에 의해서 저작권을 확인하고 증명하는 기술적 보호조치를 하고 있다.

기술적 보호조치(Technological Protection Measures)란 일반적으로 저작자 등 권리자가 저작권을 보호하기 위하여 강구하는 기술적인 통제장치로서 멀티미디어, 문서 등의 디지털화된 저작물의 불법 복제를 방지하고 지정된 사용자에게 허가된 범위 내에서 사용할 수 있게 하는 기술이다.

기술적 보호조치 방법에는 접근통제조치(access control, gatekeeper)와 권리통제조치(copy control, use control)가 있다. 접근통제조치는 저작권의 침해와 관계없이 저작물에의 접근 자체를 통제하기 위해서 주로 암호화 기술(encryption)이나 스크램블링(scrambling) 기술이 사용된다. 권리통제조치는 저작권 보호, 침해방시, 복제통제 등을 위해서 저작물에의 접근 자체를 제한하는 것은 아니지만 복제나 사용을 통제함으로써 저작권의 침해행위를 방지하는 기술적 보호조치이다. 예를 들면 프로그램 설치(install)나 복제를 일정한 횟수로 제한하는 장치, 복제시 복제물의 질을 현저하게 저하시키는 장치, 일정한 기한 후에는 사용할 수 없게 하는 장치, 특정한 시스템에서만 작동되도록 하는 장치 등이 있다.

(1) 주요 기술적 보호조치 방법

1) 필터링(Filtering) 방법

불법저작물의 유통을 방지하기 위해 이용자들의 불법 저작물 접근을 제한하거나 온라인 서비스에서 불법 저작물을 걸러내는 방법이다. 불법 콘텐츠를 모니터링하여 삭제하거나 P2P·웹스토리지 서비스에서 검색에 대한 금칙어를 설정하여 이용자들이 불법콘텐츠를 검색하지 못하게 하는 것도 필터링이다. 즉, 필터링 방법에는 여러 가지가 존재하며,

그 중에서 현재 널리 사용되고 있는 필터링 기술은 저작물 제호 필터링, 제호 문자열 확장 비교방식의 필터링, 파일 확장자에 따른 필터링, 해시값 비교를 통한 필터링 등이 있다.

2) 워터마킹(Watermarking) 방법

디지털 워터마킹은 오디오, 비디오, 이미지, 그리고 텍스트 등의 멀티미디어 콘텐츠에 저작권 정보 등 소유권을 주장하고자 하는 특정의 데이터를 사람의 육안이나 청각으로는 구별할 수 없게 삽입하는 기술로 다양한 영역에 활용 될 수 있다. 만약, 유통과정에서 소유권의 분쟁 등 원 소유자를 확인해야 하는 경우 이를 다시 검색, 추출하여 소유권, 저작권 등을 인증하여 권리를 행사할 수 있는 근거를 마련할 수 있도록 해주는 기술이다.

3) 핑거프린팅(Fingerprinting) 방법

핑거프린팅은 특징점 기반 핑거프린팅과 워터마킹 기반 핑거프린팅법이 있다. 특징점 기반 핑거프린팅은 음악, 영상 등의 콘텐츠에서 특징점을 찾아내어 이것을 DB에 보관하고, 후에 이를 다른 콘텐츠에서 추출된 특징점과 비교하여 두 콘텐츠가 일치하거나 유사한지 알아내는 방법이다. 특징점으로는 음악이나 영상파일이 가지고 있는 고유한 특성인 음원의 주파수나 화면전환정보, 위치정보, 컬러정보 등이 있으며, 이것을 음원DNA, 영상물DNA라고 부르기도 한다.

워터마킹 기반의 핑거프린팅(식별정보 삽입 방식의 핑거프린팅)은 콘텐츠 구매자의 정보를 콘텐츠 내에 삽입하여 콘텐츠 불법 배포자를 추적할 수 있게 하는 기술이다. 디지털워터마킹과 매우 유사하지만 삽입되는 정보에 차이가 있다(디지털 워터마킹은 저작권자 정보만 삽입된다).

4) DRM(Digital Rights Management) 방법

DRM(Digital Rights Management : 저작권 관리 시스템)은 네트워크에서의 다양한 저작물 제공자(Content Provider : CP)로부터 고객(Client)에게 안전하게 전달하고 이 고객이 불법적으로 콘텐츠를 유통하지 못하도록 하는 시스템 기술이다. 이러한 DRM은 오디오, 텍스트, 이미지, 비디오, eBook, 문서, AOD, 사진, 만화, VOD, 영화, 플래시 등의 콘텐츠에서부터 인터넷TV, 기업정보관리, 전자도서관, 사이버대학, 인터넷 신문, 인터넷 라디오, 교육서비스, 디지털 이미징 서비스, 인터넷 만화방, 웹진 등의 애플리케이션 서비스에까지 광범위하게 적용될 수 있다.

(2) 금지되는 행위

기술적 보호조치가 복잡하고 정교하게 만들어 질수록 저작물의 이용자들은 불편과 번거로움이 있기 때문에 이런 불편함을 최소화하기 위해 기술적 조치를 단순화시켜 빠르게 작동될 수 있도록 할 필요가 있다. 기술적 보호조치가 단순화 될 경우 이를 무력화시키고 저작권을 침해 할 우려가 높아짐에 따라 권리자들은 기술적 보호조치를 무력화하는 행위를 법으로 금지해 줄 것을 요구하였다. 그 결과 1996년 12월 제네바회의에서 각국 대표들은 기술적 보호조치에 대한 법적 보호의 필요성에 합의하였다. WIPO 저작권조약(WIPO Copyright Treaty)과 WIPO 실연·음반조약(WIPO Performance and Phonograms Treaty)에서는 기술적 보호조치의 무력화에 대한 효과적인 보호를 의무화하였다. 우리나라도 개정된 저작권법에 기술적 보호조치의 법적 보호에 관한 내용이 포함되어 있다.

기술적 보호조치를 무력화시키는 다음과 같은 행위를 해서는 안 된다.

- 기술적 보호조치를 제거, 변경하거나 기타 다른 방법으로 무력화하는 행위
- 권리관리정보를 고의로 제거, 변경하거나 거짓으로 부가하는 행위, 권리관리정보가 정당한 권한 없이 제거 또는 변경되었다는 사실을 알면서 그 권리관리정보를 배포하거나 배포할 목적으로 수입하는 행위, 저작물 등의 원본이나 그 복제물을 배포·공연 또는 공중송신하거나 배포를 목적으로 수입하는 행위
- 암호화된 방송 신호를 방송사업자의 허락 없이 복호화(復號化)하는 데에 주로 사용될 것을 알거나 과실로 알지 못하고, 그러한 목적을 가진 장치·제품·주요부품 또는 프로그램 등 유무형의 조치를 제조, 조립, 변경, 수입, 수출, 판매, 임대하거나 그 밖의 방법으로 전달하는 행위
- 저작물 등의 라벨을 불법복제물이나 그 문서 또는 포장에 부착·동봉 또는 첨부하기 위하여 위조하거나 그러한 사실을 알면서 배포 또는 배포할 목적으로 소지하는 행위
- 영상저작물을 상영 중인 영화상영관 등에서 저작재산권자의 허락 없이 녹화기기를 이용하여 녹화하거나 공중송신하는 행위
- 방송사업자에게로 송신되는 신호(공중이 직접 수신하도록 할 목적의 경우에는 제외한다)를 제3자에게 송신하는 행위

10. 기타 관련문제

(1) 패러디

패러디란 사회적으로 널리 알려지거나 인정된 저작물을 풍자하거나 조소하는 방법으로 비평함으로써 자신의 것을 표현하는 형식을 말한다. 패러디는 널리 알려진 기성의 권위를 풍자하거나 조소하는 방법으로 비평하는 것이므로 저작권자는 자신의 저작물을 풍자와 조소의 대상으로 한다는 이유 때문에 이용의 허락을 하지 않으려 한다. 따라서 이를 저작권자의 결정에만 맡겨 둔다면 패러디라는 표현 형식 자체가 가능하지 않게 되거나 크게 위축될 가능성이 높아서 다음의 요건을 충족하면 저작권 보호의 예외를

인정하고 있다.

첫째, 단순한 비평이 아니라 풍자 또는 조소 등의 방법으로 비평하여야 한다. 둘째, 독자들이 패러디의 대상을 알 수 있는 잘 알려진 저작물을 대상으로 하여야 한다. 셋째, 저작물의 특징적인 부분을 충분히 언급하여 그 저작물을 연상할 수 있게 해야 한다. 넷째, 대상 저작물을 직접 풍자하거나 조소하여야 한다. 일반적으로 잘 알려진 저작물을 세태풍자나 개그의 소재로써 사용하는 경우는 저작물 이용허락을 받을 수 있는 가능성이 높으므로 패러디로서 저작권 보호의 예외를 인정할 필요가 없다. 이를 간접 패러디라고 한다.

(2) 초상권과 퍼블리시티권

우리나라는 초상권을 직접적으로 보호하는 실정법은 아직 없다. 저작권법 제35조 4항, 헌법 제10조와 제17조 해석을 통해 초상권의 법적 근거를 도출하고, 민법 제751조 1항을 통해 초상권 침해에 대한 손해배상 책임을 구할 수 있도록 하여 초상권 침해로 인한 권리구제방안을 마련하고 있다.

초상권은 개인의 얼굴, 목소리 등 특정인임을 식별할 수 있는 신체적 특징을 함부로 촬영 또는 작성되지 아니할 권리(촬영, 작성거절권), 사진이나 작성된 초상이 함부로 공표되지 않을 권리(공표거절권), 사진이나 초상이 함부로 영리적으로 이용당하지 않을 권리(초상영리권)이다. 초상권은 허락 없이 개인의 초상이 촬영·공표 당함으로써 받게 되는 정신적 고통을 방지하고자 하는 개인의 인격적 이익을 보호하고, 초상의 노출이 감정의 손상이라기보다는 경제적 이익을 박탈당한 것으로 보고 재산상의 이익을 보호하고자 한 것이다. 승낙에 의하여 촬영된 사진이라도 이를 함부로 공표하는 행위 및 일단 공표된 사진이라도 다른 목적에 사용하는 행위는 모두 초상권(공표거절권)을 침해한 것이다.

오늘날 영미권에서는 초상권을 순수한 인격적 권리로서의 초상권과 재산적 권리로서의 초상권을 구분하여, 전자를 초상권이라 하고 후자를 퍼블리시티권(right of publicity)이라 한다. 즉, 퍼블리시티권은 사람의 성명, 초상, 음성, 동작, 서명, 실연스타일 등 그 사람의 인격적 징표를 포괄하여 이것이 영리 목적으로 이용되는 경우를 보호하고자 하는 권리라고 할 수 있다.

우리나라도 퍼블리시티권에 대한 사회적 관심이 증가하고 있다. 이는 인터넷과 스마트폰 등에 의한 정보 접근성이 높아지고, 정보의 양과 보급 속도, 소득 증가로 인한 연예, 오락 시장의 확대 때문이다. 연예산업의 확대, 스포츠 산업의 성장과 게임 시장 발전 등으로 종래 생각하지 못하였던 퍼블리시티권 시장이 생성된 것이다.

그러나 개인의 인격적 징표(personal identity)의 보호에 대하여는 보호 방법, 객체, 양도성 및 상속성의 인정을 내용으로 하는 보호정도 등에 대하여 국제적으로 확립된 기준이 없다. 퍼블리시티권 이론을 발전시킨 미국에서도 연방법형태의 통일된 법제가 마련되어 있지 않다.

퍼블리시티권은 1953년 해란(Haelan) 사건에서 미국 연방제2항소법원이 처음으로 이름 붙인 권리라 알려져 있다. 이것은 프로야구 선수들의 사진을 배타적으로(exclusive) 광고에 사용할 것을 허락받은 껌회사(Haelan Laboratories Inc.)가 그 프로야구 선수들의 사진을 광고에 사용한 경쟁 껌회사(Topps Chewing Gum)를 상대로 한 사건이다. 법원은 유명인의 초상권이 양도된 후 그 사진의 이용과 관련한 유일한 권리는 프라이버시권이라는 피고의 주장에 대하여, "프라이버시권에 더하여 이와 독립하여 사진에 대한 퍼블리시티 가치, 즉 사진을 출판할 수 있는 배타적 특권을 부여할 수 있는 권리가 인정된다"고 하여 퍼블리시티권을 인정한 것이다.

우리나라 '언론중재 및 피해자 보호 등에 관한 법률(약칭 : 언론중재법)'에서 '인격권'을 타인의 생명, 자유, 신체, 건강, 명예, 사생활의 비밀과 자유, 초상(肖像), 성명, 음성, 대화, 저작물 및 사적(私的) 문서, 그 밖의 인격적 가치 등에 관한 권리이라 규정하고 있다(언론중재 및 피해구제 등에 관한 법률 제5조). 그러나 우리나라 법은 재산권 측면인 퍼블리시티권에 대해서는 입법이 논의된 적은 있으나 아직 법률로 만들어지지 않았다. 이는 저작물의 개념이 저작물을 전제로 하고, 저작물은 창작성을 요건으로 하는데 이른바 창작부산물까지 저작물에 포함시키는데 무리가 있다는 점, 창작의욕과 무관한 퍼블리시티권을 저작권법에 포함하기에는 적절치 않다는 등의 의견이 많다.

일반인의 초상을 영리 목적 등 재산적으로 이용하는 것에 대해서도 퍼블리시티권이 적용된다. 공인의 초상은 일반 개인의 초상에 비해 약하게 인정되지만 공인의 퍼블리시티권은 일반인에 비해 더 강하게 인정된다.

■ **퍼블리시티권 입법에 대한 찬반 논리**

찬성논리 : 첫째, 유명연예인 등의 성명이나 초상이 무단으로 사용되더라도 정신적 손해를 인정받지 못하는 사례가 있으므로 재산적 피해를 배상받을 수 있는 제도가 필요하고, 둘째, 우리나라 민법은 재산 이외의 손해에 대하여는 정신적 고통에 대한 배상책임만을 인정하고, 저작권법의 저작인격권도 재산적 가치가 있는 성명·초상 등 개인의 이미지에 대한 권리를 보호하지 못하여 보호에 공백이 있고, 셋째, 특정인의 성명 초상의 독점적 사용권을 제도적으로 보장함으로써 퍼블리시티권 시장이 형성되고 관련 산업이 활성화된다고 한다.

반대논리 : 첫째, 이용자 측면에서 헌법이 보장하는 언론·출판의 자유에 대한 제한으로 작용하고, 둘째 노력을 통하지 않고 얻은 성명·초상 등에 대하여 배타적 재산권을 주는 것은 일반인과 비교할 때 형평에 반하는 과도한 보호라는 점 등을 근거로 한다.

◆ 참고문헌

- 대한민국 저작권법 [법률 제15823호, 2018. 10. 16, 일부개정]
- 저작권법 시행령 [대통령령 제29950호, 2019. 7. 2, 타법개정]
- 저작권법 시행규칙 [문화체육관광부령 제274호, 2016. 11. 8, 일부개정]
- 언론중재 및 피해구제 등에 관한 법률 [법률 제16060호, 2018. 12. 24, 일부개정]
- 한국저작권위원회, 한국 저작권 판례집 [13], (2011)
- 윤경, 캐릭터의 저작물성, 대법원 판례해설, 62호 (2006)
- 윤선희, 지적재산권법, 세창출판사, (2018)
- 특허청 및 한국발명진흥회, 지식재산의 이해, 박문각 (2018)
- 이규홍, 기술적 보호조치에 관한 소고, 정보법학, 11(1), 145 (2008)
- 정상조·박준석, 지식재산권법, 홍문사, (2019)
- 채명기, 신명우, 쉽게 익히는 이야기 '쏙' 학교 저작권, 한국교육학술정보원 & 한국저작권위원회, (2011)
- 구정화, 김혁진, 우미형, 이영수, 채명기, 최윤진, 한호, 학교 선생님을 위한 저작권 이해, 한국교육학술정보원 (2008)
- 손승우, 정진근, 이강석, 강기봉, 김석훈, 정재곤, 김혜창, 이진태, SW 역분석과 기술적 보호조치, 한국저작권위원회, (2009)
- 한국저작권위원회 원격교육연수원, 저작권 기초 다지기, 한국저작권위원회, (2015)

CHAPTER 7

제7장 부정경쟁 및 영업비밀

제1절 부정경쟁 유형 및 침해구제수단

핵심내용

- 부정경쟁방지 및 영업비밀보호에 관한 법률은 국내에 널리 알려진 타인의 상표·상호(商號) 등을 부정하게 사용하는 등의 부정경쟁행위와 타인의 영업비밀을 침해하는 행위를 방지하여 건전한 거래질서를 유지함을 목적으로 한다.

- 부정경쟁방지 및 영업비밀보호에 관한 법률은 부정경쟁행위의 정의, 부정경쟁행위의 금지 조항을 갖추고 있다.

- 부정경쟁행위에 대해 민사적 구제수단(침해금지 또는 예방청구, 손해배상청구 및 신용회복청구)과 형사적 제재수단(징역과 벌금형)이 규정되어 있다. 그리고 위반행위자에 대한 행정조치(특허청장의 부정경쟁행위에 대한 조사와 시정권고)를 규정하고 있다.

우리나라는 자유경쟁을 통한 자본주의적 자유시장경제질서를 근간으로 하고 있다. 경쟁행위의 공정성 담보는 우리 경제질서를 유지하기 위한 최소한의 전제이며, 자유로운 경쟁질서를 파괴하는 부정경쟁행위를 규제하기 위해 '부정경쟁방지 및 영업비밀 보호에 관한 법률'(약칭: 부정경쟁방지법)을 두고 있다.

부정경쟁방지법은 특허법, 실용신안법, 디자인보호법, 상표법 등과 같이 지식재산권법의 한 부분이다. 상표제도와 부정경쟁방지에 관한 내용은 업무상의 표지에 관한 사항을 규정함으로써 영업상 경업(경쟁되는 영업)질서유지 내용을 담고 있는 경쟁질서 유지라는 공통점이 있다. 그러나 경쟁질서 유지를 위해서 상표법은 상표권 등록 제도를 통해 상표권자에게 상표에 관한 독점배타권을 부여하지만, 부정경쟁방지법에서는 국내에 널리 알려진 타인의 상표·상호 등의 표지와 혼동을 일으키는 부정경쟁행위 자체를 금지한다는 점에서 차이가 있다.

1. 부정경쟁행위 유형

종전의 부정경쟁방지법은 여러 가지 유형의 부정경쟁행위를 열거해서 규정하는 방식을 취하고 있었다. 즉, 부정경쟁방지법 제2조 제1호에서 일정행위를 부정경쟁행위로 한정하여 열거하고, 그 이외의 부정경쟁행위에 대해서는 민법, 형법, 상법 등 다른 법률에 의해 규제하였다. 그러나 현대사회에서 과학기술이 발전하고 시장이 다변화되면서 기존에 법률에 규정되어 있지 않은 새로운 유형의 부정경쟁행위가 발생하게 되었다. 이에 새로이 등장하는 경제적 가치를 지닌 무형의 산물을 보호하기 위하여 부정경쟁행위에 대한 보충석 일반조항이 도입되었다. 이하에서는 부정경쟁방지법에서 규정하고 있는 부정경쟁행위에 대해 살펴보기로 한다.

(1) 상품주체의 혼동야기행위(부정경쟁방지법 제2조 제1호 가목)

상품주체의 혼동야기행위는 국내에 널리 인식된 타인의 성명, 상호, 상표, 상품의 용기·포장, 그 밖에 타인의 상품임을 표시한 표지(標識)와 동일하거나 유사한 것을 사용하거나 이러한 것을 사용한 상품을 판매·반포(頒布) 또는 수입·수출하여 타인의 상품과 혼동하게 하는 행위를 말한다.

'국내에 널리 인식되었다'는 것에 관하여 우리나라 판례를 살펴보면 "국내 전역에 걸쳐 모든 사람에게 주지되어 있음을 요하는 것이 아니고, 국내의 일정한 지역범위 안에서 거래자 또는 수요자들 사이에 알려진 정도로써 족하고 상표 등의 등록여부와 관계없으며, 널리 알려진 상표 등인지 여부는 그 사용기간, 방법, 태양, 사용량, 거래범위 등과 상품거래의 실정 및 사회통념상 객관적으로 널리 알려졌느냐의 여부 등이 기준이 된다."고 판시하고 있다[1].

(2) 영업주체의 혼동야기행위(부정경쟁방지법 제2조 제1호 나목)

영업주체의 혼동야기행위는 국내에 널리 인식된 타인의 성명, 상호, 표장(標章), 그 밖에 타인의 영업임을 표시하는 표지(상품 판매·서비스 제공방법 또는 간판·외관·실내장식 등 영업제공 장소의 전체적인 외관을 포함)와 동일하거나 유사한 것을 사용하여 타인의 영업상의 시설 또는 활동과 혼동하게 하는 행위를 말한다.

2018년 개정을 통하여 '상품 판매·서비스 제공방법 또는 간판·외관·실내장식 등 영업제공 장소의 전체적인 외관'도 영업표지로 포섭하여 소위 '트레이드드레스(Trade Dress)'까지도 보호할 수 있게 되었다.

(3) 유명상표의 식별력·명성 손상행위(부정경쟁방지법 제2조 제1호 다목)

유명상표의 식별력·명성 손상행위는 부정경쟁방지법 제2조 제1호 가목 또는 나목의 혼동하게 하는 행위 외에 비상업적 사용 등 대통령령으로 정하는 정당한 사유 없이 국내에 널리 인식된 타인의 성명, 상호, 상표, 상품의 용기·포장, 그 밖에 타인의 상품 또는 영업임을 표시한 표지(타인의 영업임을 표시하는 표지에 관하여는 상품 판매·서비스 제공방법 또는 간판·외관·실내장식 등 영업제공 장소의 전체적인 외관을 포함)와 동일하거나 유사한 것을 사용하거나 이러한 것을 사용한 상품을 판매·반포 또는 수입·수출하여 타인의 표지의 식별력이나 명성을 손상하는 행위를 말한다.

(4) 원산지 허위표시행위(부정경쟁방지법 제2조 제1호 라목)

원산지 허위표시행위는 상품이나 그 광고에 의하여 또는 공중이 알 수 있는 방법으로 거래상의 서류 또는 통신에 거짓의 원산지의 표지를 하거나 이러한 표지를 한 상품을 판매·반포 또는 수입·수출하여 원산지를 오인(誤認)하게 하는 행위를 말한다.

(5) 상품출처지의 오인야기행위(부정경쟁방지법 제2조 제1호 마목)

상품출처지의 오인야기행위는 상품이나 그 광고에 의하여 또는 공중이 알 수 있는 방법으로 거래상의 서류 또는 통신에 그 상품이 생산·제조 또는 가공된 지역 외의 곳에서 생산 또는 가공된 듯이 오인하게 하는 표지를 하거나 이러한 표지를 한 상품을 판매·반포 또는 수입·수출하는 행위를 말한다.

(6) 상품의 품질·내용·수량의 오인야기행위(부정경쟁방지법 제2조 제1호 바목)

상품의 품질·내용·수량의 오인야기행위는 타인의 상품을 사칭(詐稱)하거나 상품 또는 그 광고에 상품의 품질, 내용, 제조방법, 용도 또는 수량을 오인하게 하는 선전 또는 표지를 하거나 이러한 방법이나 표지로써 상품을 판매·반포 또는 수입·수출하는 행위를 말한다.

---

1) 대법원 2003. 9. 26. 선고, 2001다76861 판결.

(7) 상표권자의 동의없는 대리인의 상표사용행위(부정경쟁방지법 제2조 제1호 사목)

상표권자의 동의없는 대리인의 상표사용행위는 '공업소유권의 보호를 위한 파리협약 당사국, 세계무역기구 회원국, 상표법 조약의 체약국'에 등록된 상표 또는 이와 유사한 상표에 관한 권리를 가진 자의 대리인이나 대표자 또는 그 행위일 전 1년 이내에 대리인이나 대표자이었던 자가 정당한 사유 없이 해당 상표를 그 상표의 지정상품과 동일하거나 유사한 상품에 사용하거나 그 상표를 사용한 상품을 판매·반포 또는 수입·수출하는 행위를 말한다.

(8) 정당한 권원이 없는 자의 도메인 이름 선점행위(부정경쟁방지법 제2조 제1호 아목)

정당한 권원이 없는 자의 도메인 이름 선점행위는 정당한 권원이 없는 자가 '① 상표 등 표지에 대하여 정당한 권원이 있는 자 또는 제3자에게 판매하거나 대여할 목적, ② 정당한 권원이 있는 자의 도메인이름의 등록 및 사용을 방해할 목적, ③ 그 밖에 상업적 이익을 얻을 목적' 중 하나의 목적으로 국내에 널리 인식된 타인의 성명, 상호, 상표, 그 밖의 표지와 동일하거나 유사한 도메인이름을 등록·보유·이전 또는 사용하는 행위를 말한다.

(9) 타인이 제작한 상품의 형태를 모방한 상품의 사용행위(부정경쟁방지법 제2조 제1호 자목)

타인이 제작한 상품의 형태를 모방한 상품의 사용행위는 타인이 제작한 상품의 형태(형상·모양·색채·광택 또는 이들을 결합한 것을 말하며, 시제품 또는 상품소개서상의 형태를 포함)를 모방한 상품을 양도·대여 또는 이를 위한 전시를 하거나 수입·수출하는 행위를 말한다. 다만, ① 상품의 시제품 제작 등 상품의 형태가 갖추어진 날부터 3년이 지난 상품의 형태를 모방한 상품을 양도·대여 또는 이를 위한 전시를 하거나 수입·수출하는 행위나 ② 타인이 제작한 상품과 동종의 상품(동종의 상품이 없는 경우에는 그 상품과 기능 및 효용이 동일하거나 유사한 상품을 말한다)이 통상적으로 가지는 형태를 모방한 상품을 양도·대여 또는 이를 위한 전시를 하거나 수입·수출하는 행위에 해당하는 행위는 제외한다.

(10) 타인의 아이디어를 부정하게 사용하는 행위(부정경쟁방지법 제2조 제1호 차목)

타인의 아이디어를 부정하게 사용하는 행위는 사업제안, 입찰, 공모 등 거래교섭 또는 거래과정에서 경제적 가치를 가지는 타인의 기술적 또는 영업상의 아이디어가 포함된 정보를 그 제공목적에 위반하여 자신 또는 제3자의 영업상 이익을 위하여 부정하게 사용하거나 타인에게 제공하여 사용하게 하는 행위를 말한다. 다만, 아이디어를 제공받은 자가 제공받을 당시 이미 그 아이디어를 알고 있었거나 그 아이디어가 동종 업계에서 널리 알려진 경우에는 그러하지 아니하다.

(11) 부정경쟁행위의 보충적 일반조항(부정경쟁방지법 제2조 제1호 카목)

부정경쟁방지법 제2조 제1호 카목은 부정경쟁행위의 보충적 일반조항으로서 그 밖에 타인의 상당한 투자나 노력으로 만들어진 성과 등을 공정한 상거래 관행이나 경쟁질서에 반하는 방법으로 자신의 영업을 위하여 무단으로 사용함으로써 타인의 경제적 이익을 침해하는 행위를 말한다.

2014년 시행법에서는 위에서 규정한 부정경쟁행위 이외에 타인의 상당한 투자나 노력으로 만들어진 성과 등을 공정한 상거래 관행이나 경쟁질서에 반하는 방법으로 자신의 영업을 위하여 무단으로 사용함으로써 타인의 경제적 이익을 침해하는 행위를 부정경쟁행위로 정하였다. 이러한 규정은 입법자가 부정경쟁행위의 모든 행위를 규정하지 못한 점을 보완하여 법원에게 새로운 유형의 부정경쟁행위를 판단할 수 있는 유연성을 제공함으로써 변화하는 거래관념과 공동사회의 가치기준을 적절한 시기에 반영하여 부정경쟁행위를 규율할 수 있도록 한 부정경쟁행위에 대한 일반조항이라고 할 수 있다. 이러한 일반조항의 도입으로 종전의 법률이 규정한 부정경쟁행위의 유형규정은 제한적 열거규정에서 예시규정으로 전환되었다고 볼 수 있다.

(12) 국기·국장 등의 사용금지(부정경쟁방지법 제3조)

파리협약 당사국, 세계무역기구 회원국 또는 상표법조약 체약국의 국기·국장(國章), 그 밖의 휘장이나 국제기구의 표지와 동일하거나 유사한 것은 상표로 사용할 수 없다. 다만, 해당 국가 또는 국제기구의 허락을 받은 경우에는 그러하지 아니하다. 또한 파리협약 당사국, 세계무역기구 회원국 또는 상표법조약 체약국 정부의 감독용 또는 증명용 표지와 동일하거나 유사한 것은 상표로 사용할 수 없다. 다만, 해당 정부의 허락을 받은 경우에는 그러하지 아니하다.

(13) 자유무역협정에 따라 보호하는 지리적 표시의 사용금지(부정경쟁방지법 제3조의2)

1) 정당한 권원이 없는 자는 대한민국이 외국과 양자간(兩者間) 또는 다자간(多者間)으로 체결하여 발효된 자유무역협정에 따라 보호하는 지리적 표시에 대하여는 상기 부정경쟁행위 유형 중 (4), (5) 이외에도 지리적 표시에 나타난 장소를 원산지로 하지 아니하는 상품(지리적 표시를 사용하는 상품과 동일하거나 동일하다고 인식되는 상품)에 관하여 다음의 행위를 할 수 없다.

가) 진정한 원산지 표시 이외에 별도로 지리적 표시를 사용하는 행위
나) 지리적 표시를 번역 또는 음역하여 사용하는 행위
다) '종류', '유형', '양식' 또는 '모조품' 등의 표현을 수반하여 지리적 표시를 사용하는 행위

다만, 위 방식으로 상표를 사용하는 자로서 아래 가) 및 나) 요건을 모두 갖춘 자는 해당 상표를 그 사용하는 상품에 계속 사용할 수 있다.

가) 국내에서 지리적 표시의 보호개시일 이전부터 해당 상표를 사용하고 있을 것

나) 국내에서 지리적 표시의 보호개시일 이전부터 해당 상표를 사용한 결과 해당 지리적 표시의 보호개시일에 국내 수요자 간에 그 상표가 특정인의 상품을 표시하는 것이라고 인식되어 있을 것

2) 정당한 권원이 없는 자는 다음 각 호의 행위를 할 수 없다.

가) 상기 1)에 해당하는 방식으로 지리적 표시를 사용한 상품을 양도·인도 또는 이를 위하여 전시하거나 수입·수출하는 행위

나) 상기 부정경쟁행위 유형 중 (4), (5)에 해당하는 방식으로 지리적 표시를 사용한 상품을 인도하거나 이를 위하여 전시하는 행위

2. 부정경쟁행위에 대한 구제 수단

부정경쟁행위에 대한 민사적 구제수단으로 금지청구권, 손해배상청구권 및 신용회복청구권을 인정하고 있으며, 형사적 제재수단으로 징역과 벌금형이 규정되어 있다. 그리고 위반행위자에 대한 행정조치로서 특허청장의 부정경쟁행위에 대한 조사와 시정권고를 규정하고 있다

(1) 민사적 구제수단

1) 침해금지 또는 예방청구(부정경쟁방지법 제4조)

부정경쟁행위에 대한 가장 직접적이며 유효한 수단은 부정경쟁행위의 금지 및 예방을 청구하는 것으로, 민법상 불법행위에 있어서는 금전배상이 원칙이지만 부정경쟁행위자에 대하여 손해의 배상을 시켜도 부정경쟁행위 자체를 금지시키지 아니하면 피해자의 구제로는 충분하지 않기 때문에 부정경쟁행위를 즉시에 중지시킬 수 있는 금지 및 예방 청구권 등을 인정하고 있다.

부정경쟁행위로 인하여 자신의 영업상 이익이 침해되거나 침해될 우려가 있다고 인정되는 자는 부정경쟁행위를 하거나 하고자 하는 자에 대하여 그 행위의 금지 또는 예방을 법원에 청구할 수 있으며, 그와 아울러 그 부정경쟁행위를 조성한 물건의 폐기, 부정경쟁행위에 제공된 설비의 제거, 기타 부정경쟁행위의 금지 또는 예방을 위하여 필요한 조치를 함께 청구할 수 있다.

2) 손해배상청구(부정경쟁방지법 제5조)

부정경쟁 행위자의 고의 또는 과실로 영업상 이익이 침해당했을 경우 손해배상청구권을 규정하고 있으며, 금지 및 예방청구권과 달리 과실책임주의 원칙을 명시하고 있다.

즉, 고의 또는 과실에 의한 부정경쟁행위로 타인의 영업상 이익을 침해하여 손해를 가한 자는 그 손해를 배상할 책임을 진다.

손해배상청구와 관련하여 손해액은 추정하는 규정은 다음과 같다.

가) 영업상의 이익을 침해한 자가 부정경쟁행위 등을 하게 한 물건을 양도하였을 때에는 '물건의 양도수량×영업상의 이익을 침해당한 자가 그 부정경쟁행위 등이 없었다면 판매할 수 있었던 물건의 단위수량당 이익액'을 영업상의 이익을 침해당한 자의 손해액으로 할 수 있다.

이 경우 손해액은 '(영업상의 이익을 침해당한 자가 생산할 수 있었던 물건의 수량-실제 판매한 물건의 수량)×단위수량당 이익액'을 한도로 한다.

다만, 영업상의 이익을 침해당한 자가 부정경쟁행위 등으로 판매할 수 없었던 사정이 있는 경우에는 그 부정경쟁행위 등 외의 사유로 판매할 수 없었던 수량에 따른 금액을 빼야 한다.

나) 위와 같이 손해배상을 청구하는 경우 영업상의 이익을 침해한 자가 그 침해행위에 의하여 이익을 받은 것이 있으면 그 이익액을 영업상의 이익을 침해당한 자의 손해액으로 추정한다.

다) 부정경쟁행위 등의 대상이 된 상품 등에 사용된 상표 등 표지의 사용에 대하여 통상 받을 수 있는 금액에 상당하는 금액을 자기의 손해액으로 하여 손해배상을 청구할 수 있다.

다만, 부정경쟁행위 등으로 인한 손해액이 위 금액을 초과하면 그 초과액에 대하여도 손해배상을 청구할 수 있으나, 이 경우 그 영업상의 이익을 침해한 자에게 고의 또는 중대한 과실이 없으면 법원은 손해배상 금액을 산정할 때 이를 고려할 수 있다.

3) 신용회복청구(부정경쟁방지법 제6조)

타인의 불법행위로 인한 손해의 배상은 금전배상이 원칙이다(민법). 그러나 부정경쟁행위는 타인의 신용(good will)에 무임승차하여 이익을 취하는 행위로서 그 타인의 신용 및 명예와 밀접한 관련이 있으므로 금전배상만으로는 만족할 수 없거나, 신용훼손의 구제방법으로 적절치 않은 경우가 많기 때문에 손해배상에 갈음하거나 손해배상과 병행하여 신용회복에 필요한 조치를 할 수 있도록 규정하고 있다. 즉, 고의 또는 과실에 의한 부정경쟁행위로 타인의 영업상의 신용을 실추하게 한 자에 대하여는 부정경쟁행위로 인하여 영업상의 이익이 침해된 자의 청구에 의하여 손해배상에 갈음하거나 손해배상과 함께 영업상의 신용을 회복하는데 필요한 조치를 명할 수 있다.

4) 부정경쟁행위 등의 조사(부정경쟁방지법 제7조)

가) 특허청장, 특별시장·광역시장·특별자치시장·도지사·특별자치도지사 또는 시장·

군수·구청장(자치구의 구청장)은 부정경쟁행위를 확인하기 위하여 필요한 경우로서 다른 방법으로는 그 행위 여부를 확인하기 곤란한 경우에는 관계 공무원에게 영업시설 또는 제조시설에 출입하여 관계 서류나 장부·제품 등을 조사하게 하거나 조사에 필요한 최소분량의 제품을 수거하여 검사하게 할 수 있다.

나) 특허청장, 시·도지사 또는 시장·군수·구청장이 상기 가)에 해당하는 조사를 할 때에는 행정조사기본법에 따라 그 조사가 중복되지 않도록 하여야 한다.

(2) 형사적 제재수단

국내에 널리 인식된 타인의 성명, 상호, 상표, 상품의 용기·포장, 그 밖에 타인의 상품임을 표시한 표지(標識)와 동일하거나 유사한 것을 사용하거나, 이러한 것을 사용한 상품을 판매·반포(頒布) 또는 수입·수출하여 타인의 상품과 혼동하게 하는 행위(사이버스쿼팅[2]과 형태모방행위 제외) 또는 국기·국장의 사용금지에 위반된 행위에 대한 형사적 제재 수단으로서 3년 이하의 징역 또는 벌금을 규정하고 있다(부정경쟁방지법 제18조 제3항). 그리고 법인의 대표자나 법인 또는 개인의 대리인, 사용인, 그 밖의 종업원이 그 법인 또는 개인의 업무에 관하여 제18조제1항부터 제4항까지의 어느 하나에 해당하는 위반행위를 하면 그 행위자를 벌하는 외에 그 법인 또는 개인에게도 해당 조문의 벌금형을 과(科)한다. 다만, 법인 또는 개인이 그 위반행위를 방지하기 위하여 해당 업무에 관하여 상당한 주의와 감독을 게을리하지 아니한 경우에는 그러하지 아니하다(부정경쟁방지법 제19조).

(3) 행정적 구제수단

1) 시정권고

특허청장, 시·도지사 또는 시장·군수·구청장은 부정경쟁방지법 제2조 제1호(아목과 카목은 제외)의 부정경쟁행위나 제3조, 제3조의2제1항 또는 제2항을 위반한 행위가 있다고 인정되면 그 위반행위를 한 자에게 30일 이내의 기간을 정하여 그 행위를 중지하거나 표지를 제거 또는 폐기할 것 등 그 시정에 필요한 권고를 할 수 있다(부정경쟁방지법 제8조).

특허청장 등의 시정권고를 듣지 않는 경우에도 이를 강제할 수 있는 직접적인 수단이 마련되어 있지는 않다. 다만, 시정권고를 듣지 아니한 경우에는 형사고발이 예상되며, 시정권고에도 불구하고 부정경쟁행위가 계속되는 경우에는 고의 내지 중과실이 인정될 것이다. 또한 조사한 자료는 형사절차 등에서 유력한 증거자료가 될 것이므로 간접적인 효력은 인정된다고 볼 수 있다. 특허청장 등은 위의 시정권고를 하

---

2) '사이버스쿼팅'이란 도메인이름에 대하여 '정당한 권원이 없는 자'가 부정한 목적 또는 상업적 이익을 얻을 목적으로 국내에 널리 인식된 타인의 성명·상호·상표 그 밖에 표지와 동일하거나 유사한 도메인이름을 등록·보유·이전 또는 사용하는 행위를 말한다.

기 위하여 필요하다고 인정하면 대통령령으로 정하는 바에 따라 당사자·이해관계인 또는 참고인의 의견을 들어야 한다(부정경쟁방지법 제9조).

2) 과태료

부정경쟁행위 조사에 따른 관계 공무원의 조사나 수거를 거부·방해 또는 기피한 자에게는 2천만원 이하의 과태료를 부과하며(부정경쟁방지법 제20조 제1항), 과태료는 대통령령으로 정하는 바에 따라 특허청장, 시·도지사 또는 시장·군수·구청장이 부과·징수한다(부정경쟁방지법 제20조 제2항).

3) 신고포상금 지급

특허청장은 부정경쟁방지법 제2조 제1호 가목에 따른 부정경쟁행위(상표법 제2조 제1항 제10호에 따른 등록상표에 관한 것으로 한정)를 한 자를 신고한 자에게 예산의 범위에서 신고포상금을 지급할 수 있다(부정경쟁방지법 제16조 제1항). 신고포상금 지급의 기준·방법 및 절차에 필요한 사항은 대통령령으로 정한다(부정경쟁방지법 제16조 제2항).

3. 상표법과 부정경쟁방지법의 비교

(1) 목적 및 달성방법

두 법은 모두 건전한 거래질서를 확립할 목적으로 부정경쟁을 방지하는 것이지만, 그 구체적 달성방법은 약간 다르다. 상표법은 상표를 독점배타적 권리로서 보호함으로써 직접적으로는 상표권자의 업무상 신용 유지를 도모하고 그 반사적 효과로서 부정경쟁을 방지한다. 반면 부정경쟁방지법은 부정경쟁을 야기하는 사실행위 자체를 규제함으로써 직접적으로 부정경쟁을 방지한다.

(2) 규제대상

상표법은 등록상표를 보호하는 것을 원칙으로 하며, 그 규제대상도 그에 대한 침해를 제재하는 것이다. 부정경쟁방지법은 등록유무를 불문하고 상표는 물론 성명·상호·상품의 용기 등과 같은 표지일반 및 영업비밀을 그 보호대상으로 하며 부정경쟁행위 및 영업비밀에 대한 침해를 배제한다.

타인이 비유사상품에 대하여 등록상표를 사용함으로써 상품출처가 혼동될 때에 상표권의 효력은 미치지 않지만 부정경쟁방지법의 규제대상이 될 수 있다.

그 이유는 부정경쟁방지법은 상품의 유무나 부정경쟁목적 여하를 불문하며 오직 혼동이 발생되는가 여부만으로 그 규제대상을 정하기 때문이다.

(3) 보호수단

상표법은 독점배타적 권리로서의 상표권을 설정한 후 타인이 이와 동일·유사한 상표를 지정상품과 동일·유사한 상품에 사용하는 것을 금하고, 위반시에는 민·형사적 보호수단을 인정한다. 반면 부정경쟁방지법은 개별적·구체적인 거래에 있어서 표지의 사용상태를 관찰하고 그 주체에 혼동을 일으키는가의 여부 등을 기준으로 민·형사적 보호수단 외에 행정적 조치로서의 시정권고를 인정한다.

특히 미등록 주지·저명상표에 대해서 상표법에서는 타인의 등록배제라는 소극적 보호만이 인정되나 부정경쟁방지법에서는 타인의 사용을 금지하는 것뿐만 아니라 적극적 보호로서의 민·형사적 구제까지 인정한다.

또한 파리조약 당사국의 국기·국장 등이나 정부의 감독용 또는 증명용 표장에 대해서 상표법은 단지 부등록사유로 소극적 보호를 하는 것에 비해 부정경쟁방지법은 그 사용행위 자체에 대해 적극적인 측면에서의 형사적 제재를 하고 있다.

4. 산업재산권 제도와의 관계

부정경쟁방지법은 상표 뿐만 아니라 특허권 보호대상인 기술정보, 디자인법 보호대상인 상품의 형태, 저작권 보호대상인 인쇄물의 표지 및 경영정보 등이 그 보호대상이다. 보호대상물의 소유자에게 독점배타적 권리를 부여하는 것이 아니라 산업재산권법 영역에서의 부정경쟁행위를 금지하는 것이다. 산업재산권을 침해하지 않았고, 산업재산권 개념과 관련이 없더라도 영업활동 중 타인을 기만하거나 오해를 유발하는 행위는 부정경쟁행위라고 할 수 있다.

제2절 영업비밀 개념, 요건 및 유형

핵심내용

- 영업비밀이란 공공연히 알려져 있지 아니하고 독립된 경제적 가치를 가지는 것으로서, 비밀로 관리된 생산방법, 판매방법, 그 밖에 영업활동에 유용한 기술상 또는 경영상의 정보를 말한다.
- 영업비밀보호제도는 경쟁질서를 확립하고, 영업비밀보유자에게는 새로운 기술정보 또는 경영정보 개발 의욕을 고취시켜 연구나 개발활동을 촉진시키기 위한 것이다.
- 영업비밀이 되기 위해서는 '비공지성, 경제적 유용성, 비밀관리성'의 요건을 갖추어야 한다.

1. 개요

지식기반사회에서 세계 각국의 기업간 글로벌경쟁이 심화되고 있는 가운데, 각 기업들이 시장에서 경쟁상의 우위를 확보하기 위해 스스로 개발하고 기술혁신을 하면서 취득한 기술정보 및 경영활동을 통해 축적한 경영정보가 기업의 핵심 경쟁요소가 되었다. 그리고 다양한 형태의 정보를 수집, 축적, 확산시키는 서비스산업의 비중이 커지고 중요해짐에 따라 보유하고 있는 각종 기술정보 및 경영정보의 비중이 커졌다. 이처럼 공공연히 알려져 있지 아니하고 독립된 경제적 가치를 가지는 것으로서, 비밀로 관리된 생산방법, 판매방법, 그 밖에 영업활동에 유용한 기술상 또는 경영상의 정보를 '영업비밀'이라 한다(부정경쟁방지법 제2조 제2호). 영업비밀은 전통적인 산업재산권법으로는 보호할 수 없기 때문에 이를 보호하기 위해서 '부정경쟁방지 및 영업비밀보호에 관한 법률(약칭 : 부정경쟁방지법)'을 따른다. 영업비밀보호제도는 간접적으로는 특허권이나 저작권으로 보호하기 어려운 기술정보(예를 들어 자연법칙과 기초과학상의 발견, 연산법과 수학공식, 화학제품의 미묘한 조합, 설계도면, 온도·성분에 관한 기술적 노하우 등) 및 경영정보, 영업상의 아이디어 등도 법적으로 보호받을 수 있게 함으로써 특허제도, 저작권제도를 보완하는 기능을 한다.

WTO 무역관련 지식재산권협정인 TRIPs(trade-related aspects of intellectual property rights) 제39조 제2항은 영업비밀의 요건을 규정하고 있는데, 자연인 및 법인은 영업비밀을 허락 없이 건전한 상업적 관행에 반하는 방법으로 타인에게 공개하거나 타인에 의해 획득 또는 사용되는 경우에 합법적으로 이를 금지시킬 수 있다고 되어 있다. 그 요건은 첫째, 통상적으로 해당업계의 사람들에게 일반적으로 알려져 있지 않거나 쉽게 접근 할 수 없는 비밀이고, 둘째, 비밀이기 때문에 상업적 가치를 가지고 있으며, 셋째, 적법하게 그 정보를 관리하고 있는 자에 의해 합리적인 방법으로 비밀로 유지하고 있어야 한다. 우리의 영업비밀의 개념에 대한 규정과 유사하다고 할 수 있다.

2. 영업비밀보호제도 목적

(1) 건전한 경쟁질서 형성

우리나라의 영업비밀보호제도는 1991년 부정경쟁방지법을 개정하여 처음으로 도입되었다. 영업비밀 보호조항을 이 법에 포함한 것은 독일과 일본의 입법사례를 참고한 것으로써 영업비밀 자체를 산업재산권과 같은 권리 형태로 보호하기보다는 타인의 노력과 성과에 편승하여 부당한 이익을 취득하려는 행위를 금지시키는 부정경쟁 금지를 위한 것이다.

CHAPTER 7

(2) 기술개발 및 이전계약 촉진

영업비밀보호제도는 영업비밀보유자에게 새로운 기술정보 또는 경영정보 개발의욕을 고취시켜 연구나 개발활동을 촉진시킨다. 영업비밀을 보유하지 못한 경쟁자에게는 타인이 보유한 영업비밀을 부정한 수단으로 획득하려는 의도를 갖지 못하게 하여 독자적인 기술개발 노력을 하도록 한다. 영업비밀보유자가 기술이전과정 등에서 발생할 수 있는 비밀누출 가능성을 미리 예방하도록 하고 국내 기업간 또는 국가간의 기술이전을 순조롭게 하여 기술이전시장의 형성 및 해당 기술의 효율적 이용을 촉진시킨다.

(3) 특허 및 저작권 제도 보완

특허제도로 보호받는 것은 인간의 기술적 사상으로서 특허권을 부여받기 위한 요건(산업상 이용가능성, 신규성 및 진보성)을 갖추어야 한다. 저작권의 보호 대상은 작가의 사상과 감정을 내포하고 있는 작품으로서 독창성이 있어야 한다. 따라서 특허권이나 저작권으로 보호받기가 어려운 기술정보(예를 들어 자연법칙과 기초과학상의 발견, 연산법과 수학공식, 화학제품의 미묘한 조합, 온도·성분에 관한 기술적 노하우, 특허요건에 부합되지 않는 기술적 사상 등)나 비밀로 간직하고 있는 관리비결 등 경영정보, 영업상의 아이디어 등은 특허권이나 저작권의 보호 범위가 아니지만, 영업비밀로서 법적 보호를 받을 수 있게 함으로써 특허제도와 저작권제도를 보완하는 기능을 한다.

3. 영업비밀보호제도 발전과정

우리나라 영업비밀 보호제도는 1986년부터 시작된 WTO/TRIPs 협상에서 영업비밀이 포함될 것이 확실해지고, 과학기술 발전을 위한 외국의 선진기술 도입 유도 및 국제통상 마찰을 줄이기 위하여 1991년 12월 31일 '부정경쟁방지법'을 개정하면서 도입되었다. 1998년 법 명칭을 '부정경쟁방지 및 영업비밀보호에 관한 법률'로 변경하고, 손해배상 청구시 침해자가 얻은 이익액을 청구인의 손해액으로 추정할 수 있도록 변경하였다. 특히, 영업비밀을 해외로 유출한 자를 가중처벌하고, 전직 임직원이 제3자에게 누설한 경우도 처벌하는 등 영업비밀 침해행위에 대한 형벌규정을 대폭 강화하는 법률개정을 단행하였다. 한편 국내 기업간 또는 우리나라의 첨단분야 영업비밀이 외국으로 유출되는 사례가 증가하자, 정부는 영업비밀 보호를 위하여 형사처벌 및 보호대상 영업비밀의 범위 확대, 친고죄 폐지, 징역형과 벌금을 상향 조정 하는 등 벌칙을 대폭 강화하였다.

4. 영업비밀과 특허의 비교

일반적인 기술은 특허권을 취득하고 독점배타적인 권리를 행사할 수 있는데, 이는 법적 보호가 강력하다는 장점이 있는 반면, 기술공개제도에 의하여 기술내용이 국내는 물론 해외에도 알려지게 되고, 특허권의 효력이 출원한 국가에만 미친다는 단점이 존재한다.

영업비밀은 비밀로 유지돼 외부에 알려지지 않는 한 영구적으로 유효하고, 특허 출원이나 권리화가 필요하지 않다는 장점이 있다. 다만 영업비밀은 독점성이 없고 기업의 관리능력에 따라 효력이 좌우된다는 단점이 있다.

따라서 특허권과 영업비밀 모두에 해당하는 것이라면 어떤 형태로 기술을 보호할 것인지 검토하여 판단해야 한다. 대상기술이 장래 표준으로 될 가능성이 있는 기술이거나, 대상기술과 제품의 관계를 고려하여 제품에 가까운 기술일수록 특허로 보호하는 것이 좋다. 예를 들어 자사의 기술수준이 경쟁업체에 비교하여 큰 차이가 나지 않아서 경쟁업체가 대상기술을 쉽게 개발할 수 있는 경우나 대상기술의 예상수명이 특허권 취득에 필요한 기간보다 길다고 판단되는 경우 특허로보호 하는 것이 바람직하다. 한편 경쟁업체에서 독자적인 개발이 어려운 기술이나 경쟁업체가 자사의 특허권을 침해하더라도 발견이 곤란한 기술에 대해서는 영업비밀로 보호하는 것이 바람직하다. 그리고 계측방법, 계측장치, 제어알고리즘 등과 같이 역설계를 해도 타사의 침해를 발견할 수 없는 기술은 영업비밀로 보호하는 것이 바람직하다. 다만, 경쟁업체에 제조현장을 보여줄 필요가 있는 기업, 종업원의 이직률이 높은 기업 등 영업비밀로서 계속적인 관리가 곤란한 경우 또는 해외 추진사업의 경우에는 비밀관리의 곤란성이나 해당 국가의 법, 제도 등을 충분히 고려하여 신중히 판단해야 한다.

5. 영업비밀 요건

기업에서 지정한 영업비밀이라고 해서 모두 보호대상이 되는 것은 아니고, ① 비공지성, ② 경제성, ③ 비밀관리성이라는 3가지 요건을 갖추어야 한다.

(1) 비공지성

'비공지성'이란 공연히 알려져 있지 않았음을 의미하는 것으로, 불특정 다수인이 그 정보를 알고 있거나 알 수 있는 상태에 있지 않고, 공개된 간행물 등에 게재된 적이 없이 비밀상태인 것을 의미한다. 영업비밀의 정당한 보유자 외에 기업의 종업원 등 비밀준수의무가 있는 자가 그 비밀을 알고 있더라도 불특정 다수의 제3자에게는 비밀로 유지되었다면 비공지성은 유지된 것으로 본다. 또한 보유자와 무관한 제3자가 독자적

개발 등으로 동일한 정보를 보유하고 있고, 제3자가 그 정보를 비밀로서 유지하고 있는 경우 역시 비공지 상태에 있다고 할 수 있다. 그러나 영업비밀 보유자가 비밀로 유지, 관리하더라도 이미 그 정보가 공연히 알려져 있거나 혹은 누구나 제한 없이 입수할 수 있다면 영업비밀이 될 수 없다. 비공지성은 절대적인 비밀성을 의미하는 것이 아니라 상대적인 것으로서 비밀을 지킬 의무가 있는 사람들만이 알고 있는 한 비밀성이 있다고 인정하고, 다른 사람들이 그 정보의 대략적인 윤곽만 알고 구체적인 상세 정보를 알지 못한다면 역시 비밀성이 있다고 인정한 판례가 있다.

또한 어떤 아이디어가 국내에서 사용된 바는 없다 할지라도 국외에서 이미 공개 또는 사용됨으로써 아이디어의 경제적 가치를 얻을 수 있는 자에게 알려져 있는 상태에 있다면, 그 아이디어는 영업비밀이라고 볼 수 없지만, 외국기술을 수입, 개량하여 비밀로 관리해오고 있었을 경우 그 기술은 영업비밀에 속한다고 인정한 판례가 있다.

(2) 경제적 유용성

'경제적 유용성'은 어떤 정보가 영업비밀로서 보호받기 위해서는 기술적으로나 경영 활동에 있어서 경제적 가치를 가지고 있음을 의미한다. 영업비밀을 활용하여 생산비 절감, 매출증대, 납기단축 등의 경제적 이익 및 영업비밀 사용 대가를 받을 수 있거나, 영업비밀의 취득 또는 개발을 위해 상당한 노력과 비용이 필요하다면 경제성이 있다고 할 수 있다. 현재는 사용되지 않더라도 장래에 경제적 가치를 발휘할 가능성이 있는 잠재적으로 유용한 정보 뿐만 아니라 과거에 실패한 연구데이터와 같은 정보도 경제적 가치를 가지고 있다고 할 수 있다. 다만 경제적 가치가 아무리 크다고 할지라도 탈세 방법 등 반사회적인 정보는 영업비밀로 보호될 수 없다.

(3) 비밀관리성

'비밀관리성'이란 부적절한 수단에 의하지 않고는 타인이 영업비밀을 취득할 수 없는 정도로 관리되고 있는 상태를 의미한다. 2015년 개정되기 이전의 부정경쟁방지법은 비밀관리성의 기준으로 '상당한 노력'을 요구하였다. 즉, 객관적으로 보았을 때 물리적인 영업비밀의 표시, 접근방법 또는 접근대상자의 제한, 비밀준수의무의 부과 등 여러 가지 요건을 만족해야 했다.

그러나 상당한 노력의 요건이 너무나 엄격하여 영업비밀 침해가 거의 인정되지 않는 부작용이 발생하자, 2015년에 부정경쟁방지법은 '상당한 노력'에서 '합리적인 노력'으로 비밀유지 관리수준을 완화하였다. 2015년 개정 이후 판례는 "비밀로 유지하기 위한 '합리적인 노력'을 기울였는지 여부는 해당 정보에 대한 접근을 제한하는 등의 조치를 통해 객관적으로 정보가 비밀로 유지·관리되고 있다는 사실이 인식 가능한 상태가 유지되고 있는지 여부(= 접근 제한 + 객관적 인식가능성)를, 해당 정보에 대한 ① 물리적, 기술적 관리, ② 인적, 법적 관리, ③ 조직적 관리가 이루어졌는지 여부에 따라 판단하되,

각 조치가 '합리적'이었는지 여부는 영업비밀 보유 기업의 규모, 해당 정보의 성질과 가치, 해당 정보에 일상적인 접근을 허용하여야 할 영업상의 필요성이 존재하는지 여부, 영업비밀 보유자와 침해자 사이의 신뢰관계의 정도, 과거에 영업비밀을 침해당한 전력이 있는지 여부 등을 종합적으로 고려해 판단해야 할 것이다."[3]라고 하여 영업비밀 보유 기업의 규모를 고려하여 비밀관리의 정도를 상대적으로 판단하기 시작하였다.

그러나 2018년 개정을 통하여 부정경쟁방지법 제2조 제2호의 '합리적인 노력에 의하여'라는 문구를 삭제하고 '비밀로 관리된 생산방법, 판매방법, 그 밖에 영업활동에 유용한 기술상 또는 경영상의 정보'라고만 규정[4]하기에 이르렀다. 즉, 합리적인 노력이 없더라도 비밀로 유지되었다면 영업비밀로 인정받을 수 있게 되었다.

6. 영업비밀 유형

영업비밀 유형을 TRIPs 협정에서는 '전체로서 또는 그 구성요소의 정밀한 배열 및 조합의 형태'라고 규정하고 있어서 통상적으로 기술정보 또는 경영정보를 포함한 것으로 이해할 수 있다. 이는 우리나라를 비롯한 대부분의 국가가 비슷하다.

영업비밀의 유형은 생산방법, 판매방법 등을 제외하고 기술상 혹은 경영상 유용한 정보로 나눌 수 있다. 기술정보는 제품을 제조함에 있어서 고유의 정보로서 코카콜라 제조법과 같은 일반적인 기술정보 등이다. 다만 일반적으로 종업원 자신이 개발한 기술은 특별한 특약이 없는 한 경쟁기업(자)에 누설하여도 영업비밀 침해행위가 아니다. 그렇지만 종업원과의 사이에 재직기간 중 개발한 기술이라도 그것을 회사에 공개하여야 하고, 퇴직 후에 경쟁기업에 누설해서는 안 된다는 특약이 존재하면 영업비밀로 보호된다. 기업에서는 경쟁업체에 대한 경쟁력을 확보하기 위해서 생산·판매진략 등을 경영상 유용한 영업정보로 취급하여 영업비밀로 취급하고 있다. 또한 기술 및 경영에 관한 비밀정보 그 자체가 아니라 비밀정보가 처리되는 과정도 비밀로 유지되고 있고 경제적 가치가 있는 것이라면 영업비밀로 보호될 수 있다.

(1) 제품

시판되고 있는 제품을 구입하여 그 제품의 역공학(reverse engineering)을 통해 제품의 영업비밀을 알아냈다면 그것은 더 이상 영업비밀로 보호받지 못한다. 즉 영업비밀은 특허권, 저작권 등과 같은 배타적인 권리가 아니므로 제품을 구입하여 이를 연구, 분석하여 유사제품을 만들어 내는 경우는 영업비밀 침해가 아니다. 다만 시판되는

3) 의정부지방법원 2016. 9. 27. 선고 2016노1670 판결

4) 부정경쟁방지 및 영업비밀보호에 관한 법률 법률 [시행 2018. 7. 18.] [법률 제15580호, 2018. 4. 17., 일부개정]

제품이라도 일반적인 복제방법으로는 그 기술상의 비밀을 알기가 매우 어렵고, 제조비법 등을 알아야만 하는 경우라면 그것은 영업비밀로 보호된다. 그러므로 제조비법 등을 부정한 방법으로 입수하였다면 이는 영업비밀 침해이다.

(2) 물건 제조법

물건의 생산, 가공, 조립 및 제조법은 특허의 대상이므로 특허를 받을 만한 제조법이라면 특허를 받아 독점배타적인 권리를 취득할 수도 있다. 다만 특허로 등록하기 위해서는 그 내용이 일반에 공개되고 그 권리의 보호기간도 20년으로 한정되므로 타인이 쉽게 알 수 없는 제조법이라면 특허권 보다는 영업비밀로 보호받는 것이 특허권보다 장기간 보호를 받을 수 있다. 또한 특허를 받기 어려운 내용이라면 영업비밀로 보호하는 것이 적합하다. 제조공정 개량, 음식 조리법 등 독자적으로 개발한 독특한 기술은 영업비밀로 인정받을 수 있다.

(3) 시설 및 제품 설계도

제품 생산 라인의 설계도, 공정 설계도, 기계장치의 배치, 어떤 기계장치가 사용되었는지 여부 등도 비밀로 유지되고 있고, 계속 비밀로 유지하여 경제적 이득을 얻을 수 있을 경우에는 영업비밀이 된다. 다만 모든 공장시설의 배치가 영업비밀인 것은 아니며 비공지성, 경제성, 비밀관리성의 영업비밀 요건을 갖추어야 한다.

(4) 물질 배합방법

물질을 제조하기 위한 반응순서, 원료의 배합순서 및 배합비율 등 공개되지 않고, 역공학을 통해서도 알 수 없는 것은 영업비밀로 보호하는 것이 바람직하다. 의약품, 화장품, 음료수, 양념 및 식품 등의 성분, 조성물의 구성 비율, 내용 등 그 성분을 합리적이고 손쉬운 방법으로는 알아내기 어려운 것만 영업비밀로 보호를 받을 수 있다. 예를 들어 식품의 경우 원료의 배합비율, 조리시 불의 강도, 수분의 조절 등에 의하여 그 맛이 달라지므로 그 비법을 정확히 알아낼 수 없어야 영업비밀이 될 수 있다.

(5) 연구 자료

연구개발과정, 결과보고서 및 연구에 사용된 데이터 등 연구 자료는 완성된 것은 물론 미완성 상태에 있는 연구 자료, 실패로 끝난 연구 자료도 영업비밀이 된다. 예를 들어 새로운 의약품 등을 개발할 경우에는 개발의 성패와 관계없이 임상실험에 상당한 시간과 비용이 소요되고, 연구 실패 자료라도 다른 새로운 의약품 개발에 중요한 참고자료가 되므로 개발관련 연구 자료는 영업비밀이 된다.

(6) 디자인

디자인은 일반적으로 디자인권 등으로 보호될 수 있지만, 패션디자인의 경우에는 유행 기간이 짧고, 제품의 수명이 짧아 디자인으로 등록하지 않는 경우가 많다. 그리고 패션디자인이 상품에 화체되어 일반에 판매되기 시작한 이후에는 그 디자인이 일반에 공개된 것으로서 비밀성을 유지하기 어려우므로 영업비밀로 보호받기 어렵다. 다만 일반에 판매하기 전 새로운 디자인의 개발과정 및 개발 후 판매하기 전에 개발자에 의해 비밀로 유지되는 것이라면 영업비밀로 보호될 수 있다.

(7) 각종 계획 및 관리정보

경영전략, 신규 투자계획, 마케팅 및 판매계획, 입찰계획, 신제품 개발 및 생산계획, 인력수급계획, 원가분석, 마진율, 거래처 정보, 인사나 재무관리 및 경영분석 정보 등 공개되면 자사의 피해가 우려되거나 경쟁업체에 유리한 정보 및 경쟁업체의 대응이 있을 수 있는 계획은 영업비밀이 될 수 있다.

(8) 매뉴얼 등 중요자료

원료 투입순서, 화합물의 반응방법, 합성방법, 판매기법, 고객 접근 및 설득방법, 시장 조사방법, 원가산정방법 등 그 기업의 기술과 경험을 바탕으로 작성한 기술서류, 그 업체만의 독특한 방법이나 기법을 포함하고 있는 모든 매뉴얼 등도 영업비밀이 될 수 있다.

(9) 고객 명부

지역별, 연령별, 직업별 고객명부, 분류표, 거래선명부, 대리점이나 영업점의 영업자료 등과 같이 중요한 영업정보로 활용되고, 비밀자료로 관리되고 있는 고객명부 등은 경영상의 유용한 정보이지만 모든 고객명부가 영업비밀에 해당되지 않는다. 고객명부 등 고객관리 자료가 영업비밀로 보호받기 위해서는 다음 내용을 검토해야 한다. 또한 고객정보의 유출은 개인 정보보호 차원에서 사회적 물의를 일으킬 수도 있다.

- 소유자와 경쟁자에 대한 정보의 가치
- 정보를 취득하기 위하여 투입한 비용
- 정보를 취득하기 위한 어려움의 정도
- 정보가 외부에 알려진 정도
- 정보가 영업과 관련된 피고용인들에게 알려진 정도
- 정보보호를 위해 경영주가 보호 장치를 한 정도
- 정보보유자와 대리인과의 계약 존부 여부
- 피고용인이나 대리인의 영업비밀 취득 경로
- 피고용인과 고객 간의 개인적인 친밀도
- 시장의 경쟁성 등

제3절 영업비밀 침해행위

핵심내용

- 영업비밀 침해행위에는 6가지 유형이 있으며, 크게 부정취득과 관련된 영업비밀 침해와 비밀유지 의무자의 부정공개와 관련된 영업비밀 침해로 나눈다.
- 영업비밀 보호를 위한 법적 수단에는 영업비밀침해금지 및 예방 청구권, 손해배상청구권, 신용회복청구권 등의 민사적 보호와 형사적 보호 수단이 있다.
- 비밀유지명령제도에 따라 법원은 영업비밀을 알게 된 자에게 소송 수행 외의 목적으로 영업비밀을 사용하는 행위 등을 하지 못하도록 명할 수 있다.

현행 부정경쟁방지법은 '영업비밀 침해행위'를 6가지 유형으로 한정적으로 열거하고 있다(부정경쟁방지법 제2조 제3호). 그것은 크게 두 가지 유형 즉, '부정취득'과 관련된 영업비밀 침해와 비밀유지 의무자의 '부정공개'와 관련된 영업비밀 침해로 나눈다.

부정취득과 관련된 침해	• 영업비밀을 부정취득, 사용, 공개하는 행위 • 부정취득된 영업비밀을 악의, 중과실로 취득, 사용, 공개하는 행위 • 선의취득 후 악의 중과실에 의한 사용, 공개 행위
부정공개와 관련된 침해	• 영업비밀을 부정공개, 사용하는 행위 • 부정공개된 영업비밀을 악의, 중과실로 취득, 사용, 공개하는 행위 • 선의취득 후 악의 중과실에 의한 사용, 공개 행위

1. 영업비밀 침해행위의 유형

(1) 부정취득과 관련된 침해유형

1) 영업비밀을 부정취득, 사용, 공개하는 행위(부정경쟁방지법 제2조 제3호 가목)

영업비밀을 부정취득, 사용, 공개하는 행위는 절취, 기망, 협박이나 기타 부정한 수단으로 영업비밀을 취득하는 행위 또는 그 취득한 영업비밀을 사용하거나 공개(비밀을 유지하면서 특정인에게 알리는 것 포함)하는 행위를 말한다.

부정취득 행위는 전형적인 산업스파이 행위로서, 절취, 기망, 협박은 부정취득 행위의 예를 든 것이고 반드시 이에 한하지는 않는다. 기타 부정한 수단이란 형벌법규 위반 행위 및 그와 동등의 위법성을 가졌다고 판단되는 일체의 반사회적 수단을 포함하는 개념이다. 금전에 의한 매수, 지위제공에 의한 고용계약 파기유인, 고객을 가장한 방법에 의한 생산시설 침입, 영업비밀보유 매체(문서, 디스켓 등) 취득, 영업비밀 보유매체 복사, 영업비밀 내용을 기억하여 취득하는 행위, 도청이나 전파탐지 등 신의성실에 반하는 방법에 의한 영업비밀 침해행위 등을 예로 들 수 있다.

부정취득한 영업비밀의 사용행위란 영업비밀을 그 고유의 용도 내지 사용목적에 따라 활용하는 행위이다. 부정취득한 영업비밀을 제품의 제조 또는 영업활동 등에 직접 사용하는 행위는 물론이고 연구개발이나 영업활동 등을 함에 있어서 취득한 영업비밀을 참고하는 행위 등이다.

부정취득한 영업비밀의 공개행위는 영업비밀을 불특정인에게 공개하는 행위 및 비밀로 유지하면서 특정인에게 알리는 행위를 말하며, 제3자에게 매각 또는 라이선스 계약 등의 방법으로 공개하는 경우 등이다. 부정공개행위는 구두, 서면뿐만 아니라 도면, 모형의 전시에 의해서도 가능하며 제3자가 영업비밀을 알려고 하는 것을 저지하지 않고 방치하는 행위 등이다.

2) 부정취득된 영업비밀을 악의, 중과실로 취득, 사용, 공개하는 행위(부정경쟁방지법 제2조 제3호 나목)

영업비밀에 대하여 부정취득행위가 개입된 사실을 알거나 중대한 과실로 알지 못하고, 그 영업비밀을 취득하는 행위 또는 그 취득한 영업비밀을 사용하거나 공개하는 행위이다. 중대한 과실로 취득이란 영업비밀 취득자가 부정취득자 또는 부정취득자로부터 영업비밀을 전달받은 전득자로부터 영업비밀을 취득함에 있어서 사회적 지위, 종사하는 직업 등에 따라 평균적으로 요구되는 주의를 현저하게 게을리하였기 때문에 부정취득행위가 개입된 사실을 알지 못한 것을 말한다.

이는 부정취득행위를 전제로 당해 영업비밀의 유통과정에서 부정취득이 개입된 사실에 관하여 악의 또는 중과실인 채 이를 전득하는 경우를 금지하기 위한 것이다. 부정취득자로부터 직접 취득한 자 뿐만 아니라 전득자로부터 취득한 자도 포함한다. 단순히 영업비밀 부정취득행위가 개입된 사실을 인식하면서 또는 인식하지 못한 가운데 중대한 과실이 있으면서 영업비밀을 취득하거나 그것을 사용, 공개하는 행위가 여기에 해당한다.

3) 선의취득 후 악의, 중과실에 의한 사용, 공개 행위(부정경쟁방지법 제2조 제3호 다목)

선의로 영업비밀을 취득한 후에 그 영업비밀에 대해 부정취득행위가 개입된 사실을 알거나 중대한 과실로 알지 못하고 그 영업비밀을 사용하거나 공개하는 행위이다. 선의라 함은 영업비밀취득자가 부정취득자 또는 전득자로부터 영업비밀을 취득함에 있어서 당해 영업비밀에 부정취득행위가 개입된 사실을 알지 못한 것을 말한다.

영업비밀 취득시에는 선의였고 중과실이 없었으나 취득 후 악의 또는 중과실이 인정되는 사후적 악의자에 대하여 당해 영업비밀의 사용 등을 침해행위로 보아 제한하기 위한 것이다. 선의였으며 중대한 과실 없이 영업비밀을 취득한 자가 나중에 영업비밀 보유자로부터 경고를 받거나 어떤 경로를 통해 부정취득사실을 알게 되는 등 자기가 취득한 영업비밀에 부정취득행위가 개입된 것을 알거나 중대한 과실로 알지 못하고, 이를 사용하거나 공개하는 등의 행위를 규제하기 위한 것이다. 영업비밀은 비록 유출되더라도 그것이 비밀로 유지되고 있는 한은 보호할 가치가 있기 때문이다. 본 규정에 대하여는 일정한 요건을 갖춘 선의자의 피해를 방지하기 위해 특례가 적용된다.

(2) 부정공개과 관련된 침해유형

1) 영업비밀을 부정 공개, 사용하는 행위(부정경쟁방지법 제2조 제3호 라목)

계약관계 등에 따라 영업비밀을 비밀로 유지하여야 할 의무가 있는 자가 부정한 이익을 얻거나 그 영업비밀 보유자에게 손해를 가할 목적으로 그 영업비밀을 사용하거나 공개하는 행위를 말한다. 이는 정당하게 영업비밀을 취득한 자가 비밀유지 의무를 부담하고 있음에도 불구하고 부정한 목적을 가지고 위 의무를 위반하여 영업비밀을 사용 또는 공개하는 행위를 규제하기 위한 것이다. 행위의 주체는 기업체의 임직원, 영업비밀 실시계약(license)에 의한 실시권자 등 비밀유지의무가 있는 자이다. 비밀유지의무는 법률에서 그 의무를 명시한 경우, 개별적인 계약관계가 있는 경우 및 이러한 계약관계가 없더라도 이에 준하는 신뢰관계가 있는 경우 신의칙상 비밀유지의무가 발생한다. 재직중이거나 퇴직 후 또는 계약중이거나 계약만료 후 모두 해당한다. 침해행위에 있어서 침해자가 부정한 이익을 얻거나 본래의 영업비밀보유자에게 손해를 끼칠 목적으로 영업비밀을 사용하거나 공개하는 행위만 해당된다.

2) 부정공개된 영업비밀을 악의·중과실로 취득·사용·공개하는 행위(부정경쟁방지법 제2조 제3호 마목)

영업비밀이 위 1)의 규정에 따라 공개된 사실 또는 그러한 공개행위가 개입된 사실을 알거나 중대한 과실로 알지 못하고 그 영업비밀을 취득하는 행위 또는 그 취득한 영업비밀을 사용하거나 공개하는 행위이다.

위 1)의 부정한 행위에 의해 공개된 영업비밀에 대해 사후적으로 관여하는 것을 금지하려는 규정이며, 구체적 내용은 앞에서 기술한 부정취득된 영업비밀을 악의, 중과실로 취득, 사용, 공개하는 행위(부정경쟁방지법 제2조 제3호 나목)와 동일하다.

3) 선의취득 후 악의·중과실에 의한 사용·공개 행위(부정경쟁방지법 제2조 제3호 바목)

영업비밀을 취득한 후에 그 영업비밀이 1)의 규정에 따라 공개된 사실 또는 그러한 공개행위가 개입된 사실을 알거나 중대한 과실로 알지 못하고 그 영업비밀을 사용하거나 공개하는 행위이다.

구체적 내용은 앞에서 기술한 선의취득 후 악의, 중과실에 의한 사용, 공개 행위(부정경쟁방지법 제2조 제3호 다목)와 동일하며 본 규정에 대하여는 일정한 요건을 갖춘 선의자의 피해를 방지하기 위해 특례가 적용된다.

2. 침해에 대한 법적 보호수단

영업비밀을 보호함으로써 개인 또는 기업이 경쟁상의 우위를 확보하기 위하여 많은 비용과 인력 및 시간을 투입하여 개발하고 축적한 기술 및 경영상의 재산적 정보를 침해행위로부터 보호하여 건전한 경쟁질서를 형성하고 유지할 수 있다. 또한 영업비밀침해행위를 규제함으로써 영업비밀 보유자에게는 새로운 기술정보나 경영정보의 개발의욕을 고취시켜 연구·개발활동을 촉진하게 되고, 영업비밀을 보유하지 못한 경쟁자에게는 타인이 보유한 영업비밀을 부정한 수단으로 획득하려는 의도를 갖지 못하게 하여 독자적인 기술개발 노력을 기울이게 할 수 있다.

최근 기업이 보유한 첨단기술이 유출되는 사건이나, 경쟁기업이 보유한 기술정보를 부정한 방법으로 취득하는 사례가 빈번히 일어나고 있다. 이제 산업스파이 문제는 더 이상 고급기술을 보유한 일부 기업만이 아니라, 대부분의 기업에게 현실적인 문제로 대두되고 있다. 최근에는 우리 기업의 핵심정보가 해외로 유출되는 사례가 빈발하고 막대한 국부 손실이 발생함에 따라 국익수호 차원에서의 대책마련이 절실해지고 있다.

부정경쟁방지 및 영업비밀 보호에 관한 법률은 기술상의 영업비밀 뿐만 아니라 경영상의 영업비밀 침해행위에 대한 보호제도를 포함하고 있다. 민사적 보호수단으로 침해금지 청구권, 손해배상 청구권, 신용회복 청구권 등이 있다. 형사적 보호수단은 징역과 벌금 등이 있다.

(1) 민사적 보호

1) 영업비밀침해금지 및 예방 청구권(부정경쟁방지법 제10조 제1항)

영업비밀보유자는 영업비밀 침해행위를 하거나, 하려는 자에 대하여 그 행위에 의하여 영업상의 이익이 침해되거나 침해될 우려가 있을 때 법원에 그 행위의 금지 또는 예방을 청구할 수 있다. 이때 침해행위를 조성한 물건의 폐기, 침해행위에 제공된 설비의 제거 및 기타 침해행위 금지 또는 예방을 위하여 필요한 조치를 함께 청구할 수 있다.

금지청구권자는 영업비밀 보유자이며, 영업비밀을 개발하여 보유하고 있는 자 외에 그 양수인이나 라이선싱 등으로 정당한 권리를 가지고 있는 자를 포함한다. 금지 및 예방청구 내용은 일정한 제품의 생산을 일정기간 중지시키거나 완성제품의 배포·판매를 못하게 하는 것 등 영업비밀 침해행위에 해당하는 영업비밀의 부정취득, 사용 및 공개행위 등을 금지하는 것이다. 금지 및 예방 기간은 영업비밀 침해가 없었더라면 보유자가 침해자에 대하여 경쟁상의 우위를 지킬 수 있는 기간(leading period) 또는 침해자의 독자적인 기술개발에 소요되는 기간 등이 될 수 있다. 영업비밀침해금지 및 예방청구권은 영업비밀침해행위가 계속되는 경우에 영업비밀보유자가 그 침해행위에 의하여 영업상 이익이 침해되거나 침해될 우려가 있는 사실 및 침해행위자를 안 날로부터 3년간 이를 행사하지 않거나, 그 침해행위가 시작된 날로부터 10년이 경과한 때에 시효가 소멸된다.

2) 폐기 및 제거 등의 청구권(부정경쟁방지법 제10조 제2항)

영업비밀 보유자가 영업비밀침해금지 및 예방 청구를 할 때에는 침해행위를 조성한 물건의 폐기, 침해행위에 제공된 설비 제거 및 기타 침해행위 금지 또는 예방을 위하여 필요한 조치를 함께 청구할 수 있다.

이 청구권은 영업비밀 침해행위로부터 야기된 물적 상태의 제거를 통해 장래의 침해 재발을 막아 금지청구의 효과를 거두기 위해 인정되는 것으로, 단독으로 독립하여 행사할 수 없고 반드시 침해금지 또는 예방과 함께 청구해야 한다. 청구대상은 도면, 설계도 및 고객리스트 등 침해행위를 조성한 물건의 폐기, 영업비밀을 사용하기 위한 기계 및 생산설비의 제거 등이다. 또한 '기타 필요한 조치'로는 장래 침해를 하지 않는다는 것을 보장하기 위한 담보제공 또는 공탁 등이며, 침해자의 전직 또는 전업금지 해당여부는 직업선택의 자유와 관련하여 논란이 있다.

3) 손해배상청구(부정경쟁방지법 제11조)

영업비밀보유자는 고의 또는 과실에 의한 영업비밀 침해행위로 영업상의 이익이 침해받은 경우, 침해자에 대하여 손해배상을 청구할 수 있다. 손해배상청구를 하기 위해서는 침해자의 고의 또는 과실, 영업비밀 침해행위의 존재, 영업비밀 보유자의 영업상 이익 침해에 따른 손해발생, 영업비밀 침해행위와 손해발생과의 인과관계라는 요건이 충족되어야 한다. 손해배상 청구내용은 영업비밀침해행위에 의해 생긴 손해를 보전하기 위한 것이다. 손해배상의 범위는 영업비밀침해행위와 상당한 인과관계가 있는 일체의 손해로서 적극적 손해와 소극적 손해를 모두 포함한다. 청구권의 행사기간(소멸시효)은 영업비밀침해행위가 있은 사실 및 행위자를 안 날로 부터 3년 또는 그 행위가 시작된 날로부터 10년이며 그 기간 안에 행사하지 않으면 시효가 소멸된다.

☞ 징벌적 손해배상제도 도입(부정경쟁방지법 제14조의2제6항 및 제7항 신설)

영업비밀의 침해행위가 고의적인 것으로 인정되는 경우에는 손해로 인정된 금액의 3배를 넘지 아니하는 범위에서 배상액을 인정할 수 있도록 하되, 영업비밀의 침해행위가 고의적인지 여부를 판단할 때에는 침해자의 우월적 지위 여부, 고의의 정도, 침해행위의 기간 및 횟수, 침해행위로 인하여 침해자가 얻은 경제적 이득의 정도 등을 고려하도록 하여 영업비밀 침해에 따른 피해구제를 강화하도록 함.

4) 신용회복청구권(부정경쟁방지법 제12조)

영업비밀 보유자는 고의 또는 과실에 의한 침해행위로 영업상의 이익을 실추시킨 자에 대하여 법원에 금전배상에 갈음하거나 금전배상과 함께 영업상의 신용회복을 위하여 필요한 조치를 청구할 수 있다. 구체적 조치의 예로는 침해사실로 인해 유죄판결 내용을 신문이나 잡지에 게재하거나 명예훼손 기사의 취소광고, 합의각서 공개, 해명서신의 발송 등이 있다. 과거에는 사죄광고명령도 했었으나 이는 헌법상 양심의 자유에 반한다는 판결이 있어서 지금은 금지하고 있다.

(2) 형사적 보호수단(부정경쟁방지법 제18조)

영업비밀 침해행위를 하면 징역, 벌금과 같은 형사적 제재를 받는다. "① 부정한 이익을 얻거나 영업비밀 보유자에 손해를 입힐 목적으로 한 다음 '영업비밀을 취득·사용하거나 제3자에게 누설하는 행위, 영업비밀을 지정된 장소 밖으로 무단으로 유출하는 행위, 영업비밀 보유자로부터 영업비밀을 삭제하거나 반환할 것을 요구받고도 이를 계속 보유하는 행위', ② 절취·기망·협박, 그 밖의 부정한 수단으로 영업비밀을 취득하는 행위, ③ 제1호 또는 제2호에 해당하는 행위가 개입된 사실을 알면서도 그 영업비밀을 취득하거나 사용(제13조제1항에 따라 허용된 범위에서의 사용은 제외)하는 행위" 중 어느 하나에 해당하는 행위를 한 자는 15년 이하의 징역 또는 15억원 이하의 벌금에 처한다. 다만, 벌금형에 처하는 경우 위반행위로 인한 재산상 이득액의 10배에 해당하는 금액이 15억원을 초과하면 그 재산상 이득액의 2배 이상 10배 이하의 벌금에 처한다.

또한 비밀을 외국에서 사용하거나 외국에서 사용될 것임을 알면서도 상기의 어느 하나에 해당하는 행위를 한 자는 15년 이하의 징역 또는 15억원 이하의 벌금에 처한다. 다만, 벌금형에 처하는 경우 위반행위로 인한 재산상 이득액의 10배에 해당하는 금액이 15억원을 초과하면 그 재산상 이득액의 2배 이상 10배 이하의 벌금에 처한다.

(3) 선의자에 대한 특례(부정경쟁방지법 제13조)

거래에 의하여 영업비밀을 정당하게 취득한 자가 그 거래에 의하여 허용된 범위에서 그 영업비밀을 사용하거나 공개하는 행위에 대해서는 금지 또는 예방청구권, 손해배상청구권 및 신용회복청구권 등의 규정을 적용하지 않는다. 영업비밀을 정당하게 취득한 자란 영업비밀을 취득할 당시에 그 영업비밀이 부정하게 공개된 사실 또는 영업비밀의 부정취득행위나 부정공개행위가 개입된 사실을 중대한 과실 없이 알지 못하고 그 영업비밀을 취득한 자를 말한다. 이는 취득시점에는 고의 또는 중과실이 없었지만 나중에 피해자인 영업비밀 보유자로부터 경고장 등을 받음으로써 그 후부터 영업비밀 침해행위의 존재에 대하여 알게 된 자를 보호하기 위하여 마련된 법이다.

(4) 비밀유지명령제도(부정경쟁방지법 제14조의4)

비밀유지명령제도는 우리나라와 미국 간의 '자유무역협정' 및 '자유무역협정에 관한 서한교환'의 합의사항에 따라 신설된 제도이다. 부정경쟁행위 등으로 인한 침해에 관한 소송에서 당사자가 제출한 준비서면 또는 조사하였거나 조사할 증거에 영업비밀이 포함되어 있고, 그 영업비밀이 공개되면 당사자의 영업에 지장을 줄 우려가 있는 경우 등에 당사자의 신청이 있으면 비밀유지명령을 할 수 있다. 비밀유지명령제도에 따라 법원은 해당 영업비밀을 알게 된 자에게 소송 수행 외의 목적으로 영업비밀을 사용하는 행위 등을 하지 못하도록 명령할 수 있다.

정당한 사유 없이 국내외에서 비밀유지명령을 위반한 경우 비밀유지명령을 신청한 자의 고소가 있으면 5년 이하의 징역 또는 5,000만원 이하의 벌금에 처할 수 있다(부정경쟁방지법 제18조의4). 다만, 다른 당사자 등이 그 영업비밀유지명령신청이 있기 전에 준비서면 열람이나 증거조사 이외의 방법으로 그 영업비밀을 이미 취득한 경우에는 비밀유지명령을 할 수 없다.

(5) 영업비밀 원본 증명(부정경쟁방지법 제9조의2)

영업비밀은 그 내용 및 존재시점에 대해 영업비밀 보유자가 아니면 알 수 없다. 따라서 영업비밀 침해 소송 시 침해사실에 대해 영업비밀 보유자가 보유한 영업비밀 내용 및 존재에 대해 입증이 곤란하다. 따라서 영업비밀의 존재 시점 및 원본 여부에 대한 공신력 있는 기관의 증명이 필요하다. 이런 필요에 의해서 특허청 산하 기관인 한국특허정보원은 문서의 위변조를 손쉽게 확인할 수 있는 전자지문을 활용해 영업비밀의 존재 시점을 확인해주는 '영업비밀 원본 증명 서비스'를 실시하고 있다. 영업비밀 원본 증명 서비스는 영업비밀의 실체 자료를 자체적으로 보관하면서 전자지문만을 타임스탬프기술을 이용하여 특허정보원에 제공함으로써 영업비밀의 존재 시점 및 원본 여부를 간편하게 증명 받을 수 있는 제도이다. 영업비밀 보유자가 기술 자료를 외부로 가지고 나가지 않고 컴퓨터(PC)로 간편하게 할 수 있다. 전자지문은 비밀스런 내용이 담긴 전자문서로부터 뽑아낸 고유의 전자지문(식별 값)으로, 서로 다른 전자문서는 서로 다른 전자지문을 갖는 것이 특징이다. 영업비밀 원본 증명서비스를 활용하면 비밀 누설 우려 없이 기술 보호가 가능하고, 유출로 인해 분쟁이 발생해도 손쉽게 자기 권리를 주장할 수 있다.

타임스탬프 시스템은 전자문서가 특정 시각에 존재하고 있었다는 것과 그 시각 이후 내용이 변경되지 않았음을 증명하는 기술로 전자지문을 이용하여 데이터의 수정 여부를 검증한다. 전자지문은 전자문서로부터 난수를 생성하는 수법에 의해 생성된 값으로 전자문서가 조금이라도 수정되면 전혀 다른 지문이 생성되고, 전자지문을 원래 전자문서로 되돌리는 것은 불가능하다.

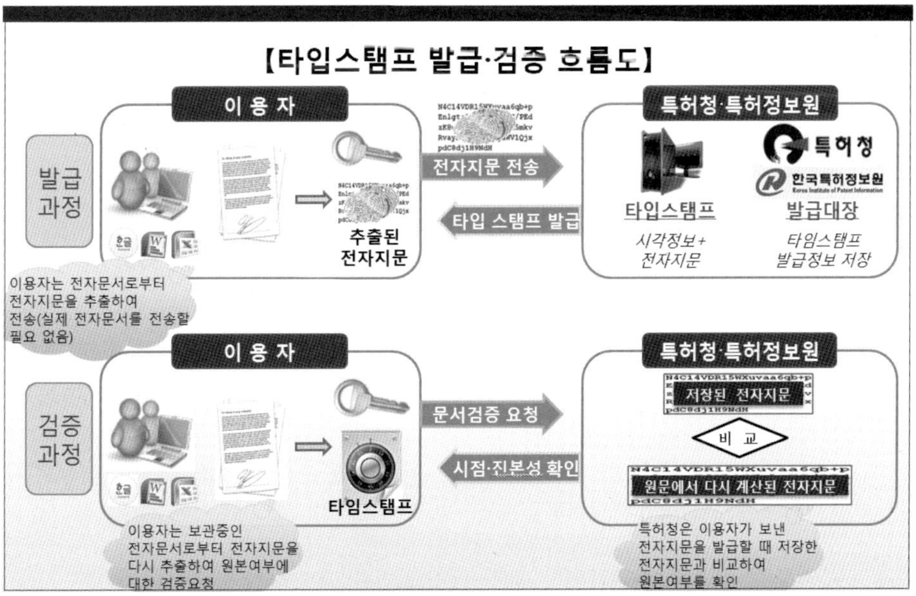

특허청 영업비밀 원본증명 서비스 개요도 중에서 발췌

(6) 분쟁 사례

새로운 유형의 부정경쟁행위에 대한 법적 분쟁 사례

구 분	사 건 내 용	비 고
무체재산에 대한 배타적 지배 관련	아바타의 무단도용이 온라인디지털콘텐츠산업발전법 하에서 위법하게 신청인의 영업상의 이익을 침해한 것이라고 보아서 가처분신청이 받아들여진 사례이지만 온디콘법에 의해서도 보호되지 못하는 새로운 유형의 무체재산이 등장하는 경우에도 위와 같은 논쟁이 재연될 것임(서울지방법원 2003.11.14. 2003카합2639 결정 및 서울중앙지방법원 2004.3.19. 선고 2003카합3852 판결)	아바타
	① 게임아이템의 제작과 관리에 많은 노력과 자본을 투입한 기업이 경쟁업자의 무임편승을 위법하다고 주장하는 사례(서울지방법원 2002.10.15. 2002카합2377 결정 및 서울지방법원 2002.10.24. 2002카합1031 결정) ② 게임아이템의 매매중개가 공정한 게임서비스제공업무를 방해하고 아이템을 현금으로 살 수 있는 가능성을 열어 주어서 게임에 대한 신뢰도를 하락시키는 불공정한 영업행위에 해당 여부에 대한 다툼(서울지방법원 2002. 10.15. 2002카합2377 결정, 서울지방법원 2002.10.24. 2002카합1031 결정)	게임아이템
	글자꼴의 미적 요소 내지 창작성이 문자의 본래의 기능으로부터 분리·독립되어 별도로 감상의 대상이 될 정도의 독자적 존재를 인정하기 어렵다고 판단하면서 서체도안은 저작물로서 보호될 수 없다는 사례(대법원 1996.8.23. 선고 94누5632 판결)	글자꼴
불공정한 방법의 영업 관련	상관습의 존재 확인함으로써 현행 저작권법이 부여하지 아니한 성명표시권을 가수에게 부여한 것과 동일한 결과 판시(서울민사지방법원 1995.1.18. 94카합9052 결정)	가수의 성명표시권
	① 인터넷 프레이밍(framing)의 방법으로 자신의 웹사이트의 윤곽과 광고 속에서 다른 기업의 웹사이트 정보를 볼 수 있게 하는 정보제공서비스가 과연 불공정한 것인지 여부에 관한 다툼(서울지방법원 2001.12.7. 선고 2000가합54067 판결은 저작권이나 상표권의 침해를 인정할 수 없는 사안에서도 영업방법의 불공정성 또는 위법성을 인정할 수 있음을 잘 보여준 사례에 해당) ② 프레이밍의 민사적 책임을 다룬 사건은 아니지만, 링킹의 방법에 따라서는 다른 기업의 웹사이트를 사실상 지배하고 이용하는 것과 동일한 효과를 도모할 수 있음을 인정(대법원 2003.7.8. 선고 2001도 1335 판결) ③ 전자지도를 검색할 수 있는 웹사이트를 프레이밍방식으로 연결해서 전자지도를 볼 수 있게 하는 서비스를 제공하는 것은 전자지도 개발업자의 이익을 침해하는 위법한 행위라는 전제 위에서 손해배상 판시(서울지방법원 2001.12.7. 선고 2000가합54067 판결)	인터넷 프레이밍 광고

3. 영업비밀 보호와 관리전략

영업비밀은 영업비밀을 보유한 기업 스스로의 보호노력과 관리가 선행되지 않는 한 언제든 유출 위험이 있다. 따라서 오늘날과 같은 글로벌 경쟁시대에서는 막대한 시간과 비용 및 노력을 투자하여 그동안 개발하고 축적해 온 영업비밀을 보호하기 위한 체계적인 관리전략이 필요하다.

(1) 영업비밀 관리방안

1) 영업비밀 관리규정 제정

영업비밀 관리를 위해서 비밀관리에 필요한 명문화된 규정을 제정하여 시행한다. 영업비밀 관리규정에는 영업비밀 분류, 영업비밀 표시, 영업비밀 관리용기 및 보관장소 지정, 영업비밀 취급자 인가, 영업비밀 관리기록부 비치 및 활용, 출입자 통제 등에 관한 사항들을 포함하여 각 기업의 특성에 알맞도록 작성한다. 기타 영업비밀 관리제도 및 보존방법 연구 등 영업비밀 전반에 관한 기획, 조정, 감독 업무를 수행할 수 있는 전담부서를 설치한다.

2) 영업비밀 가치판단 및 등급 결정

영업비밀 보호를 위한 첫 단계로서 영업비밀로서의 보호가치에 대한 객관적인 판단이 중요하다. 이때 영업비밀 보호로 얻게 될 이익과 그에 수반되는 지출비용, 영업비밀 유출시 잃게 될 손해 예상 등을 다각적으로 고려하여야 하며, 아울러 그 정보를 어느 수준에서 어느 정도로 보호할 것인가 하는 등급을 결정한다.

3) 영업비밀표시 및 분리보관

영업비밀이 포함된 모든 서류에는 비밀을 포함하고 있다는 표시와 함께 유출금지를 알리는 경고표시를 한다. 중요한 영업비밀일수록 격리된 장소 및 용기에 보관하여 비밀누설의 가능성을 최소화한다.

4) 영업비밀 접근 최소화

가능한 한 최소의 인원으로 영업비밀 취급자 범위를 제한하는 한편 비밀취급자의 역할을 구체적으로 확정하고, 비밀관리기록부를 비치하여 출납을 기록함으로써 관리상태를 정기 또는 수시로 점검하는 것이 좋다.

5) 비밀유지계약 체결

종업원 채용시 재직 또는 퇴직 후 일정기간 동안 비밀유지를 의무화하는 계약을 체결하거나, 그 근거규정이 될 수 있는 영업비밀 누설금지, 경쟁기업으로의 전직제한, 경쟁적 창업행위 금지 등을 내용으로 하는 근거규정을 사규로서 마련할 필요가 있다.

다만, 직업선택 자유나 근로 권리를 침해하지 않도록 해야 한다.

6) 종업원 교육

신입사원은 물론 재직자에게도 영업비밀 보호에 관한 지속적인 직무교육을 실시하여 영업비밀의 관리방법을 철저히 주지시킴은 물론 퇴직 후에도 영업비밀보호를 위한 책임과 의무를 준수하도록 인식시킬 필요가 있다.

7) 외래방문객에 의한 누설방지

외래 방문객의 경우는 사전에 방문목적을 파악하여 방문증을 패용하도록 하고, 가급적 영업비밀이 공개될 우려가 있는 장소의 출입을 제한하도록 하며, 특정상황에서는 방문객에게 비밀준수 각서에 서명하도록 할 필요가 있다.

8) 기타 유의사항

가) 컴퓨터에 저장된 정보관리를 위해서 비밀파일에 접근하는 것을 엄격히 제한할 필요가 있다.

나) 선진국 기업의 영업비밀을 모방하고 도용하는 전근대적인 기업활동을 지양하고, 국내기업도 외국 기업으로부터의 영업비밀 침해행위에 대비할 필요가 있다.

다) 타사로부터 침해소송을 당하지 않기 위한 방안으로 신입사원이 다른 기업으로부터 전직하여 왔을 경우에는 전 직장에서 맺은 영업비밀 관리에 관한 계약 등을 주의 깊게 검토하고, 이 과정을 통해 타 회사의 종업원을 채용함으로써 부당한 스카우트나 영업비밀 침해로 인한 제소를 당하는 일이 없도록 대비해야 한다.

제4절 산업기술 유출방지 및 보호

핵심내용

- 산업기술이란 제품 또는 용역의 개발, 생산, 보급 및 사용에 필요한 제반 방법 내지 기술상의 정보 중에서 산업경쟁력 제고 등을 위하여 지정, 고시, 공고한 기술이다.
- 국가핵심기술이란 국내외 시장에서 기술적, 경제적 가치가 높거나 관련 산업의 성장잠재력이 높아 해외로 유출될 경우에 국가의 안전보장 및 국민경제의 발전에 중대한 악영향을 줄 우려가 있는 산업기술로서 지정된 산업기술이다.

1. 개요

산업기술을 개발하고 기술계약을 하는 과정에서 불법적인 산업기술 유출 및 침해행위가 발생하고, 이에 적절하게 대응을 하지 못하면 힘들게 개발한 산업기술을 빼앗기는 경우가 있다. 이에 따라 산업기술의 부정한 유출을 방지하고, 산업기술을 보호함으로써 국내산업의 경쟁력을 강화하고 국가의 안전보장과 국민경제의 발전에 이바지하기 위해서 산업기술의 유출방지 및 보호에 관한 법률이 제정되었다. 산업기술의 불법 해외유출이 심각한 수준이지만 부정경쟁방지 및 영업비밀보호에 관한 법률 등 각종 법률에 산재하여 있는 관련 규정으로는 산업기술유출 방지 및 근절에 큰 효과를 내지 못하여 2007년 법이 제정되었다. 산업기술의 국내외 유출, 국가핵심기술의 불법수출, 수출중지 명령 불이행, 비밀누설 및 침해신고 불이행에 대한 벌칙규정을 두고 있다.

2. 산업기술

(1) 산업기술 정의

산업기술이란 제품 또는 용역의 개발, 생산, 보급 및 사용에 필요한 제반 방법 내지 기술상의 정보 중에서 관계 중앙행정기관의 장이 소관 분야의 산업경쟁력 제고 등을 위하여 법령이 규정한 바에 따라 지정, 고시, 공고하는 기술로서 다음 중 어느 하나에 해당하는 것을 말한다.

- 국내에서 개발된 독창적인 기술로서 선진국 수준과 동등 또는 우수하고 산업화가 가능한 기술
- 기존제품의 원가절감이나 성능 또는 품질을 현저하게 개선시킬 수 있는 기술
- 기술적, 경제적 파급효과가 커서 국가기술력 향상과 대외경쟁력 강화에 이바지할 수 있는 기술
- 위 3개 산업기술을 응용 또는 활용하는 기술

(2) 산업기술 유출 및 침해유형

산업기술의 유출 및 침해행위 금지를 위해서 누구든지 다음과 같은 어느 하나에 해당하는 행위를 해서는 안 된다.

1) 절취·기망·협박 그 밖의 부정한 방법으로 대상기관의 산업기술을 취득·사용·공개(비밀을 유지하면서 특정인에게 알리는 것을 포함)하는 행위

2) 비밀유지의무가 있는 자가 그 산업기술을 절취·기망·협박 그 밖의 부정한 방법으로 유출·사용·공개하거나 제3자가 사용하게 하는 행위

3) 위 1) 또는 2)의 내용에 해당하는 행위가 개입된 사실을 알고 그 산업기술을 취득·사용 및 공개하거나 산업기술을 취득한 후에 그 산업기술에 대하여 1) 또는 2)의 내용에 해당하는 행위가 개입된 사실을 알고 그 산업기술을 사용하거나 공개하는 행위

4) 1) 또는 2)의 내용에 해당하는 행위가 개입된 사실을 중대한 과실로 알지 못하고 그 산업기술을 취득·사용 및 공개하거나 산업기술을 취득한 후에 그 산업기술에 대하여 1) 또는 2)의 내용에 해당하는 행위가 개입된 사실을 중대한 과실로 알지 못하고 그 산업기술을 사용하거나 공개하는 행위

5) 승인을 얻지 아니하거나 부정한 방법으로 승인을 얻어 국가핵심기술의 수출을 추진하는 행위

6) 수출절차 등의 위반으로 지식경제부장관의 명령을 이행하지 아니하는 행위

(3) 산업기술 침해신고 절차

국가핵심기술 및 국가연구개발사업으로 개발한 산업기술을 보유한 대상기관의 장은 제4절 2.(2) 산업기술 유출 및 침해유형 중 어느 하나에 해당하는 행위가 발생할 우려가 있거나 발생한 때에는 즉시 산업통상자원부장관 및 정보수사기관의 장에게 그 사실을 신고하여야 하고, 필요한 조치를 요청할 수 있다. 다만, 긴급히 처리할 필요가 있는 경우에는 구두 또는 정보통신망 등의 방법으로 요청한 후 지체 없이 산업기술침해신고서를 제출하여야 한다.

(4) 산업기술보호 포상

정부는 산업보안기술의 개발 등 산업기술의 유출방지 및 보호에 기여한 공이 큰 자 또는 이 법의 규정을 위반하여 산업기술을 해외로 유출한 사실을 신고한 자 등에 대하여 심사를 거쳐 1억원 이내에서 포상 및 포상금을 지급한다. 산업보안기술의 개발 등 산업기술의 유출방지 및 보호에 기여한 공이 큰 외국인에 대하여 국내정착 및 국적취득을 지원할 수 있다.

(5) 산업기술보호설비 구축을 위한 소요경비 지원

정부는 산업기술을 보호하기 위하여 산업보안기술 개발사업 등을 실시하는 자에게 그 사업에 소요되는 비용을 출연 또는 보조할 수 있다. 또한 산업기술을 보유한 기업, 기관, 대학 등에 산업기술보호설비구축 등에 필요한 기술 및 경비 등을 지원할 수 있다.

3. 국가핵심기술

(1) 국가핵심기술 정의

'국가핵심기술'이란 국내외 시장에서 기술적, 경제적 가치가 높거나 관련 산업의 성장 잠재력이 높아 해외로 유출될 경우에 국가의 안전보장 및 국민경제의 발전에 중대한 악영향을 줄 우려가 있는 산업기술로서 지정된 산업기술을 말한다.

(2) 국가핵심기술 지정, 변경 및 해제절차

국가핵심기술의 지정은 지식경제부장관이 관계 중앙행정기관의 장으로부터 국가핵심기술로 지정되어야 할 대상기술을 통보받아 산업기술보호위원회(위원장: 국무총리)의 심의를 거쳐 지정한다. 2019년 7월 8일 개정고시된 국가핵심기술은 아래 표와 같다.[5]

국가핵심기술 목록 (2019년 7월 8일 개정고시)

분야	기술명
반도체 (8개)	30나노 이하급 D램에 해당되는 설계·공정·소자기술 및 3차원 적층형성 기술
	30나노 이하급 D램에 해당되는 조립·검사기술
	30나노 이하급 낸드플래시에 해당되는 설계·공정·소자기술 및 3차원 적층형성 기술
	30나노 이하급 낸드플래시에 해당되는 조립·검사기술
	30나노급 이하 파운드리에 해당되는 공정·소자기술 및 3차원 적층형성 기술
	모바일 Application Processor SoC 설계·공정기술
	LTE/LTE_adv Baseband Modem 설계기술
	대구경(300mm 이상) 반도체 웨이퍼 제조를 위한 단결정 성장 기술
디스플레이 (2개)	8세대급(2200x2500mm) 이상 TFT-LCD 패널 설계·공정·제조(모듈조립 공정기술은 제외)·구동기술
	AMOLED 패널 설계·공정·제조(모듈조립공정기술은 제외)기술
전기전자 (3개)	전기자동차用 등 중대형 고에너지밀도(파우치형 265Wh/kg이상 또는 각형은 파우치형의 90%) 리튬이차전지 설계, 공정, 제조 및 평가기술
	리튬이차전지 Ni 함량 80% 초과 양극소재 설계, 제조 및 공정기술
	500kV급 이상 전력케이블 시스템(접속재 포함) 설계·제조 기술
자동차·철도 (9개)	가솔린 직접분사식(GDI) 연료분사시스템 설계 및 제조기술
	하이브리드 및 전력기반 자동차(xEV) 시스템 설계 및 제조기 (Control Unit, Battery Management System, Regenerative Braking System에 한함)
	수소전기자동차 연료전지시스템(수소저장·공급, 스택 및 BOP) 설계 및 제조기술
	LPG 직접분사식(LPDi) 연료분사시스템 설계 및 제조기술
	Euro 6 기준 이상의 디젤엔진 연료분사장치, 과급시스템 및 배기가스 후처리 장치 설계

5) 가장 최근 개정고시된 내용은 '국가법령정보센터'(http://www.law.go.kr)에서 찾아볼 수 있음.

분야	기술명
자동차·철도(9개)	및 제조기술(DPF, SCR에 한함)
	자동차 엔진·자동변속기 설계 및 제조기술(단, 양산 후 2년 이내 기술에 한함)
	복합소재를 이용한 일체성형 철도차량 차체 설계 및 제조 기술
	속도 350km/h 이상 고속열차 동력시스템 설계 및 제조 기술(AC 유도전동기·TDCS 제어진단·주전력 변환장치 기술에 한함)
	자율주행자동차 핵심 부품·시스템 설계 및 제조기술(카메라 시스템, 레이더 시스템, 라이더 시스템 및 정밀 위치탐지 시스템에 한함)
철강(9개)	FINEX 유동로 조업기술
	항복강도 600MPa 급 이상 철근/형강 제조기술[저탄소강(0.4% C이하)으로 전기로방식에 의해 제조된 것에 한함]
	고가공용 망간(10% Mn 이상) 함유 TWIP강 제조기술
	합금원소 총량 4%이하의 기가급 고강도 철강판재 제조기술
	조선·발전소용 100톤이상급(단품기준) 대형 주단강제품 제조기술
	저니켈(3% Ni이하) 고질소(0.4% N이상) 스테인리스강 제조기술
	인공지능 기반의 초정밀 도금(분해능 0.1㎛급) 제어기술
	딥러닝 인공지능 기반의 고로 조업 자동제어 기술
	인장강도 600MPa 이상의 고강도 강판제조를 위한 스마트 수냉각 기술(엔지니어링, 제어기술 포함)
조선(7개)	고부가가치 선박(초대형컨테이너선, 저온액화탱크선, 대형크루즈선, 빙해화물선, 가스연료 추진선, 전기 추진선 등) 및 해양시스템(해양구조물 및 해양플랜트 등) 설계기술
	LNG선 카고탱크 제조기술
	3천톤 이상 선박용 블록탑재 및 육상에서의 선박건조 기술
	5,000마력 이상 디젤엔진·크랭크샤프트·직경 5m이상 프로펠러 제조기술
	자율운항(경제운항, 안전운항 등) 및 항해 자동화, 선박용 통합제어시스템 기술
	조선용 ERP/PLM시스템 및 CAD기반 설계·생산지원 프로그램
	선박용 핵심기자재 제조기술(BWMS 제조기술, WHRS 제조기술, 가스연료추진선박용 연료공급장치 제조기술, 재액화 및 재기화장치 제조기술, SCR 및 EGCS 등 대기오염원 배출저감 기자재 제조기술)
원자력(5개)	원전 피동보조급수계통 기술
	원전 증기발생기 2차측 원격 육안검사 기술
	중성자 거울 및 중성자 유도관 개발기술
	연구용원자로 U-Mo 합금핵연료 제조기술
	신형 경수로 원자로출력제어시스템 기술
정보통신(9개)	근거리 무선 통신을 위한 Binary CDMA Baseband Modem 및 보안알고리듬 연동 설계기술
	PKI 경량 구현 기술(DTV, IPTV를 비롯한 셋톱박스, 모바일 단말, 유비쿼터스 단말에 한함)
	UWB 시스템에서 중단 없이 신호 간섭회피를 위한 DAA(Detection And Avoid) 기술
	LTE/LTE_adv 시스템 설계기술
	기지국 소형화 및 전력을 최소화 하는 PA 설계기술
	LTE/LTE_adv/5G 계측기기 설계기술

CHAPTER 7

분야	기술명
정보 통신 (9개)	mmWave 기반 5G 이동무선백홀 핵심 설계 기술
	테라급 광-회선-패킷 통합 스위칭 시스템 및 400G급 장/단거리 광 전송 송수신 트랜시버 기술
	통신장비에 적용을 위한 양자이론 기반 퀀텀(Quantum) 리피터 기술
우주 (4개)	고성능 극저온 터보펌프 기술
	극저온/고압 다이아프램 구동방식 개폐밸브 기술
	1m 이하 해상도 위성카메라용 고속기동 자세제어 탑재 알고리즘 기술
	고상 확산접합 부품성형 기술
생명 공학 (3개)	항체 대규모 발효정제 기술(5만 리터급 이상의 동물세포 발현·정제 공정기술)
	보툴리눔 독소제제 생산기술(보툴리눔 독소 균주 포함)
	원자현미경 제조기술(True non-contact mode 기술, dual servo 방식 XY 스캐너 기술, 30nm급 이하 반도체소자 단면형상 3차원 영상화 기술)
기계 (7개)	터닝-밀링 정밀 복합가공이 가능한 다축 터닝센터의 설계 및 제조기술
	고정밀 5축 머시닝센터의 설계 및 제조기술
	중대형 굴삭기 신뢰성 설계 및 제조 기술
	Off-road용 Tier 4F 배기규제를 만족하는 디젤엔진 및 후처리 시스템 설계기술
	트랙터용 부하감응형 유압식 변속기 설계 및 제조 기술
	Low GWP 냉매 대응 고효율 터보 압축기 기술
	인간 친화형 승강기 시스템 설계 및 운영기술 (저진동 : 10 gal 이하 / 저소음 : 기계실 70 dBA, 주행 시 카내·승강장 45 dBA 이하 / 동적 안정감 : 가가속도(jerk) 1.2 m/s3 이하 등)
로봇 (3개)	복강경 및 영상유도 수술로봇 시스템설계 기술 및 제조기술
	고밀도 공정 작업용 로봇 설계 및 제작 기술
	영상 감시 기술 기반의 로봇 경비

국가핵심기술의 변경 및 해제 절차는 관계 중앙행정기관의 장으로부터 그 소관 국가핵심기술의 범위 또는 내용 변경이나 지정 해제를 요청받은 경우에는 지식경제부장관이 산업기술보호위원회의 심의를 거쳐 변경 또는 해제할 수 있다. 국가핵심기술을 보유한 기업·연구기관·전문기관·대학 등은 관계 중앙행정기관의 장에게 국가핵심기술의 변경 및 해제를 요청할 수 있다.

(3) 국가핵심기술 보호조치

국가핵심기술을 보유·관리하고 있는 대상기관의 장은 보호구역의 설정·출입허가 또는 출입시 휴대품 검사 등 국가핵심기술의 유출을 방지하기 위한 기반구축에 필요한 다음과 같은 조치를 하여야 한다.

1) 국가핵심기술에 대한 보호 등급 부여와 보안관리규정 제정
2) 국가핵심기술 관리책임자와 보호구역 지정

3) 국가핵심기술 보호구역 통신시설과 통신수단에 대한 보안
4) 국가핵심기술 관련 정보 처리 과정과 결과에 관한 자료 보호
5) 국가핵심기술 연구개발 인력에 대한 보안교육 실시
6) 국가핵심기술 유출 사고에 대한 대응체제 구축

(4) 국가핵심기술의 수출 절차 및 수출중지

국가로부터 연구개발비를 지원받아 개발한 국가핵심기술을 보유한 대상기관이 해당 국가핵심기술을 외국기업 등에 매각 또는 이전 등의 방법으로 수출하고자 하는 경우에는 산업통상자원부령으로 정하는 국가핵심기술 수출신고서에 관련 서류를 첨부하여 신고하고 산업통상자원부장관의 승인을 얻어야 한다. 산업통상자원부장관은 국가핵심기술의 수출이 국가안보에 심각한 영향을 줄 수 있다고 판단하는 경우에는 관계 중앙행정기관의 장과 협의한 후 수출중지, 수출금지, 원상회복 등의 조치를 명할 수 있다.

4. 국가연구개발사업

(1) 국가연구개발사업 정의

국가연구개발사업이란 「과학기술기본법」 제11조의 규정에 따라 관계 중앙행정기관의 장이 추진하는 연구개발사업을 말한다.

(2) 국가연구개발사업 보호관리

국가연구개발사업의 보호관리를 위해 대상기관의 장은 산업기술과 관련된 국가연구개발사업을 수행하는 과정에서 개발성과물이 외부로 유출되지 아니하도록 필요한 대책을 수립, 시행한다.

◆ 참고문헌

- 부정경쟁방지 및 영업비밀보호에 관한 법률 [법률 제16204호, 2019. 1. 8., 일부개정]
- 부정경쟁방지 및 영업비밀보호에 관한 법률 시행령 [대통령령 제29421호, 2018. 12. 24., 타법개정]
- 산업기술의 유출방지 및 보호에 관한 법률 [법률 제14591호, 2017. 3. 14., 일부개정]
- 산업기술의 유출방지 및 보호에 관한 법률 시행령 [대통령령 제28212호, 2017. 7. 26., 타법개정]
- 산업기술의 유출방지 및 보호에 관한 법률 시행규칙 [산업통상자원부령 제122호, 2015. 4. 28., 일부개정]
- 특허청, 부정경쟁방지 및 영업비밀보호에 관한 법률 일부개정법률안 설명자료 (2012)
- 특허청 홈페이지
- 이우송, 영업비밀 유출과 업무상 배임죄의 성부, KHU 글로벌 기업법무 리뷰, 4(1) (2011)
- 박익환, 민사소송절차와 영업비밀보호－부정경쟁방지법상 비밀유지명령을 중심으로, 정보법학 16(1), 157 (2012)
- 김효신, 부정경쟁방지법상 영업비밀의 개념, IT와 법연구, 2, 113 (2008)
- 산업자원부, 산업기술 보호지침, (2007)

제8장 창업을 대비하는 지식재산

제1절 특허와 창업

핵심내용

- 창업은 지식재산권이 보호를 받는 기술을 바탕으로 하는 것이 유리하기 때문에, 발명을 통한 특허권을 확보하는 것이 좋다. 또한 발명의 종류는 여러 가지 있을 수 있어 다양한 권리 확보를 염두에 두어야 한다.
- 발명대상의 구별에 따른 발명으로는 발명의 카테고리상 구별로 인한 물건 발명, 방법 발명 및 생산방법 발명과 물질발명, 미생물 관련 발명, 전자회로 발명 및 컴퓨터 관련 발명을 들 수 있다.
- 발명 자체의 특성에 따른 구분으로 들 수 있는 발명은 용도발명, 이용발명, 원천발명 및 기본발명과 개량발명, 단독발명 및 완성발명과 미완성발명으로 설명될 수 있다.
- 기술을 사업화하기 위한 여러 단계의 이해와, 기술사업화에서 특허맵의 활용은 중요하다.
- 특허를 바탕으로 하는 기술 창업도 회계 및 재무, 영업의 뒷받침 없이는 회사를 제대로 운영하기 어렵다. 그러므로 죽음의 바다 등의 이해를 포함한 재무 관리 및 기술 금융, 사업계획서 작성의 등의 능력을 갖추거나 이에 대한 전문가의 도움이 필요하다.
- 창업을 성공적으로 이루기 위해서는 죽음의 바다 및 다윈의 바다에 대한 이해와 이데 대한 준비가 필요하고, 이를 극복하기 위한 재무전략 및 경영전략이 필요하다.

1. 특허 창출을 위한 발명의 종류

발명대상의 구별에 따른 발명으로는 발명의 카테고리상의 구별로 인한 물건 발명, 방법 발명을 들 수 있으며, 이 외에도 식물 발명, 동물 발명, 미생물 관련 발명, 전자회로 발명 및 컴퓨터 관련 발명을 들 수 있다.[1)] 발명 자체 특성에 따른 구분으로 들 수 있는 발명은 용도발명, 이용발명, 원천발명 및 기본발명과 개량발명, 단독발명 및 완성발명과 미완성발명으로 설명될 수 있다. 이중 사업화와 연관성 있는 발명의 종류에 대해 살펴보고자 한다.

(1) 물건 발명

발명은 기술적 사상의 창작으로 본래는 무형의 관념이나, 그 발명의 대상으로 되어 있는 객체가 유형의 물건(물질 포함)인 경우로는 ① 기계·기구·장치 밑 이에 유사한 물건의 발명, ② 그 조성 기타의 물리적 특성에 특징이 있는 발명, ③ 물질의 발명이 있다. 물건의 발명 중 기계·기구·장치 및 이에 유사한 물건 발명은 유형적인 것으로서 그 구성요소가 상호간에 일정한 관계를 갖고 배열 결합되어 공간적인 구성을 이루고, 이 배열결합에 의하여 기술적 효과를 얻을 수 있는 발명이다. 발명의 조성 및 물질적 특성에 특징이 있는 발명은 합금·유리·플라스틱 조성물의 발명 등이다. 그리고 물질의 발명은 화학적 방법 또는 원자핵 변환의 방법에 의하여 제조되는 물질의 발명이다.

물건 발명은 발명이 구현되어 있는 물건 자체가 기술적 효과를 갖는 것으로 청구범위에 기재된 발명의 내용이 시계열적인 처리과정을 거침이 없이 구성요건의 공간적인 결합으로 이루어지는 것이다.

(2) 방법 발명

방법 발명은 순수하게 일반적인(사용·취급 등) 방법의 발명과 물질을 생산하는 방법의 발명으로 대별된다. 특허법상에서도 모든 경우에 양자를 구별하여 정의하고 있다(특허법 제2조). 일반적은 의미로 방법 발명이 일정방향으로 향해진 시계열적으로 관련이 있는 수개의 행위 또는 현상에 따라 성립하고 시계열적인 요소를 포함하는 것이라는 것은 상기 구분 중 물건을 생산하는 방법의 발명에 관한 정의로서 합당하다. 그러나 순수한 방법에 관한 발명은 반드시 시계열적인 행위나 현상을 요하지 않는 경우도 있다. 방법 발명의 작용·효과는 방법을 실시하는 과정에서 발휘되는 것으로서 원칙적으로는 방법을 실현하는 각 단계가 구성요건으로 되는 것이다. 그러나 물건을 생산하는 방법

1) 특허법상으로 본 발명의 종류는 기본적으로 발명의 카테고리상 구분으로 물건의 발명, 방법의 발명 및 생산방법의 발명으로 설명될 수 있다. 그러나 이 구분은 발명의 대상을 무엇으로 하느냐 하는 구분 중의 하나에 불과하다. 그래서 여기에서는 발명의 종류를 ⅰ) 발명의 대상의 구별에 따른 종류와, ⅱ) 발명 자체의 특성에 따른 종류로 구별하여 설명하기로 한다.

발명, 특히 화학물질 제조방법에 있어서는 초기물질 및 목적물질도 그 제법수단과 함께 방법 발명의 구성을 이루는 요소로 인정된다.

(3) 기타 발명의 종류

1) 기본 발명

기본발명은 개량발명에 대응되는 개념이다. 선행기술 구성요소를 포함하지 않고 독립적으로 완성된 발명을 '기본발명'이라 한다. 기본발명(A)을 그대로 이용하거나 기본발명의 구성에 변경을 가하여 완성한 개량발명(B)이 있는 경우, 또한 위의 개량발명(B)을 그대로 이용하거나 그 구성에 변경을 가하여 완성한 개량발명(C)이 있는 경우, 그 개량발명(C)의 기초가 된 것을 기본발명(B)이라고도 한다. 여기서 최초로 한 기본발명(A)을 '원천발명(pioneer invention)'이라고도 한다.

2) 개량 발명

개량발명에는 기본발명을 그대로 채용하는 이용발명과 기본발명 구성에 변경을 가하여 완성하는 협의의 개량발명이 있다.

가) 이용발명

기본발명(발명, 고안 또는 창작)의 구성 전체를 변경하지 않고 그대로 채용하며 다른 구성을 추가하여 완성하는 형태의 발명이다.[2] 특허 등록이 된 경우 이용발명 권리자가 자기 특허발명을 실시하면 기본발명의 권리인 결과(물건이나 방법) 생산(또는 실시)하여야 하므로 기본발명자의 동의를 얻지 못하면 자기 특허발명을 실시할 수 없다. 따라서 이용발명을 기본발명에 종속되는 종속발명이라고도 한다.

나) 협의의 개량발명

기본발명의 구성 전체 또는 일부에 변경을 가하여 다른 구성으로 완성하거나 혹은 다른 효과를 발생시키는 발명으로 완성한 것을 협의의 개량발명이라 한다. 이는 기본발명을 사용하여 기본발명보다 성능을 더욱 좋게 개선하는 전형적인 발명이다. 그러므로 양자가 모두 특허될 수 있고, 특허권이 형성된 후에도 양 권리는 서로 구속적인 관계에 있지 않은 독립적인 권리가 된다. 즉 개량발명자가 자기 특허발명을 실시하는 데 기본발명 권리에 대한 어떠한 의무도 지지 않는다.

3) 공동발명

공동발명은 발명 자체에 특징이 있다거나 발명의 대상에 특징이 있는 발명이 아니고 발명을 하는 주체인 발명자가 여러 명인 발명을 의미한다. 현대사회의 첨단기술은

2) 예를 들면 기본발명이 새로운 개념의 바퀴인 경우, 그 바퀴를 채용한 새로운 개념의 자동차를 완성했다면 그 바퀴를 사용하는 자동차는 이용발명이다. 발명에 대하여 특허권 허여여부는 발명의 부분을 가지고 판단하는 것이 아니라 전체(앞에서 기본발명은 바퀴, 이용발명은 자동차임)로써 판단하는 것이므로 다른 이유가 없다면 양자는 모두 특허될 수 있다.

기술의 고도화·복합화가 특징이다. 그러므로 개인 혼자의 능력으로 발명을 할 수 있는 대상에는 한계가 있을 수밖에 없다. 하나의 발명이 탄생하기 위해서는 기계·전기·물리·화학 등 각종의 기술분야가 복합적으로 개입되어야 하는 것이 보통이다.

공동발명에서 각 발명자는 발명활동에 균등한 공헌을 조건으로 공동발명자의 지위를 얻는 것은 아니다. 그러나 공동발명자는 당해 발명의 완성하는 데 필요한 발명활동에 실질적으로 관여해야 한다는 조건을 충족해야 한다.

2. 특허, 창업과 사업화 전략

(1) 기술 사업화

기술 사업화는 기술을 통해 제품 및 서비스를 구체화하고 이를 통해 매출을 발생시켜 수익을 창출하는 일련의 행위를 말한다. 「기술의 이전 및 사업화 촉진에 관한 법률」(약칭: 기술이전법)에서는 '기술'이란 「특허법」등 관련 법률에 따라 등록 또는 출원(出願)된 특허, 실용신안, 디자인, 반도체집적회로의 배치설계 및 소프트웨어 등 지식재산, 이러한 기술이 집적된 자본재(資本財)와 이와 관련된 기술에 관한 정보 등으로 정의하고 있다(기술이전법 제2조 제1호). 또한 '사업화'는 기술을 이용하여 제품을 개발·생산 또는 판매하거나 그 과정의 관련 기술을 향상시키는 것으로 정의하고 있다(기술이전법 제2조 제3호).

기술 사업화 방법론에 관한 연구 중 대표적인 이론의 하나인 Jolly의 기술사업화 이론은 '아이디어의 착상(Imagining)' 단계에서부터 '보육(Incubating)', '시연(Demonstrating)', '촉진(Promoting)' 단계를 거쳐 신기술을 추가적으로 접목하여 시장에서 오랜 기간 동안 존속할 수 있도록 준비하는 '지속(Sustaining)' 단계 등 기술사업화의 전체 과정을 그룹화 하여 단계적으로 기술사업화에 필요한 전략을 제시하고 있다.[3] 5단계(Stage)를 구성하는 각 단계별 내용을 살펴보면 다음과 같다.

1) 1단계(아이디어 착상)

잠재적 기술적 성과와 부가가치를 창출할 수 있는 시장기회를 접목시키는 단계

2) 2단계(보육)

착상된 아이디어의 사업화 가능성에 대해 시장과 기술적 측면에서 구체화시켜 나가는 단계

3) Vijay K. Jolly(1997), "Commercializing New Technologies," Harvard Business School Press, 1997.

3) 3단계(시연)

신기술을 시장에서 판매 가능한 제품 또는 공정으로 구현하는 단계

4) 4단계(촉진)

신기술 제품의 시장진입에 따른 시장수용성을 높이는 단계

5) 5단계(지속)

기술의 진부화 또는 신규 시장진입자 등에 의해 시장에서 퇴출되는 것을 방지하는 동시에, 신기술을 이용한 제품 또는 공정이 시장과 고객에게 오랜 기간 동안 가치 인식되고 경제적 부가가치를 유지하는 단계

이렇듯 Jolly의 기술사업화 이론은 전술한 5단계 활동을 통해 기술의 가치가 증대될 수 있다고 보며, 이를 위해서는 기술적 관점에 의한 접근뿐만 아니라 마케팅 등 경영적인 활동도 필수적임을 제시하고 있다.

(2) 특허맵을 활용한 단계별 기술 사업화 전략

특허맵(Patent Map)은 기업, 발명자 등이 관심을 가지고 있는 기술 분야에 대한 전 세계적 기술동향과 주요 경쟁사 기술개발 현황 등 객관적인 특허정보를 파악할 수 있다. R&D 기획단계는 물론 수행단계 및 평가 단계, 상품화에 이르는 전주기 과정에서 주요한 의사결정에 참고할 수 있는 가이드로 다양하게 활용될 수 있다. 앞서 제시한 Jolly의 5단계 기술사업화 전략 수립을 위한 특허맵 활용에 대해서 살펴보면 다음과 같다.[4)]

1) '아이디어 착상' 단계에서의 특허맵 활용 전략 : 아이디어의 발굴에 활용

시장성이 있는 기술 개발 아이템을 발굴하는 단계이다. 기존 Cash-Cow 역할을 하고 있는 사업 아이템의 현금 창출 역량을 기반으로 새로운 Star 사업 아이템을 발굴하거나, 기존 아이템의 기술 경쟁력을 강화하여 지속적인 시장 경쟁력을 유지하기 위한 개선점 발굴 등에 채용될 수 있다. 아이디어 착상 단계에서는 특허맵의 통계 분석 정보를 기초로 최근 국내외에서 활발히 연구개발이 진행되고 있는 세부적인 기술분야와 다양한 경제 활동 주체들간에 협업 연구가 진행되는 분야 등을 발굴하는 과정을 통해 아이디어를 얻을 수 있다. 또한 자사의 경쟁사 혹은 평소 참신한 제품으로 시장 지배력을 높여가고 있는 동종·유사업종의 기업들이 최근 어떤 기술 관점의 아이템을 준비하고 있는지 등에 대해서도 심층 분석을 할 수 있다. 이렇듯 대한 특허맵 심층 분석 정보를 통해 기술·시장 아이템을 발굴할 수 있게 된다.

---

4) 박상완, 특허맵 활용을 통한 특허기술의 사업화 전략에 대한 연구, POSRI경영경제연구 제12권 제2호 2012, pp.175-201.

2) '보육' 단계에서의 특허맵 활용 전략 : 아이디어의 구체화에 활용

잠재적인 기술사업화 아이템을 시장기회와 접목시키는 단계로, 다양한 기술적, 제품·서비스적, 경영전략적 가능성을 내포하고 있는 단계로 정의할 수 있다. 다만, 단순 아이디어 착상 단계의 아이디어는 아직 유·무형의 기술적 사상으로 특정하기엔 부족한 부분이 많고, 제품화를 위해서는 추가적으로 많은 연구개발이 진행되어야 한다. 아이디어의 구체화를 위하여 정량적인 통계 분석 정보 중심의 특허맵 내용보다는 개별 건별로 정성적으로 분석이 제공되는 심층 분석 정보에 보다 관심을 가져야 하는 것이 바람직하다.

3) '시연' 단계에서의 특허맵 활용 전략 : 시장 기회의 발굴·확대에 활용

신기술을 시장에서 판매 가능한 제품·서비스 기능 발현 수준으로 구현하는 단계로, 제품이나 서비스 제공을 위한 공정·프로세스 구축까지를 포함하는 단계로 정의될 수 있을 것이다. 시연 단계에서는 특허맵의 통계 정보 분석 자료를 통해 진출하고자 하는 시장에서의 경쟁의 강도, 기술 집약도,[5] 기술수명주기[6] 등의 파악이 가능하다. 아울러, 국가별로도 진출이 용이한 시장을 도출, 분석할 수 있어 기업의 경영전략과 내외부 네트워크 확보, 활용 가능성 등과 접목하여 경영전략과 제품·서비스 전략을 수립하는 데 유용하게 활용할 수 있게 된다. 또한, 특허맵의 심층 분석 정보에 대한 활용을 통해 제품 및 서비스 제공을 위한 공정에는 어떠한 참고 기술들이 있는지 검토해 원가 경쟁력을 가지는 공정을 채택하는 데 있어 도움을 받을 수 있으며, 자사에 공급해 줄 수 있는 우호적인 설비·원자재 가공품 제공업체나 자사의 잠재적인 수요처를 발굴하는 데에도 활용할 수 있다.

성공하기에 충분한 기술이 있어도 판매에는 실패하는 경우가 있으니 아이디어가 구체화되는 과정에서 발명품을 원하는 구매자가 어느 정도 될 것인가에 대한 분석이 필요하다. 상당수의 발명가들은 기술이 우수하면 다소의 비용이 들어도 제품이 잘 팔릴 것으로 기대하고는 한다. 그러나 같은 발명품이라도 시기와 장소에 따라서 히트 상품이 될 수도 있고 그렇지 못한 상품이 될 수도 있다.

최근 R&D 연구개발 성과를 사업화 촉진을 위한 각종 지원제도가 활성화되어 있어 이를 충분히 활용하는 전략을 고려할 필요가 있다. 특허청에서는 매년 대학 및 공공기관이 보유한 우수 기술 중 사업화가 유망한 핵심기술을 발굴하여 선행특허 분석, 사업화 타당성 검토 및 기술이전활동 등 IP전략 컨설팅 및 사업화 전략 지원을 통해 대학·공공연의 기술이전·사업화 지원사업을 추진하고 있다.

---

5) 시장 규모 대비 특허 집중도

6) 특허맵을 이용하면 특허기술의 인용정보 등을 통해 하나의 기술이 다른 기술로 대체되거나, 경쟁 관계에 있는 기술이 출현하는 빈도, 시간 범위 등을 통해 분석 가능하며, 기술수명주기가 짧을수록 자본 투입에 대한 위험도는 높아지게 된다.

4) '촉진' 단계에서의 특허맵 활용 전략 : 제품·서비스의 경쟁력 확보에 활용

신기술이 적용되어 시장에 진입한 제품이나 서비스가 시장에 보다 빠르고 안정적으로 안착할 수 있도록 전략을 수립·운용하는 단계로 정의될 수 있으며, 다양한 마케팅 채널 등이 활용되어야 하는 단계이기도 하다. 촉진 단계에서는 특허맵의 통계 분석 정보를 통해 자사가 진출한 제품 및 서비스 기술분야에 대한 국내외의 특허 출원 동향을 분석해야 한다. 이러한 패턴 분석을 통해 기술적으로 시장에서 주목 받고 있는지, 출원이 확대되고 있지 않은지, 자사의 제품이나 서비스에 접목 가능한 새로운 개량 기술이나 제품 및 서비스를 대체할 수 있는 잠재력을 가진 새로운 기술이 시장에 새롭게 등장하고 있지는 않은지 등을 주의 깊게 살펴보아야 한다.

시장의 성장성, 발전성이 큰 시장일수록 경쟁이 치열하고, 기존 경제 주체들의 시장 진입 장벽 형성을 위한 노력도 본격화되는 시점이다. 따라서 특허맵을 통해 제공받을 수 있는 특허 심층 분석 정보, 특히 주요 경쟁사나 해당 기술·제품 분야에 많은 특허권을 보유한 기업이나, 최근 이슈화 되고 있는 비실시기업(NPE, 일명 '특허괴물')들의 특허보유 현황 및 자사의 제품·서비스 아이템과의 권리 저촉 문제에 대해서도 살펴 특허분쟁 발생 가능성을 최대한 낮출 수 있도록 준비해 나가야 할 단계이기도 하다.

5) '지속' 단계에서의 특허맵 활용 전략 : 시장 주도권 관리 및 경쟁력 유지에 활용

자사의 제품·서비스를 지속적으로 관리하고 시장 경쟁력을 유지하도록 하는 단계이다. 특허맵의 통계 분석 정보를 통해 자사의 핵심 기술 현황[7]을 파악할 수 있으며, 시장의 주요 경쟁사들이 해당 기술 분야에 대해 지속적인 투자를 진행하고 있는지에 대해서도 파악해야 한다. 이를 통해 자사의 입장에서 해당 기술 분야에 계속적인 투자를 해야 할 것인지, 아니면 새로운 기술 분야를 발굴해야 할 시점인지 등에 대한 판단에 전략적으로 활용 가능하게 된다.

이 단계에서도 앞선 단계들에서 진행하였던 특허맵 분석을 통해 새롭게 부각되고 있는 기술 아이템이 무엇인지, 어떠한 기업, 연구소가 해당 기술 분야에서 핵심적인 기술개발을 진행하고 있는지, 최근 R&D방향성은 무엇인지 등을 살펴보아야 한다. 또한 경쟁기술의 등장이나 시장을 급변 내지 재편시킬 수 있는 기술의 등장 여부에 대해서도 계속적으로 주시해야 한다. 부득이 시장·산업·정책 등 비즈니스 환경 변화나 기업의 내부 환경 변화에 따라 "지속" 단계가 계획한 바와 같이 지속되지 못하고 시장에서 철수해야 할 시점을 맞이하게 될 경우에는 보유하고 있는 IP자산을 시장에 매각함으로써 매몰비용을 회수하는 수단으로도 활용하는 방안을 모색할 수 있을 것이다.

---

7) 특허맵을 이용하여 제품·서비스 구현에 필수적인 기술 등에 대한 시장의 관심이 줄어들고 있는지, 늘고 있는지 해당 기술이 발전기, 성숙기, 쇠퇴기 등에 있는지를 확인할 수 있다.

3. 죽음의 바다와 다윈의 바다 이해와 바다 극복

기술을 바탕으로 좋은 특허를 확보하여 창업을 한다 해도 시장에서 성공하기에는 어려가지 난관이 있다. 결국 기술이 상품으로 연결되어 수익이 창출 되어야 회사는 살아남을 수 있다. 기술 개발과 특허 획득은 여러 가지 연구 지원으로 이루어질 수 있고, 생산과 마케팅 보다는 자금이 적게 들어가는 것이 보통이다. 따라서 창업을 성공시기에는 생산과 마케팅이 본격화 되는 시점이 우수 특허 획득 시기보다 오히려 더 어려움이 생길 수 있다. 이 시기를 보통 '죽음의 바다(Vally of Death)'와 '다윈의 바다(Darwinian Sea)'라 부르는데, 죽음의 바다는 창업 초기 사업 성장과 확장을 위해 금융 지원이 필요한 시기를 말한다[8]. 대부분의 창업은 우선 이 어려움을 극복해야 살아남을 수 있고, 이를 위해 자금 조달 대책이 필요하다. 그러므로 IP 금융 등의 이해와 이를 적극 이용하려는 의지와 준비도 함께 고려하는 것이 필요하다.

다윈의 바다는 시장에서 다양한 제품과 경쟁하며 자신의 가장 적합한 상품 및 기술임을 인정받아야 하는 시기를 말하며 적자생존의 의미로 다윈의 바다라는 이름으로 불린다. 죽음의 바다를 지나 새로운 비즈니스 및 혁신의 성패를 시장에서 인정받는 받기까지의 시기를 말한다.

따라서 R&D 결과물 및 지식재산의 사업화를 위해서는 필요 자금의 수용 예측 및 확보가 요구되며, 시장의 요구를 고려한 최적 상품개발 및 마케팅을 통해 시장에서 살아남도록 하여야 한다.

---

8) 보통 3~7년 사이에 발생한다.

제2절 지식재산 평가

핵심내용

- 지식재산의 평가에 가장 큰 요인 중에 하나는 기술가치평가이고, 이에 대한 필요성과 평가 이용이 다양해지고 있다.
- 지식재산 평가 목적은 기업이 보유하고 있는 지식재산 가치를 기업의 이해 관계자에게 보고하기 위한 목적과 지식재산의 실시, 거래 시에 기준이 되는 거래 목적으로 크게 2가지이다.
- 보고 목적은 기업의 회계상 재무제표 또는 관련 보고서에 지식재산가치를 평가하여 보고하는 것이며, 거래 목적이란 지식재산에 대한 실제 상업적인 거래들을 협상하고, 구성하고, 체결하기 위한 기준으로 활용하기 위하여 지식재산 가치를 평가하는 것을 말한다.
- 지식재산 평가에서 기업 내부보고 목적의 종류로는 재무회계 보고, 기업의 사업 전략 수립 및 관리, 기업의 기술을 담보로 한 자금 조달, 조직의 재편성 및 파산 결정이 있으며, 외부 거래 목적의 종류로는 지식재산 거래, 지식재산 라이선스에 대한 로열티 비율 산정, 기업의 M&A를 위한 기업가치평가, 지식재산 침해 소송의 해결, 자본가의 투자 유치를 위한 지식재산 평가 등이 있다.
- 기술가치평가에는 소득접급법, 시장접근법, 수익접근법, 리얼옵션법 등이 있다.
- 기업가치평가에는 자산가치, 수익가치, 상대가치, 주가수익률, 현금흐름할인, 절충평균평가, 무형재산평가 방식 등이 있다.

지식재산은 눈에 보이지 않지만 기업의 가치창출에 기여하므로 기업의 자산으로 인식하여 유형자산인 재무자산에 대응하는 무형자산으로 구분되며, 무형자산을 외부에서 구입했거나 내부 개발을 통해 취득한 경우 재무제표에 나타내기 위해서는 가치평가가 필요하다. 무형자산 중 점점 중요성이 증대되는 기술가치평가의 중요성과 필요성이 높아지고 있다.

1. 기술가치평가

(1) 기술가치평가의 목적

기술가치평가의 목적은 기업이 보유하고 있는 지식재산의 가치를 기업 이해 관계자에게 보고하기 위한 목적과 지식재산의 실시, 거래 시에 기준이 되는 거래 목적의 2가지이다. 보고 목적은 기업의 회계상 재무제표 또는 관련 보고서에 지식재산 가치를 평가하여 보고하는 것이며, 거래목적이란 지식재산에 대한 실제 상업적인 거래들을 협상하고, 구성하고, 체결하기 위한 기준으로 활용하기 위하여 지식재산 가치를 평가하는 것을 말한다.

이하에서는 기술가치평가의 목적을 기업 내부사용과 외부사용의 측면에서 구분하여 다시 상세히 설명하기로 한다.

1) 기업 내부 보고 및 관리 목적

기업 내부에서 보고 및 관리목적을 위한 지식재산의 평가에는 다음과 같은 용도가 있다.

가) 재무회계 보고

모든 기술은 그 효용 가치가 지속되는 내용 기간이 한정되어 있으므로 재무회계상 올바른 지식재산의 가치 평가를 위해서는 내용 기간 동안 체계적으로 상각하여야 한다.

나) 기업 사업전략 수립 및 관리

기업 이익 창출의 주요 원천인 지식재산 중에서 기업 경영 목적인 기업 가치를 향상시킬 수 있는 지식재산을 선별하고, 그 지식재산의 기여 요인을 분석하여 가치를 측정한다. 지식재산 가치를 분석함으로써 현금 흐름 및 이익 창출 능력, 지식재산의 잔존연수의 추정이 가능하다.

다) 기업 기술을 담보로 한 자금 조달

기업에서 기술을 담보로 금융기관으로부터 대출을 받고자 하는 경우, 금융기관에서는 기업이 보유하고 있는 지식재산권이 창출하는 현금흐름을 평가하고, 예상 현금흐름을 할인한 지식재산의 가치를 근거로 하여 담보를 설정한다. 이렇듯 기업의 기술을 담보로 한 대출을 기술담보제도라고 한다.

라) 조직 재편성 및 파산 결정

기업 사업부를 정리하고 조직의 정비 및 재편성을 위한 의사 결정을 하기 위하여 각 사업부문별로 이익 창출의 원천이 되는 지식재산에 대한 평가가 매우 중요하다. 또한 기업 해산시 기업 가치 평가에는 유형자산 뿐 아니라 무형자산인 지식재산 가치도 포함된다. 기업 및 개인의 파산 결정시에도 기업 및 채무자가 가지고 있는 지식재산 가치는 의사 결정의 주요 요인으로 작용한다.

2) 기업 외부거래 목적

외부와의 거래 목적으로 사용되는 지식재산 가치평가는 다음과 같은 용도가 있다.

가) 지식재산 거래

기업 이익 창출을 위하여 지식재산권이 거래되고 있으므로 공정한 거래를 위해서는 지식재산에 대한 가치평가가 중요하다. 지식재산 가치평가는 지식재산 구매에 따른 기대 시너지 효과나 다른 경제적 효용 가치를 수치화하기 위한 수단으로써 활용도가 높다.

나) 지식재산 라이선스에 대한 로열티 비율 산정

특허권, 상표권, 저작권 등 지식재산의 라이선스 대가로 지급되는 로얄티 비율 산정 및 협상에 있어서 지식재산 가치 분석 결과는 대단히 중요하다. 또한 지식재산 분석은 현금 흐름 창출 능력, 프로젝트의 이익 창출 능력 ,대상 지식재산의 기술적, 경제적 잔존 가치를 결정하는 기준이 된다.

다) 기업의 M&A를 위한 기업가치평가

기업에 대한 가치를 평가할 때 유형자산의 가치도 중요하나 궁극적으로는 무형자산인 지식재산에 대한 가치평가에 의하여 좌우된다. 일반적으로 기업의 유형자산에 대한 가치평가도 중요하지만, 기업의 M&A을 진행하는 경우 의사결정을 위해서는 지식재산의 가치평가가 이루어져야 한다. 즉, 기업의 지식재산에 대한 가치평가 결과는 기업 거래에 대한 의사결정에 활용될 수 있으며, 기업 매수용 금융지원을 받을 때도 사용될 수 있다.

라) 지식재산 침해 소송 해결

기업 간의 지식재산 침해 또는 라이선스 계약 위반 등의 소송과 관련하여 경제적 손실에 대한 가치를 평가하여야 한다. 소송과 관련된 경제적 분석 요소로는 지식재산 권자 이익 및 손실액, 지식재산가치, 지식재산가치 감소액의 추정이 포함된다.

마) 자본가의 투자 유치를 위한 기술가치평가

① 지식재산 연구개발자 소유 주식 지분 가치평가

개발한 지식재산을 출자하여 주식 등 기업의 지분을 소유하게 되므로 기업에 대한 지분과 지식재산과의 공정한 교환 여부를 결정하기 위하여 기술가치평가, 기업의 주식 평가 및 가치 교환 비율의 결정에 따른 교환 비율 결정

② 지식재산권자와 자본가를 연결하는 중요한 역할

지식재산권자는 기술을 판매하고 자본가는 기술에 대한 투자를 함으로써 이익 창출을 기대하므로 당해 기술의 경제적 가치를 평가하여 개발자와 자본가의 가교 역할

③ 지식재산을 기업에 출자함으로써 발생하는 소득 평가

지식재산권자가 지분을 받을 때 개발에 소요된 개발비용을 산정하고 수혜한 수익을 평가함으로써 기술 개발자들의 이익 금액 산출이 필요

(2) 기술가치평가의 필요성

첫째, 과거 생산설비 위주의 실물 경제 패러다임으로부터 무형기술이 중시되는 지식기반 경제로 전환됨에 따라 지식재산의 중요성이 커지고, 기술가치평가 중요성이 높아지게 되었다.

둘째, 기업의 금융·지원제도가 담보 위주의 금융·지원제도에서 신용에 의한 기술 금융 지원제도로 점차 변화되고 있으므로 객관적인 기술가치평가가 필요하다.

셋째, 국내외적으로 기업의 인수·합병, 합작투자, 사업부 분산 등의 경영 전략이 증가하고 있다. 특히 비교적 적은 비용과 시간을 기반으로 성장산업 분야에 진출하기 위해 기업 인수를 통한 신규 사업 진출이 증가하고 있으므로 이를 위한 기술가치평가가 필요하다.

넷째, 기술가치평가는 공공기관의 정책자금의 지원 대상 선정, 연구개발 과제의 평가와 선정, 연구결과 실용화 및 기술 이전 등을 위한 기술평가 사업 수행에 중요하다.

다섯째, 민간부문에서도 기술자산의 가치를 평가하여 담보 대출 및 투자, 기술시장을 통한 첨단기술의 거래, 기술도입 및 라이선싱 등을 위해 기술가치평가가 필요하다.

(3) 기술가치평가의 특성

첫째, 기술은 무형적(intangible) 특성을 지니고 있으므로 평가가 주관적이다.

둘째, 기술이라는 상품(commodity)은 공급자 시장(supplier's market) 성격을 지니고 있기 때문에 수요-공급의 균형에 의한 적정한 시장가격이 형성되기 어려우므로 거래되기가 어렵다.

셋째, 첨단기술은 불확실성과 위험도가 높기 때문에 기존투자의 가치와 미래시장 가치를 측정하기 어렵다.

넷째, 기술거래는 자주 하나의 묶음(package)으로 이루어지기 때문에, 개별기술 자체만으로 그 가치를 측정하는 것은 효용성에 한계가 있다.

(4) 기술가치평가 요소

1) 기술성

우수한 기술이라 하더라도 그 기술에 대한 권리가 확보되지 않았거나 기술적인

측면에서 보완적인 추가 개발이 필요하다면 그 기술의 가치는 떨어지게 될 것이다. 즉, 기술성이란 평가기술의 권리성과 완성도 등 기술적 우수성(Technological Superiority)을 평가하는 것으로 기술가치평가의 핵심적인 평가 요소라 할 수 있다.

2) 사업성

사업성이란 평가대상 기술을 사업화하려는 주체의 역량을 의미하며, 여기에는 사업화 주체의 경영능력, 사업전략, 개발 능력 등이 포함된다. 계획하고 있는 사업에 대한 체계적이고 객관적인 사업성 분석을 통해 타당성을 평가함으로써 업무의 효율적 수행과 기업의 성공률을 높일 수 있다. 사업성 평가요소는 다음과 같다.

① 계획사업의 수행능력 평가 : 계획사업과 창업자의 적합도

② 계획제품의 기술성 분석 : 생산가능성, 품질, 성능 및 하자 여부

③ 시장성분석 : 판매시장 환경, 경쟁상태, 시장진입 가능성 및 중장기 수급 전망

④ 수익성 평가 : 적정수익의 확보를 위한 손익분기분석, 원가단위분석, 시설규모, 자기자본과 타인자본 조달 비중, 판매비와 관리비 등 적정한 비용 분배, 인력구성계획 등 수익성과 관련되는 항목 분석

⑤ 기업환경 종합분석 : 종업원들의 조직적합도, 공장입지, 중·장기 경영계획 실현 가능성

3) 시장성

시장성 평가란 제품의 판매를 위한 고객의 구성 및 분포, 시장 규모 및 경쟁 관계에 있는 동일 제품, 대체품 및 유사 제품에 대한 시장 특성과 구조를 파악하고 분석하는 것이다. 시장성 분석의 핵심 요소는 평가 대상 기술이 상품으로 생산되어 출시되는 시장의 진입장벽, 경쟁 정도, 정부규제 정도 등 시장의 특성으로써 환경 분석 요인이 중요하다.

(5) 기술가치평가 기법

기술가치의 평가는 주관적이므로 평가방법도 다양하다. 평가방식에는 현장 조사와 인터뷰를 통한 '정성적 방식'과 공식 및 기준에 의한 수치 계산을 주로 하는 '정량적 방식'이 있다. 기술가치의 정량화는 어려우므로 실제로는 정성적 기법들이 자주 사용된다.

그러나 정량적 방식은 세부적인 평가 내용과 과정에 있어 정성적 요소를 포함하고 있다. 예를 들어 금액법에 의한 기술가치평가시에 매출액 대비 해당 기술의 기여도를 결정하기 위해서는 정성적인 평가가 필요하다. 즉, 그 기술이 사용되는 사업이나 제품 내에서의 유용도, 기술 자체의 본질적 특성과 시장적 가치, 경쟁기업과의 상대적 비교 등 다양한 정성적 요인들을 고려해야 한다. 따라서 정량적인 금액법이라고 하더라도 그 과정은 정성적 요소와 정량적 요소를 구조적으로 결합한 통합적 방법(integrated method)의 성격을 띠게 된다. 기술가치평가 기법은 금액법과 실물옵션접근법(Real-Option Approach)으로 나눌 수 있다.

1) 금액법(화폐가치법)

금액법은 기술의 가치를 직접적인 화폐가치(monetary value)로 측정하여 평가하는 방법으로, 종류로는 '비용접근법, 시장접근법, 수익접근법'이 있다. 그러나 평가 대상 기술의 특성에 따라 기술가치평가 방법이 다르게 적용되며, 평가결과는 평가기관 및 최종 용도에 따라 등급, 금액, 소견 등으로 표시된다.

가) 비용접근법

비용접근법(Cost Approach)은 현재의 지식재산이 미래에 제공 가능한 가치를 대체하는데 필요한 비용을 측정함으로써 미래의 효용 가치를 평가하는 방법이다. 기술의 개발 및 획득을 위하여 소요되는 모든 물적, 인적 자원의 가치(적정 비용)를 합산하여 이를 감가상각함으로써 지식재산의 기술을 현재가치로 환산하는 방법이다.

비용접근법은 동등한 효용을 갖는 어떤 자산을 얻기 위해서 지불한 금액보다 더 많은 금액을 지불하려 하지 않는다는 대체의 원칙에 근거한다. 평가 대상 기술자산과 동등한 가치를 갖는 다른 기술자산을 재창출하기 위해 필요한 비용인 재생산원가 또는 다른 곳에서 취득하는 데 필요한 대체 원가가 기술가치가 된다고 가정한다.

그러므로 비용접근법은 비용을 근거로 하기 때문에 기술자산의 미래의 경제적 이익과 경제적 이익의 유지 기간, 미래의 경제적 환경 변화 요인에 관한 정보도 고려하지 않으므로, 사회 구조 및 시장 구조적인 요인이 반영되지 않는다. 또한 기대수익을 얻기 위한 위험이 고려되지 않으므로 미래의 수익창출 능력의 평가를 통한 시장 가치를 명확하게 제시하지 못하는 단점이 있다.

나) 시장접근법

시장접근법(Market Approach)은 평가 대상이 되는 기술자산과 동등 내지 유사하다고 판단되는 기술자산들이 기술 거래 시장에서 실제 거래되는 가치를 기준으로, 해당 기술의 가치를 종합해서 평가 대상이 되는 기술자산의 가치를 평가하는 방법이다.

시장접근법은 기존의 실제 거래 자료와 그 당시의 시장 상황 및 현재의 시장 상황 등 시장에서 사람들이 그 기술에 대해 어떻게 평가하는가에 대한 의견일치에 의해 미래 가치의 효익을 현재의 가치로 평가한다.

이 방법은 시장 정보 자료가 많고, 거래 절차가 투명한(자동차 매매 시장 및 부동산 시장) 경우에는 신뢰성 있는 기술가치평가가 가능한 방법이다. 그러나 평가 대상기술에 관한 거래 빈도수 및 거래 정보 자료가 충분하지 못한 경우에는 평가 대상 기술과의 비교가 불가능하다. 따라서 자료를 충분히 활용할 수 있는 경우에는 신뢰성이 높은 가치 평가 방법이나, 그렇지 않은 경우에는 자주 사용되지 않는다.

다) 수익접근법

수익접근법(Income Approach)은 기술자산을 활용하여 미래에 얻을 수 있는 현금 흐름을 현재가치로 환산(할인)하여 평가하는 방법으로 현금흐름할인법(Discount Cash Flow)이라고도 한다. 즉, 기술자산이 미래에 창출할 수 있는 현금흐름을 계산하여 일정 할인율을 적용한 현재가치를 가치평가액으로 산정하는 방법으로 기술가치평가 방법 중에서 가장 많이 사용하는 방법이다. 그러나 기술자산의 추정 미래 소득에 대한 정의 및 추정소득의 유형에 따라서 방법이 달라질 수 있으므로 평가 전에 사용기준을 명확히 하고 산출해야 한다.

경제성 평가에는 전통적으로 사용되는 순현가법(NPV)이나 내부수익율법(IRR)이 이용되며 평가를 위한 구성 요소로는 기술자산으로 발생되는 현금흐름의 총액, 현금흐름의 기간, 기대수익 실현에 관한 위험도, 기술의 수익에 대한 기여도의 네 가지가 있다.

일반적으로 사용 기술의 관련 사업이나 제품의 수익에 대한 기여도를 결정하기 위해서는 우선적으로 기술 자체의 특성, 시장 가치, 기술이 사용되는 사업이나 제품 내에서의 유용도, 경쟁사업, 경쟁기업과의 상대적 비교 등 다양한 요소들을 종합적으로 평가하여야 한다.

수익접근법의 장점으로는 첫째, 일반적으로 기술은 현실적으로 거래가 활발하지 않고 개발비용의 가격으로는 매각할 수 없기 때문에 수익접근법이 기업의 이윤 추구의 측면에서 가장 현실적이고 유용성이 높은 평가 방법이다. 둘째, 미래의 투자나 대부의 의사 결정에 미래 수익가치를 근거로 사용할 수 있다. 셋째, 수익접근법은 계약, licensing 및 로열티 협정을 위한 지식재산권, 기업 및 증권의 기술가치평가에 매우 적합한 방법이다.

단점으로는 첫째, 미래 현금 흐름에 대한 기술과 시장 환경의 예측이 필요하므로 시간이 많이 걸리고 비용이 많이 든다. 둘째, 과거의 기술가치로부터 산출되는 수익 자료가 없는 경우 평가가 어렵다. 셋째, 다양한 변수에 의하여 결정되는 위험도와 실질적인 활용 범위나 수준에 따라 달라지는 기여도의 명확한 파악 및 산정이 어렵다. 넷째, 미래 현금 흐름(수익)의 측정에 사용되는 변수들은 예측값이므로 변수들의 오차가 축적되면 기대수익의 예측 및 측정에 큰 차이가 발생한다.

2) 실물옵션법 (real option)

가) 기본 개념

현재에는 효용성이 떨어지나 미래에는 가치 창출의 잠재력을 보유하고 있는 기술자산의 가치를 정확하게 측정하고자 할 때, 전통적인 평가 기준이나 방법으로는 가치평가가 어려운 경우가 많다. 이런 경우 전통적인 기술가치평가 방법의 한계를 극복하기 위하여

기술가치평가에 실물옵션 개념이 도입되었다. 옵션(option)이란 옵션매입자가 미리 약정한 행사가격으로 일정기간 동안 자산을 사거나 팔 수 있는 권리이다. 옵션은 미래에 행사할 수 있는 선택권이므로 권리이며, 의무는 아니다. 그러므로 미래의 상황이 의사결정권자에게 유리하면 받아들이고 불리하면 받아들이지 않아도 된다.

연구개발을 위한 투자는 프로젝트 중간에 확대나 중단이 가능하고, 수행 기간이 길어서 매출 규모의 정확한 추정 및 할인율의 적용이 쉽지 않은 경우가 많다. 그러므로 이러한 불확실성 하에서 처음부터 하나의 대안을 결정하기보다는 옵션의 개념을 도입하여 몇 가지의 대안을 설정하고 동시에 소규모의 투자를 진행하면서, 설정된 의사결정단계별로 각 대안의 성공 가능성과 예상수익률을 점검하여 투자 확대, 지속, 중단 등을 결정한다. 기술가치는 본질적으로 옵션(option)의 요소를 포함하고 있으므로 기술가치의 평가를 위해서는 전통적인 접근법보다 옵션 개념으로 접근함으로써 효율성이 높은 가치 평가의 결과를 얻을 수 있다.

나) 평가 절차

실물옵션법은 추진 단계별로 설정해 놓은 가정에 대하여 의사결정과정에 따라 성공 및 실패로 평가한 뒤 최종가치를 산출한다. 실물옵션법은 처음에 결정된 프로젝트를 그대로 진행하기보다는 각 시점에서 수익창출력의 극대화를 목적으로 다양한 의사결정을 내릴 수 있는 방법이며, 순현재가치 개념을 바탕으로 한 기존의 기술가치평가법에 비해 복합적이고 다양하게 기업가치를 평가할 수 있다. 특히 실물옵션법은 불확실성이 많고 높은 성장잠재력이 기업의 가치를 결정하는 신생 벤처기업의 평가법으로 매우 유용하다.

3) 기술가치평가에서 고려할 사항

가) 기본 개념

기술가치는 기술가치평가 요소인 기술성 및 시장성의 상호작용이나 인과관계에 의하여 나타나게 된다. 대부분의 기술적 요인은 시장적 요인과 연관성이 높으며, 시장적 요인의 결정 과정에 직접적인 입력 변수가 되거나 간접적인 매개변수로 작용한다. 따라서 평가대상 기술자산의 기술성과 시장성 양자 간의 구조적인 상관관계를 파악한 후 이를 토대로 종합적인 기술가치를 측정하는 방법이 필요하다.

따라서 기술가치를 평가하기 위해서는 다양한 정성적 요소와 정량적 요소를 구조적으로 결합하는 통합적 접근(integrated approach)이 필요하다. 여기에서는 종합적 접근을 위한 기본적인 방향과 전반적인 기준을 제시한다.

나) 가치평가

① 기술적 가치 (value of technology)

기술의 평가 요인은 기술의 활용 분야 및 용도에 관계없이 기술 자체의 본질적 가치를 평가하는 본질가치 요인과 종래의 기술을 활용한 제품 또는 서비스와의 관계 즉 실질적인 활용 범위나 정도를 평가하는 활용가치 요인으로 나눌 수 있다.

㉠ 본질가치 요인는 기술수준, 기술수명, 기술의 독점성 및 표준성으로 구성된다.

- 기술수명 : 평가 대상 기술이 더 이상 가치를 창출할 수 없거나 다른 기술이 해당 기술을 대체할 수 있을 때까지의 유용 기간인 기술수명을 평가
- 기술수준 : 평가 대상 기술이 최신의 기술동향과 연관하여 반영하는 정도와 기술적 완성도를 평가
- 표준성 : 평가 대상 기술이 동종기술의 표준에 부합하는 정도로서 호환성을 평가
- 독점성 : 평가 대상 기술이 유사한 기술에 비해 기술시장에서 차지하는 특허 구속력의 정도를 평가

㉡ 활용가치 요인은 기술형태, 활용범위, 기여율, 완성도로 구성된다.

- 기술형태 : 대상 기술을 활용하여 가치를 창출할 수 있는 형태
- 활용범위 : 대상 기술이 제품이나 서비스에 활용되는 산업의 범위를 평가
- 기 여 율 : 가치(기대이익)를 창출하는 경우 대상 기술이 기여하는 정도 평가
- 완 성 도 : 해당 기술이 제품이나 서비스에 활용될 때 요구되는 사항의 충족 정도를 평가

② 시장적 가치

기술의 시장적 가치는 그 기술이 활용되어 생산된 제품이나 서비스 등이 시장에서 가지게 되는 가치를 말하며, 기술가치를 금액으로 평가하는데 매우 중요하다. 시장적 가치 평가 요인에는 가치형태 요인과 가치측정 요인이 있다.

㉠ 가치형태 요인

모든 기술의 가치의 최종적인 경제적 실현의 형태는 두 가지로 나타나는데, 이익창출(profit-generating)로 실현되는 경우와 비용감소(cost-saving)로 실현되는 경우로 구분된다. 이익창출은 해당 기술이 제품의 품질이나 성능 개선을 통하여 이익을 어느 정도 창출하였는가를 평가하는 것이고, 비용감소는 해당 기술이 공정개선을 통하여 어느 정도 원가절감 및 품질향상에 기여하였는가를 평가하는 것이다.

기술가치의 실현 형태는 해당 기술이 소재, 부품, 제품, 공정 중에서 어디에 속하는 기술인가에 따라서 달라지게 된다. 이때 일반적으로 소재, 부품 및 제품기술은 이익창출을 통해, 공정기술은 비용감소를 통해 기술가치가 실현된다.

㉡ 가치측정 요인

기술가치평가 대상 기술의 실질적인 기대이익을 산정하기 위한 요인으로는 이익의 크기(amount of income), 이익의 기간(duration of income), 위험 요소(risk of achieving income)가 있다. 이익의 크기는 해당 기술이 일정기간 동안 창출하는 가치(이익창출이나

비용감소)의 양, 이익의 기간은 해당 기술이 제품이나 서비스에 적용되어 이익을 낼 수 있는 기간의 정도, 위험 요소는 해당 기술이 처한 시장 상황과 기술 자체의 완성도, 표준성 문제로 발생하는 위험의 정도를 말한다.

2. 기업가치평가

기업가치평가 방법에는, 자산가치, 수익가치, 상대가치, 주가수익률, 현금흐름할인, 절충평균평가, 무형재산평가 방식 등이 있고 다음에 간단하게 설명하고자 한다.

(1) 자산가치 방식

자산가치 방식이란 평가기준일 현재의 기업의 자산, 부채를 기준으로 순자산을 산출하고 그 순자산을 발행주식 총수로 나누어 산정하는 방식을 말한다. 이때 순자산은 해석 방법에 따라 장부가 순자산과 시가 순자산으로 나눌 수 있다. 장부가 순자산은 그대로 대차대조표 순자산으로 하는 것이고, 시가 순자산은 기업이 소유하고 있는 자산을 일일이 다시 평가하여 순자산으로 하는 것이다.

1) 유형고정자산

자산재평가를 실시하지 않는 경우는 취득일 또는 직전 재평가일 이후 현재까지 물가 상승률, 환율 변동 등을 감안하여 현행원가에 의해서 평가한다.

2) 유가증권

상장법인 주식인 경우는 평가일을 전후하여 주가 흐름을 검토한 다음 평가일 전 일정 기간 주가를 평균하는 등 적정하게 조정하여 산정

비상장법인 주식인 경우는 자산가치, 수익가치, 상대가치, 주가수익률, 현금흐름할인, 또는 절충평균 가치방식 등을 사용하여 산정

3) 대여금 또는 매출채권

비정상적으로 회수가 지연되는 경우 회수 가능성을 판단하여 채권의 가액을 적정하게 조정 평가

4) 퇴직급여 충당금

퇴직급여 충당금 잔액이 실제 지급해야 할 금액 보다 적은 경우는 그 차액을 증액

5) 무형고정자산

광업권, 어업권처럼 실질가치가 인정되는 것만을 계산

6) 이연자산

실질가치가 없는 것으로 간주한다.

(2) 수익가치 방식

이 방식은 평가하려는 기업이 장차 벌어들일 것으로 생각되는 주당 배당가능이익의 흐름을 추정한 다음 그 액수를 현가화 하는 것, 즉 1주당 기대이익을 일정의 적당한 이율로 할인하는 방식으로써 현대 가장 호응을 얻고 있는 방식이다. 이 방식은 기업의 자산과 부채를 각각 평가하여 산출하는 것이 아니라 기업이 갖고 있는 인력, 상품 및 자금, 기술 등 모든 경영자원 들을 사용하여 획득할 장래의 이익을 현재의 가치로 할인하여 평가하는 것이다. 그러나 장래의 수익을 추정한다는 것이 그리 간단한 것이 아니며 또 할인율을 몇 퍼센트로 할 것인가 하는 점에서 실무적으로 어렵다고 할 수 있다.

할인율은 기대수익률(Market Capitalization Rate)로 하는데 기대수익률은 동업계 평균이익률, 해당 기업의 이익률 추이, 실리성 있는 시장금리 및 정기예금 이자율 등을 고려하여 결정한다. 우리나라에서는 증권업협회에서 유가증권 분석기준으로 정기예금 금리를 적용하도록 하고 있다. 평가하려는 기업이 속하고 있는 산업 성숙도에 따라, 그 기업이 기업의 라이프 사이클 상 어디에 위치하고 있느냐에 따라 장래 수익가치 흐름을 여러 가지로 예상할 수 있는 바 4가지로 가정하여 계산해 보는 것이 일반적이다. 수익가치 방식은 다른 방식으로 계산한 기업의 가치를 비교 검토하기 위하여 계산해 보는 경우가 많다. 기본적으로 수익가치 방식은 기업의 가치를 영업을 하여 얼마나 많은 이익을 올려 그것을 주주들에게 얼마만큼을 배당할 수 있느냐에 따라 계산하는 것이다. 따라서 수익가치란 기업의 주당 배당가능금액의 변화가 어떻게 되느냐에 따라 달라진다.

(3) 상대가치 방식

상대가치 방식이란 평가하려고 하는 주식 발행회사(평가회사)와 사업 내용이 유사한 업종에 속하는 상장회사의 주가, 1주당 배당금액, 이익금액, 순자산가액(장부가액)의 평균치로써 국세청이 발표하는 수치를 기준으로 하여 평가회사의 1주당 배당금액, 이익금액, 순자산가액을 비교하여 평가액을 산출하는 방법이다. 이 방법은 기업 이익 환원성, 수익성, 자산가치성에 시장평가요소를 가미하여 평가하려는 점에서 뛰어나다. 문제점은 유사업종, 유사기업의 선정에 따른 곤란, 시장성이 없는 주식을 시장성이 있는 주식과 동일시하고 있는 점을 들 수 있는데, 이런 점을 보완하기 위해 30%를 디스카운트하는 방법을 쓰기도 한다.

(4) 주가수익률 방식

주가수익률 방식이란 기업 세금공제 후 1주당 이익에 유사 공개기업의 주가수익률(PER)을 적용하여 주가를 역산하는 방법이다. 이 방법은 기업 활동으로 생긴 이익뿐만 아니라, 시장에서 결정된 주가가 가지는 여러 가지 특징도 가미하여 주가를 산정하려는 것이다. 주가수익률 방식은 주가에 영향을 주는 외부요인(일반경제, 정치 등)을 시장 데이터를 통하여 실제의 주가산정에 응용할 수 있다는 점에서 뛰어나다고 할 수 있다. 그러나 비공개기업의 주가산정에 있어서 그 비시장 유통성을 파악하기 어려운 문제가 있고, 시장에 의해 유사기업이라 하더라도 PER은 크게 다를 수가 있다는 문제가 있다. 또한 시장 및 경제 전반의 상황 변화에 의해 PER수준의 변동이 크며, 유사기업으로서 적당한 기업이 존재하지 않을 수도 있다는 문제가 있다.

(5) 현금흐름할인 방식

현금흐름할인(Discounted Cash Flow)방식이란 기업의 장래의 현금 흐름을 적당한 할인율로 현재가치로 환원하여 평가액을 산정하는 방법이다. 기업 활동의 결과 얻어지는 n년 후의 현금 흐름은 그 기업을 둘러싼 시장 환경, 기업 활동을 반영하고 있는 것으로 n년 후라고 하는 장래, 결국 시간적 요소도 감안하고 있다는 점에서 이 방법은 뛰어나다. 하지만 장래를 전제로 하고 있는 이상 가능한 한 신뢰할 수 있는 사업계획서를 작성해야 한다. 몇 년 간의 현금 흐름으로 택할 것인가, 할인율은 무엇을 기준으로 하며 몇 %로 할 것인가에 대해서도 결정한다.

(6) 절충평균평가 방식

절충평균 평가방식은 자산가치, 수익가치, 상대가치를 평균하거나 가중치를 사용하여 계산하는 것을 말한다.

(7) 무형재산의 평가

무형자산은 기술력, 기술개발력, 특허, 라이선스, 상표, 프랜차이즈, 고객, 경영자, 종업원 또는 영업권(Good will) 등으로써 평가하기가 매우 어렵다.

제3절 라이선싱과 M&A

핵심내용

- 라이선스 계약은 지식재산 권리자(라이선서, Licensor)가 자신의 배타적인 권리를 행사하지 않고, 제3자에게 그 권리의 실시 내지는 사용을 허락하고, 실시자(라이선시, Licensee)는 일정한 대가의 지급을 약속하는 것을 말한다.

- 기업이 지식재산을 라이선싱함으로써 기업 경영의 측면에서는 이윤의 증대, 수익 창출, 새로운 시장 개척, 시장 점유율 향상의 효과가 있으며, 특허 전략적인 측면에서는 라이선서와 라이선시의 협력을 통하여 개량발명에 대한 공동소유권의 획득, 특허 분쟁의 방지 수단으로 활용 및 산업 표준으로 선정을 위한 공동 노력함으로써 보유 특허의 활용도 극대화 및 진보된 새로운 특허의 창출이 가능하다.

기술이 진보함에 따라 기업들은 지식재산권을 소유하거나 사용하고 있으며, 기업의 핵심 사업이 되는 경우가 많다. 기업이 지식재산권을 보유 혹은 활용할 수 있는 방법에는 R&D를 통하여 지식재산권을 확보하는 방법과 타인의 지식재산권을 M&A와 Licensing을 통하여 소유하거나 이용할 수 있는 권리를 획득하는 방법이 있다.

라이선스 계약은 지식재산 권리자(라이선서, Licensor)가 자신의 배타적인 권리를 행사하지 않고, 제 3자에게 그 권리의 실시 내지는 사용을 허락하고, 실시자(라이선시, Licensee)는 일정한 대가의 지급을 약속하는 것을 말한다. 즉, 라이선싱은 재산권(상표, 로고, 캐릭터, 구문 또는 디자인, 저작권)을 제품화, 서비스 또는 홍보의 매개체로써 사용할 수 있도록 제3자에게 허가 또는 권리를 위임하는 행위를 말하며, 통상적으로 재산권을 필요로 하는 자(제조업자, 소매업자, 사업자 또는 개인)와 계약을 통하여 그 재산권의 사용목적, 사용지역, 사용기간 및 특정 조항을 정함으로써 재산권에 대한 사용 권한을 부여하게 된다.

사용권을 부여받은 사용권자는 라이선서(재산권 소유주)에게 라이선스에 따른 사용료를 지급하는데 그 형태는 최저 보증수수료, 매출 또는 생산가에 기준하여 로열티 비율을 정한다.

1. 라이선싱과 M&A

(1) 활용

기업이 존재하는 목적은 이윤의 창출에 있으므로 기업이 보유하고 있는 지식재산을 경영 전략으로 활용하여 이윤을 창출할 수 있다.

첫째, 자사가 보유한 지식재산을 다른 기업과 공동으로 제휴하거나 타사로 하여금 실시하게 할 수 있다. 타사 실시는 자사가 보유한 지식재산을 다른 기업에서 실시하거나 매각하는 방법이 이용된다.

둘째, 기업에서 자금 흐름은 기업 생존과 직결되므로 재무구조를 튼튼히 할 필요가 있다. 일반적으로 기업이 보유한 지식재산은 무형자산으로써 회계기준에서 취득원가로 평가되어 자산의 가치를 충분히 반영하지 못하는 단점이 있으나, 지식재산을 담보로 한 자금융자를 통하여 재무구조를 보강할 수 있다.

셋째, 지식재산을 활용하여 핵심기술을 권리화하고, 지식재산의 홍보를 통하여 투자자를 유치함으로써 자금 확보가 용이하다.

(2) 라이선싱 효과

라이선서와 라이선시 간의 재산권의 사용에 대한 권리 부여 및 권리 행사에 대한 형태를 규명하고 실시함으로써 다음과 같은 효과를 얻을 수 있다.

첫째, 라이선시는 재산권에 관한 권리를 부여받아 제품이나 서비스에 재산권을 적용함으로써 제품 가치를 향상시키고 경쟁제품과의 차별성을 최종 소비자에게 제공함으로써 판매 향상을 기대할 수 있다.

둘째, 라이선서는 라이선시에게 권리를 부여함으로써 금전적인 수익과 더불어 라이선서의 재산권의 가치를 향상 시킬 수 있는 기회를 얻을 수 있다.

셋째, 추가적인 인지도를 창출하여 또 다른 홍보효과 및 재산권의 가치를 증대시킴으로써 수익의 재창출 효과를 얻을 수 있다.

넷째, 라이선서의 홍보력이 떨어지는 상품을 시장에 진입을 할 수 있도록 활용할 수 있으며, 이로 인해 시장에 대한 점유율과 유통의 시장의 확대를 꾀할 수 있다.

표 8-1. 라이선스의 목적 및 효과

<table>
<tr><th rowspan="2">목 적</th><th colspan="2">효 과</th></tr>
<tr><th>라이선서(권리자)</th><th>라이선시(실시자)</th></tr>
<tr><td rowspan="4">이윤 증대 및 창출</td><td>실시에 따른 로열티 수익 창출</td><td rowspan="2">실시 기술을 기반으로 신기술 개발, 신제품 생산 및 판매를 통한 시장 개척</td></tr>
<tr><td>새로운 시장 진입 및 시장 점유율 향상</td></tr>
<tr><td>기술의 수출 등 특허 포트폴리오 전략수립 및 기업 이윤 확대</td><td rowspan="2">라이선시의 시장 점유율이 낮은 경우 특허권자의 브랜드를 이용하여 이윤의 극대화</td></tr>
<tr><td>생산비가 저렴한 지역에 실시권 설정하여 생산비 절감 효과</td></tr>
<tr><td rowspan="3">특허 전략</td><td>원천기술을 확보하고 있으나 생산 수단이 미약한 기업이 실시권을 허가한 기업과의 개량 발명을 수행하여 공동 소유권 획득 수단</td><td>필요한 기술을 확보함으로써 특허 취득 시간과 비용의 절감</td></tr>
<tr><td>특허소송시 회피 수단으로 크로스 라이선싱을 통한 특허분쟁 방지 수단으로 활용</td><td rowspan="2">실시 특허를 이용하여 라이선서와 공동으로 신기술을 개발함으로써 연구개발에 대한 위험 부담 절감</td></tr>
<tr><td>라이선시와 공동으로 해당 특허 기술이 산업표준으로 선정되도록 하기 위한 특허 전략</td></tr>
</table>

(3) 라이선스 실시

기업은 지식재산의 라이선스를 통해 수익을 창출할 수 있으며, 시장 개척의 수단으로 사용함으로써 기업의 시장에서의 위치를 더욱 강화시킬 수도 있다. 라이선스 계약은 계약 당사자간 신뢰관계에 기초하여 계약관계에 들어가는 것이므로 유효기간 중에 당사자관계에 변동이 발생하여도 곤란하지 않도록 계약조항에 해지권을 규정하는 등의 조치를 취하는 것이 좋다. 실시 계약의 체결 시에는 다음의 라이선스 전략적 실시항목을 유의해야 한다.

1) 실시 허락 기간(계약 기간)

계약서에 허락기간에 대한 규정을 하지 않는 경우에는 계약기간과 동일한 것으로 해석한다. 단, 허락 기간을 달리하고자 하는 경우에는 그 취지를 규정하고 허락기간을 달리할 수 있다.

2) 실시 수량

실시 수량은 최대수량과 최저수량의 두 가지로 제한하고 있다. 최대 실시 수량 제한은 라이선서가 허락한 동일지역 내에서 자기 실시를 하거나, 다수의 라이선시가 활동하는 경우에 과다한 경쟁을 방지하기 위하여 시행한다. 최저 실시 수량 제한은 라이선시의 불성실한 실시에 대한 최저한의 방지 수단으로써 최저 실시료의 규정과 동일하다.

3) 실시권 지역

라이선서는 라이선시의 사업능력을 참작하여 허락지역을 특정하여야 하며, 라이선시 입장에서는 장래의 사업 확대를 고려하여 정한다. 별도의 정함이 없으면 허락 특허권의 효력은 등록 국가로 한정된다.

4) 실시행위 형태 명시

실시행위는 주로 생산, 유통, 판매 등이며 실시행위 형태를 명시하지 않는 경우에는 모든 실시행위에 대하여 실시권을 허락한 것으로 해석된다. 그러나 실시행위 형태를 한정하고자 할 때에는 생산 또는 판매 분야와 같이 명시적으로 기재하여야 한다.

5) 실시 및 사용 분야

라이선시는 최상 수익이 창출될 수 있도록 특허 또는 제품의 실시 및 사용분야를 한정할 수 있다. 허락 특허가 몇 가지 제품의 제조에 사용 가능한 경우에 사용 분야를 그 하나의 업종 또는 기종에 한정할 수 있으며, 계약 제품의 사용 분야가 많은 경우에도 그 중에서 하나로 제한할 수 있다.

(4) 라이선스 계약 및 계약서 작성

일반적으로 계약은 민법의 채권법 각칙에서 규정되는 법률행위에 의한 채권의 발생 요인에 해당되고 사적자치의 원칙에 의한 임의 규정이므로 계약 상대방, 계약 내용 및 방법은 자유롭게 거래 당사자 간의 합의에 의하여 결정되며, 계약 쌍방이 법률의 규정에 의하여 채권과 채무가 발생하게 된다. 라이선스 계약의 성립은 특허를 보유한 특허권자와 실시 희망자가 당사자 간의 실시 청약 및 승낙을 일치시킴으로써 성립된다. 라이선서는 특허 실시권을 허락하고 라이선시는 실시료를 지급한다. 계약은 문서화되어 법적구속력을 가지며, 계약서에는 세부적인 내용을 기술함으로써 라이선서와 라이선시간의 정확한 계약내용을 확인하고 상호 신뢰를 바탕으로 계약을 이행하게 된다. 그러나 권리만을 취하고 의무를 이행하지 아니하면 계약위반으로서 채무불이행이 발생하게 되므로 상대방으로부터 법원에 손해배상청구 등의 조치가 발생될 수 있다.

기술을 도입하고자 하는 자는 라이선스 계약서 작성에 필요한 충분한 지식을 갖추어야 한다. 계약서 작성 시에는 양 당사자가 라이선스를 위해 합의한 내용을 충분히 인식하고 추후 분쟁의 소지를 남겨서는 안되며, 특히 국제적인 라이선스 계약 경우 국내관련 법규에 위배되지 않는 적정한 대가를 지불하면서 기술을 도입해야 한다.

계약 내용은 업종 또는 계약 목적에 따라 달라지며, 계약을 일률적으로 정하는 것은 위험하다. 계약서에 당사자 의도를 명확하게 기재하고 실제적으로 구체화시키는 경우에 발생할 수 있는 여러 가지 문제에 관하여 당사자 간에 불필요한 분쟁이 발생하지 않도록 계약서에 규칙을 설정해야 한다.

계약서란 라이선스 대상인 지적재산권 사용권에 대하여 특정의 조건 및 계약기간 동안 허락하기 위하여 당사자 간의 제반 조건에 합의한 문서이다. 국적이 다른 당사자 간의 라이선스 계약이라면 국제계약의 범주에 속하므로 계약서는 영문으로 작성되고 통상적 국제영문계약의 일반적 형태에 따른다.

▶ 제목 및 당사자 표시

제목은 계약서 내용을 대표한다. 제목 표시 부분에 '라이선스', '기술이전' 또는 '기술지원' 표시는 개념과 효과는 다르지만, 계약서 법적인 효력의 판단은 계약서나 조문 제목이 아닌 본문의 내용에 따라서 결정되므로 크게 문제되지 않는다.

당사자 표시란에서는 계약서 규정에 따라 구체적인 권리와 의무가 적용될 당사자를 표시한다. 당사자 구체적 이름(회사명), 본사 또는 주사무소의 주소를 기입한다. 개인이 라이선스 계약 당사자인 경우 주민등록번호, 여권번호 등을 사용할 수 있다. 당사자가 확정되어 있지 않다면 계약위반 등에 대한 권리구제시 구체적으로 누구를 상대로 배상청구, 제품이나 중재를 신청해야 할지가 불명확하게 될 가능성이 있다.

▶ 전문

전문에는 계약 당사자의 계약이행 능력의 표시 및 당해 라이선스 계약을 맺고자 하는 기본적 의사를 교환하게 되며, 이러한 표시 및 의사교환에 있어서 허위 및 과장이 있게 될 경우는 추후에 손해배상 책임 문제 등이 거론될 수도 있다. 따라서 전문의 기재·작성은 사실에 기초하여 간단명료하게 한다.

▶ 실시권 허가 조항

무체지적재산권인 기술, 노하우(know-how), 특허권 등의 사용권 및 실시권을 부여함을 규정하는 조항으로서 실시권은 소유권 이전을 전제로 하는 매매계약에서와는 달리 라이선스 계약에서는 일정 계약기간동안 일정 조건하에서 제한적으로 허락됨이 원칙이다. 통상적으로 실시권에는 ① 자체적인 제조·조립의 권리, ② 위탁·하청제조의 권리 ③ 판매·리스 등의 권리 ④ 사용·실험·전시·광고 등의 권리가 포함되나, 당사자 간의 합의 여하에 따라 달라 질 수 있다. 재실시권은 당해 라이선스 계약서에 명시된 규정이 없는 한 인정되지 않는다. 따라서 재실시권을 허가받고자 하는 경우에는 이를 계약서상에 규정하여야 한다. 또한 실시권의 형태도 중요하다. 독점적 실시권(exclusive license)은 제3자를 배제하므로 라이선시의 입장에서는 매출증대 및 독점적 이익 창출의 가능성도 높으나, 역으로 기술 대가가 높아지고 라이선스 조건도 강화될 수 있으므로 독점적 실시권 및 비독점적 실시권의 선택에는 신중을 기해야 한다.

▶ 기술정보

기술 라이선스 계약에서는 실시에 필요한 기술정보 및 자료의 제공이 가장 중요한 사항이다. 기술정보 제공에 있어서 주요 사항으로는 ① 기술정보 내용 및 범위, ② 기술정보 제공시기, ③ 기술정보 제공 형태 및 절차·방법, ④ 자료화 또는 객관화되지 못한 기술정보 등의 추가 및 보완적 이전 방법, ⑤ 제공된 기술정보에 대한 보증 문제, ⑥ 기술정보 목적 외 사용금지 및 제3자에 대한 비밀유지 문제 등이 있다.

이 중 ④, ⑤, ⑥의 항목은 통상적으로 별도 개별 조항으로 구체적으로 규정한다. 일반적으로 기술정보의 제공시기와 선불금(정보개시료)의 지급 시기는 매우 밀접한 관계에 있다. 즉, 라이선서는 기술정보를 제공하기 전에 선불금을 받기를 원하지만, 라이선시는 이와 반대 입장이다. 그러므로 원활하게 계약을 성립하고 양당사자들의 입장을 절충하기 위해서는 선불금 지급(수령)과 기술정보 제공을 동시에 이행하도록 하는 것이 일반적이다.

▶ 기술원조

라이선서가 라이선시에게 제공하는 기술 중에는 자료화 또는 객관화 될 수 없는 것들도 많다. 특히, 계약기간 중에 새로이 취득한 기술이거나 사람을 통한 접촉에 의해서만 이전될 수 있는 특수기술 등이 이에 속한다. 이러한 기술을 이전 받는 방법에는 크게 두 가지가 있는데, 기술자의 파견연수와 기술자의 초청지도가 있다. 이들 두 가지 방법은 각각 장·단점이 있으며, 라이선서 입장도 고려하여 적합한 방법을 선택하여 기술이전효과를 극대화시켜야 한다.

▶ 계약정보 보호

공개를 조건으로 법에 의한 특권이 보장되는 산업재산권과는 달리, 기술 및 노하우 등은 기술보유자 스스로 그 비밀성 및 재산적 가치를 유지·연장하지 않으면 안된다. 그러므로 라이선서는 라이선시에 대해서도 엄격한 비밀유지 의무 및 보호 조치를 요구하게 된다. 그 대상은 모든 기술에 대하여 요구하기 보다는, 적어도 공지화 되지 않은 비밀적 기술 정보에 대해서만 준수를 규정하는 것이 합리적이다.

▶ 선불금 및 기술료

라이선시는 제공 기술 정보 및 사용·실시권에 관심이 많으나, 라이선서는 기술대가가 중요한 관심사이다. 기술대가는 라이선시가 부담해야 하는 의무이므로 라이선서와는 이해관계가 상충된다. 그러므로 기술대가 조항은 가능한 한 자세히 규정하는 것이 바람직하다.

▶ 침해 소송

라이선서로부터 사용 또는 실시 허락을 받은 기술정보 및 지식재산권 등을 제품의 제조·판매에 사용하는 과정에서 제3자의 지식재산권 관련 침해소송 등에 휘말리게 되는 경우가 있다. 이러한 경우에 라이선시 입장에서는 소유권자인 라이선서가 책임지고 처리해 주길 바라지만, 라이선서는 이에 부정적인 경우가 많다. 이러한 문제는 당사자 간 사적인 계약대상에 속하므로 결국 양자 간의 협상에 의하여 결정될 수밖에 없다.

▶ 계약(기술)정보 보증

보증이란 물품 등의 매매거래에 있어서 거래의 본질적인 목적물은 아니지만 그러한 목적물에 부수적으로 수반되는 품질·성능·용도·소유권 등에 관한 약속을 의미한다. 라이선스 계약서에서 제공되는 기술정보는 ① 실시권이 허여된 지식재산권 유효성, ② 제공되는 기술정보 유효성 및 유용성, ③ 허여된 지식재산권 및 제공된 기술정보의 제3자 소유 지식재산권의 불침해성, ④ 공급되는 설비·부품 등의 하자보증 등이 문제된다. 라이선서는 이러한 보증을 될수록 축소·배제하려고 하지만, 라이선시는 반대 입장이므로 라이선스 계약의 협상에서도 입장조정이 쉽지 않다.

▶ 계약지역 내에서 상표의 독점적 사용권

통상적으로 라이선시는 계약제품의 매출액 증대를 기대하면서 기술제공자의 상표 및 기술제휴관계의 표시를 사용하고자 한다. 그러나 라이선서 입장에서도 상표사용에 따른 장·단점이 있기 때문에 협상 전에 이들을 충분히 고려해야 한다. 특히 라이선시가 기술수출자의 상품 및 상호 등을 대신 선전·확보하여 주는 측면도 있으므로, 소비재부분의 유명브랜드 도입이 주목적이 아닌 한 상표 사용 대가를 별도로 요구해야 한다.

▶ 발효일 및 존속기간

계약서에 서명함으로써 계약 내용이 확정되지만 효력 발생 날짜는 달리 규정할 수 있다. 외국 라이선스 계약과 같이 기술도입국 정부의 허가·인가 등이 필요한 계약에서는 일반적으로 볼 수 있는 조항이다. 라이선시의 입장에서는 기술대가의 절감을 위하여 기술의 소화 및 흡수에 지장이 없는 범위 내에서 계약기간을 최단기간으로 규정하려고 하나 라이선서의 입장은 정반대인 경우가 일반적이다.

▶ 계약 종료

라이선스 계약은 예정 계약기간이 경과되어 종료되는 것이 원칙이나, 계약 목적 달성에 문제가 되거나 당사자가 규정하는 특정 사유에 해당되는 경우에는 조기 종료될 수도 있다. 라이선스 계약의 조기 종료에 관한 조항은 당사자 간의 계약에 따르나 다음과 같은 경우가 있다. ① 당사자 중 한 쪽의 소멸 및 불가항력인 상황 존재로 인하여 계약이 계속적으로 이행이 불가능한 경우, ② 어느 일방의 중대한 계약 위반, ③ 어느 일방의 파산, 법정 관리 등 신용 악화의 경우에는 계약을 조기에 종료하기로 합의하는 경우가 많다. 이와 같은 일반적 유형 이외에도 최저기술료 미달 또는 계약제품의 목표 매출 미달 등을 라이선시의 조기종료 귀책사유로 규정할 것을 요구하는 라이선서도 있으므로, 라이선시 측은 이에 특히 유의할 필요가 있다. 그리고 라이선스 계약을 조기 종료시킬 수 있는 사유가 발생하였다고 하여 곧바로 당해 계약을 종료시키는 것이 아니라 일정의 유예기간을 두고서 이 유예기간 내에 그 종료사유를 해소하지 못하면 비로소 그 계약을 종료시키는 것이다.

▶ 계약 종료 효과

라이선스 계약은 계약기간이 종료되면 원칙적으로는 당해 계약관계가 소멸되기 때문에 이에 기초한 권리와 의무도 동시에 소멸된다. 그러나 당사자 간에 별도로 공정거래법 등 관련 당사자 국가의 강행법규가 금지하지 않는 한 자유로이 정할 수 있다. 당사자 간에 종료이후 계약처리 방향을 규정함에 있어서 가장 크게 영향을 미치는 것이 계약 종료의 사유이다. 당초 계약기간을 모두 채우고 끝나는 만기종료(expiration)냐 또는 어느 일방 당사자의 귀책사유 등을 이유로 조기에 끝나는 조기종료(earlier termination)냐에 따라 그 처리방향은 크게 달라진다.

▶ 중재

기술이전 계약자 당사자 간에 대화로 해결이 불가능한 의견차이 및 청구 제기 상태를 분쟁(dispute)이라고 하는데, 이러한 분쟁을 해결하는 방법으로 중재와 사법적 해결이 있다. 통상적으로 상업적 거래에서는 다음과 같은 이유로 중재가 자주 분쟁처리방법으로써 선호되고 있다. 당사자 간의 분쟁의 중재를 통한 해결을 위해서는 반드시 중재 합의가 있어야 하는데, 중재합의는 중재 절차 개시를 위한 절대적 전제조건이라고 볼 수 있다. 중재합의는 라이선스 계약의 체결 시에 중재조항을 두어 사전에 합의할 수도 있도록 하는 것이 바람직하다.

▶ 준거법

기술에 대한 라이선스 계약은 양 당사국의 강행법규에 위반되지 않는 범위 내에서 당사자 간의 자유의사에 의하여 필요한 사항을 규정할 수 있다. 장래에 필요한 모든 사항을 규정하여 두는 것은 기술적으로 불가능하며, 당사자 간에 합의된 내용도 구체적

이행이나 해석에 들어가면 의견을 달리할 수도 있다. 이와 같이 규정되어 있지 않은 부분을 보완하거나 또 합의되어 있는 부분의 해석·이행을 둘러싼 문제해결의 기준이 되는 근거 법규를 준거법이라고 한다. 준거법도 라이선스 계약 당사자 모두가 자신이 속한 국가의 법을 기준으로 할 것을 주장할 것이므로 협상이 쉽지 않다. 라이선서의 입장에서라면 자국의 법 또는 제3국의 법으로 대체하는 것이 좋다.

▶ 통지

국제간의 원활한 라이선스 계약의 이행을 위하여 적절한 의사소통과 연락의 수단이 필요하다. 라이선스 계약서에서 규정된 내용을 실무적으로 의사교환을 통하여 계약을 이행하기 위해서는 의사소통과 연락수단에 의존해야 한다. 통지 조항에서 핵심사항은 의사소통 등의 수단·방법과 그 출력발생 시기에 관한 것이다. 의사소통 수단·방법으로는 신속성과 증빙능력을 동시에 갖춘 것이 바람직하나, 현실적으로 어려우므로 팩시밀리 등의 신속성과 등기우편 등의 증빙력을 상호보완적으로 사용하는 것이 보통이다. 통지 등의 효력발생시기에 대해서는 도달주의와 발신주의의 두 가지가 있는데 당해 통지의 효력 발생 시기를 도달·수령(receipt)과 발신(발송, mailing, sending) 중 어느 것으로 하는 것이 유리한지는 거래의 성격, 빈도 및 회사의 문서관리체계 등을 고려하여 결정하는 것이 좋다.

▶ 양도 및 승계

라이선스 계약은 당사자 간의 신뢰관계가 중요하다. 신뢰관계가 없으면 무형의 기술은 그 이전이 어려울 것이고, 또한 그 기술의 축적된 소유자가 아니고서는 제3자에 의한 대체적(代替的) 이전이 불가능하다. 라이선서의 능력과 신뢰에 바탕을 두고서 기술도입을 하였으나, 라이선서의 제 3자에게로의 무단 계약 양도에 따라 라이선시의 소기의 목적 달성이 어려워지거나, 역으로 라이선서도 라이선시의 판매능력을 믿고서 기술료에 기대를 하였으나 라이선시가 당해 계약을 제3자에게 임의로 양도하여 버린다면 역시 문제가 된다. 이와 같은 측면에서 라이선스 계약의 양도에는 보통 엄격한 제한과 조건을 두는 것이 일반이다.

▶ 완전합의 조항

완전합의조항이란 최종 계약서만이 유효한 합의서이므로 그 이전까지의 각종 문서들(제안서, 회의록, 의향서, 양해각서, 가계약, 이면계약 등)을 모두 무효화시키는 조항이다. 완전합의 조항은 서로 내용이 상충되는 복수 문건이 존재함으로써 생길 수 있는 혼돈과 분쟁을 사전에 예방하기 위하여 삽입한다. 중재 또는 소송이 제기되었을 때, 완전합의조항이 있는 라이선스 계약의 경우에는 날짜상으로 동일일 또는 그 이전에 존재하였던 문서들은 증거가 될 수 없다. 따라서 라이선스 계약의 체결과정에서 강행법규의 규제회피 및 정부의 승인조건 충족 등의 필요에 의해 이면계약(Side Letter), 양해각서(Memorandum) 등을 작성해야만 할 경우라면 반드시 본 계약의 체결일보다 늦은 날짜로 처리해야 한다.

(5) 지식재산 이전

라이선싱이나 양도를 통해 지식재산을 제3자에게 이전하는 과정은 복잡하고 상당한 기간을 요한다. 기업체에서 자사의 지식재산, 특히 기술을 제3자에게 이전할 때 요구되는 주요 절차와 각 단계에서 고려하여 할 사항들은 다음과 같다.

1) 기술 이전 목적 검토

- 기술 공급자 및 도입자의 입장에서 해당 기술의 이전 목적에 대한 검토
- 기술도입자의 입장에서는 기업 경쟁력 제고를 위한 신기술을 도입하고 부족 기술 보완 기술 이전
- 기술공급자는 기술의 외부 이전에 따른 실시료의 수입으로 안전성 확보 및 이익 극대화
- 유휴 시설, 부품 판매 및 하청업체와의 협력관계 유지를 목적으로 기술 이전 추진

2) 기술 이전 전략 수립

- 기술 이전 의사 결정 후 해당 기술의 표장, 기술 이전의 형태에 대한 전략 수립
- 기술 사업화를 위해 최소한으로 요구되는 기술도입자의 기술력, 사업화 능력 정도 파악 필요
- 기술도입자의 입장에서는 희망 기술의 보유자, 기술 경쟁력, 이전 조건 제시 단계

3) 기술 이전 마케팅

- 이전 대상 기술의 선정에 따른 기술 이전 요구 조건 결정
- 기술도입자 탐색 : 인맥을 통한 기술 이전을 탈피하여 한국기술거래소, 대학교, 연구 기관을 중심으로 기술 이전 거점을 통한 기술 이전 추진

4) 기술 이전 조건 협상

- 계약서에서 다루어야 할 중요한 조건과 부수적인 조건에 대해서 기술공급자와 기술도입자간의 협상 착수
- 기술공급자인 대학, 연구기관, 기업, 개인 등의 입장에서는 기술의 가치, 즉 상대방의 기술 도입으로 인한 혜택을 고려하여 보다 좋은 조건이 되도록 노력함. 계약 결렬에 대비하여 쌍방간의 비밀유지 필요성을 위해 비밀유지계약서 작성
- 기술도입자는 해당기술에 대한 지식재산의 권리 확보 여부 및 즉각적인 상품화 가능성 여부를 조사하여 기술 이전 조건 협상에 반영

5) 기술 이전 계약 체결

- 이전 조건 협상이 완료되면 기술 이전 계약서를 작성함으로써 기술 이전 계약이 성사

- 계약 체결에 있어서 계약 당사자의 법적인 행위능력, 권리능력 유무 파악
- 서명날인 또는 기명날인의 당사자가 계약서상의 당사자가 아닌 경우, 대리행위를 하게 하거나 여타 방법으로 유효한 계약이 될 수 있도록 조치하여야 한다.

6) 기술 이전 조건 이행

- 계약서 작성 및 날인으로 계약이 성립되면 상호 합의한 계약조건을 순차적으로 이행
- 기술공급자는 기술을 이전하기 위한 서류 제공, 권리이전 절차 협조, 기술지도 의무를 이행하고 금전적인 수입
- 기술도입자는 금전을 제공하고 기술을 이전받게 된다.

7) 기술 이전 사후 관리

- 기술 이전 계약 조건의 성실 이행 여부의 사후 관리 단계
- 정상적으로 이행되는 경우에는 원만한 계약 종결이 될 수 있도록 하는 차원의 사후 관리가 대부분을 차지
- 계약이 정상적으로 이행되지 않는 경우에는 계약이행 촉구, 채무 변제, 계약 해지 등 일련의 법적 수단이 동원되는 사후관리 절차 착수

(6) 라이선스의 지식 재산권 보호 조치

1) 라이선시의 재실시 금지 조항

라이선스 계약이 이루어진 지식 재산권을 보호하기 위하여 기술이 타인에게 유출되지 않도록 주의하여야 한다. 특허 실시권자인 라이선시가 제 3자에게 허가기술 사용을 허락을 하는 재실시에 대하여 금지 또는 제한적으로 허용하는 문제는 당사자 간 합의사항이다. 그러나 무조건적인 허가 지식재산권의 재실시 허용은 재산권 보호 차원에서 위험하므로 재실시를 금지하는 조항은 상세하게 규정하는 것이 바람직하다.

2) 비밀 유지 조항

지식 재산권과 관련한 계약의 체결에는 비밀 유지 조항을 포함하는 것이 통상적이다.

3) 라이선시의 기술 개량 조항

라이선시가 허가기술보다 진보된 기술을 개발하게 되면 라이선서의 지식재산권이 무용화 될 수 있기 때문에 라이선시의 기술 개량을 금지하거나, 개량된 기술에 대한 권리를 라이선서에게 양도, 또는 전용실시권을 설정하도록 한다.

2. M&A의 유형 및 추진

(1) M&A 개념

M&A(Mergers and Acquisitions)에 대한 기본 개념과 실무적인 경험 부족으로 추진과정에서 어려움을 겪는 경우가 많으므로 개념이 중요하다. M&A는 기업들이 하나로 합쳐져 단일의 회사로 만드는 기업 합병(Mergers)과 특정 기업이 다른 기업 경영권을 취득하기 위하여 자산 또는 주식을 매입하는 기업인수(Acquisitions)를 합친 개념이다. 즉, 경영권의 주체가 다른 기업으로 이전되는 행위를 말한다.

기업인수는 피매수기업이 독립된 회사로서 존재할 경우에 해당되나, 광의로 두 개 이상의 기업이 법률상 하나로 되는 기업합병의 경우까지 포함하는 의미로도 사용된다. 실질적으로 기업합병도 기업인수의 과정을 거쳐 이루어진다. 「독점규제 및 공정거래에 관한 법률」(약칭: 공정거래법)에서는 M&A와 관련하여 '기업결합'이라는 용어를 사용하고 있으며, 그 의미로는 다른 회사의 주식취득 또는 소유, 임원겸임, 합병, 영업의 양수, 새로운 회사설립에의 참여 등을 포괄하여 사용하며(공정거래법 제7조 제1항), 최근에는 M&A가 기업합병, 기업인수와 금융적 관련을 맺는 합작관계 또는 전략적 제휴 등까지 포함시켜 넓은 의미의 M&A의 개념으로 보고 있다.

(2) M&A 필요성

일반적으로 경영자는 기업이 성장하는 단계에서는 기업이 위협을 받을 가능성에 대하여 그다지 인식이 없으나, 자금 조달의 어려움 및 경기 변동 요인으로 인한 경영상의 어려움에 부딪혔을 때 기업의 생존에 대한 위협을 느끼게 되며, 기업 처분이라는 방법을 택하게 된다. 그러나 이러한 기업 처분은 진정한 의미에서의 M&A라고는 볼 수 없다.

과거와는 달리 현대 사회는 국제적인 산업 환경의 개방화, 정보화, 녹색환경보전의 흐름에 따라 기업의 불확실성이 증대되고, 그 위험성이 높아가고 있다. 특히 국내 기업들은 임금상승, 물류비용의 증대, 금융비용 부담, 부당 거래의 증가로 인한 성장에 장애를 받으며, 심지어는 생존의 위험에 직면하기도 한다.

그러므로 급변하는 환경의 변화에 대응하여 기업이 성장하고 생존하기 위해서는 소극적인 기업 처분이 아니라 적극적인 위기 극복을 위한 전략의 수립 및 실행이 중요하다고 할 수 있다.

이를 위하여 국내외적인 경제여건 변화와 자사의 산업 분야에서 치열한 경쟁에 대응하여 기업의 입장에서는 지속적으로 변화·적응하면서 성장·발전을 도모하여야 하지만 기존사업을 바탕으로 매출과 이익을 증대시키고 새로운 투자나 신규사업을 통해 사업을 다각화하여 자산과 사업규모를 확장하는데 한계가 있으므로 기업 전략으로써 M&A를 통해 타 기업의 주식과 자산을 인수 또는 합병하여 성장과 변화를 추구하게 된다.

경영환경의 변화에 적응하기 위해서는 기업 인수와 합병을 통한 성장을 도모하고 또한 미래의 가치를 예측하고 경영하는 가치경영이라는 혁신적인 방법을 선택해야 한다.

이러한 의미에서 M&A는 자본주의 시장경제체제에서 기업의 궁극적인 목적인 기업 성장을 위한 가치 추구의 전략적인 방법일뿐 아니라 기업의 시장으로의 진입 및 퇴출을 활성화시킴으로써 자유 경쟁을 통한 경합성을 제고할 수 있는 중요한 수단이 된다.

그리고 대내외적인 경제여건 변화와 소속산업에서 치열한 경쟁에 대응하여 지속적으로 변화·적응하여야 하며 끊임없는 성장·발전을 도모하여야 하는 기업의 입장에서는 기존사업을 바탕으로 매출과 이익을 증대시키고 새로운 투자나 신규사업을 통해 사업을 다각화하여 자산과 사업규모를 확장하는데 한계가 있으므로 M&A를 통해 타 기업 주식과 자산을 인수 또는 합병하여 기업규모를 팽창시키는 외적경로를 통해 성장과 다변화를 추구하게 된다. M&A는 기업전략의 일환으로 이해해야 한다.

(3) 지식재산권에 의한 M&A

M&A는 일반적으로 규모의 경제(Economies of scale)를 통한 시장 점유율 확대를 목적으로 진행되어 왔다. 그러나 지식재산권에 의한 M&A는 일부 기술집약적 산업 분야에 한정됨으로써 경쟁이 심하고, 보편화되지 않았지만 최근 R&D의 활성화를 통한 기술개발의 속도가 빨라지고 기술가치의 상승으로 인하여 지식재산권의 확보가 기업간 M&A의 주요 원인이 되고 있다. 그러나 M&A를 통하여 최초의 기업 전략적 목표를 달성하지 못하는 경우가 많으며, 성공하더라도 기업 가치가 상승하는 경우는 50%이하로 나타나고 있다. 이는 M&A 과정에서 기업 전략과 비전에 대해 공개적으로 자사의 강점과 약점을 경쟁자나 파트너, 그리고 투자가들에게 공개하지 않기 때문이다. M&A를 통하여 기업 가치를 상승시키기 위해서는 M&A 대상기업에 대한 합리적인 평가를 바탕으로 올바른 선정이 이루어져야 한다. 따라서 사업 전략 수립시에 M&A 효율성을 높일 수 있도록 지식재산권을 이용한 성장, 유지, 처분 전략을 개발할 필요가 있다.

(4) M&A 전략

1) 기업 성장

기업의 미래수익증대와 기업성장이 목적인 제품의 생산 라인의 개발, 신규 시장 개척과 같은 장기적인 전략적 목표를 위하여 M&A를 추진한다. 특허 포트폴리오 수립을 통하여 가치의 증대 및 자본 증액이 가능하고, M&A를 통해 새로운 특허를 획득할 경우 특허를 활용한 신사업의 추진, 새로운 시장 진입도 가능하게 된다.

2) 기업 유지

기업이 현재 당면하고 있는 성장률 저조, 이윤 감소 등의 문제를 해결하기 위하여 M&A를 진행함으로써 기업 이윤 제고, 수입 증대 및 성장 기회 확보 등을 업그레이드

할 수 있다. 기업 유지를 위한 전략으로써 기업 보유 특허는 경쟁력이 취약한 부분을 강화하거나, 기업 상호간에 라이선싱이나 로열티 획득의 수단으로 활용한다.

3) 기업 신설

경영 실적이 나쁘거나 비전이 없는 사업과 관련된 보유 특허를 처분함으로써 수익 창출의 기회를 만들 수 있다. 이를 위해서는 자사와 유사한 포트폴리오를 가지고 있으면서 주력사업과 관련성이 낮고 내부적으로 활용가치가 떨어진 자사 특허를 필요로 하는 기업에 매각한다. 또한, 파산 위기에 있는 기업이 생존 전략으로써 특허 획득을 통하여 새로운 기업을 설립할 수 있다.

(5) M&A 유형

1) 거래형태에 따른 분류

가) 기업 합병

우리나라 M&A는 기업인수와 기업합병이 전혀 별개의 사건으로 진행되는 반면에, 미국 M&A는 기업인수와 합병이 구분되지 않고 동시에 진행되는데 대부분 기업합병을 전제로 대상기업을 인수하는 절차를 따른다.

① 신설 합병 (consolidations)

두 개의 기업이 합병하면서 두 기업의 상호 및 법인격 자체가 완전히 소멸된다. 두 기업의 자산, 부채, 자본은 새로운 신설기업의 자산, 부채, 자본을 구성하게 된다.

② 흡수 합병 (mergers)

합병기업 상호와 법인격이 남고 피합병기업은 소멸되고 피합병기업의 자산, 부채, 자본은 합병기업으로 이전된다.

나) 기업 인수

① 주식 인수

인수기업이나 그 지배주주가 대상기업 지배주주로부터 직거래를 통해 취득하거나, 불특정 다수의 주주로부터 공개매수 방법을 통해 대상기업 주식을 취득해 기업을 지배하는 방법으로써 피인수기업이 인수 후에도 인수기업과 독립적인 법인으로 존재하면서 단지 모·자회사나 관계회사와 같은 지배 및 피지배기업의 관계를 맺게 된다.

② 자산 인수

자산인수는 인수기업과 피인수기업 경영진 간에 영업권 양도양수계약을 체결해 피인수기업의 주식이 아니라 유형자산을 포함한 영업권을 양수·양도함으로써 피인수기업의 주요한 자산 전부 또는 일부에 대해 지배권을 인수하는 방법이다.

다) 기업 분할 (Sell-offs, Demerger)

기업을 둘러싸고 있는 급속한 환경 변화로 인해 관료적인 조직체제로는 경쟁력을 확보하고 성장해 나가는데 한계에 이르게 된다. 복잡하고 다양해지는 시장욕구변화에 좀 더 신속하고 적절히 대응하면서 성장하기 위해서 대규모의 기업을 분할하는 전략도 필요하다. 하나의 기업이 둘 이상으로 분리되거나 일부 사업부문을 다른 기업에 매각해 기업의 규모를 축소하고, 이를 통해 영위업종에 집중해 특화함으로써 기업경쟁력을 강화시키려는 기업의 경쟁전략이다.

① 분리 설립 (Spin-offs)

하나의 기업이 특정 사업부문을 분할해 별도의 회사로 신설, 분리하여 둘 이상의 기업이 되는 것이다. 신설회사의 주식은 모기업의 주주에게 보유주식 수에 비례하여 지급하고 분리 전의 기존 기업이 상장기업인 경우에는 분리설립 결과 설립된 회사의 주식도 보통 상장되어 거래된다. 그리고 국내 경우 분리설립이 이루어진다 하더라도, 단지 모·자회사의 관계를 맺는 경우가 대부분으로 주식의 가치변동이 없으며 모회사와 지배종속관계를 유지함으로써 분리에 따른 효율성을 높이는데 한계가 있다.

② 분리 독립 (Split-offs)

분리 후 각각의 기업이 완전히 독립적인 회사로 운영되며 현금유입이 없는 것에는 분리설립과 동일하지만 분리되는 자회사에 대한 주식을 모기업의 특정 주주가 보유하고 있는 주식과 교환해서 지급하므로 교환비율에 따라 이해관계에 상당한 영향을 미친다.

③ 완전 분할 (Split-ups)

여러 가지 사업부문(자회사)을 영위하고 있는 하나의 기업이 사업부문별로 분리설립이나 분리독립 등을 연속적으로 시행해 최소의 사업부문으로 구성되는 회사로 분리되고 모회사는 소멸된다.

④ 분리 매각 (Divestitures)

경영 전략상 불필요하다고 판단되는 사업부문이나 자산 또는 생산라인뿐만 아니라 자회사를 제3자에게 매각한다.

⑤ 지분 공개 (Equity carve-outs)

주식 100%를 보유하고 있는 자회사의 보통주 일부를 대중에게 공개해 상장하는 방법으로써 대중에게 매출하기 때문에 주식 매각대금의 현금이 유입이 있으며 모회사는 공개 후 자회사의 지배주주로서 존속하게 된다.

2) 결합형태별 분류

글로벌 경쟁시대에 생존을 위하여 경영자는 사업을 전문화시켜야 한다. M&A는 자사에 없는 새로운 사업 부문을 창출하거나, 이익 창출의 성과가 낮은 사업 부문 정리, 동일한 업종의 기업을 인수함으로써 시간을 단축시키고, 전문화를 실현할 수 있다. M&A전략은 다음의 종류가 있다.

가) 수평적 M&A

시장으로의 진입을 준비 중이거나, 같은 산업 분야에서 자사 제품의 대체 제품을 생산하는 등 생산 활동 단계가 비슷한 기업 간의 M&A이다. M&A를 통하여 기업의 규모의 확대에 따른 생산 설비의 활용도를 높일 수 있고 생산비를 절감, 판매력 강화를 통한 시장 점유율 향상을 꾀할 수 있는 장점이 있다. 그러나 시장의 과점 지배의 가능성이 있으므로 규제를 하고 있는 M&A 방법이다.

나) 수직적 M&A

기업의 생산, 유통, 판매의 일련의 경로 상에서 이전 또는 이후 단계에 있는 기업 간의 M&A를 말하며, 공급자와 구매자간의 결합 형태이다. 수직적 M&A를 통하여 원재료 확보 및 일관된 생산체제를 확립하고 유통 경로를 단축시킬 수 있으므로 재고 관리 비용을 절감할 수 있다.

다) 혼합적 M&A

생산이나 판매 면에서 서로 다른 업종의 기업 간에 이루어지는 M&A로써 기업 위험도를 낮추고 수익을 증대시키기 위하여 전략적으로 이용된다. 즉 사업 다각화, 인재 확보, 자금 조달의 강화 및 관리 비용 절감 등을 목적으로 한다.

혼합적 M&A는 안정화 단계에 있는 기업이 새로운 사업 분야 진출을 위하여 미래 성장 유망 기업과 결합하는 전략으로도 이용된다.

라) 역병합 M&A

기업은 사업을 확장할 뿐만 아니라 전략적으로 축소하는 경우도 있다. 이러한 기업 축소 전략은 기업의 구조조정을 통한 특정 사업 부문을 매각하는 형태로 이루어진다. 세부항목으로 기업 영업활동 부문, 재무구조의 개선, 주주의 구성 정리를 목적으로 추진되는 M&A전략이 이에 해당한다.

3) 거래의사에 따른 분류

인수의사를 가진 기업이 인수 대상기업에 대한 기초 조사, 가치평가 등 사전작업을 모두 마친 후 대상기업의 이사진에게 인수의향과 인수조건 등에 관한 의사를 밝히면 대상기업은 이사회를 열어 인수조건 등을 검토한 후 인수의사에 대한 수용 여부를 결정하게 된다.

국내 기업의 경우 적대적이냐 우호적이냐의 구분은 외국의 경우처럼 독립된 이사진의 동의 여부가 아니라, 제1대주주(지배주주)의 의사에 반하는 것이냐 아니냐로 구분한다.

가) 적대적 방식

대상기업의 이사진이 인수제의를 거부하고 방어행위에 돌입하는 경우 인수기업 역시 사전에 수립된 인수전략에 따라 인수 작업에 착수한다.

나) 우호적 방식

대상기업의 이사진이 수용함으로써 이루어진다.

4) 기업의 인수·합병 목적과 동기에 따른 분류

가) 전략적 M&A

기업의 영속적인 발전과 성장을 위해 영업적인 측면의 경쟁력 확보를 통해 기업가치를 증대시키고자 하는 M&A이다.

나) 금융적 M&A

기업가치를 극대화시키는 방안으로써 영업적인 측면뿐 아니라 재무적인 측면에서도 재무 시너지 효과를 이용한 기업가치의 극대화를 목적으로 한다.

5) 결제수단에 따른 분류

가) 현금인수

주식을 양도하는 대가로 대상기업 주주에게 현금을 지급하는 방식으로 기업인수를 신속하게 종결 지을 수 있다. 절차면에서는 복잡하지 않으나 기업인수에 소요되는 막대한 자금 조달이 수반되어야 하므로 실제로는 인수자에게 막대한 자금압박이 된다.

나) 주식교환

대상기업 주주에게 합병기업 주식으로 교환해 지급하는 방식으로 외국의 흡수합병에서 많이 이용되며 피인수회사 주주는 인수회사의 주식 등을 자기 소유주식과 교환하므로 인수회사와 피인수회사가 합병하는 효과가 있다.

다) 대상기업 주주에게 현금이나 주식이 아니라 합병기업의 회사채 지급

매도자로는 주식보다 안전한 채권으로 받게 되고, 인수기업은 인수자금을 조달할 수 있으므로 특수한 경우에 사용된다.

라) 혼합교환

여러 지급방법을 혼합해 지급

6) M&A 자산 지배권 취득 방법

가) 주식 취득 : 지배주주의 인수, 시장인수, 공개 인수, 신주 인수

나) 합병 : 계열사간 기업 결합

다) 영업 양수

라) 임원 겸직

마) 회사 신설 : 비계열사간 기업결합

7) M&A 재원 조달 방법

자기 자본에 의한 재원 조달 외에 M&A를 위한 차입 자금은 신용 대출 또는 회사채 발행을 통하여 조달하고 인수 대상 기업의 주식을 공개 인수, 경매를 통하여 매입하거나, 상장기업간 주식교환에 의하여 합병하기도 한다.

(6) M&A 진행 절차와 추진 단계

기업인수 전략은 외부적 환경의 도전에 대응하여 기업의 전략적인 우위를 확보하고자 하는 하나의 통일되고 포괄적이며 종합화된 계획으로써, 보통 사전 M&A단계, 협상·계약 단계, 사후 M&A단계의 과정을 거쳐서 M&A가 완성된다.

표 8-2. M&A 진행 절차와 추진 단계

진행절차	추진단계
사전 M&A 단계	계획 및 전략 수립
	M&A 전략팀 구성
	정보자료의 수집
	대상기업선정
	적합성 분석 및 실사
협상계약 단계	협상팀 구성
	협상 전략 개발
	협상 수행
	M&A계약 체결
	대금 지급
사후 M&A 단계	사후 전략팀 구성
	공유 비전 개발
	수용능력과 프로세스 재구축
	업무 통합과 안정화 계획 수립
	인적자원 통합관리 구축
	통합된 조직 운용 방법 구축
	통합 시스템 창출

1) 사전 M&A추진 단계

M&A의 가장 바람직한 추진 방향은 인수하고자 하는 기업과 매도 기업이 서로 상생할 수 있도록 하는 것이다. 일반적인 사전 M&A 추진단계에서는 다음의 상세한 절차를 거쳐서 기업 거래를 추진한다.

가) 자료 수집 및 분석

산업, 경제자료 분석을 통한 경기 변동을 파악하고, 이를 기초로 하여 추세 분석을 진행한다.

나) 기업역량 분석

기업내부역량, 기업외부환경 및 위상분석을 추진한다.

다) 기업 미래 전략 수립

라) 기업가치평가

2) M&A타당성 검토

M&A에 성공하기 위해서는 매도와 매수 기업이 결합할 수 있는지의 여부에 대한 타당성을 검토하여야 한다. 기업 실사를 통한 타당성 분석의 내용은 표 8-3과 같다.

표 8-3. M&A 타당성 분석

분석 항목	평가 세부 내용
사업 성공 가능성	R&D 역량, 신제품 생산 능력, 시장 브랜드 가치
기업 운영 체계	조직 형태, 의사결정 구조, 위기관리 능력, 기획 및 조정력
조직 상호 연계성	인사 조직의 유연성, 구성원 상호 간의 우호성
직원 특성	직원 구성(경력, 능력), 성과별 인센티브 지급 여부

M&A를 성공적으로 이루기 위해서는 다음의 효과가 창출될 수 있도록 M&A 적합성 평가를 거쳐한다. M&A 적합성 평가 내용은 표 8-4와 같다.

표 8-4. M&A 적합성 검토

검토 항목	세부 내용
1) 재무적 적합성	· 원활한 현금 흐름으로 건실한 재무 상태 유지 · 수익의 창출
2) 전략적 적합성	· 핵심 역량 강화, 시장에서 경쟁력 확보 · 지속적인 성장 여건 확보
3) 관리적 적합성	· R&D, 생산, 판매 부문의 시너지 효과 · 관리 시스템의 체계화, 조직 운영 및 임금 체계 유연성

(7) M&A 가치평가

M&A를 시도하는 기업의 입장에서 가장 문제가 되는 것은 합리적으로 기업의 가치를 평가하기가 어렵다는 것이다. 이는 최근 들어 기업의 가치가 유형자산에 의해 결정되기 보다는 무형자산에 의해 결정되는 경우가 많기 때문이다. M&A시 개별 지식자산에 대한 평가보다 기업 전체에 대한 가치에 대한 평가가 필요한 이유는 M&A 자체가 기업의 개별적인 이전이 아니고 포괄적인 이전이므로 기업 전체를 평가하는 것이 더욱 합리적이기 때문이다.

M&A시 IP와 관련된 '① 지식재산 합법성이나 침해 분쟁 발생소지 유무, ② 지식재산권 보호기간 만기 여부, ③ 구매자가 이득을 취하거나 혹은 라이선스 종료 시 사업운영권 변경조약 유무, ④ 매입대상 기업이 소유하고 있으나, 그 기업의 그룹 내 다른 회사가 사용하고 있는 지적재산권의 소유 형태' 등을 확인하기 위해 매입하고자 하는 기업이 소유하고 있거나 사용하고 있는 지식재산을 자산실사를 통해 반드시 조사한다.

참고문헌

- 김철호·박성필·고영희, 지식재산전략, 2011.
- 박상완, 특허맵 활용을 통한 특허기술의 사업화 전략에 대한 연구, POSRI경영경제연구 제12권 제2호 2012, pp.175-201.
- 특허청·한국발명진흥회, 이공계를 위한 특허의 이해(1), 박문각, 2011.
- 특허청·한국발명진흥회, 지식재산권의 이해, 2018.
- 특허청, 사례 중심의 지식재산 경영 매뉴얼, 특허청, 2008.
- 특허청, 지식재산 기반 창조경제 실현전략, 2013

찾아보기

ㅍ

ㅎ

기타

제3판
창업을 대비하는
지식재산입문
집필위원

김대익 전남대학교 공학대학 전기전자통신컴퓨터공학부
김민용 전남대학교 공학대학 냉동공조공학과
김영철 전남대학교 공과대학 화학공학부
박주현 전남대학교 법학연구소
송요순 전남대학교 공과대학 화학공학부
조재신 전남대학교 공학교육혁신센터

제3판
창업을 대비하는
지식재산입문

제 1 판 발행 2016년 1월 25일
개정판 발행 2017년 8월 30일
제 3 판 발행 2020년 3월 13일

저 자 김대익 · 김민용 · 김영철
박주현 · 송요순 · 조재신
발행인 정병석
발행처 전남대학교출판문화원
등 록 1981년 5월 21일 제53호
주 소 61186 광주광역시 북구 용봉로 77
전 화 062-530-0571~2
마케팅 062-530-0573
팩 스 062-530-0579
홈페이지 http://www.cnup.co.kr

가 격 22,000 원

ISBN 978-89-6849-719-3 (93500)

이 도서의 국립중앙도서관 출판시도서목록(CIP)은 서지정보유통지원시스템 홈페이지(http://seoji.nl.go.kr)와 국가자료공동목록시스템(http://www.nl.go.kr/kolisnet)에서 이용하실 수 있습니다. (CIP제어번호: CIP2020010421)